印刷中的革命
1775-1800年的法国出版业

[美]罗伯特·达恩顿　[法]丹尼尔·罗什　编　汪珍珠　译

上海教育出版社

序

人类历史上鲜有事件不仅能影响其所在国的历史进程,还能影响世界上几乎所有民族的生活。法国大革命恰恰就是这少有事件之一,因为它在西方历史上第一次遵循了一种真正的普世性文明,超越文化、国家、民族、社会和种族的界限,宣告世界上所有民族对自由和平等都享有不容侵犯的根本权利。正因为法国大革命将这些理想诉诸现实,可以说法国大革命开启了现代的大门,第一次形塑了我们如今在公共生活中界定目标和评价成就所遵循的原则和体制。基于此,这起事件的200周年不仅值得其祖国,而且值得全世界来纪念,尤其是我们这个年轻的国家,这个与其祖国在理念和理想的形成和实现上如此相似的国家。

纽约公共图书馆很荣幸能够赞助《印刷中的革命:1775—1800年的法国出版业》项目,以此纪念法国大革命200周年。这部书稿以及相关展览,如果没有普林斯顿大学罗伯特·达恩顿(Robert Darnton)教授慷慨且睿智的帮助是无法实现的。1986年的夏天,我与达恩顿教授会面,就图书馆如何参与法国大革命200周年的全球纪念活动展开了讨论。达恩顿教授回忆道,1960年代,他还是一名研究生,正致力于法国大革命之前的政治意识形态研究,他很幸运地认识了纽约公共图书馆的一名热心员工,在这名员工的允许下,他接触到大量未编目录的法国大革命时期的小册子。这些资料所涉及的范围广泛、内容丰富,而且其中有很大一部分条目在其他馆藏,甚至法国国家图书馆的馆藏中都没有。我们都认为大革命200周年庆正好是一个契机,可以将纽约公共图书馆中有关法国大革命的富饶馆藏公之于众。

会谈最后,我们决定举办一场大型展览,题为"印刷中的革命:1789年的法国",以庆贺出版自由,并展现法国大革命中印刷的重要作用。达恩顿教授认为这次展览和这本相配套的书是一个契机,借此可以分享美国、法国和其他国家的学者近期在大革命时期法国文化史方面的学术成果,同时也可以激发学者们在各级图书馆寻找丰富馆藏资料的兴趣,无论是已编目还是未编目。在他的指导下,最初只是一场展览和一部相关书稿的计划得到了延展,尚伯克(Schomburg)黑人文化研究中心和表演艺术研究中心的音乐和舞蹈区都举办了相关展览,一系列公共项目也开展了起来,而且我们还与美国图书馆联合会一起,将在各大城市图书馆开展"印刷中的革命"精华版全国巡回展。纽约公共图书馆深深地感激达恩顿教授的远见卓识和鼎力相助,正是由于他的帮助,我们才得以在整个图书馆系统完成了法国大革命200周年的庆祝活动。

项目伊始,达恩顿教授邀请了著名的18世纪文化史学者、巴黎大学的丹尼尔·罗什(Daniel Roche)教授,与他共同承担展览策展和书稿编著的工作。纽约公共图书馆对罗什教授的贡献深表谢意。罗格斯大学(Rutgers University)副教授卡拉·赫西(Carla Hesse)作为展览的研究策展人,也做出了难以估量的贡献。由美国和法国知名历史学家等学者组成的顾问委员会对展览的学术内容进行了完善,在此我要对他们的加盟表示感谢,他们是:基思·贝克(Keith Baker)、雷蒙德·伯恩(Raymond Birn)、伊丽莎白·艾森斯坦(Elizabeth Eisenstein)、林恩·亨特(Lynn Hunt)、达来·利维(Darline Levy)、亨利-让·马尔丹(Henri-Jean Martin)、琳达·诺奇林(Linda Nochlin)、罗伯特·帕尔默(Robert Palmer)、杰里米·波普金(Jeremy Popkin)、米歇尔·沃韦勒(Michel Vovelle)、伊赛尔·沃洛克(Isser Woloch)和丹尼斯·沃罗诺夫(Denis Woronoff)。

展览经理戴安莎·D.舒尔(Diantha D. Schull)策划并指导了纽约图

书馆法国大革命200周年纪念活动的整体项目。没有她的领导,这个国际综合项目难以成型。为本次展览和这本书努力工作的展览项目办公室的所有员工都值得被记上一笔,尤其是研究协调员珍妮·伯恩斯坦(Jeanne Bornstein)。

我们希望这次展览能够促进学术研究和美国与法国智库之间的信息和资料交流。我要感谢法国国家图书馆前任和现任馆长安德烈·米克尔(André Miquel)和埃马纽埃尔·勒鲁瓦·拉迪里(Emmanuel Le Roy Ladurie),他们慷慨地向我们出借了25件重要馆藏品。我们还要感谢以下这些法国、瑞士和美国的机构和收藏家,他们都慷慨地向我们这次展览出借了各自的收藏:法国国家档案馆(Archives Nationales, France)、巴黎档案馆(Archives de Paris)、巴黎国家印刷厂(Imprimerie Nationale, Paris)、维齐尔法国大革命博物馆(Musée de la Révolution Française, Vizille)、里昂城市图书馆(Bibliothèque Municipale de Lyon)、里昂印刷和银行博物馆(Musée de l'Imprimerie et de la Banque, Lyon)、纳沙泰尔公共与大学图书馆(Bibliothèque Publique et Universitaire, Neuchâtel)、美国马萨诸塞州伍斯特古文物收藏家协会(American Antiquarian Society, Worcester, Massachusetts)、纽约哥伦比亚大学珍本和手稿图书馆(Rare Book and Manuscript Library, Columbia University, New York)、美国康涅狄格州纽黑文市耶鲁大学藏书艺术馆(Arts of the Book Collection, Yale University, New Haven, Connecticut)、克林顿·西森(Clinton Sisson),以及美国纽约市阿斯托里亚的阿尔伯特·菲尔德扑克牌藏馆(The Albert Field Collection of Playing Cards, Astoria, New York)。

协助达恩顿教授、罗什教授和赫西教授策划和组织此次展览和书稿的还有许多纽约公共图书馆的员工,这些员工来自以下部门:特别藏品部、一般研究部、科技研究中心、犹太部、东方部、斯拉夫和波罗的部、地图部、音乐部、尚伯克黑人文化研究中心、保护部、公共事务和发展办公室、公共关系办公室、出版办公室、绘图办公室、公共教育项目办公室和唐奈媒体中心(Donnell Media Center)。

  本项目还获得了坐落于华盛顿特区的联邦政府机构国家人文基金会的慷慨资助。另外,我们还得到了弗洛伦斯·J.古尔德基金会有限公司(Florence J. Gould Foundation, Inc.)的支持,正是有他们的支持,我们才得以在进行其他工作的同时,开始对图书馆馆藏的有关法国大革命的资料进行编目。最后,纽约公共图书馆还要向索尔·P.斯坦伯格(Saul P. Steinberg)夫妇慷慨资助本次展览致以最真挚的谢意。

瓦坦·格雷戈里安(Vartan Gregorian)
纽约公共图书馆馆长兼首席执行官

致　谢

　　这次大型展览和书稿的策划承蒙多方协助,不仅有诸如纽约公共图书馆等公共机构所提供的资金支持,还有许多学者及其他个人所提供的帮助。展览和本书的背后不仅有努力的合作者,还有纽约公共图书馆各个部门里勤勉工作、谦虚低调的员工,他们远离公众目光,但确保了书籍能够抵达读者,印刷的文字能够栩栩如生。

　　在此对他们表示感谢。首先,我们要感谢卡拉·赫西,作为研究策展人,她在两年间花费了大量时间来安排和整理每件展品,使整个展览浑然一体。她还为这本书挑选照片并撰写图注。凯瑟琳·霍戴(Catherine Hodeir)协助卡拉·赫西的工作,在法国各级图书馆和博物馆精挑细选了很多展品。展览经理戴安莎·舒尔对我们所有的工作进行了专业细致的监督,令人钦佩。助理经理苏珊·F. 塞登伯格(Susan F. Saidenberg)负责整理将在 30 个图书馆巡回展出的展品以及所有视频。研究协调员珍妮·伯恩斯坦是卡拉·赫西的研究助手,她幽默风趣,不仅成功地协调处理了展览的各方面工作,而且做好了手稿编目的准备工作。芭芭拉·伯杰龙(Barbara Bergeron)协助编目工作并协助编辑了展览中其他解释性说明材料。米里亚姆·德·阿特尼(Myriam de Arteni)是一名展品保护方面的专家,对展览中纽约公共图书馆提供的、需要保存和恢复的材料进行了保护处理。登记员琼·米希奇(Jean Mihich)在梅莉特·布克曼(Melitte Buchman)、卡里恩·里德(Caryn Reid)和桑德拉·斯珀吉翁(Sandra Spurgeon)的协助下,处理了所有展品借用方面的事务,并对纽约公共图书馆自身收藏的详细目录进行了细致的核对。布展专家卢·斯托里（Lou Storey）设计了"印刷中的革命"中戈特斯曼（Gottesman）部分和巡回展版本，并在特雷西·费尔（Tracy Fell）的协助下对展览的整体布置进行了指导和监督。展览助理苏珊娜·斯托林斯（Suzanne Stallings）和爱德华·赖姆（Edward Rime）为整个项目提供了各种事务性支持。克林顿·西森慷慨地向我们出借了复制的18世纪印刷机，这样我们才能在纽约公共图书馆阿斯特（Astor）大厅里复制《人权与公民权宣言》（下文均简称《人权宣言》）。

我们还要特别感谢特别藏品编目组组长弗朗西斯·马特森（Francis O. Mattson），他在寻找资料方面为我们提供了许多帮助，在他的领导下，编目员吉纳·菲什-弗里德曼（Gina Fisch-Freedman）为这次展览推介了几件非常特殊的藏品，引起了我们的关注。我们还要感谢纽约公共图书馆其他部门的工作人员，他们彼此合作，从各自的丰富馆藏中精心拣选重要藏品；他们是一般研究部的伊丽莎白·迪芬多夫（Elizabeth Diefendorf），斯潘塞（Spencer）藏品部的罗伯特·雷恩沃特（Robert Rainwater），米里亚姆和艾拉·沃勒克（Miriam and Ira D. Wallach）艺术品、印刷品和图片部的罗伯塔·沃德尔（Roberta Waddell），犹太部的伦纳德·戈尔德（Leonard Gold），地图部的艾丽斯·赫德森（Alice Hudson），斯拉夫和波罗的部的爱德华·卡西纳克（Edward Kasinec），东方部的约翰·伦德奎斯特（John Lundquist），科技研究中心的贝齐·本特利（Betsy Bentley），音乐部和表演艺术研究中心的琼·鲍恩（Jean Bowen），以及尚伯克黑人文化研究中心的霍华德·多德森（Howard Dodson）。

在协助展览方面，我们要感谢特别藏品部主管查德·德·金纳洛（Richard De Gennaro）和副主管唐纳德·安德利（Donald Anderle），珍本和手稿部的布鲁克·拉塞尔·阿斯特（Brooke Russell Astor）图书管理员莉萨·布劳沃（Lisa Browar），阿伦茨（Arents）藏品部管理者和珍本保

致 谢

管者伯纳德·麦克蒂格（Bernard McTigue）、安德鲁·W. 梅隆（Andrew W. Mellon）主管和筹备服务部副主管保罗·J. 法萨纳（Paul J. Fasana），保护部的约翰·贝克（John Baker）及其员工，发展办公室的格雷戈里·朗（Gregory Long）、哈罗德·斯内德克夫（Harold Snedcof）、苏珊·劳滕伯格（Susan Rautenberg）和卡罗琳·科恩（Carolyn Cohen），公共关系办公室的贝齐·皮诺瓦（Betsy Pinover）和劳伦·莫伊（Lauren Moye），绘图办公室的马里兰·伦德（Marilan Lund），公共教育项目办公室的大卫·克罗宁（David Cronin），志愿者办公室的默纳·马丁（Myrna Martin），物品维护和运输部的沃尔特·明茨（Walter Mintz）和斯坦利·克鲁格（Stanley Kruger），唐奈图书馆媒体中心的玛丽·内斯萨斯（Marie Nesthus）。

最后，我们还要感谢为这本书的出版而提供帮助的人：加州大学出版社的希拉·莱文（Sheila Levine）、芭芭拉·拉斯（Barbara Ras）及其他员工，纽约公共图书馆出版经理理查德·纽曼（Richard Newman），为所有纽约公共图书馆藏品摄影的罗伯特·D. 鲁比克（Robert D. Rubic），翻译罗尔夫·雷夏尔德（Rolf Reichardt）所著文章的帕梅拉·塞尔温（Pamela Selwyn），翻译皮埃尔·卡塞勒（Pierre Casselle）、米歇尔·韦尔努斯（Michel Vernus）和利斯·安德里（Lise Andries）所著文章的索尼娅·豪斯曼（Sonja Haussmann），翻译菲利普·米纳尔（Philippe Minard）、安托万·德·巴克（Antoine de Baecque）、让·东布尔（Jean Dhombres）和丹尼尔·罗什所著文章的马克斯韦尔·R. D. 沃斯（Maxwell R.D. Vos）。

罗伯特·达恩顿
（特邀策展人）

目　录

导论 / 1

第一部分　革命前形势 / 5
审查与出版业 / 7
斗篷下的哲学 / 33
马勒泽布与出版自由的呼声 / 60

第二部分　印刷中的革命 / 79
出版业的经济剧变 / 81
印刷商与市政 / 115
工人的骚动 / 125
一省视角 / 145

第三部分　印刷品 / 163
报纸：新闻的新面孔 / 165
小册子：诽谤与政治神话 / 191
图书：重塑科学 / 205
年历：革命化传统文类 / 236
版画：巴士底狱的形象 / 258
歌曲：混合媒体 / 289
短时效印刷品：以意象进行公民教育 / 309

展品目录 / 329

注释 / 355

作者简介 / 408

导　论
罗伯特·达恩顿

　　本书要直面的问题是：印刷在法国大革命中到底起了什么作用？虽然这个问题也曾引起过讨论，但还从来没被认真研究过。历史学者通常认为印刷品是对已经发生的事件的一种记录，而忽视了印刷品伴随事件一起发生，本身就是事件的一部分。其实，印刷促成了其所记录事件的发生，是历史上一股活跃的力量，尤其在1789年至1799年期间，当时，争夺权力就是争夺对民意的控制。我们希望通过考察印刷业，为从整体上研究法国大革命提供一个新的视角。

　　这一点似乎不言自明，然而，我们整天关注着媒体，却从未想过，这一在西方最强大的国家里最主要的交流工具，当年是如何助力近代世界第一次伟大革命的。我们可以想象，在那个没有电话、收音机或电视的世界里，全国范围内传播思想的唯一途径就是活字印刷。想象一下，那个世界爆炸了，碎成千万片。有那么一群人试图以一种新的秩序来黏合这些碎片，初以《人权宣言》，继之以一系列包括宪章、行政、教会、货币、历法、地图、度量衡、称谓，以及语言本身的新设计。在这一过程的每个环节，他们使用的基本工具都相同，就是印刷机。没有印刷机，他们能攻陷巴士底狱，但无法推翻旧制度。为了夺权，他们必须争夺言词并广泛传播之，他们在报刊、历书、宣传册、招贴报、图片、歌单、信纸、棋盘、配给卡、钱币等上面印制能够传达某种信息的内容，并将其植入2 600万法国人民的头脑中，这些法国人民中有很多正困顿于贫穷和压迫，很多深陷于茫然无知，很多则无法阅读关于他们自身权利的宣言。革命者扳动印刷机的手杆,压下印盘,压在被锁定在印版中的字模上,将新能量绵绵不断地输入政治体。法国复活了,人类为之震惊。

200年过去了,当年的震撼慢慢消散。我们见惯了各种宣言、愿景、革命和反动的循环更替,遂将1789年的大爆炸看作安息于教科书中的一段有趣的历史了。本书的期望就是要重新唤起人们对这段历史的兴趣,重新认识印刷出版的力量。本书不仅为普通读者而作,也向学者们提出一系列全新的问题。

这些问题可能偏"学术",但深刻切入了那些改变所有人生活的力量。考虑一下出版自由的问题。出版自由在其诞生之初——开始时伴随着攻陷巴士底狱的实践,接着在《人权宣言》中明确了其原则——有什么必需条件?不仅对于读者,而且对于作者、出版商、书商(booksellers),以及数以千计仰赖印刷业为生的人来说,出版自由究竟意味着什么?1789年7月14日以后,是不是任何人都可以印制任何材料,包括在新的掌权者看来具有煽动性、诽谤性或色情的内容?革命立法重新界定了普遍意义上的产权,那么文学产权是何种性质?文学作为一种语言的艺术,同时又是一个涉及赞助和权力的体系,其本身又是什么?

旧制度下的法国就像一块百衲布,省、监督官辖区、市、司法辖区、主教辖区、征税区、海关区等各种单元相互交叠,其中还有许多拥有自己的法律、度量衡和方言。位于巴黎的当局如何才能将这些单元整合成一个单一的国家?印刷机是创建一种新型政治文化的主要工具。然而,它在革命政府的条件下如何运作?其产品深入普通民众日常生活的程度又有多深?这些都是本书及之后的展览所讨论的部分问题。这些问题的提出并不是出于对古文物研究的好奇或是对1789年精神的致敬,而是因为文化和交流在1989年已然成为重点关注的领域。法国大革命为我们提供了一个探索此领域的契机,在这里,它首次被看作公共生活的重要组成部分。

导 论

　　本书共有三部分。第一部分描述旧制度下的出版业。在复杂的社会、经济和政治体制的严格管控下,地下出版业大范围发展起来,动摇了旧制度的意识形态基础。第二部分考察法国大革命如何影响出版商、印刷商和书商们做生意的方式,探讨一些之前还未被考察的问题,例如印刷商和书商同业公会被破坏的经济后果、新型印刷坊的工作组织方式和印刷工人的骚动,以及监管图书行业的旧机制解体后为了工作和政治影响而进行的游说,等等。由于新的监管机构各式各样,它们对印刷出版的新要求也纷繁芜杂,要想从中整理出印刷政治实在太难,我们只得将考察的范围限定在巴黎和一个革命与反革命并行的省份。第三部分讨论印刷品。我们的讨论没有局限在大家所熟悉的图书和报刊上,也涉及其他各种印刷材料,从细致严谨的论述专著到粗陋随意的小册子。这部分讨论展现了印刷如何与其他诸如歌曲、图片等媒介的交互;也展现了日用印刷品,诸如历书、信纸、扑克牌、棋盘、纸币等,如何将革命讯息传入日常生活领域。

　　由于涉及的问题多,我们采取了合著的方式,同时为了使内容严谨一致,我们彼此协商决定哪些部分要删减,哪些部分要强调。我们本来还想考察阅读行为,阅读既是革命交往的一种方式,也是理解大革命的一种模式;我们还曾计划考察公立图书馆和私人图书室;我们还想讨论作者与写作、评论者与广告宣传、排版、书籍设计、造纸、小册子的兜售、订阅的收集等许多问题。然而时间和空间有限。我们仅仅是在印刷史的探索上开了个头,还有许多工作留待后续研究,我们仅希望,随着我们的文稿付诸铅字印刷,我们也捕捉到了印刷史上最光辉灿烂的一刻。

第一部分

革命前形势

审查与出版业

丹尼尔·罗什

诚然,当下仍然存在一些限制言论自由的政府,我们时而也会听到一些限制言论自由的事件,甚至发生在民主国家,这难免让我们感到几分困惑。然而,我们还是很难相信,自16世纪至法国大革命爆发,对言论和写作的审查在法国居然是一项官方政令,"思想警察"的存在是一种常态。旧制度时期,根本就没有出版自由,因为王室自掌权以来就对印刷商和书商进行监视,并形成了控制思想传播的机制。[1]为了达到这一目的,各种手段无所不有,政策的合理性也有各种基于经济与意识形态完美平衡的说辞,总之,巴黎特权出版商的权利和不平等社会神圣不可侵犯的价值观必须维护。从创作丰富的作家到大众(读者和其他作者),这一链条的两端都受到了王室权力的干预。每本书出版前都要经历一套娴熟的审查过程,支撑这一审查过程的就是选择性特权政策。根据这一政策,文稿内容在出版前都必须受检。作为奖励,能够配合该制度的出版商可以获得垄断的优势。书籍出版后,警方还会继续进行管控。

这两套双轨并进的机制——一套是预防性审查,另一套则是禁止某些印刷品的秘密交易,以及其他违反书商管理规定的行为——清楚显示了专制主义国家及其统治者对印刷品的重要性有着非常强烈的意识。他们也看到印刷品是知识和思想的主要载体、所有政治和宗教讨论的媒介、颠覆性批评的表述工具,同时也可以是知识分子表达顺从和默许的工具。当时的审查会在书籍出版前对其进行修改(或禁止其出版)。图

4

巴黎印刷商和书商同业公会的档案,《禁书目录(按字母顺序)》,日期未标。法国国家图书馆,手稿馆。

巴黎的图书同业公会如此列出禁书清单,以保证其成员不会印刷或出售这些禁书。(cat. no. 119)

书警察和书业代表的工作就是要追查有危险内容的书、禁书或秘密出版的书,为此他们要对印刷商、书商、工人和小贩们进行监视。但是整个体系的运转并不总是很成功。17 世纪从黎塞留(Richelieu)到科尔贝(Colbert),18 世纪从蓬查特兰(Pontchartrain)到莫普(Maupeou),王室就无法完全控制局面,根本无法阻止禁书或受批书(condemned books)、反君主制的册子、在巴黎和外省泛滥得数不胜数的小册子、文章、歌曲、讽刺作品等的流通,事实上,当时流通着大量批判性和争议性的印刷品。然而,旧制度的最后几十年还是因为其政治局势以及"哲学书籍"(这种称谓最终发展成所有包含危险内容的书籍、所有的"坏书")的广泛传播而显得与众不同,引人注目。之前,"什么才是危险的"这一问题从未如此凸显,审查体系在应对出版业时的内部矛盾也从未如此清晰。书商继续汲汲于扩展生意,而图书业的检查员则竭力将其控制在合法范围之内。启蒙思想在政府圈的广泛影响让胆大妄为者的生计更为轻松,而审查员的日子却更加艰难。他们和图书警察们一时镇压一时容忍,周而复始,殚精竭虑,但还是从未能将图书的出版和销售成功纳入预定的轨道中。[2]

审查和出版

虽然我们还未能完全理解旧制度下的审查体系,但近来学界已经成功发现了图书警察体系采取措施和政策的主要趋势。1660—1680 年是转折期。[3] 在诸如科尔贝和尼古拉・德・拉・雷尼(Nicolas de La Reynie)、路易・菲利波(Louis Phélypeaux)、蓬查特兰、让-保罗・比尼翁神父(abbé Jean-Paul Bignon)等重要官员在任期间,印刷品受到越来越精细的监管,违法印刷品、盗版书、有争议的书、外国期刊、道德败坏的图片等所有"坏的"印刷品都遭受越来越严厉的检控。[4] 在此期间,精细运作的中央集权式审查制度和高效、讲究实效的警察体系已经打下了扎实的基础,这一传统也或多或少地延续到了1789年。[5]

作者或印刷商/出版商可以通过两种途径将印刷品送达民众,一是通过官方的受到管控的印刷和分销渠道,另一种则是通过非法的秘密渠道,审查力量还未触及这些秘密渠道,但也有可能一旦这些书籍和书页落入审查员或图书警察手中的话,这些人就会受到镇压。出版前的审查只能通过官方渠道实施,王室审查员直到17世纪末都一直牢牢掌控着形势,因为王室赋予了他们的威权远高于其他具备出版审查权的机构,如教会、大学和高等法院等。大学,尤其是索邦大学,在17世纪之后就不再独自享有审查权了。[6]教会,尤其是那些在教士联合大会上言辞激烈的主教们,保留了对宗教虔诚和神学方面书籍出版的赞成权,以及对那些不管是否获得官方许可(当然,往往是未经官方许可)都已出版但有碍风化的书籍的责难权。但不管怎么说,至18世纪初,审查权已经被去教权化,成为专制主义国家的工具了。

对于司法官员的干预,只要这种干预是以王室认可的方式来实施的,国家机器就还能容忍较长时间。然而,高等法院的权力还是不断被压缩,只限于监督、责难和镇压。到摄政时期,高等法院,尤其是巴黎高等法院,已经无法再拥有独立自主的审查地位。到18世纪,高等法院和教会都不再干预出版审查,除非需要树立典型或营造大规模的责难声势。例如,1715年阿杜安神父(Father Hardouin)的《主教会议史》(*Histoire des Conciles*)事件、1759年对引发大量反动书籍出版的克洛德-阿德里安·爱尔维修(Claude-Adrien Helvétius)的《论精神》(*De l'Esprit*)的责难、对镇压《百科全书》(*Encyclopédie*)的呼吁,等等,这些事件都为高等法院提供了机会去宣告,进而维护其在某本书出版前的赞同或责难权。(仍企盼能夺回部分审查权的)索邦大学和法国神职人员力图向世俗势力施压,但世俗势力毫不在意,只授予他们一些责难权。

出版这件事完全落到了国家威权的手中。

审查和书的政治

国家管控体系的有效性,到1699年比尼翁出任图书业主管时得到了确立。在首席大臣或掌玺大臣的监督之下,图书业办公室(1750年之后称为图书业指导室)委托其审查员对所有待合法出版的著作进行核查;要合法,必须登记注册。核查过后,书籍或准许"特权出版"(出版和销售方面的特权)或准许"默许出版"(国家不公开批准但也不责难)。如果某些著作不准许出版,也需要说明理由。有些书籍或书页在巴黎内外可以获得警察总长甚至外省总督的许可而出版,这样就可以避开以上筛查流程。[7]管控的加强也可以控制印刷品数量的急剧增长,例如1700年一年只有500种印刷品,到1771年就增加到1 000多种,而1789—1790年的这一数字更是大幅度增长。有一点很重要,越来越严格的出版干预不仅体现了国家对意识形态进行更严密管控的企图(这正是所有与图书相关的官方行动所坚持的),也显示了君主制国家发展过程中的一个重要阶段。

国家出现转型,从只关注法律到最关心金融,这种转型造成首席大臣和司法长官被财政总监及其监理员所取代。[8]一个早期以政府哲学为纲的审查制度,如今要在商业本位和严格的指导性经济的背景之下运行。国家如今压制国外出版物不仅是为了防止颠覆性思想的进入,也是为了保护巴黎出版商的垄断地位。图书业的管理人员从来不想抑制图书的生产,一直以来都在意识形态责任与经济责任之间摇摆犹豫。纪尧姆·拉穆瓦尼翁·德·马勒泽布(Guillaume Lamoignon de Malesherbes)在1750年之后只是加强并实施了其前任一直采用的方针,即一种均衡的、有所保留的、实用的自由方针,也就是说要首先适应商业的需要,其次才

8

巴黎印刷商和书商同业公会的档案,《图书业特许和普通许可登记册》,1788—1789。法国国家图书馆,手稿馆。

这本登记册有助于巴黎图书同业公会跟踪记录图书的合法身份。从左至右依次记录了图书名称、获许可的印刷商、负责检查的审查员和王室管理部门的决定。例如,第755条是一本关于三级会议的书,王室官员于1789年7月3日做的决定是暂缓流通。(cat. no. 118)

考虑当时各种宗教和哲学的辩论。因此,继路易十四和路易十五时期对印刷品生产进行监督的路易·德·肖夫兰(Louis de Chauvelin)、保兰(J.-B. Paulin)、达盖索神父(abbé d'Aguesseau)、比尼翁、马布勒(J.-F. Maboul)、博兹(C. G. de Boze)等人之后,[9]审查员们开始界定"非法"的可接受界限,根据可以决定图书分销渠道的官方目录,对那些提交上来以待审核通过的图书进行分类。他们还裁定哪些图书可当即获批同意,哪些图书必须延迟才能获批同意,获批形式是特许出版、默许出版还是其他。于是,国家鼓励图书的生产,并且挽救和合法化部分印刷品,否则这些印刷品就只能滑入秘密流通的渠道。

在向全世界阐释这些原则时,1750—1763年担任图书业主管的马勒泽布成了君主制模棱两可政策的象征。他是向首席大臣宣誓效忠的法律人,但成了中央集权实施行动的工具;他是德才兼备之人,但只能投身对特权和规则的尴尬维护;他是具备自由主义和启蒙思想的哲学之友,但又代表了专家治国主义威权,或至少是功利主义威权。在马勒泽布时期,审查制将上帝、国王和道德等界定为文学禁区,除此之外就要广大民众自己去判断,明智读者的自主和作者的责任心都是被认可的。是否要对某些书籍进行压制则要看作者/出版商与王室官员之间的协商和默契。王室力量在根据情况调整政策方面为自己留有余地,在发生事故或偏误时又能抽身游离——这也就能解释诸如《论精神》和《百科全书》相关的丑闻事件了。

马勒泽布的自由主义哲学为启蒙运动鼎盛时期的文化政策设定了基调。[10]他认为在划定宗教和政治正统的界限时要限制使用专制权力,而在正统界线之外,为保证禁令有效,就需要尽可能缩小所禁止的范围。他的观点就是,审查制只有在理性范围内获得各方面人群的容忍和接受才能成功(伏尔泰、卢梭和狄德罗[Diderot]等的著作就证明了这点,因为它们的目标群就处于合法与非法之间的灰色地带)。马勒泽布还青睐

10

《王室年鉴,1769 年。1699 年首次递呈陛下》,[1769]。纽约公共图书馆,珍本及手稿部。国王每年都会颁布一本包括所有行政人员和官员的名录,其中就有王室审查员。此处展示的是派驻某些城市的审查员和专门负责审查神学、法学、自然历史、医学和化学作品的审查员。(cat. no. 115)

奖励政策，以此获得印刷商和作者的忠诚，同时还可以宣传为君主制歌功颂德的书籍。这种策略在1750年之后实施起来越发艰难，因为禁书的界限越来越难以划清，君主制的堡垒——学院和审查机构——也受到了新观念党派的四面围堵。

审查员与社会

1660年之前，审查员可能还不到10名。比尼翁时期大约有60名（其中36名审查宗教方面的内容），马勒泽布时期则有130多名。大革命前夕，有160多名审查员受雇于国家。当然，审查员数量的增加，虽然部分原因是印刷品数量的增长，但主要还是因为18世纪初政策的成功。作者们意识到国家默许了一定程度上的宽容做法，就逐渐养成了拜访审查员和适应审查员要求的习惯[11]——知名作者们会跟顶层或准顶层的审查员协商，例如伏尔泰跟掌玺大臣肖夫兰及警察总监勒内·埃罗（René Hérault），布瓦吉贝尔（Boisguilbert）跟财政总监米歇尔·德·沙米亚尔（Michel de Chamillart），狄德罗跟马勒泽布，甚至卢梭为了《爱弥儿》的出版也去拜访审查员。图书业办公室的官员们一直以来都在干预文字共和国的日常生意。如果说批评的声音在马勒泽布离任之后越来越激烈，那都是因为作者们不再自我审查，游离合法性的胆子越来越大了。

审查员数量的增加也带来了审查员专门化的趋势，例如神学者审核哲学书，文人学者评估美学或道德方面的作品，但这种专门化并不是完全不能变通的。专业之间没有明确的区分；哪些人能够担任当局能仰赖之的审查员之职，还是要通过一步步的选择来确定的，其中少数核心人物相比于其他同僚能够更常规地承担稳定的职责。审查员不是一份全职工作，供职20年以后才能获得设定的退休金。这份职业受文人鄙视,而且可能还会因为个人需要承担责任而陷入尴尬境地。例如,外交部首席助理让-皮埃尔·泰尔西耶(Jean-Pierre Tercier)负责审读爱尔维修的《论精神》。手稿中的自由思想只有神学者才能领会,但泰尔西耶未做细致审核就签署了同意出版的意见。这么一本反宗教的图书却获得了王室签发的出版特权,一下子成了丑闻,引发轩然大波。泰尔西耶虽然有最高层官员的支持,但还是因为这件事丢了官。[12]

然而,自17世纪末到大革命爆发期间,审查员开始呈现职业化的特征,但还不能完全规避风险。路易-皮埃尔·曼努埃尔(Louis-Pierre Manuel)在其著作《巴黎警察大揭秘》(*La Police de Paris dévoilée*)[13]和马里-约瑟夫·谢尼埃(Marie-Joseph Chénier)在其著作《痛批思想审查》(*Dénonciation des inquisiteurs de la pensée*)中就批评审查制欺瞒民意,而且哄骗文人同人屈服于权力和职位的诱惑。

> 我的读者们能想象吗?没有了阵阵欢笑,像伏尔泰、卢梭、布丰(Buffon)、德图什(Destouches)、皮龙(Piron)、格雷塞(Gresset)一样各领域的文人们,如果没有阿芒诺威勒(Armenonville)、肖夫兰、埃罗、贝里耶(Berryer)、勒努瓦(Lenoir)、德·克洛尼(De Crosne)、德桑德勒(Desentelles)、维尔克尔(Villequier)、马兰(Marin)、叙阿尔(Suard)之流的许可,就被禁止向公众陈述自己的观点。我无法想象挥舞棍棒者与受棒打者共存,也无法想象雄鹰受制于火鸡。[14]

因此,谢尼埃从新时代的视角出发,为我们修正了有关过去的印象,这段过去有待我们更加细致的审读。

审查与出版业

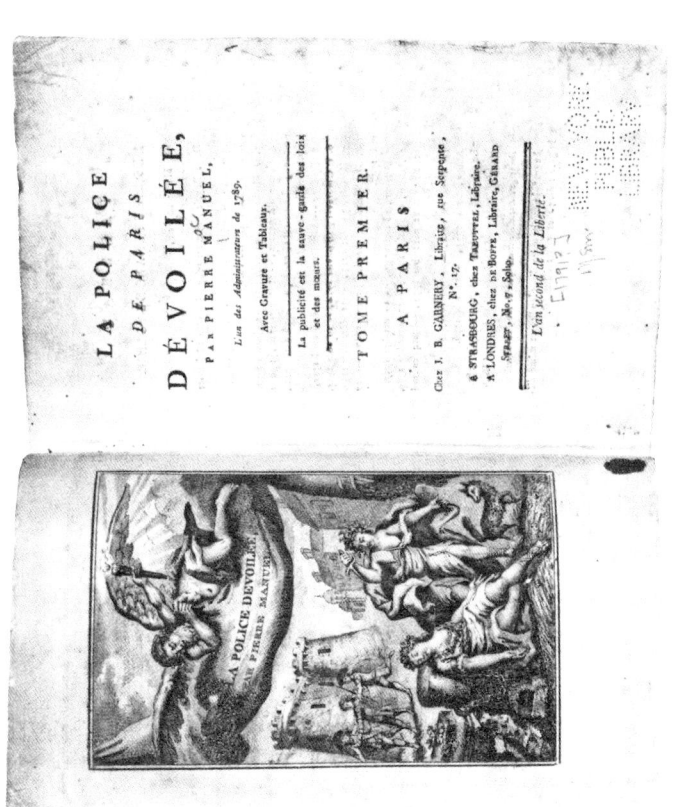

皮埃尔·曼努埃尔,《巴黎警察大揭秘》,[1791?]。纽约公共图书馆,一般研究部。
皮埃尔·曼努埃尔的《巴黎警察大揭秘》是揭露旧制度时期图书业中警察腐败现象的最著名的革命书籍之一。(cat. no. 153)

审查制与妥协

审查员都是从特权和精英这样的阶层中招募的,这一事实彰显了审查制本身所固有的矛盾,同时也有助于确立启蒙运动与专制主义君主制之间的联系。审查员队伍中有一些是无教区神职者,但主要还是与大学相关的学术人士和知识分子,所以更顺应世俗的规训。到世纪之交,这些人通常都担任一定的官方职务,例如王家学院(Collège Royal)的教授、图书管理员或政府部门的书记员。其中也有一些贵族,他们几乎都在司法系统或军队里担任行政职务。大部分审查员都是受过教育的人才,例如像拉松讷(Lassonne)一样的医生、像泰拉松(Terrasson)一样的律师、像泰尔西耶一样的官员。审查员作为一个群体,与学术团体一样,拥有共同的智识追求,以及与既有威权之间共同的联系。其中40%的成员来自同一家学院,另有大致相同比例的成员都是一家期刊的编辑(1757年,《学者报》[*Journal des savants*]的10名编辑中有9名是审查员)。所有王室政府用于影响民众观点的机构中都有审查员;但他们同时也展现了启蒙运动的继承人是如何将科尔贝和比尼翁所确立的架构为己所用的。他们通过接管王室公务中文化和管理方面的职务,甚至可以对监督机制施加影响。审查员像学术会员一样,也推崇妥协式的观点,一半哲学主义、一半专制主义,容忍新观点,赞成程度合理的智识冒险。

审查办公室有利于有权之人与有识之士在实用和进步的共同理想之下汇聚到一起。审查员们在平常决定是禁止还是允许某些书籍的出版时,总表现出一种因为职位和一分为二的忠诚而产生的模棱两可,一方面是明面上对教会、国王、道德的尊重,对循规蹈矩的维护,另一方面则是思想上的大胆突破,虽然大部分时候还遮遮掩掩,但有时也会公开表述,例如丰特内勒(Fontenelle)的例子。这种模棱两可正是由其工作性质所决定的,他们的工作就是既要与图书业主管,也要与作者、书商、印刷商和出版商保持紧密的联系。他们掌握了筛选过滤的一整套技术,这套技术原则上是严格的(包括对手稿和成品的检查),但具体应用时却灵活变通,还是允许作者与审查员之间的协商、彼此的退让,以及不同等级的出版许可。[15]审查制运行良好,这得归功于官员的胜任,但也仅限于比尼翁和马勒泽布时期所设定的管理范围之内。

禁令与惯常

随着印刷品的增加,检查的任务也随之增多。[16]各种主题的被禁出版物占所有被检的比例每年会有所浮动,从10%到30%不等。相比于被禁书稿的数量,被禁的原因更为重要。审查员的首要任务就是要确定标准,到底哪些图书才是可以出版的,然而旧制度下的标准并不总是三言两语就能说得清楚的。审查员可以跟作者就标准进行协商,任何决定又不能以匿名的方式进行掩护。一旦出现了什么问题,进程就可能出现拖延,整个体系就会停滞,最后只能由图书业主管介入。禁止某些出版是为了阻止任何可能对已认可的宗教、已确立的权力或已接受的道德规范进行批评。但是这些初衷往往会与社会的进步和致力于维持旧秩序的政府所宣扬的某些原则发生冲突,这些原则既有经济上的(即"法国出版业必须鼓励"),也有意识形态上的(即"国家应该尽可能少发禁令")。

审查员的报告呈现了一些正好与自由思想截然相反的想法。从"完全同意"到"我不想知道这些",到极少数完全否决的文字,字里行间透露出呈等级化的反对意见。但选择什么等级的反对意见,从中还是可以看出一些私人关系,而这些私人关系存在于以利益和影响力为前提而织

15 巴黎印刷商和书商同业公会的档案,审查员的审核报告,1769—1788。法国国家图书馆,手稿信息部。这两份审查员报告完成于大革命前夕(1788年)。左边这份对启蒙哲学家达朗贝尔(d'Alembert)著作的新版本进行了严厉的批评,右上角显示姓名缩写为"P. T."的审查员只批准这本书"默许出版"。右边这份则评论了一篇描述本杰明·富兰克林所设计的新型取暖炉炉的小册子。(cat. no. 117)

就的社会网络的成员之间。[17]除了一些严重的禁忌内容之外,"公共利益"这一标准既模糊不清又灵活多变,很容易就会促成一些不会引起任何争议的作品。例如,审查员皮盖(Piquet)对《新爱洛依丝》(*Nouvelle Héloïse*)的文本进行了23处的修改,其中21处是语言上的细微修正,以消除可能引起麻烦的弦外之音,另两处则需要完全删改某些段落,因为这些段落公然质疑教会和国王的威权。审查员根据的版本是最初未经批准的阿姆斯特丹版本,书商兼印刷商介朗(Guérin)受命将审查员所做的修改放进这本书的法国版本中,无论作者是否同意。从中我们可以发现,图书审查的有效性颇值得怀疑,因为主要的文学创作往往在法律许可的范围之外,以非法出版物的形式流通,要想合法出版就要尽可能调整以适应这种反常现象。图书警察面临的任务就是要打击盗版书和偷印书。

图书警察

自17世纪末开始,出版商和书商就不得不与效率出色、警惕性高的"图书警察"打交道。[18]图书警察为数不多,但工作热情高,在他们的努力下,一整套包括规则、规定、侦察技术和检查方式的机制一直延续到了大革命时期。图书警察与阅读大众(对危险书籍的需求更加急切)之间有一批文化中间人,他们在合法出版业与秘密出版业之间的模糊地带游走斡旋,其中有想赚快钱的书商和印刷商,也有分销人、小贩、小商人,以及带薪作家和自由文人。所有这些人都受到监视。

特派员德拉马尔的原则

国家干预体系是路易十四时期所有政府部门的典型系统,在图书业中也有。17世纪后半叶,一个专制主义的现代国家正在打基础,对人和思想的控制就需要更微妙的干预模式和更灵活变通的程序。巴黎警署的高级长官,包括总监尼古拉·雷尼和特派员尼古拉·德拉马尔(Nicolas Delamare),设计并执行这一体系,而且自1699年之后,这一体系还应用于法国除巴黎之外的所有地区。首席大臣和图书业主管下达压制性行动的指令,巴黎警察总监负责协调。他们要执行压制性行动,或松或紧;他们还要执行御前会议上有关预订当地分销的印刷品的决议。

在比尼翁和马勒泽布时期,图书业主管的职责涵盖图书业的许多方面,从日常管理监督到最高文学意义的拍板。[19]王室权力一贯的做法就是要检查与执行相结合,所以,图书业主管与图书警察的责任就委托给了同一个人,从1763年到1776年依次为安托万·德·萨尔坦(Antoine de Sartine)、让-夏尔-皮埃尔·勒努瓦(Jean-Charles-Pierre Lenoir)和约瑟夫-弗朗索瓦·阿尔贝(Joseph-François Albert)。在马勒泽布担任图书业主管的1750—1763年,勒·卡姆斯·德·内维尔(Le Camus de Néville)的1776—1784年,洛朗·德·维尔杜勒(Laurent de Villedeuil)的1784—1785年,让-雅克·维多·德·拉·图尔(Jean-Jacques Vidaud de la Tour)的1785—1788年,以及普瓦特万·德·迈塞米(Poitevin de Maissemy)的1788—1789年,图书业主管与图书警察的任务分别由不同的人来承担,防范与压制的步调就不能保持一致。部分原因是处理具体事务时必须考虑省监察官的意见,因为他们在警务方面拥有绝对威权,而且还经常干涉图书业事务。这种干涉到底到何种程度,据我们所知,还是有很大差别的。例如在诺曼底(Normandy),省监察官几乎完全接手了图书业的工作,有权组织并监督整个出版业。但是大约到1730年,鲁昂(Rouen)高等法院首席庭长的权力似乎不够,省监察官不得不分了一部分权力给他。因为这种职责不清,鲁昂在17世纪中叶就跟巴黎一样,也明确设立了图书业检查员一职,在支持和限定地方威权的行动方面起到了一定的效果。[20]在蒙彼利埃(Montpellier),省监察官贝尔纳热

18

《作者与书商手册》,[1777]。纽约公共图书馆,一般研究部。

这类手册为作者、出版商、印刷商和图书交易商提供参考,他们可以随时查阅图书业的所有规定,以及所有注册印刷商、书商、同业公会、王室管理者和审查员的信息。以下书页展示了拥有书商同业公会的外省城市的清单(第34页),以及按字母排序的巴黎印刷商和书商清单的开头部分,其中还有一些特别注释(第35页)。(cat. no. 77)

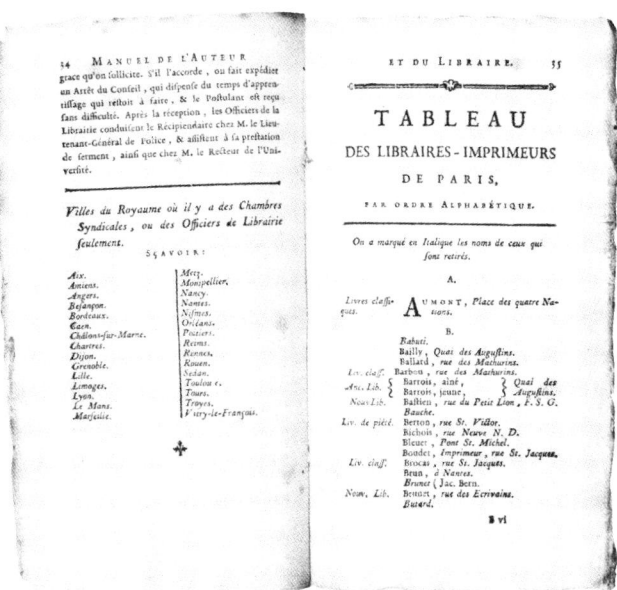

西梅翁-普罗斯珀·阿迪(Siméon-Prosper Hardy),《我的闲暇》,1789年2月3日。法国国家图书馆,手稿馆。

巴黎图书交易商阿迪于1789年2月3日在私人日记上记录了西哀士的著名小册子《什么是第三等级?》的出现。从他的日记也可以看到,官方同业公会中的图书交易商也在关注非法图书业的最新情况。(cat. no. 56)

（Bernage）虽然会将一些"像在巴黎每天都会发生的"那样把日常案例交付给警察总监，但他有权获悉所有与禁书销售和流通相关的事务。[21] 由此可见，无论在政府管理还是在图书业，中央集权是关键。

在全国范围内，图书业内部都效仿巴黎模式成立了自我管理的实体。他们采取的形式是"公会（chambres syndicales）"，公会包括地方书商和印刷商的同业公会，以及代表王室威权的地方图书业检查员。巴黎当局仍旧插手外省甚至国外的图书业。由于整个机制的效率很大程度上取决于外省官员的工作热情，巴黎警署的总监经常派遣密使对疏于职守的官员进行问询、搜集记录、批捕或撤职。巴黎检查员约瑟夫·德埃默里（Joseph d'Hémery）在几次兴师问罪之后，就往巴士底狱押送了20个从鲁昂、卡昂（Caen）、特鲁瓦（Troyes）、努瓦翁（Noyon）、奥赛尔（Auxerre）和奥尔良（Orléans）等外省批捕的渎职官员。[22] 巴黎警署还经常与外省监察官协调行动，例如达尔让松（d'Argenson）侯爵和蓬查特兰就说服奥尔良的监察官对当地书商让·博尔德（Jean Bordes）的住所进行搜查，并于1710年逮捕后押送到巴黎。1732年，费多（C. H. Feydeau）曾请求鲁昂的监察官蓬卡雷（Pontcarré）密切留意当时畅销禁书《沙尔特勒看门人所见之某教士艳史》（*Dom B××××, portier des Chartreux*）从巴黎和诺曼底往外输送的情况。[23] 由此可见，中央检查与地方行动通常携手并进。

18世纪初，特派员德拉马尔受命与巴黎"公会"合作，没收非法图书，于是图书业检查办公室作为巴黎警署的特别部门得以成立，"检查"也就由此而生。1748年开始担任检查员，并任职将近四十年的德埃默里赋予了"检查"这一工作明确的定义。德埃默里先后作为马勒泽布和萨尔坦的左膀右臂，与首都的印刷商、书商和作者都很熟悉。他从1750年到1769年一直坚持写日记，其中可以看出他对地下出版的情况了如指掌。[24] 1730年代类似的职位也在奥尔良和鲁昂设立，萨尔坦于

1767年在里昂、兰斯（Rheims）、南锡（Nancy）、奥尔良、波尔多、蒙彼利埃、图卢兹（Toulouse）、尼姆（Nîme）和色当（Sedan）设立或恢复检查员职位。[25] 1776年，马赛（Marseilles）也配备了一名检查员，但这名检查员却不受普鲁旺斯印刷商的待见。路易-弗朗索瓦-克洛·马兰（Louis-François-Claude Marin），同时也是一名审查员，还是《法兰西公报》（*Gazette de France*）的编辑，自1785年至1789年一直严格履行职责，[26]他与博马舍（Beaumarchais）之间的冲突使自己臭名昭著，饱受憎恶。这些检查员在地方上工作时，与各地区的书商保持密切联系，所以对出版业甚至整个图书业来说，都是成效斐然的情报员和竞竞业业的监督人。

检查流程

检查员直接与公会的官员合作，负责检查抵达市镇上的一箱箱图书。检查员的主要职责是侦查其中是否存在欺瞒蒙混的现象，并确保实施1686年、1723年和1777年从一般条例中发展起来的有关印刷和图书销售方面的管理规定。检查员在没收盗版书和禁书方面，实际上并不如看上去那么积极，他们寄期望于同事们的善意，觉得这些同事"最终将接替他们获得威权，将来会反击"[27]。但不管怎么说，当时还是存在一些机构和程序去管控出版业，防止任何未获得官方特许或许可的图书进行印刷和销售。在实际操作上，这种地方警方的行动主要有三种形式。[28]

首先，警方对几乎所有印刷品的生产和分销进行监督。他们与当地书商及印刷商的同业公会合作，对诸如印刷机和字模之类的印刷设备进行登记，并竭力防止任何地下印刷坊的成立。其次，他们对已获执照的印刷坊的工作进行检查。从雷尼时期开始，书商、印刷商和图书小贩的数量就被固定了下来，图书的生产和销售也被规定在特定区域进行。在巴黎，这个区域就限定在大学区、正义宫（Palais de Justice）管辖区、塞纳河岸的入口和新桥(Pont Neuf)。同业公会官员的选举也要做好周密安排,胆大妄为、不守规矩的人就不予考虑。

因此,整个 18 世纪,从事图书业者在特许和许可体系之外享有的自由有限,在这一体系中,他们既是运营者、受益者(尤其在巴黎),同时也是受害者。[29] 违反规定的话通常会受到严惩,例如,如果出借自己的姓名给他人作为印刷坊坊主或书店店主的姓名,违反印刷坊运营时限的规定,销售盗版书或禁书,初犯的话罚款 500 里弗尔,屡犯的话就可能会被吊销店主身份、足枷、鞭刑、放逐或苦役。

最后,警察总监、监察官和检查员竭尽所能,严控图书进入王国范围及其主要城市。甚至在 1660 年之前,印刷商及书商同业公会的经理人就有权检查装有图书的包袱、箱子和包裹;1723 年的法令规定图书只能进入巴黎、鲁昂、南特(Nantes)、波尔多(Bordeaux)、马赛、里昂、斯特拉斯堡(Strasbourg)、梅斯(Metz)、亚眠(Amiens)和里尔(Lille)的指定地点,严令禁止将图书运往其他地点,一旦发现就没收图书并依法起诉。图书如果寄给个人,此人必须前往地方政府的相关办公室办理正式手续。捆包和包裹等只能在指定地点打开,警方对所有陆路和水路运输商都进行记录和跟踪调查,检查这些运输商的特别证明书(*acquits-à-caution*)并盖章。在巴黎,任何抵达巴黎城门的物品都由助理办事员(*commis des aides*)拿到海关检查,重新封印,再送到同业公会经理人办公室。如果发现其中有违反规定的情况,图书即被没收。警署特派员和图书业主管自该体系成立以来就协同工作,他们运筹帷幄,竭尽所能,以便整个体系能顺利运行。德埃默里时期,检查员的职责拓宽了,到最后,他们在大众眼里已经成为新闻管控和限制自由的基层代表。然而,尽管规章制度既严厉又不遗巨细,但还是不能杜绝规避规则的行为,检查员还是难免被蒙蔽。路易十四和路易十五时期,此体系就漏洞百出,各种违法乱纪者为了印刷、分销或进口"坏书"使尽伎俩。

行走在法律边缘的图书业经营者向法兰西王国非法进口图书,在巴黎或外省进行秘密印刷,成功印制并分销盗版书,搭建严密的违禁印刷品国内运输体系,所有这一切让他们沾沾自喜,也让他们赚得盆满钵盈。狄德罗在其《有关书店贸易的信》(*Lettre sur le commerce de la librairie*)中就如此说:

> 禁止得越厉害,被禁作品的价格就抬得越高,就越加吸引人们想读,购买的人就越多,阅读的人也就越多。已获得许可的图书出版商和作者——假如他们敢的话——可能都要向地方长官乞求:"尊敬的大人,请赐予我们一个罚令吧,这样我们的图书就可以在您尊贵的台阶下被撕碎焚烧!"等到公告员广为通知某本书被禁时,印刷商就会说:"很好,再印一版!"[30]

接下来一段时期,图书警察在追查富凯夫人(Madame Fouquet,她的丈夫是路易十四时期的财政总监,当时已经锒铛入狱)在巴黎开设的秘密印刷坊时,当局采取了更加实用主义的监督方式。对那些刚开始是秘密流通,但之后就公开流通的一些争议性作品,当局有时也睁一只眼闭一只眼,因为图书警察不想干扰商业运营。肖夫兰在1731年指导奥尔良的出版检查员时就写道:"在图书业中,没什么比过于严厉更具危害性了。"[31]

警察体系的初衷不仅在于防范性审查,也在于维护正统,即宗教、国王和道德的正统。警察体系的意义更多不在于其压制措施是否有效,而在于它肯定了强迫大众实现信仰、法律、思想和行动上统一的意图。17世纪的专制君主制宣告了强迫大众实现信仰、法律、思想和行动上统一的使命,但这一使命到相对宽容的启蒙时期再次被提出时,就越来越松懈和模糊了。

出版业和监督

然而压制性措施还是要认真研究的,因为这是旧制度时期对待出版业的常见举措之一。警方卷宗为我们提供了研究的可能,尽管这些卷宗只记录成功的压制事件,对那些在国外制作"坏书"的情况却只字不提。罗伯特·达恩顿利用纳沙泰尔出版公司(Société typographique de Neuchâtel)里的丰富档案所做的研究,对这种情况进行了详细描述。[32]警方行动最基本的方式就是对印刷坊和书店进行常规检查,有结果的话就可以没收盗版书或禁书。最好的结果则是图书业检查员能够瓦解整个违法网。无论是对付詹森派(Jansenist)的秘密出版社,还是处理违禁的哲学著作,警方要实现目标都只能仰赖密探的敏锐监视,并灵活运用行业内部彼此之间的敌意。[33]他们采取线人告密、勒索讹诈、闪电临检等方式,将违法乱纪者送入巴士底狱。[34]虽说告密者和密探是警方不可或缺的助力,但事情往往有另一方面的问题。图书业内部也存在团结一致和串通一气,这种团结会推广到对抗审查制当中。警方临检即使准备得再精心,当遭遇足够重要的利益趋同之时,也会受挫。[35]

1659年至1789年之间,大约有千名违法者因触犯图书生意的相关法规而被押送巴士底狱,这个数字大约占巴士底狱所有因犯的17%。定罪的比例会有所波动,1660年左右比较高,德拉马尔和雷尼时期有所下降,因为他们当时对整个行业的管控更加严格,同时又表现了一定程度的容忍。[36]詹森主义被查禁时,数字又有所上升,到1750年至1759年马勒泽布时期达到最高值。[37]之后,图书警察的行动和审查员的一样,逐渐消退。这些数字很有趣,因为通过它们,我们可以对出版业因犯进行一些区分:被逮捕的大部分都是些小打小闹的违法者,或者从事风险系数小的盗印有许可证之图书的违法者;少数情节严重者之所以落入警方手里,是因为他们完全接受了印刷或交易非正统的宗教、哲学、政治或色情图书(表1)的高风险,或者想尝试尝试这些高风险的活动(或者只是想从中获利)。大鱼们漏网了,尤其在旧制度末期,因为有些受到了高层的保护,有些则因为身处国外而比较安全。[38]

表1 1659—1789年巴士底狱罪犯违反图书法情况一览表

时间	囚犯数	百分比*	书商/印刷商	熟练工	分销人	作者/小册子作者	总计(除作者以外)	总计
1659	65	6	—	—	1	3	1	4
1660—1669	419	19	21	7	14	40	42	82
1670—1679	319	8	6	3	1	16	10	26
1680—1689	584	5	5	2	2	22	9	31
1690—1699	232	4	6	—	1	2	7	9
1700—1709	459	4	1	—	5	12	6	18
1710—1719	406	12	19	5	16	8	40	48
1720—1729	645	16	39	16	32	20	87	107
1730—1739	472	19	25	34	22	11	81	92
1740—1749	513	19	19	12	50	19	81	100
1750—1759	339	40	21	22	41	52	84	136
1760—1769	354	35	19	9	51	47	79	126
1770—1779	296	41	26	3	50	42	79	121
1780—1789	176	23	11	3	11	16	25	41
总 计	5 279	17.8	218	116	297	310	631	941

数据来源:表中计算结果基于 Frantz Funck-Brentano, *Les Lettres de cachet à Paris*, *étude suivie d'une liste des prisonniers de la Bastille*, *1658－1789* (Paris,1903)。
*指违反图书法律者相比于所有囚犯的百分比。

从这些囚犯的职业地位、所犯罪行的等级和所受刑罚的程度都可以看出镇压手段的不平等。虽然超过三分之二的违法者都来自图书业,但受罚最重的还是熟练工(刚出师的学徒工)、小贩和初级分销人,而不是大印刷商。[39] 总的来说,除了一些不知悔改的累犯,前面这三种人的坐牢时间都比大印刷商的要长。还有比较显眼的数字就是被严密关押起来的 300 多名作者。伏尔泰被关押在巴士底狱长达 11 个月,监狱记录册上的作者大多数都被关押 6 到 12 个月。总之,出版业经济决定镇压的程度,对丑闻的忧虑超过一切。

到旧制度末期,政府官员开始质疑自身行动的有效性。他们发现,当审查员的决定背离大众观念时,审查的有效性就丧失。过了不到一个世纪的时间,他们开始重新思考什么才是适合大众、适合时代、适合作者的出版物,审查的意义发生了改变。审查员作茧自缚,开始禁止那些他们作为读者的话反而会同意出版的图书。17 世纪审查制的主要任务是要扫除任何阻碍君主制理想之实现,和反宗教改革、重申天主教大一统的障碍。到 1700 年,比尼翁团队中的学者和神职人员提供了在某些方面已受启蒙思想影响的一幅有关世界、宗教和社会的图景,但这幅图景仍然对所有大众文化形式和批判精神,即所有非传统形式的知识保持敌意,认为这些都是危险的。

直至 18 世纪末,审查制都在试图一方面守住阵线,另一方面又灵活机动。新观念的力量还是受制于这种有一定宽容度的审查,但这种审查随着时间的推移,效果越来越差。经济和意识形态的必要性都必须考虑,维持印刷业的活跃与阻止"坏书"的流通同样重要。然而,严控与商业之间越来越难以相容,尤其在启蒙思想的拥趸在王室政府赢得了立足点之后。到 1789 年,审查员陷入了困惑。图书警察为了某种可能存在的价值,固守职责。审查员采用监视和温和的压制手段——因为法律许可的制裁手段与实际能够采用的手段之间的差距越来越大——尽其所能使图书贸易与既定秩序保持一致,同时核查大众对"坏书"越来越强烈的阅读兴趣。无论压制性措施到底有多有效,负责这些措施的人其实对彻底的压制并无什么信心。马勒泽布就是一个例子,他曾批准过印刷一些大胆直言的图书,还曾对《百科全书》实施过保护。然而也是他,相比于他的继任者们,将更多的印刷业小人物和轻微违法者投入了监狱。路易十四、路易十五和路易十六时期的警方并没有阻止禁书的流通和盗版书的分销,事实上,他们的一些行动还可能做了最好的广告宣传。正如托克维尔所观察到的,完全的出版自由可能危害性更小。

法国大革命并没有终结图书警察制和审查制。《人权宣言》第 11 条指出了两个方向。它振聋发聩地宣告了自由:"自由交流思想与意见乃是人类最为宝贵的权利之一。因此,每一个公民都可以自由地言论、著作与出版。"但它又给立法者布置了一项任务,就是去界定什么情况是违法:"但应在法律规定的情况下对此项自由的滥用承担责任。"一方面从法律上对自由表示完全赞同,另一方面又合法化不容忍这种自由的可能性。1989 年,情况同样岌岌可危,因为我们已经认识到了自由原来如此脆弱不堪。[40]

斗篷下的哲学

罗伯特·达恩顿

当公共刽子手在巴黎正义宫的院子里撕毁焚烧禁书时,他是在向印刷文字的威力致敬,但往往他焚毁的只是复制品,原版还掌握在地方长官的手里——地方长官并不会像人们想的那样恣意举行这种裁判大会。他们知道,一把大火反而会是最好的促销方式,所以他们宁愿没收图书,羁押书商,而不愿大张旗鼓。据估计,当局在1770年代和1780年代,平均每年罚禁4.5本图书或小册子,但当众焚烧的总共才19本。[1]虽然这些书都被焚烧殆尽,但还有成千上万本图书通过地下图书贸易的渠道在秘密流通,它们是整个王国内如饥似渴的读者们非法读物的基本供给。但没有人知道详细的情况。

平常被各地小贩们藏在"斗篷下"的这部分作品到底有多少?是什么形式?政府当局并不了解。虽然警方曾经在书目工作中进行了一些尝试,但还是没有整理出所有可定为非法的书籍清单(尽管其中有些从未被正式罚禁过)。[2]合法作品的概念一直模糊不清,因为主管图书业的机构总是对合法与非法之间的界线含糊其词。对于合法作品,他们颁发"特许、默许、一般许可、警方许可、一般容许(*privilège*, *permissions tacites*, *permissions simples*, *permissions de police*, *simples tolérances*)"等证明,以及一些较为随意的、可能根本没有什么名称的许可方式,或者在登记册上显示为诸如"允许只为声名显赫之士出版"之类的婉转说法。[3]对于非法作品,他们统统没收,包括合法图书的盗版书(*contrefaçons*)、没有通过官家书商而仅由个人进口的合法书、不违法但无任何许可证明的书(通常是在其他国家获得许可的进口书),以及违反王室法令和审查员报告中关于三个标准的书。这三个标准就是指不得危害王室、教会和传统道德的威权。

对于最后这种图书,没人能在(警方所谓的)"坏书"中界定其"坏"的程度,但这种区分又很重要,因为有些书一旦被没收,有可能之后会还给书商,而有些则成为将书商送入监狱的证据。从1771年到1789年,巴黎书商同业公会的官员们登录记载巴黎海关没收的所有图书的书名。他们还会按照三个规则来区分这些图书,即"禁书"(扣押或焚毁)、"未获许可之书"(有时会返还给上交者)和"盗版书"(销售后利润返还给拥有原始版权的书商)。但是随着图书的增多,这种区分就开始混乱,出现重叠和前后不一致的现象,最后整个分类体系崩溃,3 544个书名未做任何区分就混杂在一起,唯一的共同点就是所有书名闻起来都有点违法的味道。[4]

但要做到细致区分,官员们就不能相信这种对违法味道的嗅觉了。谁能跟得上源源不断涌现的印刷品的速度呢?谁又能分辨准合法图书与轻微违法图书呢?他们认为货运代理商具备这种能力,因为他们如果转寄非法作品就会被罚款。但是蓬塔利耶(Pontarlier)的货运代理商让-弗朗索瓦·皮翁(Jean-François Pion)却表示自己没有识别禁书的能力。他在瑞士边界向一名海关官员征询指导意见时,得到的答复是这样的:

> 我不能肯定地告诉皮翁先生哪些书是禁书。一般来说,所有反宗教、反国家、反道德的书籍都不能进口。有些书有特别的禁令,例如盗版的法国史、《百科全书》等。但书籍质量不归海关管,应该是书商同业公会的事情。[5]

当然,书商获得的信息会更多。他们预订货运,同业公会经理人原

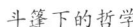

则上会在王室出版检查员(inspecteur de la librairie)的陪同下对他们进行检查。但大多数书商对于什么样的图书在真正流通,尤其什么样的图书在通过地下渠道流通,却只有一个大概的了解。人文杂志会被审查,一般不会对这样的书籍做评论(但有时候也做)。而且,可能根本不能根据书名来判断一本书。当然,书名页会提供许多线索。书名页的尾端如果印上标准格式的"获国王认可和特许"就很有可能是合法书,但也有可能是盗版书。赫然印上虚假地址("费城""在自由的标志下""巴士底狱千人团")的图书是公然无视法律,连伪装一下都不屑。但在这两种极端之间就有很多混淆不清的空间。书商常常根据书目,甚至小道消息来下订单,所以往往会把书名搞错,有些书名几乎拼写不出来。凡尔赛的普安索(Poinçot)订购 25 本"诡计新编(nouvelles des couvertes des ruse)",他的瑞士供货商后来搞明白,其实他要的是一本旅行记《俄罗斯人的新发现》(Nouvelles découvertes des russes)。这位瑞士人还正确理解了普安索关于"la bes Raynalle"的评论,其实他指的是雷纳尔神父(abbé Raynal)的《欧洲人在东西印度群岛殖民和贸易的哲学与政治史》(Histoire philosophique et politique des établissmens et du commerce des européens dans les deux Indes)。[6]但他们还是搞砸了来自里昂的弗夫·巴里泰尔(Veuve Baritel)的订单,弗夫好像是要订购一本听起来纯洁无邪的"沙尔泰勒的肖像(Portraits des Chartreux)",但其实他订的是反圣职的色情书《沙尔泰勒看门人所见之某教士艳史》(Histoire de Dom B*****, Portier des Chartreux)。[7]

诸如此类的错误可能会造成严重后果。书店中被发现有《沙尔泰勒看门人所见之某教士艳史》这本书的书商,会被捕入狱或剥夺从事图书业的资格。运载这类书的车夫会被罚款并上缴车上所有货物。兜售这类书的小贩会被烙上 GAL 三个字母(代表 galérien,苦役),并戴上脚镣送到船上服苦役。这类刑罚确实发生过。[8]旧制度的最后几年并不如一

30

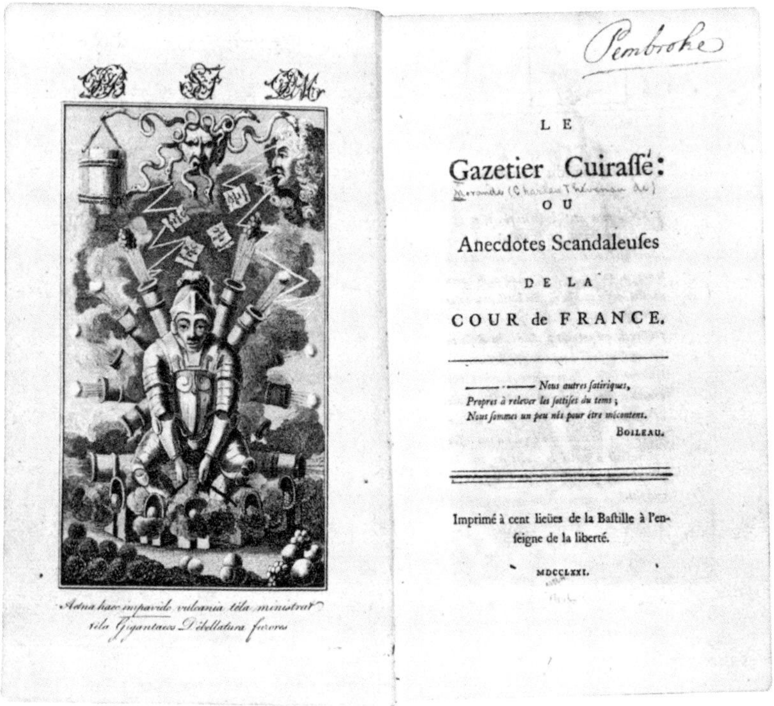

夏尔·泰弗诺·德·莫朗德(Charles Théveneau de Morande),《铠甲记者》,1771。纽约公共图书馆,一般研究部。

《铠甲记者》是一本不折不扣的非法书,描述了法庭人士腐化堕落的生活方式。这本书使用虚构的印刷商地址——"巴士底狱千人团",对其非法身份大肆张扬。(cat. no. 102)

些历史学者所想象的那般欢乐宜人、宽容忍耐、自由放任，巴士底狱也不是三星级酒店。虽然巴士底狱不像革命前鼓动者们所发明的酷刑室那般恐怖，但也毁了许多与文学打交道之人的命运——有作者，但更多的是出版商和书商，这些虽然不创作但制作文学的专业人士。他们必须在每天的日常生意中甄别合法书与非法书。通过研究这些专业人士在18世纪如何应对这个难题，我们就能试图解答困扰着两个世纪之后历史学者的一个问题，即如何识别在大革命前夕的法国真正流通的文学作品中的危险因素。当然，仅在一篇文章里我们很难考察整个文学形势，但我们可以通过考察以文学谋生的人们如何处理这个问题来探索其边界，去考察他们如何用行话讨论文学，彼此之间如何交流，如何在一个庞大的体系中做市场营销、下订单、包装、运输、销售，以实现在法律规定之外将书籍送达读者的任务。

区别禁书的问题开始看起来只是一个语言问题。警方在审问巴士底狱的囚犯时，发现一个名叫于贝尔·卡赞（Hubert Cazin）的书商，他在兰斯的书店里几乎存着所有禁书和有伤风化的印刷品，警方要求他解释一下他的通信中经常突然冒出来的一个令人摸不着头脑的短语："哲学文章（philosophical articles）"。卡赞解释说这是"图书业中一个约定俗成的说法，指所有被禁的印刷物"。[9]警方还听过别的说法，例如"密书""药品""苦书（miseries）"等，另外，之前提到过，警方有自己喜用的说法，即"坏书"。印刷商使用的行业俚语是"栗子（禁书）"和"做栗子（干禁活儿）"。[10]但出版商和书商则青睐更高大上的术语："哲学书"。在他们的商业编码中，这就是一个信号，专指会给他们带来麻烦，必须小心处理的书。

这些行话可以从纳沙泰尔出版公司的文献资料中得到最好的研究。纳沙泰尔出版公司是位于法国东部边界，瑞士纳沙泰尔公国的一家大型出版和图书批发公司。与其他类似出版公司一样,纳沙泰尔出版公司每天都面临着供需匹配的问题,需要大量的信函往来沟通。这些出版公司除了要把装有脆弱且未装订书页的沉重板条箱,经粗糙原始的道路,在规定的时间运到规定地点,送到规定的人手中,还要认真对待收到的信件,所以客户们在寄送订单的时候一定要保证信息准确直接。纳沙泰尔出版公司的经理收到的信件来自并不认识的书商和没去过的地方,订购的书也是他们从来没听过的。书名经常不准确、拼写有误,或者根本无法辨认。书籍本身往往就隐含着危险,一旦通过错误的渠道输送了错误的书籍,就要面临牢狱之灾。但是,如何能在浩瀚的法国文学海洋和混乱的日常信件中分辨对错呢?

出版商仰赖的是自己的一套编码。"哲学"就是危险的信号。纳沙泰尔出版公司的经理刚入行的时候,并没有囤积很多禁书,也不喜欢这个行话。在给一个书商的信中,他写道:"时不时地会有一些新作品出现,这些作品很不恰当地被称作哲学书。我们存得不多,但知道在哪里可以找到,如果你们要的话,我们也可以提供。"[11]但他们很快认识到,对于许多客户来说,"哲学"作品是图书贸易的重要部分。里昂的迪普兰(P. J. Duplain)告诉他们,他迫切地想做图书生意,"尤其是哲学题材的图书,这似乎是当今世纪唯一受欢迎的题材"。卡昂的马努里(Manoury)也写道:"注意:你们有哲学书吗?这是我的主打线路。"来自法国各地的信件形式各样,但主题都相同:"哲学商品"(贝尔福[Belfort]的勒利埃弗尔[Le Lièvre])、"哲学作品"(雷恩[Rennes]的布卢埃[Blouet])、"哲学书"(吕内维尔[Lunéville]的奥德阿尔[Audéart])、"各种哲学书"(图尔[Tours]的比约尔[Billault])。[12]

因为这种编码为业界所有人熟知,所以书商想当然地以为供货商应该知道他们的意思,奥布省上巴尔(Bar-sur-Aube)的帕特拉斯(Patras)就下了张空白订单,只写了一句话:"贵公司所有最新哲学作品,每种三本。"

在询问信息时也延续这种想法,因此,朗格热(Langres)的鲁耶(Rouyer)写道:"假如贵公司有好书、新书、奇书、趣书、好的哲学书,还烦请告知。"里昂的小勒尼奥(Regnault le jeune)写道:"我就经营哲学书,所以除了哲学书,其他的书我几乎都不需要。"他们期望供货商知道哪些书属于这个范畴,但还是会在订单里表述清楚。勒尼奥就在一张订购十八种书的订单上用打叉符号标注了所有"哲学书",并解释说这些书要小心地藏匿于板条箱中。这六本哲学书分别是:《马蒂厄神父》(Le Compère Matthieu)、《沙尔泰勒看门人所见之某教士艳史》、《欢场女郎》(La Fille de joye)、《女子学院》(L'Académie des dames)、《论精神》和《2440 年》(L'An 2440)。这几本书很典型,以理论专著的形式涵盖了从色情到哲学的各种图书。[13]

对待"哲学书"不能跟对待合法书,甚至轻微违法书的方式一样,因为那种书只是盗版或未经审查,但还没到被查收的程度。纳沙泰尔出版公司不会印制很多毫无底线的禁书。该公司在 1771 年因为出版《自然的体系》(Système de la nature)一书与市政官员发生了一些冲突,所以之后他们宁愿与从事禁书生意的行家里手进行交换以获得这类书籍,这些行家包括日内瓦的雅克-邦雅曼·特龙(Jacques-Benjamin Téron)、让-萨米埃尔·卡耶(Jean-Samuel Cailler)、皮埃尔·加莱(Pierre Gallay)和加布里埃尔·格拉赛(Gabriel Grasset),洛桑(Lausanne)的加布里埃尔·德孔巴(Gabriel Décombaz),以及纳沙泰尔公国的萨米埃尔·福什(Samuel Fauche)。交换在 18 世纪的各种出版物中都很普遍。出版商用自己印制的图书去交换自己没有但其他出版公司有库存的图书,这样可以快速传播自己印制的版本,从而在增加自身出版品种的同时降低盗版或反盗版的风险。出版商通过计算易手的页数来结算交换账目(comptes de changes)。除特殊版或插图版之外,一般来说,一本书的单页与另一本书的单页相当,但"哲学书"比普通书的价值更高,因为"哲学书"在市场上的售价更高,生产成本更高,或者至少风险更高,因为即使是在相对自由的瑞士小镇上,地方当局因受加尔文派牧师的刺激,有时也会没收图书并课以罚款。所以,涉及禁书的交换比例就会相对特殊,"哲学书"的两页换普通盗版书的三页,或者一页换两页,或者三页换四页,具体还是要看双方讨价还价的能力。

纳沙泰尔出版公司从日内瓦那边交换到了最好也最肆无忌惮的图书,日内瓦的大型出版公司有克拉梅尔(Cramer)和德·图尔内(de Tournes),在这两大出版公司的庇护下又有一撮处于边缘的小出版商发展了起来。1777年4月,纳沙泰尔出版公司的两名经理在出差前往日内瓦的路上,收到了来自公司总部的提醒:"到目前为止,日内瓦是我们主要的哲学书货源地,这些哲学书都紧跟当今世纪的阅读品味,构成了我们重要的货源。卡耶、格拉赛和加莱跟我们的交换比率一般是他们的两页对应我们的三页,现在要看看你们怎么跟他们谈了。"[14]档案内容没显示这次价格协商的具体情况,但从纳沙泰尔出版公司与两个日内瓦最重要的供货商——特龙和格拉赛之间的通信中还是能很清楚地看到价格协商的一般情况。

特龙谋生的方式包括辅导数学、卖书、经营文学工作室(cabinet littéraire),以及打打跟文化知识有关的,哪怕能赚一分钱的零工,但仅仅能勉强度日。1773年与1779年经历了两次破产,其间他开始做小规模的出版生意。他挑选了几本看似势头不错的禁书,在一个朋友垫付的资金支持下雇用了当地的印刷工来印制禁书。他偷偷地在柜台下出售这些禁书,以获得现金,又用这些禁书去交换可以在他的书店明面上出售的合法书,所有这一切都发生在坐落于日内瓦主街一幢楼的二楼一间房里。纳沙泰尔出版公司觉得他将是一个很重要的新供货商,于是在1774年4月写信给特龙:"也有人经常找我们要所谓的'哲学书',烦请告知您是否能为我们提供这类书籍。如果可以,我们将很高兴能从您那

斗篷下的哲学

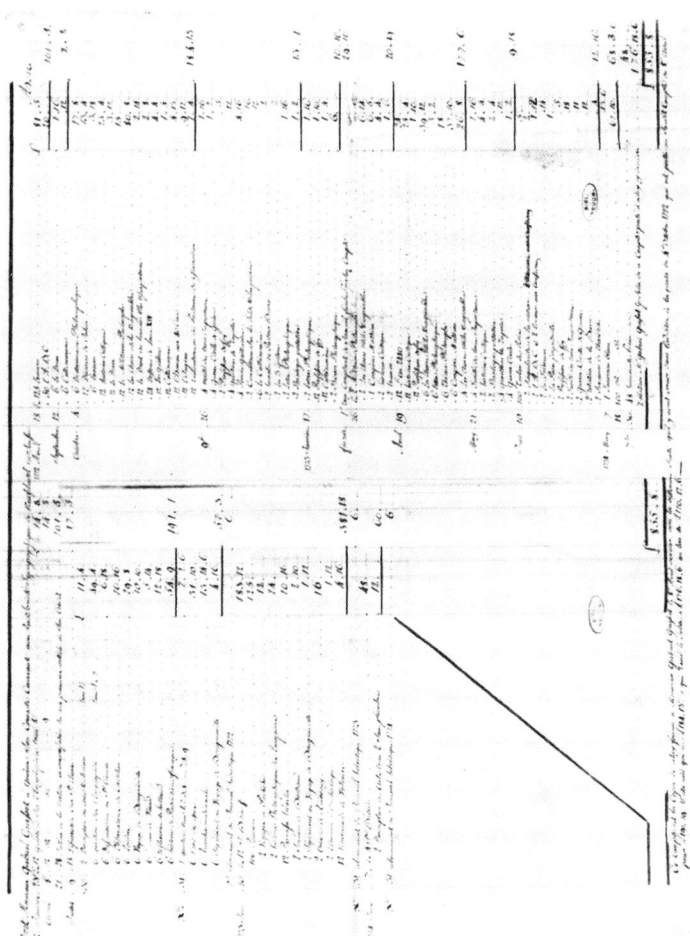

加布里埃尔·格拉塞,与纳沙泰尔出版公司的交易账目,[1775 年 8 月]。纳沙泰尔出版公司与大学图书馆,纳沙泰尔出版公司档案。

35

地下印刷商兼图书中间商格拉赛的通信、账目和印刷品目录。从这些可以看出 18 世纪末非法图书贸易的范围之广,经营之老练。格拉赛的《哲学作品清单》中既有启蒙思想的伟大著作,也有臭名昭著的色情书,这说明"哲学"已经成为所有非法书的委婉语了。(cat. nos. 53–55)

加布里埃尔·格拉赛,写给纳沙泰尔出版公司的信,1774 年 4 月 25 日。

加布里埃尔·格拉赛,《哲学作品清单》,[1774]。

儿获得供应,这样的交易肯定对您有好处。"特龙通过返程邮车回复:"我从你们的库存中选择一些书,用你们所需的哲学书的三页交换你们库存书的四页。"出价挺大方,因为纳沙泰尔出版公司这个客户值得重视,特龙想获得他们的好感,他之前的一些投机生意失败了,账单都付不起。三个星期之后,他发出了第一批订购的图书:"8本《基督批评史》(Histoire critique de Jésus-Christ)、6本《博林布洛克信札》(Lettres de Bolingbroke)、3本《三个骗子的约定》(Traité des trois imposteur)、6本《袖珍神学书》(Théologie portative)、12本《初学教理者》(Catéchumène)、2本《实用又可爱之物》(Choses utiles et agréables)、6本《萨于勒》(Saül)",总共533页,按照约定好的3∶4的比例,纳沙泰尔出版公司提供711页到特龙的账目中。特龙专营伏尔泰的作品,因为他善于搜集从费尔内(Ferney)流传出来的文学作品。但他也经营各式各样的色情书和政治短文,值得注意的就有《有关莫普先生发动的法国君主政体革命的历史纪事》(Journal historique de la révolution opérée dans la constitution de la monarchie française par M. de Maupeou)。作为回报,纳沙泰尔出版公司给他送来了他们自己印制的相对清白一些的图书,他解释说:"我尤其需要大量小说、旅行记和历史书。"他们之间的互换交易断断续续持续了5年,直到特龙的生意倒闭。[15]

加布里埃尔·格拉赛曾经在克拉梅尔公司的印刷坊做过几年的监管工作,后来才开始经营自己的印刷和售书生意。虽然他曾经得到过伏尔泰的私下赞助,但也没怎么获利,因为他做生意实在是不如做印刷工人。他经营两家出版公司,亲自负责所有的账单和通信业务,账目弄得一团糟,还总是拖欠付款。到1770年4月,生意实在是做不下去了,他就主动请求将所有资产都卖给纳沙泰尔出版公司,自己只担任工头。但后来他靠着印刷禁书和秘密销售禁书坚持了下来。他与纳沙泰尔出版公司的交换业务开始于1772年,采用的是通行的一页换两页的比率,因为他坚持不能再便宜了："既然其他所有书商给我的条件都是两页换一页哲学书，那么我建议你们也按这个比率。"他从纳沙泰尔出版公司的书目中挑选图书，纳沙泰尔出版公司则从他提供的库存清单中挑选所要的"哲学书"。

很快，纳沙泰尔出版公司就用《圣经》交换到了《有神论者的信仰声明》（*La Profession de foy des théistes*）和《三个骗子的约定》。纳沙泰尔出版公司还通过这种方式得到了许多其他的经典禁书，诸如《哲学家泰蕾兹》（*Thérèse philosophe*）、《马蒂厄神父》和《2440年》。而且在图书的来往交易中，他们试图争取到更有利的交换比率，1774年4月他们试图说服格拉赛同意三页换他的两页，而不是四页来换他的两页。格拉赛拒不让步："至于你们提议的三页换两页，这显然不符合我们之前的约定。你们当然也知道，哲学书的成本高，风险也高，肯定超过2∶1的价值。为了能同你们继续生意来往，我愿意[以2∶1的比率]交换我所附书单中所有已标注价格的哲学书。"格拉赛虽然坚持了交换比率，但却放松了警惕。1780年1月，日内瓦地方法院（Genevan Petit Conseil）以印制淫秽色情和反宗教书籍为名对格拉赛课以罚款和监禁。出狱后，他只得变卖印刷坊，但手上还秘密保留了一些存货。他在1780年8月还提出可以交换100本《基督批评史》，这种地下交易看似一直延续到了1782年2月他去世为止。[16]

格拉赛关于信中所附书单的那段话也显示了对待哲学书（*livres philosophiques*）的另一种特殊方式，就是要列在单独的秘密书单当中。格拉赛的书单是印在一小张纸上，抬头写着"哲学书单"，其中有75种书名，按字母顺序排列，但没标明出自哪里。对于不宜泄露的信息，出版商都不会列入书目当中，不像合法书的书目那样标示清楚出版商名称、地址，并公开流通。例如1780年，沙皮伊（J. L. Chappuis）和迪迪埃

(J. E. Didier)这两家日内瓦出版公司合并,他们印制了一份传单来通知此事,并附了两张书单。一张涵盖了他们的大部分库存图书,总共有涉及历史、旅游、法律、宗教、纯文学等标准主题的106种书,全部都"货源充足",完全合法。另一张的标题是"分立书单",有25种书,全部都是极端违法书,从《女子学院》到《隐修院里的维纳斯》(*Vénus dans le cloître*),还有很多伏尔泰和霍尔巴赫(Holbach)的著作,以及政治诽谤书,等等。[17]

虽然这类书单并没有引起现代书目学家的注意,但是在地下图书业中到处流传。纳沙泰尔出版公司的资料中,有五份这样的书单来自日内瓦和洛桑的供货商,两份则是他们自己拟就的,其中一份是手写的,题为"哲学书"(大约起始于1775年),列有110种作品,另一份是印制的,题为"分立书单",日期写的是1781年,列有16种作品。这类书单有两个目的,一是让出版商和批发商了解库存,以便挑选后进行交换,二是让零售商知道哪些著作可以通过秘密渠道获得。但是它们本身就很危险,所以也只能在斗篷之下秘密地流通。1773年3月,警方临检斯特拉斯堡的弗夫·斯托克多尔夫(Veuve Stockdorf)的书店,找到了一锤定音的犯罪证据:一张印制的"1772年贝尔内法语书书目(Catalogue de livres françois/à Berne 1772)"。这份书单有182个书名,警方可以从中清楚地了解一个瑞士供货商的存书,以及他与一位法国客户之间的交易活动。1781年,一个名叫热雷米·维特尔(Jérémy Wittel)的瑞士出版商在前往巴黎售书的路上,仅仅因为分发"印制的坏书书单"而被捕。所以书商在法国境内交流书目时,都要运用一些隐秘招数,例如用密码写信、删去姓名和地址、请求"对书单保密",等等。警方了解所有这些伎俩。纳沙泰尔出版公司为了能逢迎讨好出版业管理部门的一位重要官员,请了他们一位最重要的客户——凡尔赛的普安索,随身带着合法书书单去跟这名官员协商,普安索回来汇报说:"他很满意,但是他跟我说,'他们另外还有一张坏书书单'。"[18]

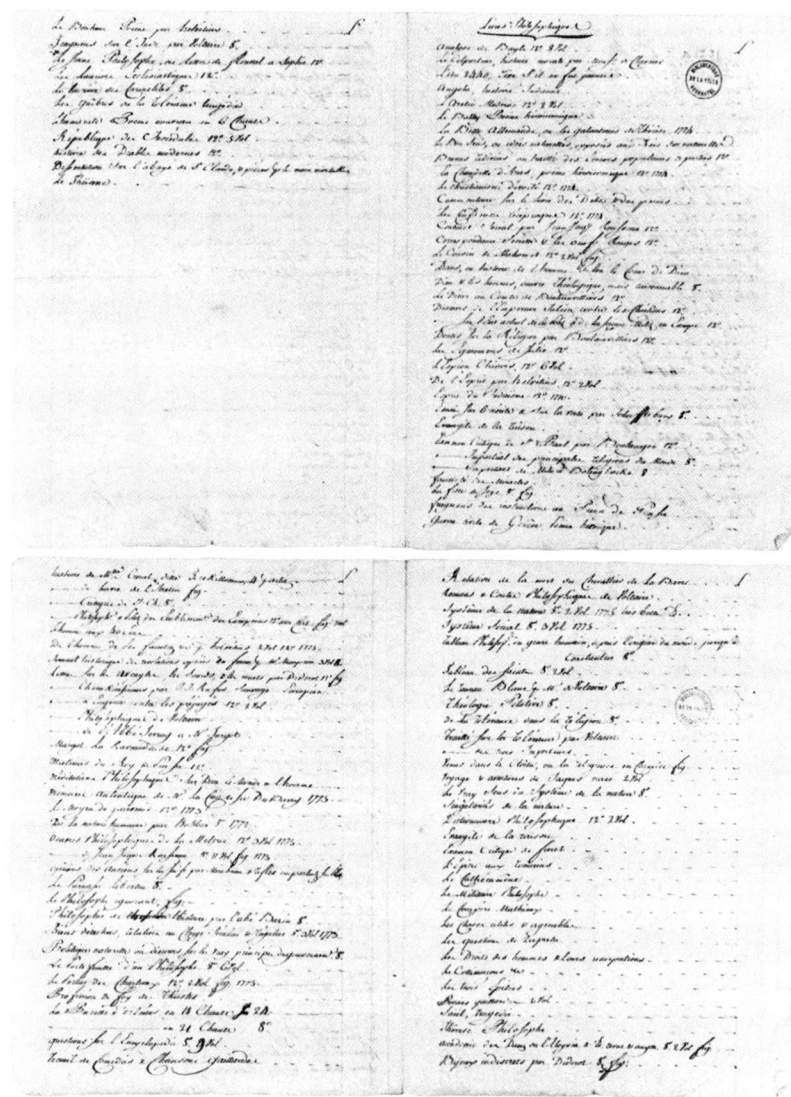

纳沙泰尔出版公司,哲学书单,[1775?]。纳沙泰尔公共与大学图书馆,纳沙泰尔出版公司档案。

像纳沙泰尔出版公司的这种"哲学"(即非法)著作书单在法国广泛流传,显示了当时穿越国界线的图书走私活动是多么普遍。

虽然有危险，但书单对于市场营销至关重要，出版商还是会采用常规邮递的方式寄送。1776年8月，纳沙泰尔出版公司向欧洲各地156家书商寄送通告信，试图招徕新客户。书记员在公司邮件名录中录入客户姓名时，有些姓名后会写上"附哲学书"，而有些则写上"不附哲学书"。前面这种一般都是可靠的行家老手，像梅斯的布沙尔（Bouchard）、南锡的巴班（Babin）、阿维尼翁（Avignon）的尚博（Chambeau），他们对非法作品可能会感兴趣，而且会对秘密书单保密。后面这种，像瓦伦西亚的莫兰（Molin）、巴塞罗那的布阿尔德尔（Bouardel）及西蒙（Simon）、里斯本的博雷尔（Borel）和那不勒斯的埃尔米勒（Hermil），都住在天主教国家，很危险，最好还是不要在信中附上秘密书单这样的东西。[19]

法国的书商似乎对这种危险邮件并不怎么害怕。尽管他们偶尔也会使用密码，也会谈到警方在机要室里拆开邮戳，但他们不会不订购哲学书。博韦（Beauvais）的莱内（Laisney）就不满纳沙泰尔出版公司只给他邮寄标准的合法书书单。他不要标准书，他需要"几本哲学书，你们的书单里没有，但我相信你们的仓库里肯定有"。默伦（Melun）的普雷沃（Prévost）也同样抱怨："你们的书单里只有常规书。"他的客户们需要"别的书，就是哲学书"，后来纳沙泰尔出版公司给他寄了秘密书单，那些客户们才买到了他们要的哲学书。南特的马拉西（Malassis）反映了同样的问题，情绪激动，表述直白："赶紧——可以随返程邮车——给我寄一张你们所有哲学书的书单，我可以替你们大量销售。"不管书商在哪里经营禁书，他们都认为供货商有特别的存书并准备了特别的书单。为了启动整个系统，他们使用标准的说法："哲学书"。[20]

供货商也使用相同的暗号，并附上销售和价格等方面的补充信息。如上文所述，纳沙泰尔出版公司有时会发起邮递广告的活动，但平常还是在寄信给客户时，策略性地附加上库存的新书书目。例如，在写给波尔多的贝热雷（Bergeret）的信中就有这么一条典型的旁注："至于哲学书，我们不印制，但我们知道可以从哪里得到。这是我们的一张短短的哲学书单。"贝热雷的回信就附上了订单，全是像《哲学家泰蕾兹》和《袖珍神学书》这样的书。但是，在开始重要的秘密交易前，纳沙泰尔出版公司认为提醒一下对方价格的问题才是明智之举：

> 我们注意到，您订购的作品中有很多都是所谓的哲学书。我们自己的库存没有这些书，但好在我们与其他出版公司有联系，所以我们还是可以为您提供这些书的。但是我们要提醒您，这些书由于可想而知的原因，相比于其他书来说价格更高。我们不能按书目中其他书相同的价格给您，因为我们也得从其他地方高价购进。但我们还是会尽可能给您最好的价格。这类书如今在我们这里是与日俱增。[21]

"哲学书"的价格波动跟其他书不同，起价都会高一些，通常是类似盗版书的两倍，接着就可能突降或猛升，升降取决于是否被禁（越禁生意就越好）、警方临检（会激发读者的兴趣，但会吓退书商客户）、波诡云谲的供货形势（市场上可能悄悄地同时出现相互竞争的出版公司推出的好几个版本）。一般情况下，纳沙泰尔出版公司将常规书的批发价定为每页1苏，禁书每页2苏，交换的时候经常是两页合法书换一页"哲学书"。但是，在与特龙和格拉赛交易的时候，这个交换比率会有所变化，关键看议价的时候哪方占上风。如果一本书确实有颇多丑闻，又是新鲜出炉上市，那么大家都希望它的价格能够猛涨。[22]

价格的波动在秘密书单上留下了痕迹——就是字面意义上的痕迹，因为供货商经常手动添加新价格。格拉赛印制的"哲学书单"上没有价格，等到他与纳沙泰尔出版公司商议好以一页换两页的比率跟他们交换图书后,他就根据每本书的页数手写加上了价格。纳沙泰尔出版公司的定价是每页 1 苏,他就写上每页 2 苏,《袖珍神学书》总共 20 页,他就定价为 2 里弗尔(即 40 苏)。但是他只同意以 1∶2 的交换比率兑换他那张书单上 75 种书中的 33 种。他希望其他书能带给他更多的利润,包括像《欢场女郎》和《中国密探》(*L'Espion chinois*)等经典书,所以就没标价。他还坚持要对两部刚从费尔内的"撒旦"生产线上下来的最新作品特别定价,就是《白牛》(*Le Taureau blanc*)和《飞马珀伽索斯与老人的对话录》(*Dialogue de Pégase et du vieillard*),他写道:"至于《白牛》和《珀伽索斯》,有 6 页,我卖给日内瓦所有书商都是 1 里弗尔[即 20 苏]的现金,因为这两部作品都是用淡蓝色纸张印刷的。不过,我还是想跟你们做生意,所以决定给你们 18 苏的特价。"[23]

是不是新书,有没有恶名,纸张特不特别,有没有插图,是不是修订版,有没有论辩,等等因素使得禁书的价格变化多端,往往一本相同的作品会以不同的形式、不同的价格出现在不同的书单上。色情畅销书《女子学院》自 1680 年面市以来就经历过几次变形,出现在了三张不同的书单之中。1772 年贝尔内出版公司将它列入清单,没有具体的书目信息,但标了 24 里弗尔的价格。1776 年洛桑的加布里埃尔·德孔巴的书单中是这么写的:"修订提升版,放大到 8 开本,两卷插图本,1775 年出版,12 里弗尔。"1780 年,日内瓦的沙皮伊和迪迪埃公司提供了两种完全不同的版本:"大 8 开本,精美的荷兰版本,附 37 张插图,13 里弗尔"和"2 卷插图本,12 开本,3 里弗尔"。[24]

如果是每卷 2—3 里弗尔的价格,禁书还是在很多法国人的购买能力范围之内的。熟练工一天就能挣这么多,甚至更多的钱。但是书单上写的是批发价,到读者手上之前还要转好几次手,要经过走私者、运输中介、车夫、零售商的手。传播难度会进一步改变价格,所以消费者可能要支付批发价的两倍乃至十倍的钱。商家竞争可能会在零售环节拉平一点价格,但在偏远地区,主要靠那些同时出售廉价畅销故事书的小贩们才能买到哲学书,小贩们就会漫天开价。保罗·马勒布(Paul Malherbe)在卢丹(Loudun)有个秘密仓库,一大批小贩都从他这儿进书,他说:"小贩们迫切地想进这种书,这种书让他们赚得比其他书多,因为这种书的普遍需求大,他们可以漫天要价,利润最大化。"[25]

在这种变幻莫测的市场环境里,营销尤其有风险。出版商一般仰赖往来的商业信函来掌握突发情况和需求变化,但他们也会派遣专人出差,搜集并详细汇报有关地下贸易状况的信息。1776年,纳沙泰尔出版公司就派遣了一名亲信职员——让-弗朗索瓦·法瓦尔热(Jean-François Favarger),奔波于瑞士、萨沃伊(Savoy)、利奥奈(Lyonnais)、勃艮第(Burgundy)和弗朗什-孔泰(Franche-Comté)等地。他给马匹驮载上样书、书名页和两类书单,接着就一个市镇一个市镇地走,一个书商一个书商地接触,并向公司汇报每一次交涉过程。他在离开格勒诺布尔(Grenoble)的布雷特(Brette)书店后写道:"虽然他与洛桑出版公司有联系,这家公司在我一路上都抢先我一步,但他还是愿意从我们这里订购所有他需要的瑞士版本。我给他一张哲学书单。他说上面几乎所有的书他都已经有了。"在与第戎(Dijon)的卡佩尔(Capel)协商后,他写道:

> 卡佩尔先生相当厉害,至少他的书店存书丰富。他经营很多哲学书。我给他一张[哲学]书单和一份带样张的书目。他会看看是否要从我们这里下单。他也是一名图书业检查员。我们[通过走私者]经茹涅(Jougne)运送的所有板条箱都经过他的手。他对那种东西并不是那么严苛。

很明显,行程的每个阶段,就像制作过程的每个环节,从印制、存放、定价到营销,哲学书都需要特殊处理,也确实得到了特殊处理。[26]

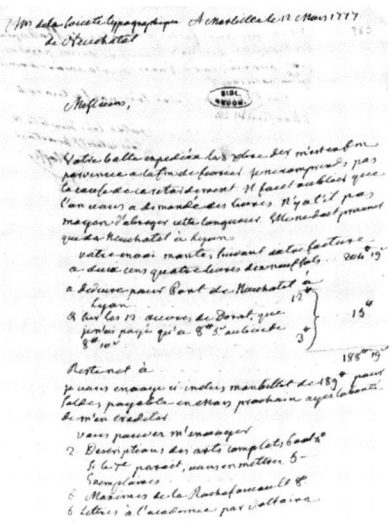

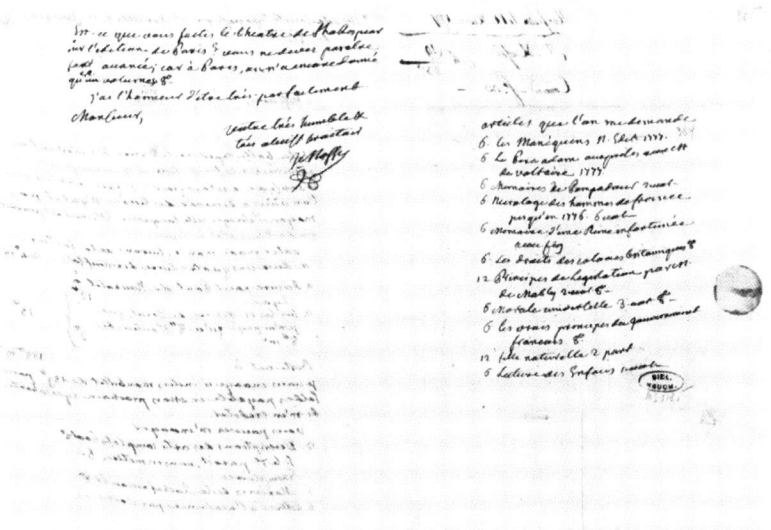

莫西(Mossy),写给纳沙泰尔出版公司的信,1777年3月12日。

43

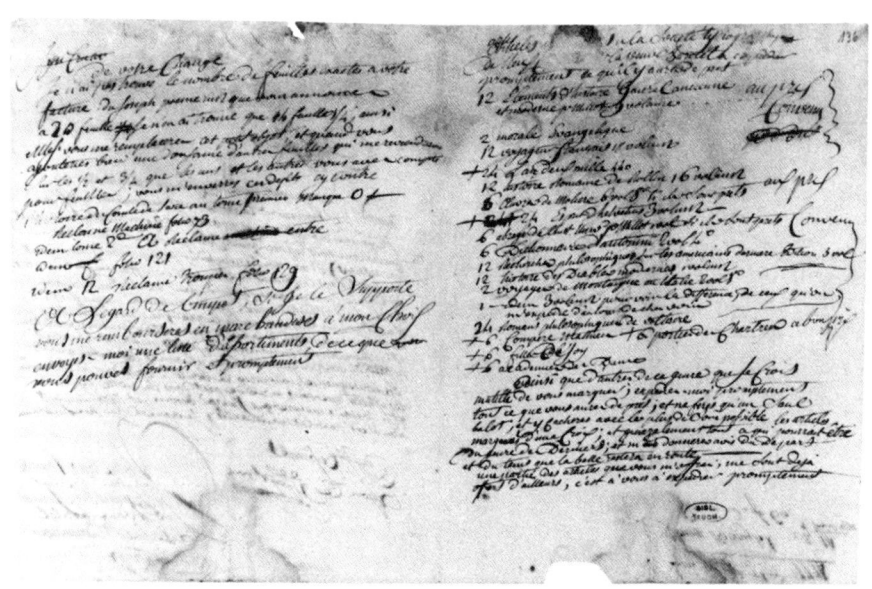

巴里泰尔,写给纳沙泰尔出版公司的信,1774年9月19日。(cat. no. 50)

非法书的经销商在信函中会采用各种预防措施,以避免当局侦查或起诉。例如,马赛的莫西就将他想要的非法书插入一张没签名的单独的纸片里,只简单地标注为"我想要的文章"。图尔的比约尔先列出合法书,然后画一条线,再列非法书。里昂的巴里泰尔给非法书用打叉符号做标记。他们还要求特殊包装,以防止货物在检查时被识破。所以,波尔多的贝热雷请求印刷商混杂或"交错"放置非法书与合法书的书页。纳沙泰尔公共与大学图书馆,纳沙泰尔出版公司档案。

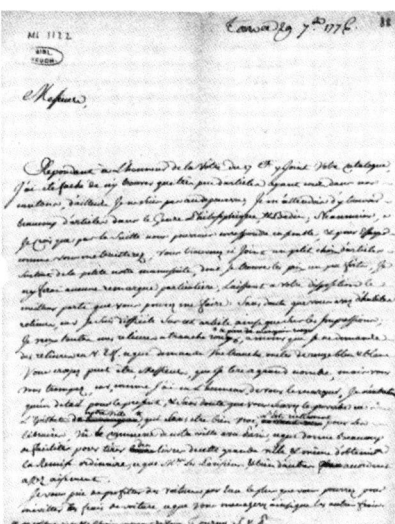

比约尔,写给纳沙泰尔出版公司的信,1776年9月29日。

45

贝热雷，写给纳沙泰尔出版公司的信，1775 年 2 月 11 日。(cat. no. 51)

传播过程的另一头,即非法书的订购和运输环节,情况也一样。书商有时候在书写订单时,就把合法书、非法书以及准合法书等各种书打乱混在一起。不过如果感觉有危险,他们就采取预防措施,将哲学书摘出来单列。他们偶尔会把订单中没有冒犯内容的书籍置于信函的主要部分,把禁书的书名写在一张小纸片(papier volant)上,再塞到信函中。小纸片上没有签名,信函收到后就要丢弃,但有几张还是在纳沙泰尔出版公司的资料里被发现了。[27]更常见的情况是,书商采用各种措施来分散订单中最危险的书名。卡昂的马努里将这些书名合成一组放到书单中,拉罗谢尔(La Rochelle)的德博尔德(Desbordes)把这些书放到订单末尾,南特的马拉西将这些书名另起一列,里昂的巴里泰尔用打叉符号做标记,图尔的比约尔、贝桑松(Besançon)的沙尔梅(Charmet)和马恩河畔沙隆(Châlons-sur-Marne)的松贝尔(Sombert)先列合法书,画一条线后再列禁书。[28]

所有这些做法都是出于同一个目的,就是提醒供货商要妥善处理,以便板条箱被检查时不会被发现。波尔多的贝热雷列出了他想要的60本书之后,特地给其中11本绝对的哲学书打叉做了标记,并解释说:"请将做标记的书与其他书混合在一起。""混合"的意思就是将一本书的书页塞入其他书的书页当中,书商有时候也将这种做法叫作"插放(larding)"。贝桑松的沙尔梅订购了6册反宗教的色情书《达拉斯的蜡烛》和3册里科博尼夫人(Mme. Riccoboni)的清白但盗版的书,他指示说:"货运单上写别的书名,这本书[《达拉斯的蜡烛》]插放到里科博尼的书当中。我到监察官办公室出示货运单,这样他们就不会打开某些板条箱,所以把哲学书放到其他书名之下非常关键。"纳沙泰尔出版公司的职员将这条指示抄入订货簿,可能当时一脸严肃,但保不准看到以下内容也会大笑几声:

《女子学校》(*Ecole des filles*)	插入《法国新教徒的礼拜》
《宗教的暴行》(*Cruautés religieuses*)	(*Liturgie des Protestants en*
《放荡的巴那斯山》(*Parnasse libertin*)	*France*)
《欢场女郎》(*Fille de joye*)	插入《新约》(*Nouveau Testament*)[29]

他们还奉命将范妮·希尔(Fanny Hill)的书跟福音书混在一起。

不管怎么说,"哲学书"的订购方式给包装和运输带来了直接的麻烦。小勒尼奥要求将他打叉的所有图书都藏到板条箱的最底下,这样他就可以设法躲过里昂的检查。第戎的尼布拉(Nubla)却要求把所有非法书打一个包放到箱子的最上面,这样他就可以在同业公会大厅进行板条箱检查时,神不知鬼不觉地把书搬走。里昂的雅克诺(Jacquenod)还是喜欢把"哲学书"连同篡改过的运货单一起放到板条箱的底部。巴黎的巴鲁瓦(Barrois)则喜欢把他要的书藏到包装材料(*maculature*)中。方法各式各样,但都是要区分清楚相对安全的书与很有可能被查收的书。[30]

假如书商想规避所有风险,他就不会试图通过合法的贸易渠道偷运非法作品,他会雇用走私者,或者他们那个圈子里称作"承保人(*assureurs*)"的人。货运商可以代为联系这项服务,但订书的客户自己支付费用,通常就写进图书收据里。承保人雇用一队捐夫,这些捐夫会背负图书,沿秘密路线穿过国界线的海关和法国境内的检查站。一旦被抓,捐夫可能被判服苦役,书被没收,承保人赔付损失。整个系统烦琐且价格昂贵(1773年穿越日内瓦附近国界线的收费是商品价值的16%),但可以提供有些书商最需要的安全。布卢埃是雷恩图书业的最重要书商,他只有在确定能够以高于成本的价格安全销售的情况下才会订购禁书,他在写给纳沙泰尔出版公司的一封信里这么解释:

您写信来说已经安排了承保人运送图书到法国,无须经过同业公会大厅，也不需要任何检查，我认为您能采用这种渠道来运送我的哲学书是最好的安排，这样我就相信这些书经过里昂时不会被没收。其他书您就可以通过正规的里昂路线送过来……我很乐意承担所有费用，我不想有任何被没收的风险。[31]

对于像布卢埃这样的书商来说，轻微违法与完全的"哲学书"之间的区别就是成本、风险和路线之间的区别，但是对于走私者来说，这几乎是生死问题。1773年4月，弗朗什-孔泰的一名承保人吉永·莱内（Guillon l'aîné）汇报说，他的两个捎夫被抓，他们负责运送梅西耶（Mercier）的《2440年》和伏尔泰的《关于百科全书的问题》（Questions sur l'Encyclopédie）。他们很可能要被送到船上去服苦役，因为圣克劳德（Saint Claude）主教对这个案子特别关注。虽然最后这两个捎夫还是被释放了，但其他捎夫都不愿再干了。为了让他们回来工作，吉永试图劝说纳沙泰尔出版公司将最危险的书放到独立的板条箱里，这样捎夫们一旦碰到海关的边境巡逻队，可以立即丢掉箱子逃跑。纳沙泰尔出版公司回复说，所有通过他运送的东西肯定都是违法的，这也就是为什么要走保险系统，而违法程度较轻的书通过正规贸易渠道时才在包装等方面采取那些策略。[32]

事态平息以后，捎夫们又回来工作了。但他们与书商之间的关系还是利益冲突，而且这种冲突就存在于真正的"坏书"与稍有冒犯的书之间的区别。不能指望背负80磅的板条箱，走在崎岖不平的高山险道上的人还能够欣赏文学。法国与瑞士边界附近的许多捎夫，一开始的营生就是穿越为了保护法国丝绸而设立的海关屏障，运送印度棉布（indiennes）。什么赝品走私货他们都愿意背，但如果背的违法东西可能会造成服苦役，被折磨至死的后果，他们就犹豫了。因此，另一位负责安排从纳沙泰尔到蓬塔利耶的"保险"路线的纳沙泰尔出版公司职员这么建议：

> 你的生意确实难做，因为掮夫们害怕一旦被抓，他们要为那些抨击宗教或诋毁某些公众人物的作品负责——如果他们只是走私货物以逃避关税，这种危险并不存在。假如你要走私内容上没什么不妥的书（例如合法书的盗版），那么掮夫们就会要求你们保证事实确实如此，之后你就可以在我们这里找到掮夫，他们愿意以每一英担12里弗尔的价格为你们运到蓬塔利耶。[33]

走私的方法决定了存储、交换、定价、广告、销售、订购、包装、运输，甚至谈论禁书的方式。在生产和传播过程的每一个阶段，致力于在隐晦地带区分合法与非法文学界限的男男女女们知道，有一种书一定要以特殊的方式特殊处理，否则就会招致灾祸。

1789年，灾祸降临到了整个政府系统。出版业"哲学"作品在意识形态上的侵蚀是不是造成普遍崩溃的必要条件？在回答这个问题之前，我们需要认识整个禁书系统，考察禁书的内容，研究大众对禁书的接受。但即使是在目前的研究阶段，似乎也能清楚地看到，通过地下图书贸易渠道流通的"哲学"与启蒙思想的观点还是有很大不同的。实际上，在考察了1769—1789年这20年期间这个行业的从业人员每天是如何经营生意的，我们就会开始怀疑以标准的18世纪历史为基础的普遍看法了。

启蒙思想与大革命有什么关系？这个经典问题看似一个"伪问题（question mal posée）"，因为如果以这种思路来分析，我们可能会歪曲这个问题——首先我们会只把启蒙思想看成一个独立的事物，将它从18世纪文化的其他事物中剥离出来；其次我们会把它注入大革命的分析当中,觉得它在1789—1800年的每次事件中都有迹可循,就像是流动的血管中可被监控的某种物质。

　　法国18世纪印刷文字的世界太复杂,绝不能简单分成诸如"启蒙的"或"革命的"之类的不同范畴。但是1789年之前将文学传播到阅读大众的人们却设计出了一种切实可行的分类方式,以分辨他们所处理的图书中真正危险的部分。如果我们要认真研究他们的经验,就必须重新思考文学史上的一些基本区分,包括危险的概念和文学的概念本身。我们认为《社会契约论》(*Social Contract*)是政治理论,《沙尔特勒看门人所见之某教士艳史》是色情文学,甚至可能太粗糙,根本不能被看作文学。但是18世纪的做书人却将它们笼统称作"哲学书"。如果我们按照他们的方式去看待那些材料,色情书与哲学书之间看似显而易见的区分就开始瓦解了。我们可以从淫乱书中发现哲学元素——从《哲学家泰蕾兹》到《客厅里的哲学家》(*philosophie dans le boudoir*),在启蒙思想家的作品中查到色情书,例如孟德斯鸠(Montesquieu)的《波斯人信札》(*Lettres persanes*)、伏尔泰的《奥尔良的女郎》(*Pucelle d'Orléans*)、狄德罗的《泄露隐情的首饰》(*Bijoux indiscrets*)。所以一点也不奇怪,1789年革命精神的象征人物米拉波(Mirabeau)在前十年里既写出了最露骨的色情书,也写下了言辞最激烈的政论文。自由与放荡似乎彼此相关,我们发现秘密书目中所有畅销书之间的这种密切关系。一旦我们学会从斗篷底下找哲学,什么事就都有可能,甚至法国大革命。

马勒泽布与出版自由的呼声

雷蒙德·伯恩

"法律禁止这些书,但大众没这些书又不行,所以图书贸易只能在法律之外进行。"[1]这是马勒泽布在1788年至1789年的冬天所做的论断,当时他76岁,已经退休。这位德高望重的地方长官曾一度担任过法兰西王国图书业办公室的主管(1750—1763年)、所谓"援助法庭"(Cour de Aides)其实就是税收法庭的首席法官(1750—1771年,1774—1775年),以及王室的部长(1775—1776年,1787—1788年)。[2]当时居住在巴黎附近庄园的马勒泽布看到,经济破产的路易十六政府疲惫不堪,宣布要召开三级会议,他觉得时机合适,可以重申并进一步推进他有关出版自由的想法。国王宣布要召开三级会议的消息之后,未经任何出版许可的小册子一下子就以前所未有的数量汹涌而来,纷纷扰扰地激烈讨论着会议召开的日子、会议召开的目的,以及代表人员的构成等问题。[3]

受民众情绪的影响,政府开始对印刷品采取新的处理方式。半个多世纪以来,巴黎高等法院这个法国最重要的行政法庭,一直在与御前会议争夺对作家禁言和对出版商进行处罚的优先权,现在似乎也倾向于对防范性和压制性审查体系进行松绑。王室部长在征求对即将召开的三级会议有何意见时,表现出来的也是这个趋势。然而,至于对出版印刷和小册子等问题到底容忍到何种程度,释放出来的信号还是比较复杂的。一旦高等法院和御前会议颁发了律令,有些作品还是要被罚禁,并被当众撕毁的。[4]就在一年以前,当局已经将书贩子们最后的避难所从搜查豁免名单里删除了,这些地方包括奥尔良公爵的皇家大宫殿(Palais

Royal），以及唐普拉（Templar）爵士、马尔塔（Malta）爵士和其他王室成员的产业。[5] 大印刷商和大书商，以及他们麾下的熟练工、学徒、书贩子和作者，还是要遭受书店被封、产业被没收或被羁押入狱的处罚。[6] 不仅政治评论受到压制，连一些在过去几十年里被法国大部分知识人士认定是文学典范的书籍都不能幸免。例如，博马舍编印的伏尔泰著作全集就被指责"危害宗教和道德，试图破坏社会秩序和合法威权的基本原则"。根据1785年6月3日颁发的陈腐规定，印刷商和书商都不得私藏或分销这套全集，任何藏有这些图书的人被责令将书交至距其住所最近的出版商同业公会。这些图书将被撕毁并焚烧。被抓私藏图书的读者会被罚1 000里弗尔，书商和印刷商如违反则被罚从行业共同体中除名。[7]

然而，正如马勒泽布所注意到的，一个时代之前的情况更糟糕。孟德斯鸠只能偷偷地撰写《论法的精神》(De l'Esprit des Lois)，狄德罗因为著作《论盲人书简》(Lettre sur les aveugles)锒铛入狱，伏尔泰和卢梭不得不背井离乡。《百科全书》被禁，《爱弥儿》被禁，甚至图书业办公室主管本人也受牵连，马勒泽布就因为试图保护作家而遭受羞辱。[8] 整个体系是出了名的主观武断。例如，《古兰经》可以印制，因为它不会威胁基督教教义，而巴黎的地址目录却被罚禁。1750年代被判入巴士底狱的囚犯中，40%都跟图书业有关（339名囚犯中的136名），1760年代是35%（354名中的126名）。[9] 执行、司法和行政三方，无论是在国家层面还是在地方层面，都在比赛似的忙着罚禁图书和处罚相关人员。

主观武断的巅峰就是1775年颁布的骇人听闻的《国王宣言》(Déclaration du roi)，它规定任何编著、约稿、印刷、销售或分销"意图攻击宗教、煽动情绪，危害王室威权，破坏国家秩序和安定"之作品者都将被判死刑。[10] 当然，也正因为刑罚过于严厉，实施的可能性大打折扣。在之后的30年里，作者、印刷商、书商和书贩子们就跟政府当局玩起了猫鼠游戏。法国边境上的出版商靠走私图书入境大发横财，读者们不仅能

52

MÉMOIRES

SUR LA LIBRAIRIE

ET SUR

LA LIBERTÉ DE LA PRESSE,

Par M. DE LAMOIGNON DE MALESHERBES,

MINISTRE D'ÉTAT.

A PARIS,

CHEZ H. AGASSE, IMPRIMEUR-LIBRAIRE,

RUE DES POITEVINS, N°. 6.

1809.

马勒泽布,《关于图书业和出版自由的陈情书》,1809。哥伦比亚大学,珍本和手稿图书馆。

马勒泽布的《关于图书业和出版自由的陈情书》写于1788—1789年,表现出一种最早也是最杰出的努力,作者提议更大程度的言论自由和对不同观点的合法宽容,并提议终止同业公会垄断权。但是,这位负责图书业管理的前王室主管又小心谨慎地提出要延续王室审查制,至少要在自愿的基础上延续下去。这种观点很快就被更为激进的改革者们所摒弃。马勒泽布的作品虽然写于1788—1789年,但直到1809年才出版。(cat. no. 27)

"《1789年4月27日国王关于在凡尔赛召开三级会议的来信》"。纽约公共图书馆,珍本和手稿部。

1788年国王宣布要召开三级会议,他号召"所有知识人士"一起分享"关于三级会议"的各种观点。这一呼吁造成未经任何出版许可的小册子一下子以前所未有的数量汹涌而来。(cat. no. 22)

54

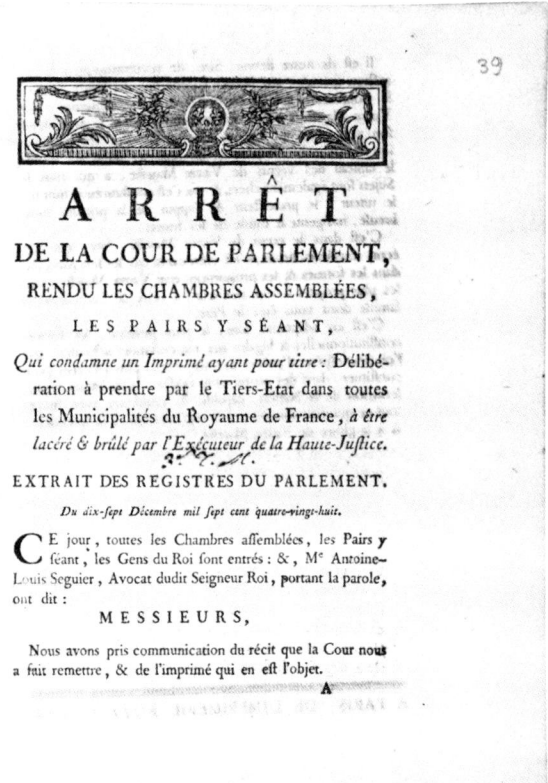

"高等法院判决书……罚禁小册子《第三等级思虑之要点》……判处由法庭执刑者撕毁并焚烧",[1788]。纽约公共图书馆,珍本和手稿部,塔列朗(Talleyrand)收藏。

尽管在三级会议召开之前的几个月里,巴黎街头确实出现了出版自由的景象,但巴黎高等法院依旧行使威权,下令撕毁并焚烧所罚禁的印刷品。(cat. no. 16)

读到启蒙思想的经典著作,还能得到伤风败俗的政治色情书,这些图书在知识界营造了一种对君主制以及支撑这一君主制之社会结构的怀疑和不敬的氛围。[11]

马勒泽布回想过去的30年,觉得很多时光都被浪费了。他坚定地认为,政府的统治原则需要一个真正的民众共识,而获得这一共识的唯一途径就是要在法律上允许有不同的观点,正如他在英国所看到的,英国的新闻业和图书业提供了一个交流不同观点的平台。但在法国,政治和意识形态之间的争辩却受到了极大的限制。讽刺的是,巴黎高等法院一方面严厉责罚作家,另一方面又会允许少量的自由。在高等法院的法官面前进行辩护的律师们,在提交审查员之前就可以将其辩护状进行印制并公开销售,就像英国的作者们那样做的。这样一来,这些律师们代理的案子就成了街头巷尾、咖啡馆和沙龙里公共讨论的话题。律师们将自己的看法传达给公众,寻求舆论审判,获得民意支持后再返回法庭进一步辩护。马勒泽布期盼三级会议能继高等法院之后成为国王与民众之间的缓冲区,设想着举国上下有关公共政策的辩论能够取代律师私下的议题讨论。然而,要想从一个混乱不堪、主观武断的制度转型成一个规范严明、自由宽容的制度,可能性相当小。[12]

这种主观武断的特点在于图书共同体自身。法国图书业以17世纪末路易十四时期的部长科尔贝所建立的机构和流程为基础,由巴黎的大印刷商和书商等精英控制,国家行政威权作为后盾,理想情况下应该具备强大的自我规范能力。业内能够执业的大印刷商的数量被严格限定,只有他们的儿子才能做学徒,雇用日间工人成为规定,还有——最重要的是——只有王室政府才能颁发出版许可,这样就能保证巴黎的出版贵族们能持续掌握最有价值的文学版权。国家享有绝对的决定权,采取的方式包括利用审查进行控制,允许经济垄断,以及向出版商同业公会征收特别税津贴。[13]

1750年之后，统治法国出版业一个世纪之久的精英团队面临与日俱增的压力。读者每年的阅读量多达3 500种图书和150种期刊。[14]沙龙、公共图书馆和阅读室成为城市社会知识界的社交中心，租借图书已经习以为常。不管是预订廉价小说，还是预订宏大巨著《百科全书》，图书预订都对持续性阅读提供了保障，阅读行为本身也从对所得有限文本的精读发展到对所收集的大量图书的泛读。虽然有关图书收藏和阅读的数据相比于图书生产的数据更难以搜集，但从罗杰·夏蒂埃（Roger Chartier）和丹尼尔·罗什的研究所采用的遗嘱和遗产清单，我们还是可以看出，在那个世纪，至少在巴黎，阅读已经深刻地渗透进了社会。1700年，13%的领薪工人和35%的仆佣至少拥有1本书。到1780年，数据分别增长到30%和40%。在法国大革命前夕的法国西部城市，三分之一的遗产清单都将图书列作一种财产。早在1750年，里昂有74%的王室官员和自由职业者将图书列入遗嘱中，而48%的工薪小资产阶级和44%的贵族也都如此。相比于17世纪的奢华风格，当时的图书尺寸要小一些，规范的是八开本和十二开本。图书几乎清一色都是法语书，而不是什么古典语言的书，主题都是非宗教性质的。[15]

巴黎同业公会在图书制作上实行垄断，而缺乏明确意识形态界限的审查制在文化上又趋向保守，导致了18世纪晚期出版业的基本情况无法满足阅读大众的需求。一些监管相对宽松的地方，例如教皇城阿维尼翁、布永（Bouillon）、日内瓦和纳沙泰尔等边缘市镇，以及阿姆斯特丹和伦敦等外国出版中心，不仅吸引着宗教难民，也吸引着一些创业的商人，他们迫切希望向法国读者输送合法渠道无法提供的书籍。[16]非法出版业在外省的一些城市，例如里昂和鲁昂，开始繁盛起来。[17]

法国的政治事件影响着非法出版和默许出版的文学作品。1750年代早期，詹森派的宗教论战让位给了教士与高等法院之间的争论；1757年刺杀路易十五事件及其后果成了大新闻。1760年代，所谓的布列塔尼(Brittany)事件及其之后高等法院与王室部长之间的冲突也被印成了铅字。1770年代,出版商抓住莫普发动的、意在消除高等法院至高权力的改革大做文章,之后十年里又大书特书财政和宪章危机。1750年以后,启蒙思想的著作与《时代艳事》(affaires du temps)彼此抗衡;另外也有对政治人物(路易十五、蓬巴杜夫人[Madame de Pompadour]、杜巴丽夫人[Madame du Barry]、玛丽·安托瓦内特[Marie Antoinette])和陈腐社会人物(贪婪的教士、颓废的贵族)的大肆攻击。王室政府的反应就是在一触即发的危机时刻,罚禁大批图书并逮捕书商;给作家和书商建立警署档案,任命更多的审查员。紧张一时,倦怠和顺从又一时,直到新的危机再出现。[18]

所有这一切都让马勒泽布愤慨,他认为在法国,真正的政治生活根本就是海市蜃楼,因为它发生在社会真空当中。巴黎出版业的垄断与政府政策的自相矛盾共同导致了外国人对图书业的大规模控制,违法才是生存之道。在马勒泽布的观念里,公众意见才是政治话语唯一的、真正的催化剂,而现在只委屈成偷偷摸摸的窃窃私语。在担任图书业主管的1750—1763年,马勒泽布为了扩大公众话语的范围,为审查员可能禁止的图书颁发默许证。这种做法有两层好处。首先,颁发默许证的审查员可以继续保持匿名,以避免之后的检举。其次,默许并不是特许,没有特权,这样就可以避免图书复制方面的指控,因为出版商可能想从畅销书上获利。还有一种默许的形式是口头上给予的一般容许,是警方官员在主管的默许之下颁发的。这种情况不涉及审查员,许可证也不登记。这种许可一般发给那些销售在所难免的外国书,但只允许低价出售。[19]马勒泽布任由别人指责他损害了历史悠久的垄断和压制政策,事实上他就是有意为之。[20]长期以来,他只想对那些损害宗教、道德和君主威权的书进行审查监控。对于其他书,诸如讨论立法、政治、军事和金融的书,他只是希望作者能署名,书还是可以面世,不过"风险自负"。马勒泽布认为只有这样,盲目的罚禁、图书的焚毁和书商等人的监禁才会停止。他表示,作者的自我审查会促使整个形势更加成熟,到时候,刑事检控只要针对那些未经任何许可就出版图书的人。[21]

1758年和1759年年初,马勒泽布首次将想法诉诸笔端,向路易十五的儿子——王储殿下,呈交了五篇关于图书业的陈情书。那段时期对这位主管来说相当艰难。1757年王室颁布的严苛宣言,实际上就是由一群一心想复仇的高等法院法官起草的,起因是之前马勒泽布办公室发生的一起重大丑闻:受到高等法院和教皇谴责的一本书,即爱尔维修的哲学专著《论精神》,居然堂而皇之地经一个王室审查员的许可,获得了王室特许证。如果这次事件还不足以打击主管的信念,那么3月8日那次事件就一定是了,就在那天,《百科全书》彻底被禁,马勒泽布被迫亲自起草了罚禁书。[22]

所以,这五篇陈情书就是要为主管的原则做辩护。首先他讨论了适当管辖权的问题。他表示,图书审查是行政行为,不是司法行为。只有图书业办公室能颁发官方特许证和许可证,所以也只有图书业办公室能撤销许可。他认为高等法院或教会关于压制图书的观点都是在非严格意义的司法基础上提出的。其次,马勒泽布呼吁出台新的规章制度来管理图书业,基于宽容而非压制,用理性分级的刑罚来替代缺乏一致性的处罚。最重要的是,他希望能限制违法行为的起因,所以他认为无所不包的强制性审查在哲学意义上是站不住脚的。人类活动中没有这样的,政令不清,还要监督人员去协助实施基于这一命令所做的决定。马勒泽布表示,审查员根本做不到不偏不倚、公平公正,因为他一直担心会受到打击报复,所以就会错误地偏向严厉:"他的犹豫、胆怯、个人情感,以及一种生怕自己无辜受到伤害的模糊担忧,都使他在工作的每个环节都陷入一种轻率或者随意的困境之中,结果就是打击作者,扼杀天才。"[23]而且,经验还证实,罚禁这种做法根本无法实施。追查大书商和印刷商的库存图书,最后的结果只会是图书被转移到秘密书店或国外的供货商那里。

马勒泽布像卢梭一样,相信正确的观点终究要公之于众,此信条贯穿了他有关自由表达观点的整个思想。他在第三篇陈情书中写道:"每位哲学家、演说家和文人都可以提倡应为大众所了解之事,即使他所宣称的可能是公认为错误的原则。虽然可能有时要花费几个世纪的时间才能解释其中的原因,但大众自会判断,而且如果指导充分的话,最终大众总会做出不错的判断。"[24]要在写作自由与正确地规范这种自由之间寻求一种平衡,在马勒泽布看来,首先就必须减少(如果不能完全取消的话)预防性审查,对此他谈到了最有争议性的(也是最时髦的)一些写作文体,即个人讽刺性文章、淫秽色情书、政治评论和宗教争议性文章。

至于针对某些个人的作品,马勒泽布允许法庭来决定是否有言语中伤他人的情况,容许"轻度滥用"和非直接性讽刺,这样就可以集中关注那些不折不扣的诽谤中伤,减少那些不加区分就出版这类作品的秘密印刷坊的行为。同样,马勒泽布认为禁止和追查淫秽文学也是浪费时间。他自己的私人图书室就不仅有拉封丹(La Fontaine)的《故事诗》(Contes)、卢梭和小克雷比永(Crébillon fils)的著作,也有《欢场女郎回忆录》(Memoirs of a Woman of Pleasure,即《范妮·希尔》)、《普利阿普亚》(Priapeia)、《婚姻十五好》(Les Quinze Joies de Mariage)。他相信,任何有常识的人都能分辨淫秽图书与情色图书。在法国,"温柔气质"(douceur de nos moeurs)确保了被委婉称为"风流书"(livres galantes)的那类书的畅销,所以为什么不允许本国出版商售卖这类图书获利,而要让外国人从迎合法国人的品味中积攒财富呢?

马勒泽布不允许任何针对王室威权合法性的挑战,但提议在一定程度上容忍涉及范围广泛的政论文。他表示,允许公众在印刷品中发表对政府官员的批评,最终会有利于活跃公众观点,发起政治运动。他也没有禁止公众就этим未成文的法国宪法的缘起和章程进行讨论。关于宪法,不管是在高等法院的会议厅、教士的集会上,还是在咖啡馆、沙龙和阅读室里,都是个引起纷争的话题。不过在当时,相关地方长官在首席大臣的授意下,还是要判别这些图书是否越了界,是冷静的分析还是危险的批判。

最后,马勒泽布这位受启蒙思想影响的怀疑论者对宗教争议的态度是非常明朗的。他容许神职专家对手稿进行审查,但对此补充说明(语气不无讽刺):"没什么能阻挡他们,在这一任何事都毋庸置疑的科学领域,他们是专家,并乐此不疲。"[25] 由于宗教审查的目的是阻止秘密印刷品攻击基督教,马勒泽布极力提议基督教内部要容许一定的异议。马勒泽布明确拒绝对加尔文主义的图书进行评论,但赞成对詹森派和莫林那派(Molinist)的完全接纳,在后来的日子里他还支持过法国新教徒享有公民权。他禁不住将这些严肃的著作与赌场、妓院进行类比,因为它们都"滥用一些无法阻止而只能容许的事物,只有对他们宽容才能控制并清除他们"[26]。

陈情书之后的文字中,马勒泽布的改革主张指向了出版共同体本身。他提议以效用和资本主义扩张替代社团主义,成为出版共同体行为的基本原则。他反对对法国印刷坊的数量进行限定(1686年限定,1744年修改),提议应该允许市场来决定印刷坊的发展。这样不仅能鼓励法国国内的图书生产击垮以国外为基地的图书贸易,而且能将那些资金不足、能力不够的印刷商从行业中清除出去,他认为这些印刷商就是大部分非法图书的制造者。很明显,马勒泽布对图书生产者的同情不如他对作者的。实际上,他提倡对印刷商进行前所未有的严密监控。他提议将位于相对独立的小规模社区里的印刷商迁移至大的市镇。他极力提议将之前分配给同业公会官员的治安权授予王室监察官和新近任命的特使(commissaires)。另外,熟练工和工坊伙计要到警署注册登记,警方发给他们身份证,证上附有持证人外貌特征的描述。靠告密者提供的情报而进行的警方临检,成功率无法保证,所以马勒泽布主张对工人进行系统的监视,系统监视能提供更多非法制作图书的信息。他还建议所有工坊的外观构造都尽可能保持一致,并广为人知,门锁使用标准锁具,后门封闭,印刷机和其他设备都按时登记,禁止无声印刷机。寡妇不能自动继承其丈夫的工坊,因为马勒泽布主管坚持认为穷苦妇女是非法图书的主要制造者:

> 这些规定的目的就是让可靠的人去从事印刷商的工作,这些人经济上有保障,并且会因为害怕失去社会身份而不敢进行非法活动。但是,寡妇继承遗产就会绝对背离这一原则,因为一个女人完全不能独立主管一家印刷坊,她会把权利租让给某些铤而走险者或奸诈之人,这些人会以她的名义从事非法勾当,还能逃脱责罚。[27]

马勒泽布提议,大印刷商去世后,跟他的儿子和女婿一样,他的遗孀如果想继承印刷坊的所有权,必须申请正式的许可。

至于图书销售,马勒泽布坚信,同业公会的封闭和社团特征助长了腐败和欺诈。由于合法书商满足不了消费者需求,那些没有许可证的书贩子们在警方睁一只眼闭一只眼的情况下,在市镇的街道、乡间的小道、集市、市场,以及城堡的大厅里随处可见。马勒泽布主管写道:"他们的交易这么公开,很难相信这些其实都是未经许可的。"[28] 马勒泽布认为流动商贩们殷勤的图书兜售行为传播了启蒙思想,所以他建议对这些商贩进行登记和监管,而不是打压他们的行为。

反而是那些固定不动的大书商们惹恼了马勒泽布主管。他认为书商同业公会衰败颓废。根据他的观点,必须具有六到七年的熟练工或学徒身份才能入会这一要求太麻烦,阻挡了新鲜血液的加入。会员的儿子和女婿可以豁免这条入会要求,而且自1730年以后就不再有新学徒加入了。因为图书销售不再是学者才能做的职业,所以马勒泽布认为试用期学徒制毫无道理。根据他的观察,大书商勉强能读法语,而且懂的拉丁语和希腊语比同业公会规章所要求的少得多。在巴黎,书商的儿子们继承了其大部分藏书的特许证,"所以可以不费任何精力,不花任何力气就享受大书商的权利,就像是拥有了能带来大量收入的一笔产业。努力工作以创办生意,寻求各种方法以使自己有益于民众的聪明上进之人再也没有了"[29]。马勒泽布试图打破这些懒惰者的垄断,解放这个行业,他提议取消对学徒制的固守,接纳已婚的学徒,推进外省合格的大书商进入巴黎的书商共同体。关于图书特许证拥有权的相关政策也出现戏剧性的反转,马勒泽布呼吁出台新的法律,认可作者对其文学财产保留特权,然后自己销售,而不是被迫将自己的权利转手给贪婪的书商们。马勒泽布对图书进口的想法与他对这一行业其他方面的观点保持一致,就是要少一些规定,各种规定要保持一致,并严格执行规定。不管当局怎样压制一本书,民众的需求才是王道。他还呼吁终止同业公会的自我规范,改由监察官和国家检查员执法。最后,马勒泽布谈到法国的一种重要图书,就是获得默许证而在市场流通的图书,到1789年,这种图书占所有流通图书的二分之一到四分之三。他希望能改善这些图书的半秘密身份,对它们进行公开登记,这样全国的出版商就可以靠这些广受欢迎的图书获利,而且制作这些书也没有风险。

除了加速颁发出版默许,马勒泽布从来没机会将改革主张付诸实践。在他呈交陈情书给王储的四年后,他的父亲——法国首席大臣失宠了,他只得放弃图书业办公室的主管职位。之后他担任过援助法庭的首席法官,直到1771年莫普发动的改革震动了法国庄严的君主法庭。1774年,在路易十六即位后的好日子里,马勒泽布重返政府,先是到援助法庭,后来到杜尔哥(A.-R.-J. Turgot)致力于改革的部门里任职。在管理国王之家(Maison du Roi)10个月之后,马勒泽布对改革的有效性不再抱有幻想,辞职了。他在自己的庄园安顿下来,在之后的20年里,过着乡绅的悠闲生活:为新教徒和犹太人争取公民权;致力于教育改革项目;反对奴隶制、刑罚体系和王印文书(*lettres de cachet*);在园艺和农业中怡情;搭建自己的图书室。[30]

他的藏书令我们很感兴趣。芝加哥的纽伯利图书馆(Newberry Library)收藏了1797年公开拍卖的这份藏书单。[31]藏书单上列有7 413本图书,还有勒奈·笛卡尔(René Descartes)和艾萨克·牛顿(Isaac Newton)的油画像,以及一个红木雕刻的微型印刷机操作模型,另外还有西塞罗字体的补充类型字符以及工坊工具。大部分图书都是现代版本,多是1720年代及之后印刷出版的。收藏的书重要,但没收藏的书同样重要,例如日课经、弥撒经书、日诵经以及其他与宗教信仰相关的书籍。藏书单里只有36本有关民法和自然法的专著,对于一个大半辈子担任法官的人来说,这有点奇怪。这是一个紧跟时代的人文类图书室,几乎一半都是历史类和文学类图书。历史类,而且大部分是政治史,是最重要的文类,几乎占藏书的三分之一(32.7%,共2 424本),其中一半跟法国史有关。其次是纯文学书,有1 179本(15.9%),法国与非法国作者各占一半。再次是动植物方面的自然史(1 042本,14.4%),接着是游记文学(1 008本,13.6%)。再接下来就是医药学、物理学和数学(747本,9.9%),农学(2.7%),哲学(2.6%)及神学(2.4%)。最后还有有关手工艺、贸易、工业生产、体育游戏、军事策略、经济和政治理论方面的图书。

总的来说,这是18世纪法国启蒙文化中一个典型的法国国内绅士的图书室,世俗,崇尚自然,富于想象,关注他国,同时又扎根于历史。³²马勒泽布是否会践行他的说教？他的图书室是否会像现代图书馆一样暴露一些有争议的地方？他的图书室里是否会有他拼命保护的书籍？研究一下藏书单就能证实这些想法。冠绝全部藏书的是第一版《百科全书》，另外还有狄德罗的《哲学思想录》(Pensées philosophiques)和爱尔维修的《论精神》这两本在1758—1759年的焚书狂潮中受批判的书。卢梭文集有三个独立版本；伏尔泰文集有八个版本，包括受到压制的博马舍版，其中补充了75卷这位伟人的回忆录、悼词、批评文章和辩护文章。米拉波的著作，包括在1789年受到巴黎高等法院批判的《柏林王室秘史》(Histoire secrète de la Cour de Berlin)，也都居于书架上。书架上还有争议作家兰盖(S.-N.-H. Linguet)和马布利神父(abbé Mably)的书与小册子，托马斯·霍布斯(Thomas Hobbes)和大卫·休谟(David Hume)的哲学怀疑论图书，以及《易洛魁人信札》《波斯人信札》《犹太人信札》《中国人信札》《秘鲁人信札》《暹罗人信札》和《土耳其人信札》(Lettres iroquoises, Persanes, juives, chinoises, peruviennes, siamoise and turques)，所有这些图书或隐或显都对延续整个18世纪的法国体制进行了批评，这些书或是在马勒泽布所完善了的默许制下印刷出版，或是通过马勒泽布所不齿的秘密工坊印刷出版。

1787年和1788年在政府部门短暂任职之后，马勒泽布回到了家乡，并于三级会议召开的几个月之前完成了《出版自由回忆录》(Mémoire sur la liberté de la presse)。他明白自己在一代人之前就制订的计划只有部分得到了实现。确实，默许出版和宽容出版得到了广泛的使用。1777年，作者较之以前对自己的作品拥有了更多的所有权。³³许多由富庶的巴黎图书中间商垄断出版权的图书，现在也出现在了公共领域。而且马勒泽布也承认，在过去的一个时代，人们的识字率大幅上升。他发现，社会团体和边远外省都不乏独立思考、表达并捍卫自己观点的民众。他写道："这正是印刷所带来的可喜成果。"然而，由于限制图书的法律

马里-约瑟夫·谢尼埃,《痛批思想审查》,1789。法国国家档案馆。(cat. no. 6)

米拉波,《论出版自由(仿弥尔顿的英文版)》,1788。纽约公共图书馆,珍本和手稿部,塔列朗收藏。(cat. no. 30)

马勒泽布的温和主张很快就受到了革命性呼吁的挑战,他们呼吁要结束所有限制公众交流观点的规定。米拉波的《论出版自由》和谢尼埃的《痛批思想审查》是1789年之后呼吁出版自由最激烈、流传也最广的两本书。在这幅图中,米拉波被描绘成一个立法者,周围环绕着诸如卢梭的《社会契约论》等革命书籍。

76　印刷中的革命：1775—1800 年的法国出版业

《米拉波抵达香榭丽舍》，日期未标，马凯利耶（Marquelier）模仿小莫罗（Moreau le jeune）作品所刻。法国大革命博物馆，法国维济齐尔。（cat. no. 101）

仍旧存在，只有胆大之人才敢冒风险做一些瞒天过海之事。结果，马勒泽布所设想的，由思想正确的、进步的作者和读者所组成的精英管理体制并没有出现，也未对政治产生什么影响。垄断出版商继续在团体特权下逍遥自在。最糟糕的是，马勒泽布感觉到了高等法院在提出放松出版限制时的阴险动机，怀疑地方长官会申请审查特权，以威吓诽谤案中作为被告的作者。这样一来，地方长官就可以产生震慑作用，使人们不敢坚持反对高等法院的政治立场。马勒泽布这位已经退休的地方长官总结说，腐败的司法部门正在策划一场针对作家和出版商等人物的新的恐怖。

为了预先阻止这种威胁的发生，马勒泽布为害怕对峙公堂的作家们提出了一种暂时性的保护机制，即自愿接受预防性审查。申请这种审查的作者可以不被追究，而那些坚持自查的则只能碰运气。马勒泽布是这么说的：

> 所以，我提议的权宜之计就是让[作者]自己选择是屈从于审查员的猜测，还是接受司法调查。相比于其他可能的解决方式，我倾向于这种，觉得它优于每个人都接受审查或是每个人都要被诉诸司法，而且它也好过法律虽严厉但得不到执行，因为作者们并不满足于某种心照不宣的宽容政策。而那些满足于宽容政策的人一旦发展到司法部门可以执行此法律的程度，就会遭殃，成为那只儆猴的鸡。[34]

1789年不是提出这样一个颇有几分道理的权宜建议的好时候，但20年后，这份提议对拿破仑一世的图书管理员巴尔比耶（A.-A. Barbier）倒是很有用。处于不同历史境况之下的巴尔比耶出版了《出版自由回忆录》一书,书中对比了英国出版自由政策下各种观点的野蛮疯狂与法国拿破仑统治下受到严格规训和约束的情状。然而,巴尔比耶错误使用了马勒泽布的提议。马勒泽布这位前任图书业主管将宽容型审查制看作保护作家们远离已经政治化了的腐败司法体系的一种方式,但是拿破仑皇帝的图书管理员却回到了旧式的、胁迫式的目的。当然,之后发生的事件证实马勒泽布的担忧实在是过时,至少有一段时期是如此。米拉波和谢尼埃等作家呼吁不受任何限制的出版自由,1789年初层出不穷的小册子也使得这种自由成为已然事实。[35] 几个月之内,胆战心惊的高等法院就被彻底扫除。出版自由的原则被明确写进《人权宣言》的第十一条,成为法律条款,并历经复辟王朝、两个拿破仑帝国以及20世纪的极权政体,仍旧幸免。

第二部分

印刷中的革命

出版业的经济剧变

卡拉·赫西

"出版自由"在实践上到底意味着什么?对法国出版自由的传统史学研究只限于考察王室审查制的废除。[1]由于王室审查制本身的重要性,传统史学研究还未注意到,1789年爆发的文化革命作为出版自由的结果,到底具有怎样的意义和重要性。在整个旧制度文学体系所受到的更大范围的革命性攻击中,对王室审查制的反抗只是其中一部分而已。这一体系的崩塌将彻底改变出版和印刷业的法律、制度和经济境况,并且最终彻底改变法国文学文化的特征。

关于出版自由对1789年革命的意义,我们可以先看几个例子。小说家雷蒂夫·德·拉·布勒托内(Restif de la Bretonne)写道:"要想获得出版自由,就先争取行业自由吧。没有行业自由,那36个巴黎图书同业公会的印刷商就将成为比所有审查员都要残酷的思想暴君!"[2]在雷蒂夫看来,限制言论和出版自由的主要力量是巴黎图书同业公会中那36名印刷商的行业垄断,而非王室审查制。剧作家马里-约瑟夫·谢尼埃进一步拓展了这种观点:

> 让我们来回顾一下各种专横暴政吧⋯⋯王室审查员的盘问,警察总监的盘问,图书业行政机构、掌玺大臣、巴黎大臣、宫廷娱乐管事、议事厅绅士、律师、索邦、颁布指令和主教信的官员们、检察官、外交部长、地方政府和驻外省王室官员、邮政系统、图书同业公会、凡尔赛宫里的仆佣们⋯⋯的盘问。总之,在

法国，总计17种盘问被施加于公民的思想之上。³

根据谢尼埃的说法，在一长串"施加于公民思想之上的……盘问"清单上，王室审查制只是位列首位而已。在谢尼埃的17种盘问的基础上，前王室审查员路易-费利克斯·居耶蒙·德·克拉利欧（Louis-Félix Guyement de Kéralio）又增加了一条。他于1790年撰写了两本小册子，分别是《论出版自由》（De la liberté de la presse）和《论表达、写作和印行思想的自由》（De la liberté d'énoncer, d'écrire et d'imprimer la pensée）。在册子中，他声称："出售给公众的印刷品属于公众。"⁴于是他得出的结论是，作者和出版商对观点或文本都不能要求私人所有权，所有文本应该摆脱任何特定要求或"特权"，因为"公众利益优先于少数书商的商业利益"。⁵在这些人眼中，出版要自由，就必须终结旧制度下整个出版业的法律和制度基础：御用文人，王室的图书业管理机构及其审查员和检查员队伍，赋予出版商和作者对文本的专有出版权的文学特权体系，以及图书同业公会对印刷、进口和在法国出售印刷品的垄断权。这种意识形态上的反抗很快就发展成了立法行动。

1789年8月4日，国民议会废除了所有"特许权（Privilèges）"，至少在原则上废除了。8月24日，在《人权宣言》中，国民议会宣称："自由交流思想与意见乃是人类最为宝贵的权利之一。因此，各一个公民都可以自由地言论、著作与出版。"⁶然而，这些抽象的原则如何付诸实施？这是否确实意味审查制就被废除了？这是否意味着王室对图书业的监管终结了？对特许权的废除是否包括图书和报刊的文学特权？出版自由是否意味着任何人都可以开印刷坊，出售印刷品？

1789年至1793年期间，对于上述问题的回答并不清晰，甚至对于那些负责解释和执行出版自由的人来说也不甚明确。所以，1789年夏季，王室图书业巴黎管理局局长迪厄多内·蒂埃博（Dieudonné Thiebault）在

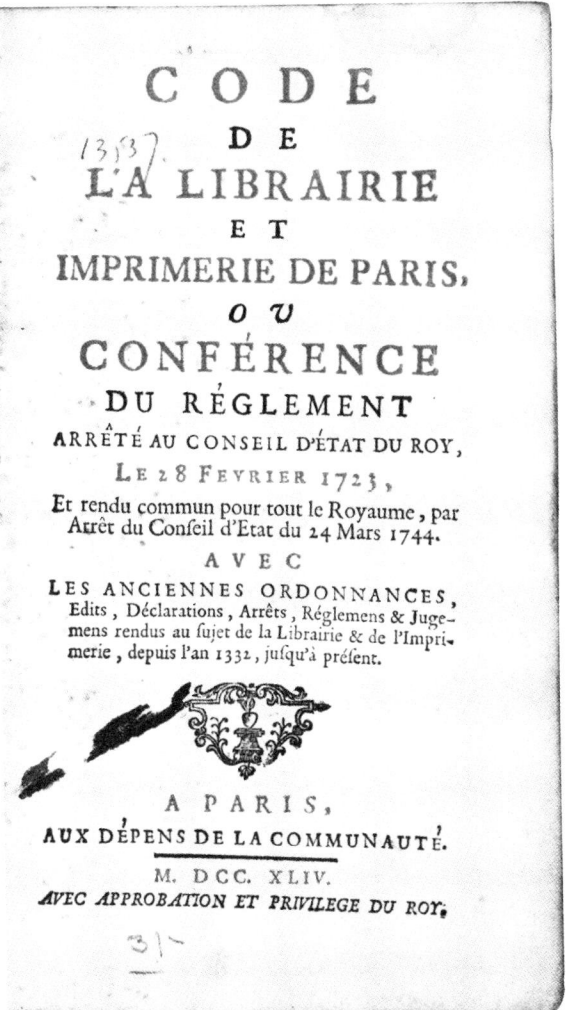

巴黎书商和印刷商共同体,《巴黎有关售书和印刷的法规,即御前会议下令进行的有关规章制度的商讨结果,1723 年 2 月 28 日》,1744。纽约公共图书馆,一般研究部。

在 1789 年宣布出版自由之前,图书出售和印刷行业都按照一套涉及面广泛的王室法规来管理,以确保图书同业公会对印刷文字的垄断。(cat. no. 65)

回复一位外省检查员的疑问时就这么写道:"我们必须等待一段时间,等着由三级会议确定并获得国王批准的法律、规章或原则出台,但在此之前,我能做的就是坚持原来的规章制度。"[7]所以说,王室图书业管理机构的审查员和检查员根本就没有被辞退,反而是被告知,在进一步指示到来之前继续执行原有的规章制度。

然而还是有迹象显示,自1789年初开始,官方出版业开始出现分裂的情况。卡昂的检查员富凯于1月请假。图卢兹的图书同业公会发起对中央管理的反抗。到3月,巴黎图书同业公会也在组织动员反对1777年的王室规章,这项规章曾废除了对文本的世袭特权。4月,图卢兹同业公会的反抗声音更加尖锐。5月30日,里昂的检查员不再提交报告;6月,马赛的检查员马兰辞职。梅斯的检查员舍尼(Chenu)坚持得比较久,但7月初也因为局势失控被迫让步。圣马洛(St. Malo)的检查员乌万(Houvin)在同一时期承认受挫。尼姆的局势同样处于完全混乱的状态。在拉罗谢尔,同业公会开始非法集会,讨论一本由印刷商肖韦(Chauvet)引进流通的小册子,这本小册子呼吁废除所有同业公会。《包税人》(fermiers généraux)报道说,南特的印刷商和出版商拒绝遵从王室规章,"理由是国民议会已经颁令要实现出版自由"。南锡的秩序也乱了。7月22日,蒂埃博的上级、图书业主管普瓦特万·德·迈塞米亲笔给图卢兹的勤勉检查员维尔纳夫(Villeneuve)写了一封长信,信中承认巴黎和凡尔赛一片混乱,自己很绝望。一周之内,主管本人弃职;之后,7月末,主管的上级——掌玺大臣也消失了。[8]

到1789年8月,整个审查系统也开始崩塌。8月11日,身为《法兰西信使报》(Mercure de France)审查员的辩论术教授塞力斯(Sélis)写信要求"明确"自己的职责。出版自由宣告之后的三个星期,《法兰西信使报》的老板庞库克(C.-J. Panckoucke)拒绝支付他工资。但是外事部长要求庞库克"在图书业相关法律确实通过之前"必须支付审查员津贴,即使他没有向审查员提交需要审查的材料。斯特拉斯堡的审查员迪耶特里克(Dietrich)男爵也无事可做。9月,《百科全书报》(*Journal Encyclopédique*)的编辑拒绝向审查员提交稿件审查,并拒绝支付审查员津贴。这些事件的报道都显示,法国国内外报刊的审查制都完全崩塌。巴黎的审查员盖涅(Gaigne)骑士也写信表达了因出版自由而产生的悲叹之情,并请求新的雇任机会。

《奥尔良日报》(*Journal d'Orléans*)的审查员让特瑞神父(abbé Gentry)被告知,"在当前局势下,可以表现出对记者行为的容忍"。蒂埃博也开始收到一些审查员表示放弃头衔和津贴的信件。神父勒鲁瓦(LeRoy)、德默尼耶(Demeunier)和贝朗热(Béranger)都要求退出来年《王室年历》(*Almanach royal*)审查员的名单。克拉利欧伯爵在他关于出版自由的小册子中明确表达了自己的观点。甚至布洛涅(Boulogne)的主教在审查员津贴的问题还未出现之前就正式表示要放弃。审查员邦迪(Bondy)也支持大革命。因此,出版商西梅翁-普罗斯珀·阿迪在其日志中讥讽道:"他知道如何从时事中获利。"相反,审查员莫罗(Moreau),"一个热衷于为专制权威和行政权力辩护的人",则收拾行囊,逃出了巴黎。[9]

蒂埃博和他的助手们独力支撑,撑过了1789年和1790年。新的掌玺大臣尚皮翁·德·西塞(Champion de Cicé)于8月5日被任命,手下管着蒂埃博,而蒂埃博在几个忠诚死党的协助下竭力维持。这几个死忠包括图卢兹的维尔纳夫、鲁昂的阿夫拉(Havras)、圣马洛的乌万、南特的格雷利耶(Grélier)、斯特拉斯堡的迪耶特里克男爵,以及邮政和运输业的包税人(*fermiers généraux des postes et messageries*)。这些人仍在管理审查员、颁发特许证、监督印刷品的运输,一直坚持到秋天。[10]他们坚信,"出版自由"并不意味着图书业的公共管理就终结了,他们在等新的律令,期盼着国民议会一旦注意到了思想世界中的商业问题之后就会颁布新律令。

巴黎印刷商和书商同业公会档案，巴黎图书同业公会人头税名册（"Rôle de repartition par classe de la capitation du corps de la librairie et de l'imprimerie de Paris ..."），[1789]。法国国家图书馆，手稿室。

1789 年三级会议召开时，巴黎图书同业公会的活动一切正常。1789 年的这份同业公会人头税登记册显示有同业公会官员的签名。

巴黎印刷商和书商同业公会档案，巴黎图书同业公会会议记录，1789 年 7 月 14 日。法国国家图书馆，手稿室。

巴黎同业公会的会议记录中有这么一条：1789 年 7 月 14 日，当巴黎民众攻占巴士底狱之时，巴黎的图书同业公会正在悄悄地召开会议，接纳了一名新印刷商。直到 1791 年 3 月 18 日，同业公会一直在召开会议。(cat. no. 60)

等到 1790 年 8 月国民议会终于就图书业立法之时,他们所要约束的部门其实只剩下了一个骨架而已。[11]蒂埃博在 1790 年末向掌玺大臣递交的总结报告中这么写道:

> 巴黎市当局将该市图书业相关的东西都保留在了自己的手中,法国其他市政当局想必也是如此。而且,很可能随着出版自由的自然发展,要想提名审查员也不再可能……一旦市政掌握了对图书业的监管,他们就会希望由自己来决定印刷商和书商的数量与遴选……要想在这些方面对图书业实施整体管理,都不再可能。[12]

全国图书业管理部门就在他的眼皮子底下分崩离析了。

正如蒂埃博在最终报告中所暗示的,宣告出版自由,宣告图书业办公室的寿终正寝,并不等于对印刷文字的公共规约也结束了。巴黎图书同业公会也没有随着巴士底狱被攻占就垮了。实际上,同业公会会员于 7 月 14 日举行秘密会议并接纳了一名新会员。[13]国民议会于 8 月 4 日废除所有特许权时,也认识到有必要对有关行会的法律进行改革,但之后还是决定暂缓这项议程。这个问题被移交给公共捐款委员会(Committee on Public Contributions),直到 1791 年 2 月才重新回到国民议会的议程当中。[14]因此,尽管已经宣告了出版自由,但法国图书同业公会并没有被正式废止。巴黎图书同业公会在随后两年内行政管理方面的职能,很大程度上在 8 月 4 日那份众所周知的宣告之前就差不多已经得到了确立。

据激进派革命刊物《巴黎革命报》(*Révolutions de Paris*)报道,前图

出版业的经济剧变

书业主管迈塞米在1789年7月末开始与巴黎警署市政临时委员会进行会谈,给他们下达的指示是"采取最有效的方式阻止煽动性小册子的流通"。这篇报道还补充说,会谈双方"坚信市政当局将支持保留图书同业公会的意见"。[15]实际上,在9月和10月作为巴黎公社(Commune of Paris)新代表之一的迈塞米,继续作为顾问为新任掌玺大臣效力,同时也是新的市政"警署调整计划"的规章制定者。[16]

到8月初,《巴黎革命报》的疑虑得到了明确的证实。7月的某一天,决议通过,由市警署负责监管印刷业和出版业。8月2日,巴黎公社颁令,在巴黎流通的所有出版物必须印有作者和出版商或书商的名称,必须到巴黎图书同业公会进行登记,并提交样本。[17]这条律令,至少在形式上允许了同业公会保留其最关键的功能——对其垄断权的管理。[18]

从《巴黎革命报》流露出的对8月2日律令的抗议中,我们可以看出这项律令在政治上以及经济上可能造成的影响。律令颁布后的第二天,《巴黎革命报》上出现了这样的论调:"在出版自由高于公共自由和个人自由的当下,临时委员会施于图书业的这一法令,较之于革命前警署所制定的事事都要盘问的各种荒谬规章,造成的阻碍更甚。"[19]《巴黎革命报》继续抨击这项法令,认为它压制:(1)文人,因为他们必须获得图书制造商的同意才得以印制自己的作品;(2)印刷商和书商,因为这些人被动成了审查者;(3)公众,因为他们无法阅读到出版商因犹疑而迟迟不印制的作品。[20]在《巴黎革命报》看来,图书业办公室的终结,只是为了加强巴黎图书同业公会对哪些内容能够被印制出版的控制权而已:

> 还有什么不明白的?这其实就是书商和印刷商沆瀣一气,欺负文人们,现在这种匪夷所思的局面迫使文人们支付高额的印刷费,这还是少的,可能还要与书商分享自己著作的所得利润。他们唯利是图,因为作者需要书商和印刷商的署名,那么

很简单,就让作者付费吧。[21]

实际上,为了获得巴黎图书同业公会的批准,图书必须印有同业公会所认可的印刷商或书商的名称。因此,在有关出版自由的第一轮角逐中,巴黎图书同业公会看似获胜。国民议会宣布出版自由的一个月之后,共和派《巴黎革命报》就疾呼:"撤销《人权宣言》中那个奇怪的条款吧,因为它本身模棱两可、含糊不清,只会让公民们面临各种暴政和无休止的骚扰。"[22]

巴黎图书同业公会的官员们看到的问题却不同。他们开始就国民议会宣布出版自由后可能产生的后果,向掌玺大臣抗议。11月12日,同业公会上书,请求"取缔巴黎那些不具备资格的个人所开办的印刷坊"[23]。图书业办公室建议他们等待国民议会颁布法令之后再说。[24]制宪委员会(Committee on the Constitution)确实形成了一项有关出版自由的立法提案,并由西哀士(Emmanuel Joseph Sieyès)于1790年1月20日向国民议会递交,但被否决了。[25]之后,关于哪类人才有权利开办印刷厂的问题,以及巴黎图书同业公会的身份问题,都没有相关法律出台。国民议会第一次试图从法律上对"出版自由"进行规定的努力,并未给巴黎图书同业公会的利益或未来带来好兆头。但是,西哀士提案的这番操作还是为同业公会会员赢得了一点时间,他们开始行动起来。

在整个1790年,同业公会更加努力地试图影响国民议会。2月,其官员前往拜访农商委员会(Committee on Agriculture and Commerce)主席。适逢主席不在,他们就留了一封信和一份陈情书,就"巴黎日益增多的新设印刷坊及其印刷商"问题请愿:

> 阁下,我们请求您关注这一问题,并应我们的请求施加您的影响。这种对出版自由法令的滥用,造成了更大程度上的滥

用。在首都的各个角落,许多目不识丁的人开办并经营起了印刷坊,在门楣上悬挂着自家之名与书商之号,并对这种侵权行为毫无顾忌。阁下,我们斗胆提出希望,基于这些情况,国民议会可以将图书业管理起来:这些公司一向不受同业公会的控制,因为他们认为,假如人人都可以自由做书商,那么法国不久就会发生各种随意出版、图书盗版,以及烂书兜售的现象。[26]

信后所附陈情书则详细描述了出版自由可能带来的政治危险和文化衰退:"我们要意识到,那些开办新印刷厂的人是从字面上理解'出版自由'的意思,他们想到的就是印刷(the presses)的自由。阁下,整个法国都认为印刷自由应该收紧,您也看到了,如今这种实际上低质量的自由给国民带来了怎样的危险。"[27]农商委员会在1790年3月5日的纪要中记录了这份陈情书及信件,之后又向制宪委员会转发了复印件。[28]

这次请愿并没有被置若罔闻,因为国民议会日益意识到出版自由原则所带来的各种问题。不能简单地认为只要对那些昙花一现的诽谤性或煽动性刊物(这些刊物是在地方上针对地方消费者而印制的)进行市政监管就可以了。掌玺大臣将这些问题提到了政策层面,并于1790年6月22日向国民议会特别调查委员会(Special Committee of Investigations)的主席致信:

> 阁下,在等候出版法规出台的同时,我依据的是以前的法规,仅对违反作者和印刷商版权的印刷物进行处理。在处理过程中,有一捆图书被送至图书同业公会,接受书商和印刷商的检查。[其中有一本小册子对国民议会进行了抨击,]小册子并未违反受查的规定,没有任何侵犯版权的行为,然而同业公会认为有必要提交给我审核,因为其中针对了国民议会。在我

79

CARACT

PETI.

CANON.

La liberté de la presse et de tout autre moyen de publier ses pensées, ne peut être interdite, suspendue, ni limitée.......... *Projet de condorcet.*

..ITALIQUE.

La liberté de la presse et de tout autre moyen de publier ses pensées, ne peut être interdite suspendue ni limitée.. Projet de Condorcet.

CARACTERE Sᴍ. AUGUSTIN.

La République Françoise honore la loyauté, le courage, la vieillesse, la piété filiale, le malheur ; elle remet le dépôt de sa Constitution à la garde de toutes les vertus....... Tous les hommes naissent et demeurent libres et égaux en droits.

居弗鲁瓦(Guffroy)印刷坊的铅字字体宣传册,共和四年(1795—1796)。法国国家档案馆。

出版自由与印制自由之间的联系在革命时期的印刷商中也不是无迹可寻。这里,印刷商就引用宣告出版自由的文字来例证他所使用的印刷字体,以此来彰显出版自由与印制自由之间的联系(cat. no. 3)。

有时间整理之前,我还不会归还这本小册子,而且在没得到您的意见之前也不会做出任何决定。[29]

这封征询意见的信提出了一些大问题:如何保护文学版权?如何规范或监管国内和国际的印刷品市场?如果有人,那么是谁有这个权利检查印刷品的运输?同时这封信也证实了一个无法否认的事实,即巴黎图书同业公会在维护文学商业,防止国民议会受到敌对者的攻击方面有着至关重要的职责。1790年整个夏季,调查委员会从实用的角度出发,恳求同业公会来监管进入首都的图书和小册子的运输。[30]革命报刊关于代表们、市政当局与同业公会之间存在共谋的指责实际上非常接近真相。[31]

委员会的回复并没有解决那些大问题,但在同业公会的官员们当中激发了新的希望,他们感觉自己的服务工作可能会在预期的图书业立法中受到奖赏。他们还在1790年9月向国民议会递交了另一份陈情书,请求完全恢复他们的特权。[32]整个问题到1791年初到了关键时刻。又是掌玺大臣向调查委员会主席致信,这次甚至更加诚恳迫切,颇具说服力:"我希望仅以宪法的形式,而且在遵照国民议会所设定的自由的基础上来决定……该由谁来评判……一本书,以及订购或查封[一本书]?"[33]他建议调查委员会、制宪委员会和农商委员会开会讨论如何解决这个问题。[34]农商委员会收到了同样一封信件[35],并主动召集委员会会议,"就此关系到图书业和文学的重要问题提出立法议案"[36]。

三大委员会终于在1791年5月召开会议进行会谈[37],之后不久向国民议会正式提交"关于科学和文学产权"的立法议案。[38]议案没有得到国民议会的采用,1793年之前也没有任何有关文学产权的法令获得通过。议案中没有提到图书同业公会,因为就在这项意图赋予文学产权及其保护以合法身份的议案提交之前的两个月,巴黎图书同业公会,以及所有其他行会实际上都被取缔了。[39]

LOI

Portant suppression de tous les droits d'Aides, suppression de toutes les Maîtrises & Jurandes, & établissement de Patentes.

Donnée à Paris, le 17 Mars 1791.

LOUIS, par la grâce de Dieu, & par la Loi constitutionnelle de l'État, ROI DES FRANÇOIS : A tous présens & à venir ; SALUT.

L'ASSEMBLÉE NATIONALE a décrété, & Nous voulons & ordonnons ce qui suit :

DECRET DE L'ASSEMBLÉE NATIONALE,

du 2 Mars 1791.

L'ASSEMBLÉE NATIONALE décrète ce qui suit:

ARTICLE PREMIER.

A compter du premier avril prochain, les droits connus sous le nom de *droits d'Aides*, perçus par inventaire ou à l'enlèvement, vente ou revente en gros, à la circulation, à la vente en détail sur les boissons ; ceux connus sous le nom d'impôts & billots & devoirs de Bretagne, d'équivalent du Languedoc, de

[1791年3月2日国民议会所颁布的]取缔……同业公会和征收营业税的法令。纽约公共图书馆，珍本和手稿部，塔列朗收藏。

1791年3月2日，国民议会终于废除了巴黎图书同业公会的垄断权，连带所有其他同业公会和行会的垄断也被废止。(cat. no. 71)

具有讽刺意味的是,宣布巴黎图书同业公会寿终正寝的法令其实跟同业公会或团体没什么关系,它实际上是一项税收法令,由公共捐款委员会发起。这项法令取缔了所有行会,之后又提出一种新的营业税(la patente),向所有商业单位征税。于是,商业自由的想法在服务国家税收中得到了有效的运用,而不是社会自由、经济自由或文化自由的想法。也就是说,更多的生意意味着更多的商业税。

1793年7月19日,国民公会终于通过一项法令,为商业出版提供了清晰的合法立足点,同时又尽力防止再次出现类似旧制度下巴黎出版商喜闻乐见的出版垄断现象。为国民公会起草这项法令的人恰恰就是"盘查制的抨击者"本人,谢尼埃。[40]正如在序言中所说,这项法令是"天赋权利的宣言"。此法令保证作者或者依据合约而获得作者所割让权利之人,在有生之年能独自享有著作出版权,作者死后,其继承人和出版商能享有十年的著作出版权。此法令没有为之前拥有"书店特权(*privilèges en librairie*)和作者特权(*privilèges d'auteur*)"的人提供可以追溯其权利的保护。随着1793年7月19日法令的颁布,旧制度下的文化资本被彻底取消了。作者去世十年以上的著作都进入公有领域。

处理新出版著作的法律规定倒没有显示出与旧制度的显著不同。出版商和作者对于自己的著作还是可以享有在王室特许系统之下能够享有的权利,只是版权不同于特许权,不能凭着国王陛下的恩典就可以更新或延长期限。出版商延长版权期的希望破灭了,作者继承人以前对家族知识遗产的无限所有权也被彻底撤销了。[41]新立法与之前的最大不同就在于,它没有任何规定,允许一个中央集权式的行政管理系统来规范或监管商业出版行为。旧制度下负责登记和监管文学特许权的王室图书业管理系统,如今被法国国家图书馆在全国范围内开展的版本备案(dépôt légal)所取代,所有版权请求都要借此进行合法登记。但文本的登记将成为一种纯粹的、个人为获得合法认可而自愿诉诸的方式,而不是国家为规范或监管出版行为而必需的方式。结果就是,出版商和作者将自发或相互之间对盗版问题进行监督,而且保留在法庭上向对方追诉损失的权利。对于盗版,不存在任何预防性措施。而且,革命政府也没有恢复或取代图书业办公室所采用的特许系统,以限制特定时期出版的既有文本的版本数量。一旦作品进入公有领域,就可以任何形式、在任何时候、由任何人出版。谢尼埃成功地瓦解了他所憎厌的所有17种"盘问"。

1789年至1793年期间,整个旧制度出版业的法律和制度基础结构垮塌了。法国文化精英们通过印刷机和书店的印刷文字生产思想、传播思想,但这种垄断在特许系统遭受的挑战和出版自由的宣言中被一扫而尽。原来的同业公会会员们目睹自己曾经独享的对法国文学遗产的出版特权遭受了不可逆转的挑战。旧制度文学系统的垮塌会带来什么后果?自上而下地探究当时的巴黎出版界可能会找到答案。

巴黎图书同业公会记录了1791年3月18日召开的最后一次正式会议,讨论了"在圣雅克·迪·奥·帕斯教堂(Church of St. Jacques du Haut Pas)"举行的教区长游行活动。[42]于是,在同业公会被正式取缔的第二天,会员们将最后的集体祈祷献给了上帝。亨利-让·马尔丹等人的杰作已经明确了"巴黎图书行业"在17—18世纪法国出版业中经济上的"卓越成绩"。[43]凭借王室的法令,巴黎的印刷公司的数量是外省具备实体性质的最大、最有竞争力的印刷公司的三倍多。[44]巴黎印刷商们凭借其处于国家行政生活、监管权力和王室资助等中心的有利位置,一步步掌握了对出版大部分经典、文学、宗教和法律文化等主要文本的特权垄断,这种特权给他们带来了大笔收入。巴黎在合法出版领域中占据着支配地位。

巴黎的许多公司都很大,专于印制法国人所谓的"大部头(grandes éditions)",即大型多卷本作品。[45]对王室图书业办公室颁发的"特许"和

"许可"登记册,以及正式特许的文学期刊进行的大量书目学研究,都对这个官方出版系统所产生的结果进行了非常清晰的呈现。傅勒(Furet)、埃斯蒂瓦尔(Estival)、埃拉尔(Ehrard)和罗杰等人的研究所描绘的文学文化图卷,基本上就是对17世纪传统文学遗产的一种静态的、不断巩固的再生产。[46]

这些享受特权的出版商和印刷商在1789年之后的命运如何呢?关于大革命时期的印刷出版团体——尤其是与巴黎图书同业公会有关的出版团体——的大部分研究,都把重点放在熟练工的历史,以及工人阶级联合会的起源和出现上。[47]对于1789年至1793年期间呈爆炸式增长的对报刊和小册子的需求,以及成倍新开的印刷坊,原来那些精于图书生产的印刷出版界精英们会做何反应呢?以下就是一些例证。

王室印刷商菲利普-德尼·皮埃雷斯(Philippe-Denis Pierres)在1790年声称他的职业"迷失了、堕落了",而且并不只有他一人这么表示。1789年至1793年期间的巴黎官方出版界,相似的痛惜论调在公开或私密场合随处可闻。1789年8月,印刷商让-巴蒂斯特-保罗·瓦莱雷(Jean-Baptiste-Paul Valleyre)向图书业办公室抗议,说他受到一名新印刷商的威胁和打击。书商路易-弗朗索瓦-安德烈·戈德弗鲁瓦(Louis-François-André Godefroy)也于9月向办公室致函,证实"我们的销售几乎完全停滞了"。11月,巴黎图书同业公会最富有的印刷商之一皮埃尔·弗朗索瓦·盖菲耶(Pierre François Gueffier)也控诉"行业的毁灭"。12月,同业公会内来自一个最古老最富有家族的出版商德比尔·莱内(Debure l'aîné)表示:"在图书方面,我亏损严重。"第二年春天,书商梅基农·莱内(Merquignon l'aîné)表示"生意极度惨淡"。几个月之后,书商让-巴蒂斯特·戈布里奥(Jean-Baptiste Gobreau)也表示自己"遭遇了相当大的亏损……整个生意目前损失极大"。甚至巴黎最富有的出版商庞库克也发表评论,"图书业极度惨淡"。1790年末,书商让-奥古斯

84

丁·格朗热（Jean-Augustin Grangé）以首都印刷商、出版商和书商的名义向国民议会提交陈情书，向国民代表们发出质问："难道我们如今毫无办法，要停业歇业吗？"[48]

随后几年，扼腕叹息和佐证言辞持续不断。书商小朗格卢瓦（Langlois fils）向制宪委员会致函，说"因为亏损，图书销售方面损失惨重"。国民议会上，夏尔·德·拉梅特（Charles de Lameth）代表举了巴黎一个书商的例子，说他"印好书却挣不到钱"，被迫印制蛊惑人心的小册子。1793年，同业公会第二富有的会员，印刷商尼古拉-莱热·穆塔尔（Nicolas-Léger Moutard）给印刷商兼书商同人拉波特（Laporte）写信，为自己"遭受的巨大损失"哀叹痛惜。巴黎图书同业公会前任官员尼永·莱内（Nyon l'aîné）也向内务部部长证实："我们整个行业被彻底摧毁。"几个月之后，他的弟弟小尼永用了几乎完全一样的话来描述自己的困境："从1789年至今，我的生意被完全摧毁。"[49]

这些人说的都是真的吗？还是他们只是出于政治和经济目的描绘了一幅财务困境的图景，以维护并加强自己在印刷文字方面的垄断权？毕竟，在大革命初的几年里，证明自身在物质方面的匮乏几乎是成为一个好公民的必需条件。而且，以上所引用的那些说辞所产生的语境都有几分可疑，有些是为了说明不能提供更多的爱国捐款（contributions patriotiques），[50]有些是为了说明需要延迟还款，[51]有些则是为了申请政府津贴或合同。[52]出版自由的忠实守护者《巴黎革命报》是支持后面这种说法的，他们坚定地对巴黎图书同业公会、会员及其"可耻的暴利"进行谴责。[53]旧制度出版精英们的生意因为出版自由而垮掉了吗？还是事实上他们因印刷品的需求急剧增长反而获利了呢？对此重要问题，塞纳档案馆（即巴黎档案馆）里有关破产记录的档案提供了有趣的证据。

1789年至1793年期间，至少有21家巴黎出版商——即书商和书商兼印刷商——公布拖欠债款。[54]其中至少17家是巴黎图书同业公会会员。这段时期破产的出版商有一半以上发生在 1790 年。对于巴黎图书同业公会来说,1790 年就是财务清算年。尽管这些数据不完全,统计学意义上的量也比较小,但还是能够显示 1789—1793 年公布破产的出版商数量几乎相当于 1770—1789 年这 19 年的数量。[55] 1789—1793 年,21 家破产公司的总债务达到 400 多万里弗尔。[56] 破产在巴黎的出版界并不只是一种慢慢逼近的可能,而是可怕的现实(参见下页图表)。

这些关于破产的叙述显示,出版界在金融上的彼此依赖和非流动性引发了多米诺骨牌效应,一系列分散的危机转化成了集体性灾难。1789 年 1 月 21 日,出版商阿迪在日志中写下了以下信息:

> 我们听说让·拉格朗日(Jean Lagrange),他原来在巴黎皇家宫殿广场附近……开了公司,似乎在印制现代思想作品方面的生意兴隆,交易范围广泛。……刚刚关闭了印刷坊,抛下公司,……可能跑去了伦敦,但他却在商业流通系统里留下了一大批盖着虚假背书的票据,他胆大妄为,竟然伪造了其他四名商人的签名,……其中三名是他的合作商,即印刷商兼书商德比尔-杜里(Debure-d'Houry)先生、书商迪朗·内沃(Durand neveu)和屈谢(Cuchet)先生。[57]

讽刺的是,这位启蒙思想著作的"投机者"在旧制度出版界引发了一场危机,但并不是通过征服市场或阅读大众的方式,而是因为他在旧的团队结构中滥用了信誉。[58]

一年后,迪朗和德比尔-杜里也申请破产。[59] 破产的现象开始蔓延。巴黎出版界的最大债务人德比尔-杜里家族的垮台造成了严重的后果。1789—1793 年,同业公会公布破产的 17 家公司中有 9 家受到了德比尔-杜里的影响,6 家受到迪朗的影响。而且冲击波的影响力远远超过了被

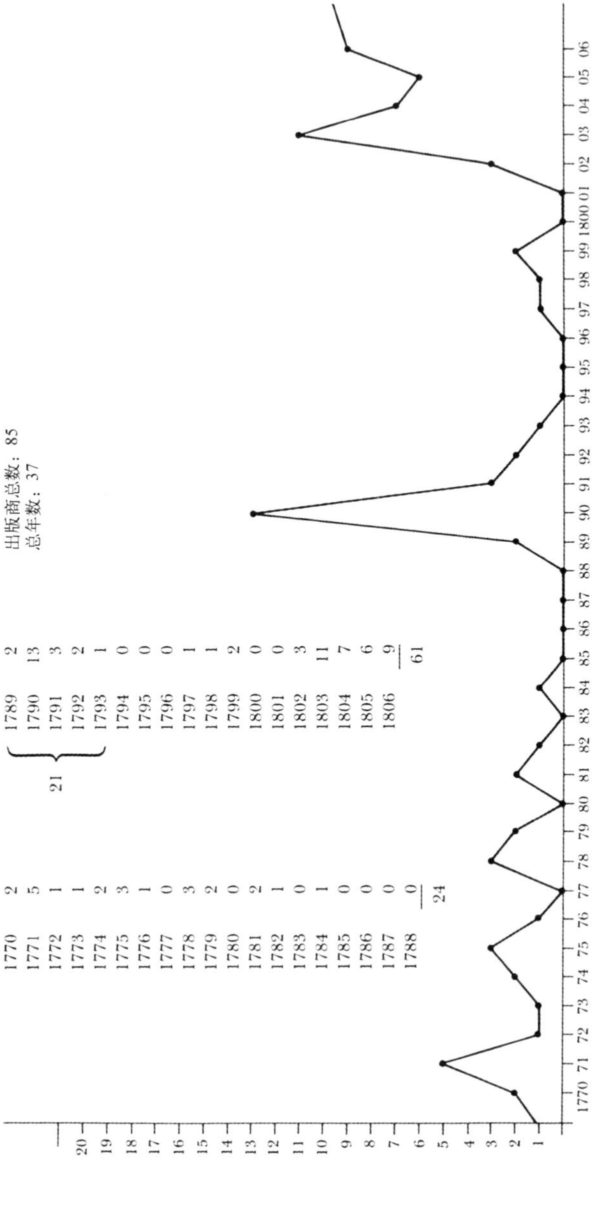

巴黎公布破产的出版商数量表，1770—1806

1770	2		1789	2
1771	5		1790	13
1772	1		1791	3
1773	1		1792	2
1774	2	21	1793	1
1775	3		1794	0
1776	1		1795	0
1777	0		1796	0
1778	3		1797	1
1779	2		1798	1
1780	0		1799	2
1781	2		1800	0
1782	1		1801	0
1783	0		1802	3
1784	1		1803	11
1785	0		1804	7
1786	0		1805	6
1787	0		1806	9
1788	0	24		61

出版商总数：85
总年数：37

数据来源：巴黎档案馆，资金破产，D^4B^6 和 $D^{11}U^3$。

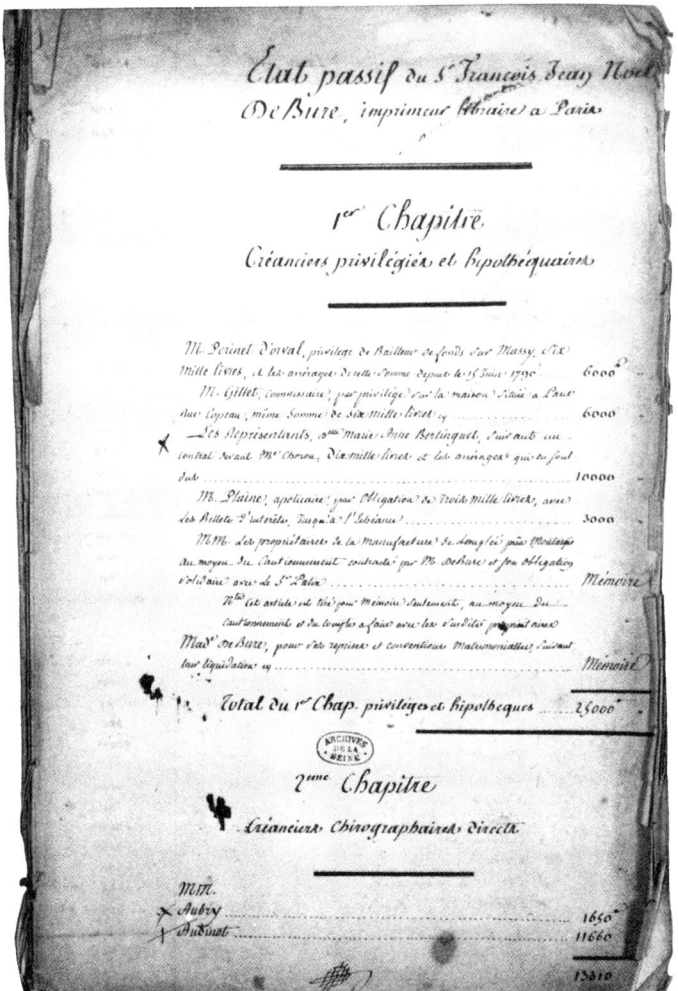

87

巴黎印刷商兼书商德比尔-杜里破产公告,1790 年 7 月 26 日。巴黎档案馆。

德比尔-杜里是巴黎图书同业公会中最富有的会员和债权人之一。他于 1790 年 7 月宣布破产,对旧制度出版精英阶层造成了灾难性的后果。国王本人只能亲自进行干预,以避免旧的巴黎出版界的财务彻底崩溃。(cat. no. 69)

迫正式提出破产申请的那些公司,德比尔·莱内因迪朗破产而损失8 000里弗尔,[60]庞库克损失最严重,仅仅因为德比尔、普安索·佩尔(Poinçot père)和萨瓦(Savoye)这三家公司的破产,就损失了30 000里弗尔。[61]巴黎图书同业公会的163个家族中有90家受到了那17家宣布破产的公司的影响,而且这些公布破产的公司单单向同业公会会员的欠债就至少80万里弗尔。[62]图卢兹出版商向制宪委员会提交的证词则显示,1790年的危机有从巴黎蔓延到外省的趋势。[63]

如果王室再不进行干预的话,事态可能会进一步恶化。1790年6月8日的会议纪要中记录了,巴黎办公室收到"由巴黎的书商、印刷商、刻版商、字体和纸张生产商——尼永·莱内、小迪多(Didot le jeune)、穆塔尔、屈谢、吉约(Guillot)、于盖(Huguet)等提交的请愿书,其中陈述了由于资金流通方面的违约以及出版业各项活动的资助人德比尔-杜里本人的破产,他们所面临的困顿状况"[64]。办公室概述其答复如下:

> 考虑到这六个合伙人一旦破产,可能会造成首都乃至外省的几千人破产;这种灾难性事件引发的反应可能会导致罕见后果……而且这些股东们都声誉清白,是图书业的中流砥柱……[办公室]决定选派优秀官员争取获得进入国民议会和政府的机会,以求能够获得120万里弗尔的开放信贷额度,汇票由这六名合伙人背书。若利(Joly)和朱西厄(Juissieu)先生获授权前往觐见财政部长,处理所有必需事务,以确保此项任务圆满完成。[65]

随后在1790年夏季,巴黎办公室、巴黎同业公会相关会员、财政部长雅克·内克尔(Jacques Necker),以及国王本人之间进行了一系列的协商。[66]1792年8月10日之后,革命政府在国王的秘密铁柜(*Armoire de fer*)中发现了一批秘藏的信件和文件,其中显示,7月份的时候,国王已经决定要补助同业公会,并以个人的名义向他们预付了15万里弗尔。[67]到8月份,整笔补助金120万里弗尔已经收到了公证授权的签章。[68]于是,国王成功阻止了巴黎图书同业公会旧式精英阶层的急速、彻底的崩溃。君主们需要他们自己的出版系统和市场。保留文化权力对政权的命运至关重要。例如,在1789年的动荡时期,正是这几名合伙人的首领——尼永·莱内,忠诚地大力宣传肯定君主威权的著作,诸如《君主及其臣民各自实际权利之表格》(*Tableau des droits réels et respectifs du Monarque et de ses sujets*)。[69]

《巴黎革命报》很快就对王室这种文化赞助行动的更广泛含义进行了说明:

> 8月4日,为了一份民事名单上相关书商的120万里弗尔的资金,国王做了担保。这一善举是基于国王对这些书商以及他们所雇用的、可能面临失业的无数手工业者们的命运的关心……国王陛下的这一善举与巴黎的文武官员对新闻出版的不公正追击形成了鲜明的对比。众所周知,这些相关书商所雇用的工人人数,还不到受出版自由庇护而逐渐发展起来的企业所雇用工人的十分之一。[70]

《巴黎革命报》说得对。文化生产力发生了转向,国王垂死挣扎,希望能够维持对公众意见和文化生活的控制权,所以对濒死的文学文明进行了资助。

国王援助令颁布后的四个月,巴黎的出版界仍处于危机当中。在1790年12月24日的会议上,农商委员会听取了一份报告,是"巴黎书商的请愿,由市政当局提交,声称他们的生意仍旧艰难"[71]。委员会的反应

跟国王的差不多。同日,委员会颁发一项法令:

> 巴黎市政受委托,将150万里弗尔以国有货物的销售作为担保的指券(assignats),在市政府的指示下以各种贷款的形式发放给巴黎的各个出版公司,这些出版公司要证明,因为公共境况不佳,自己无法履行之前的义务条款。[72]

于是,在1790年秋季,至少270万里弗尔从王室金库和国库流向了正在走向没落的旧制度文化精英。然而,国民议会想补偿损失,反而损失更多。

《巴黎革命报》准确地将巴黎图书同业公会的内部危机与出版自由宣言,以及"传播启蒙思想"的革命任务相关联。同业公会的内部危机从起源上就不是财政危机。这个问题的源头还在于同业公会中许多重要会员对即将过时的文化生产系统和文学文明的效忠。同业公会的经济危机其实是文化革命的表征。

巴黎的图书中间商在写给委员会的请愿书中哀叹:"大革命使他们书店囤积的书彻底贬了值,还有那些价格最高的文章,以及以前销售量最有保障的作品。"[73]几年之内,大革命就扫荡了他们的生活,他们创造的文化也成为过去。巴黎最重要的出版商们的存货——宗教的、法律的、教育的、历史的——都失去了商业价值,革新的(nouveautés)和启蒙的(lumières)书籍泛滥于首都巴黎。所以,德比尔·莱内在1789年12月就称:"在法律图书上,我损失了一大笔钱。"[74]安托万·莫加尔(Antoine Maugard)在1790年6月26日宣布破产的公告中也列举了"因环境恶劣造成滞销的书籍:《贵族法典》(Code de la Noblesse)、《论贵族》(Remarques sur la Noblesse)、《关于法律缩写之危害的信札》(Lettres sur les dangers des abrégés des lois)"[75]。出版裤告文的珀蒂(Petit)和德斯皮里(Despilly)于1791年致函国民议会,抗议因法国被划分为诸省而造成600个家族被倾覆,62个主教管区受压制,还抗议对其他管区的祷告文进行标准化的提议。他们眼睁睁地看着自己对现有祷告文的特许权蒸发消失:"1 200万到1 500万的商业价值……就要打水漂了。"[76]小尼永也在抗议:

> 公民立法员们,从1789年至今,我的生意已经完全失败,因为负责教育的修道院受打压,高等学院不作为。用于课堂教学和宗教的初级图书几乎是我的所有存书,但现在完全卖不出去……我预计,我那些传统图书将被贬值6万里弗尔,……因为这些图书现在都不再被采用了。[77]

旧制度下那些传统文化、法律文化和宗教文化的再生产已经停止。旧制度文化商业的精英们也随着他们所生产的文化遭受驱逐。1789—1793年,同业公会中有18名会员被迫破产。还有22名有证据显示处于拖欠债款的边缘。这些会员都是旧制度出版业的核心而非边缘成员,有德比尔、尼永、穆塔尔和梅基格农(Merquignons)。王室印刷商菲利普-德尼·皮埃雷斯在1792年变卖了自己的印刷坊,1808年临死前只是第戎的一名邮政雇员。[78]他之前的对手,王家印刷厂主管艾蒂安-亚历山大-雅克·阿尼松-迪佩龙(Etienne-Alexandre-Jacques Anisson-Duperron)目睹自己对王室出版物的垄断地位被新的、国民议会的出版商弗朗索瓦-让·博杜安(François-Jean Baudouin)所取代。[79]阿尼松-迪佩龙在1793年被送上了断头台。[80]共和三年(1794),德比尔·莱内沦为临时艺术委员会的雇员,负责编目从流亡国外者(émigrés)那里没收来的图书。[81]巴黎图书同业公会最后一名理事(syndic)的儿子小克纳彭(Knapen)也不再从事出版业,而是到内务部做了一名公职人员。[82]仍旧维持着的那些人，随着大革命对文学世界的重塑，也将面临重新塑造自身及其产业的任务。那么，这个新的文学世界将采用何种新形式呢？

随着旧世界里正式出版物的退场，启蒙出版物的非法亚文化在经历了多年变迁之后，终于走出监狱、后巷和无名市郊，曝于天光；终于跨过国界，回到了其精神家园——巴黎的公开书店之中。博马舍在1790年1月16日从克尔（Kehl）*致函办公室，表示打算"把克尔的印刷厂搬到巴黎"[83]。于是，伏尔泰重进巴黎，又一次凯旋，不过这次是精神上的胜利，因为是通过手推车上的印刷机越过边境而来。阿维尼翁的印刷商也开始跨越边界重新选址。[84]在斯特拉斯堡从事非法图书生意的中间商特勒特雷（Treuttel）和乌尔兹（Würtz）也表示，因为有了"出版自由"，所以打算在斯特拉斯堡开办两家印刷坊。[85]卢梭的作品集由日内瓦印刷公司印制，1789年的版本印上了普安索的名字，扉页上的出版地印的是巴黎。[86]同年，庞库克也把《百科全书》的整个印制流程都搬回了这座《百科全书》最早秘密印制的城市。[87]出版商克洛德·普安索（Claude Poinçot）向巴黎公社请求归还他出版的雷纳尔神父的《欧洲人在东西印度群岛殖民和贸易的哲学与政治史》和卢梭的《忏悔录》（Confessions），这两部著作在巴士底狱被攻陷时流落了出来。[88]巴黎，就像是王冠上的宝石，一度是专制主义出版业最尊贵的地方，如今迅速成为"辐射各方"的中心。[89]

而且，随着旧式精英的衰退，新一代精英借着出版自由宣言的机会扶摇直上，成为巴黎的第37、38或39家印刷商。皮埃尔·勒鲁瓦就是一个例子，他是一个图书中间商，于1789年10月20日向掌玺大臣致函请求加入印刷商的队伍。之后还有其他图书中间商，例如瓦拉德（Valade）、让-巴蒂斯特-尼古拉·克拉帕尔（Jean-Baptiste-Nicolas

---

* 德法边境小镇。——译者注

Crapart)和雅克-德尼·朗格卢瓦(Jacques-Denis Langlois),他们分别于11月15日、12月12日和1790年1月19日致函掌玺大臣。不久,图书同业公会的两个小中间商也提出了请求,他们是《印刷商手册》(*Manuel de l'imprimeur*, 1791)的作者兼出版商马丁·西尔维斯特·布拉尔(Martin Sylvestre Boulard),以及将在巴黎的革命政治中留下自己印记的安托万-弗朗索瓦·莫默若(Antoine-François Momoro)。其他还有普拉桑(Plassan)、小吉勒(Gillé fils)、梅里戈·莱内(Merigot l'aîné)、小纪尧姆(Guillaume le jeune)、屈萨克(Cussac)、贝兰(Belin)、科拉(Colas)和德昂西(DeHansy)。巴黎许多新的印刷商都是来自旧式同业公会中较低等级的书商。还有些像当蒂(Dentu)、尚邦(Chambon)和勒诺尔芒(LeNormant)等印刷商则来自旧式印刷坊的工人阶层,这些人因同业公会被撤销而得以自己创业。[90]然而,当出版自由之时,巴黎到底有多少印刷机在运转呢?据我们所知,1789年是出版业的繁荣期,出现了一大批出版物,有昙花一现的,也有连续出版的。[91]但是,这种爆炸式增长到底数量多大?范围多广?特征如何?持续多长时间?印刷、出版和销售各环节在经济层面的新情况到底是怎样的?

保罗·德拉兰(Paul Delalain)对革命时期巴黎印刷商和书商进行了详尽的研究性登记造册,结合1810年拿破仑一世对巴黎的印刷和出版公司所进行的调研统计数据,我们大致可以比较精确地估计1788—1813年巴黎的印刷商和书商/出版商的数量。而且这些资料还能提供每家新公司成立的时间。[92] 1788—1813年这26年期间,大约有1224家印刷、出版和图书销售公司在巴黎比较活跃,其中337家是印刷公司,887家是图书销售或出版公司。大革命前夕,巴黎大约有47家印刷公司和179家图书销售或出版公司(总共226家)。1810年,在将印刷商数量限制在80家之前,有157家印刷坊和大约588家书商或出版商。这些数据相比于当今经常援用的数据"400家印刷坊"要小得多。[93]然而,在大革命时期的任何时刻,表现活跃的印刷商数量几乎是这个数目的四倍,书商和(或)出版商也几乎是三倍之多。甚至在拿破仑一世颁布法令要限制印刷商数量之后,巴黎印刷业的规模也有两倍之多。所以,尽管这些数据还偏于保守,但已经揭示了在首都巴黎,印刷文字的生产权力和分销点正前所未有地在扩张,在民主化。

政权更替的关键时期(1789—1791年、1796年和1804年)都会产生新的一批印刷和图书销售公司。这并不奇怪,政治剧变往往会伴随印刷品生产和消费的阵发性增长。但有趣的是,新的印刷和出版业界却是在君主立宪时期和督政府时期成型的。假如我们分开来看1789—1791年和1796—1798年这两个繁荣时期的公司,很明显,我们可以看到前一个时间段里,新成立的印刷公司所占比例更为显著(1789—1791年:40家印刷公司,55家图书销售或出版公司),而后一个时间段正好相反(1796—1798年:32家印刷公司,74家图书销售或出版公司)。这些数据表示,前一时期主要表现在印刷业的扩张,而后一时期则表现在出版业的扩张。最后这点提出了一个重要问题。自由之后的印刷业导致了什么?

前一时期印刷坊的数量在增加,恰好定期出版物和短时效出版物也在急剧增长。1789—1791年的印刷品有一个最显著的特征,就是报刊数量的爆炸式增长。巴黎出版的报刊数量飞涨,从1788年的4种,到1789年的184种,1790年335种,到1791年也有236种。相反,从共和二年(1793—1794)到共和三年(1794—1795),这个数字从106跳到137,共和四年(1795—1796)降到105,共和五年(1796—1797)停在190,到共和六年(1797—1798)又下降到了115。[94]因此,相比于1789—1791年的爆炸式增长,热月政变后,报刊数量虽再次增长,但幅度不大。[95]正如雅克·戈德肖(Jacques Godechot)所观察到的,报刊的生产需要更多的印刷厂来支持,因为报刊面向的是更为广泛的市场,而不是某些特定人群。[96]为了满足这种需要,印刷坊出现了。

更为有趣的是,前一时期成立的印刷坊在经历了大革命和帝国之后,仍在存续。拿破仑一世时期的管理机构根据印刷坊的规模、财产和金融稳定性选择并保留了80家,我们对这80家印刷坊进行研究,可以发现其中有21家曾经是旧式同业公会的会员,35家成立于1789—1793年,9家成立于1795—1799年,15家成立于1800—1810年。也就是说,1811年的印刷坊中大约有一半是在君主立宪时期成立的。[97]再者,如果我们根据专长来区分1811年这最富有的80家印刷坊的话,其中有64家可以按专长来区分,呈现的结果是:专于报刊的有19家;专于管理的有12家;文学、纯文学和时新书(nouveautés)11家;经典著作4家;戏剧3家;宗教3家;外语3家;科学、医药和农业2家;艺术2家;年鉴2家;短时效作品2家;法律1家。[98]报刊出版,甚至超过管理类,成为新出版界的主要收入来源。不仅旧制度时期的出版商,例如庞库克、巴拉尔(Ballard)、科拉、德蒙维尔(Demonville)等,从出版革命文学转向出版报刊,并成为佼佼者,[99]大多数成功的印刷商还是新生代,他们通过印刷革命报刊发家。拿破仑一世时期负责"备注"巴黎这80名印刷商的检查员记录了这些新一代有钱的印刷商的情况:谢尼奥·莱内(Chaignieau l'aîné),"通过印制《寰宇邮报》(Courrier universel)致富";阿加斯(Agasse),"印制了《箴言报》(Moniteur)……股东和编辑,价值3 000里弗尔";勒诺尔芒(Lenormant),"是个暴发户(parvenu),以前是工人,因为印制小册子而经常受到责难。但他通过印制《帝国报》(Journal de l'Empire)咸鱼翻身";普吕多姆(Prudhomme),"富有,《巴黎革命报》,坏蛋一个"。[100]出版自由(freedom of the press)与"印刷(the presses)"和报刊(la presse)之间的联系不仅仅是一词多义的巧合,或词语上的狡猾小把戏,这其实就是一个历史现实。更重要的是,它显示出,革命时期的商业成功在于定期出版物和短时效出版物,而不是图书。

戏剧性地去规章化的结果就是,法国商业图书的出版,尤其是巴黎图书同业公会所擅长的大规模、多卷本图书的出版,一下子遭遇了重重困难。讽刺的是,在如此严格限制个人对文本的所有权,并废除了对图书业的中央集权式管理的情况下,受到解放的文本失去了其商业价值。面对有限的精英市场上的残酷竞争,缺乏对盗版图书的预防性措施,只依靠市政当局和民事法庭是远远不够的。[101]文本的独家版权期限这么短,只能在一版,或可能的话两版的利润当中收获作品的价值。对于多卷本的作品,十年的时间连一个版本的制作和分销都来不及。国民公会最为关注并希望公众能够阅读到的作品,也就是公有领域中法国文学文明的经典著作,最终在商业上毫无价值。出版商甚至无法确保一个版本的独家版权,很有可能会碰到同样作品的第二版甚至第三版的竞争风险,事实上也确实如此,所以他们被迫放弃经典作品,转而出版时新书、报刊,以及诸如小册子和年历之类的短时效出版物。

尽管有"天赋权利宣言",但是因为大规模的放松管理,加之战时国内外市场的崩塌,共和二年(1793—1794)的图书出版还是近乎停滞了。为执行文学产权新法律而成立的版本备案部门,在运行的最初五个月(1793年7月21日至12月31日)只有73个作品登记备案。[102]而且其中很多作品都不是1793年才出现的新书名,其版本可以追溯到1791年。研究这一时期的书目最负盛名的书目学家罗贝尔·埃斯蒂瓦尔(Robert Estivals)认为1793年版本备案中的书目在数据上毫无意义,甚至在其关于革命时期的书目表中根本不予采用。[103]共和二年整年(1793年9月22日至1794年9月22日),版本备案只收录了300条。而且,在版本备案部门运行的前14个月里,登记的作品中很少有容量达到了真正意义上图书的标准,[104]大部分都是戏剧、歌曲、教育或政治性质的小册子。

在督政府时期,尤其是1796年之后,图书出版开始出现复苏的迹象,版本备案部门登记的图书出版数据就显示了这一趋势。经历了

1789 年之后的逐渐减少，登记的新条目数量开始从 1796 年的 240 条增长到 1797 年的 345 条，1798 年的 475 条，直至 1799 年的 815 条。[105] 而且，马丁、米勒（Mylne）和弗罗斯西（Frautschi）在他们的著作《法国浪漫主义文体书目》（*Bibliographie du genre romanesque français*）中指出，法国的小说出版在经历 1789—1795 年的急剧下降之后，1796 年开始增长，到 1799 年达到高峰。[106] 让·东布尔关于科学图书出版情况的研究也显现了相似的趋势。[107] 因此，这些数据显示，在督政府时期，资金与图书出版重新出现了融合。

和平时期与国际市场的重新打开无疑对这次反转起到了重要作用。而且，1794—1796 年，政府也通过公共教化委员会（Commmission of Public Instruction），以补助金、奖金和公共贷款等形式注入了几百万里弗尔的资金，以"鼓励"出版科学和教育类图书。[108] 虽然公共教化委员会的文化赞助还有待系统化的研究，但以下事例还是能说明一些问题。巴黎的图书中间商斯米特（Smits）和马拉丹（Maradan）受委托印制 15 000 本《学院词典》（*Dictionnaire de l'Académie*）。印刷商奥布特（Haubout）受助印制了《罗马史》（*Histoire romaine*）。巴黎的印刷商兼出版商斯图普（Stoupe）和塞尔维埃（Servière）出版了伏尔泰著作全集。委员会还对新近发现的卢梭《社会契约论》的手稿进行了一些调研。小普安索着手印制卢梭的《忏悔录》。委员会从巴黎图书中间商阿加斯的手中购进了 3 000 本孔多塞（Condorcet）的《人类精神进步史表纲要》（*Esquisse d'un tableau historique des progrès de l'esprit humain*），"作为一种最有效的教化方式"分发到"共和国各地"。他们从出版商龙多诺（Rondonneau）手中购买法律选集，还特别赞助科学作品的出版商。[109] 例如，如果没有政府的帮助，巴蒂奥（Batillot）和乌埃（Houet）的重要版本孔狄亚克（Condillac）的作品集（共和七年 [1799—1800]）和《计算的语言》（*Langue des calculs*，共和六年 [1798—1799]）就不可能面世，但即使是这些版本,也还是持续遭遇财务上的困难。[110]

政府鼓励出版的不仅仅是经典的、科学的和有关启蒙思想的图书。出于委员会对大众文化素养的期望,政府还出资补助大量教育类、科学类和政治类报刊,例如《哲学与文学的时代》(*Décade philosophique et littéraire*)、《培育》(*Feuille du cultivateur*)、《村民小报》(*Feuille villageoise*)、《矿业报》(*Journal des mines*)、《法国共和党》(*Républicain français*)。另外还补贴并分发教育类小册子。而且为了赢取女性阅读群体对热月政权的好感,政府也没有掉以轻心,帮助出版了西托万叶纳·博德塞耶(Citoyenne Bodesère)的《合理哲学或真正妇女政治的胜利》(*Le triomphe de la saine philosophie, ou la vraie politique des femmes*)。[111]

在督政府时期的新气候和资助政策的影响下,全新一代的印刷商和出版商应运而生。例如,迪古尔(Dugour)和迪朗(Durand)等"教育类、科学类和艺术类图书中间商"(1796 年)购买了屈谢等人日益颓败的旧式行会设施。埃格龙(Egron)买下了弗夫·瓦拉德(Veuve Valade)(1798 年)的公司,热内·莱内(Genets l'aîné)买下了塞尔维埃的公司(1799 年)。还有一些则与之前的公司进行联合,例如巴利奥(Ballio)就与科拉联合(1796 年),或者勒格拉(Legras)和科尔迪耶(Cordier)(1797 年)。也有像贝尔纳(Bernard)这样成立新公司的,他是一个"从事数学、科学和艺术图书生意的印刷商兼书商"(1797 年),还有"专营农业图书的印刷商兼书商"马尔尚(Marchand),"从事农业和兽医图书生意的印刷商兼书商"于扎尔(Huzard),以及"专营数学图书的书商"迪普拉(Duprat)(1797 年)。[112]正如让·东布尔在本书中所展现的,科学类著作对出版复兴的贡献一点不少。

虽然有了复苏的迹象,但商业图书的出版还是在苦苦挣扎。即使和平局面得到了恢复,政府补助也相当可观,图书出版还是缺乏管理,经济上无法正常。缺乏预订和补助的保障,残酷的竞争、疯狂的盗版,以及最糟糕的相同作品不同版本之间的恶性竞争,使得除了报刊和短时效出版物之外的所有商业出版都风险极大,出版可能微乎其微。对于1793年法令的不足之处,出版商向拿破仑当局提供了铿锵证词:"1793年,对我们进行管理的新法令沉重打击了文学产权的根基。它造成大型出版公司的垮台和整个国家的无序状态,传统的诚信美德不见了,取而代之的是道德沦丧。"[113]里昂的大出版商布吕塞(Bruysset)也写道:"那些产权被共有之后的图书,可能会出现……相同一本书的四个或五个版本在同一时间同一城市印刷,形成意想不到的竞争关系,对每个商家都造成伤害。"[114] 1799年之后,破产的现象持续不断(参见第100页图表),各种事例更是成倍增长。大革命使印刷"过于自由",以至于商业图书出版不再具有可行性。直到1810年,随着国家图书业管理部门及其检查员队伍的恢复,篇幅达标的经典图书才再次得到必要的警方保护,得以确保其在商业上的成功。

回到我们最初的问题,出版自由在实践上到底意味着什么?现在可以提供一些答案了。对出版自由的呼吁不仅仅是要终止审查制,它其实是对旧制度下整个文学体系的进攻,包括对著述、印刷和出版进行规范管理的所有律法、制度和具体做法的进攻。1789—1793年,这整个体系受到了力图将作者、印刷商、出版商,甚至文本本身从旧体系的束缚中解放出来的各种革命力量的破坏,而崩塌。结果,旧制度下通过文学特许权而得到体现的文化首都地位,一夜之间就蒸发了。巴黎那批卓越的出版精英们跟着他们所生产的文学文化一道被驱逐。这些并不只是因为他们所生产的文本面对革命的启蒙需求已经失去了价值,还因为保障这些文本之文化垄断的制度不复存在了。

旧制度文学体系的崩塌所造成的最重要,但一定程度上又是意料之外的后果就是,它骤然造成了"图书"本身之文明的暂时性崩溃。大革命挑战了图书作为早期现代最宝贵的文学形式在文化上的支配地位。在1789—1793年,出版界大范围缺乏规范管理,期刊、报纸,以及其他短时效作品,例如年历、小册子和歌曲单等,大量印制,图书出版黯然失色。这些新的文学形式支配着革命时期新型印刷和出版局势的商业。法国大革命是一场文化革命,不仅因为它将启蒙思想从旧制度的监督管辖中解放了出来,还因为它将"启蒙"从一种思想转化成了一套新的文化实践,这套文化实践的基础就在于最自由、最广泛的思想上的公共交流。定期出版的和短时效的印刷品,较之于图书,更好地服务于此目的。革命记者布里索(J. P. Brissot)在其回忆录中写道:"有必要一刻不停地启蒙人民的思想,不是通过大部头的、说理性强的作品,因为人民不会读这些作品,而是要通过一些小的作品……一些能够轻松地向各个方向传播的报刊式作品。"115

　　印刷的解放及随之产生的印刷出版上的不管制,导致了印刷文字上前所未有的民主化。巴黎印刷和出版公司的数量在革命时期轻轻松松就增长到三倍,在印刷文字的生产上,同时也就意味着在思想的公共交流上允许更广泛的社会主动性和参与度。自然,得到了解放的印刷公司所创造的文学形式也就更民主。短时效出版物在资本密集方面不如图书生产,其成败取决于市场的广泛性,而非市场的密集性。这些文学形式是为那些花销少、空闲阅读时间也少的人准备的(而且往往制作这些印刷物的人也是如此)。这并不是说,在法国大革命之前就没有流行的文学文化,但随着出版自由的宣告和旧制度文学制度的垮塌,商业出版的重心显然就从"图书"的精英文明转向了小册子和报刊的民主文化了。

印刷商与市政

皮埃尔·卡塞勒

巴黎的市政印刷商虽然在大革命时期一直是一个影子般的角色,而且如今在各种历史叙述中也不见其踪影,但其实在革命政治中有着战略性地位。他是政府与其属民之间的连接纽带。这种连接对于革命派的合法性来说至关重要,所以市政印刷商就要在构建政府与推翻政府的扭结点上经营着生意。

巴黎在旧制度时期有着自己的官方印刷商。巴黎市长(Prévôt des Marchands)、警署总监、高等法院和监督官都是通过印制的条例和布告,与下属60万公民进行沟通交流的。然而,巴黎人民将旧威权扫地出门,创建了一个新的市政府,也将自己从属民转化成了公民。他们不再满足于被告知政府的决议,而是希望能够跟踪协商的进程,他们的代表能够说得上话。事实上,他们对于代表这个概念本身都不怎么信任。但他们无法召集庞大的全体公民大会,所以就坚持要了解尽可能多的信息。了解的信息越多,他们对于巴黎市政厅(Hôtel de Ville)的每个动作就越清楚。这样,印刷商就必须忙碌不停——因为保持沟通顺畅的唯一途径就是通过印刷机。档案馆里成堆的印刷品就证明了这一点,政府当局特别关注与公民的联系。在几乎每页纸的底端都可以看到市政印刷商的姓名,也就是那个使得整个体系运转的人的姓名。然而,他也就是留下了一个姓名而已,因为他的所有作为都被他所生产的资料所掩盖了。我们通过挖掘有关市政印刷商之生涯的记录,找到了一些幸存的资料,以此试图理解法国大革命作为一种交流革命的意义。

自 17 世纪初开始,市政当局就雇用巴黎市的一家官方印刷商来出版各种市政法令条例。[1]大革命前夕,享有官方印刷商头衔的是一对堂兄弟,被称作洛坦·莱内(Lottin l'aîné)的奥古斯丁-马丁·洛坦(Augustin-Martin Lottin)和被称作洛坦·德·圣热尔曼(Lottin de Saint-Germain)的让-罗克·洛坦(Jean-Roch Lottin)。前者生于 1726 年 8 月 8 日,1746 年作为书商被吸收进入同业公会,1752 年时的身份却是印刷商。他于 1768 年成为市政印刷商。当时他已经与后来的路易十六有了交集,他教导路易十六有关印刷术的知识。他自 1760 年以后就一直是一名印刷商兼书商。

奥古斯丁-马丁认为自己的名望更多来自他的文学和历史学著作,而不是印刷商的身份。他写了很多书,尤其是关于印刷史的书,却因为疏于生意而不得不在 1783 年 2 月 28 日宣布破产。他的收支平衡表上显示他负债 32 万里弗尔,而资产总估值只有 22.6 万里弗尔。但他通过与自己的堂兄弟让-罗克的合作挽救了自己的生意。让-罗克生于 1754 年,之前是他手下的一名学徒。1788 年,洛坦兄弟将印刷厂从圣雅克街(rue Saint-Jacques)搬到了圣安德烈-德-阿尔提街(rue Saint-André-des-Arts)27 号。他们的生意一直持续至大革命时期。直到 1792 年夏季,洛坦·莱内和洛坦·德·圣热尔曼的名字都共同出现在市政府所有官方出版物上。洛坦·莱内在 1793 年 6 月 6 日去世。

我们通过莫里斯·图尔纳(Maurice Tourneux)所编以及安德烈·马丁(André Martin)、热拉尔·瓦尔特(Gérard Walter)合编的目录[2],对于 1789 年之后巴黎市政府所出版的材料有了一定的了解。三级会议召开之前,第三等级的所有材料都是洛坦兄弟印制的,而印刷商克洛德·西蒙(Claude Simon)和让-夏尔·德桑(Jean-Charles Desaint)则为教士和贵族印制材料。7 月 13 日,洛坦印制了第一份正式的"革命"材料,是一份界定市政厅常任委员会之职能的材料,当时这个委员会还是由巴黎市市长主持工作。[3]

100

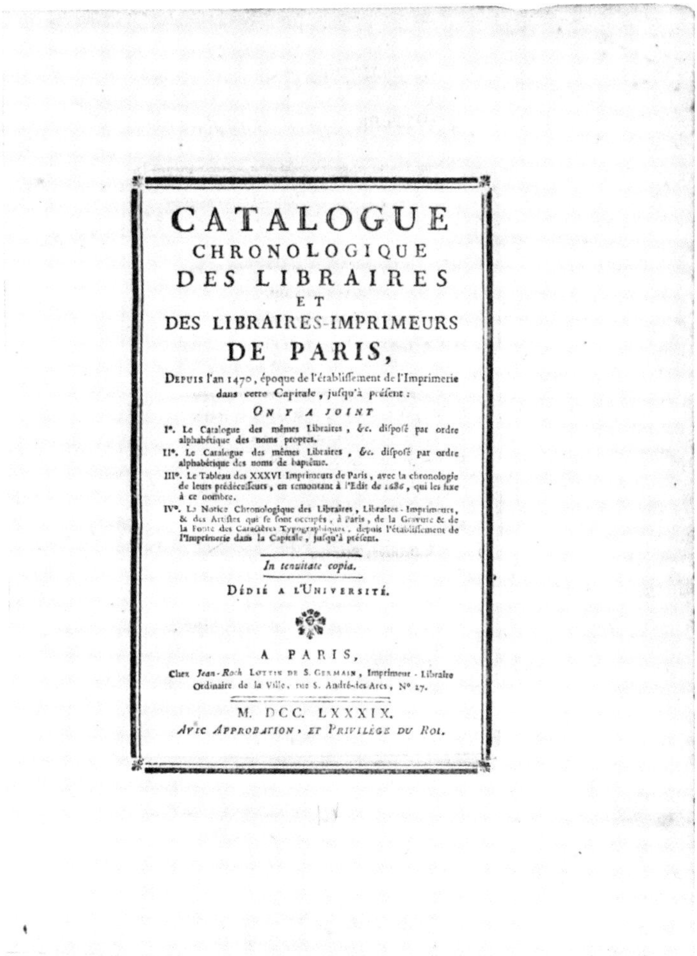

CATALOGUE
CHRONOLOGIQUE
DES LIBRAIRES
ET
DES LIBRAIRES-IMPRIMEURS
DE PARIS,

Depuis l'an 1470, époque de l'établissement de l'Imprimerie dans cette Capitale, jusqu'à présent :

On y a joint

I°. Le Catalogue des mêmes Libraires, &c. disposé par ordre alphabétique des noms propres.

II°. Le Catalogue des mêmes Libraires, &c. disposé par ordre alphabétique des noms de baptême.

III°. Le Tableau des XXXVI Imprimeurs de Paris, avec la chronologie de leurs prédécesseurs, en remontant à l'Edit de 1686, qui les fixe à ce nombre.

IV°. La Notice Chronologique des Libraires, Libraires-Imprimeurs, & des Artistes qui se sont occupés, à Paris, de la Gravure & de la Fonte des Caractères Typographiques, depuis l'établissement de l'Imprimerie dans la Capitale, jusqu'à présent.

In tenuitate copia.

Dédié a l'Université.

A PARIS,
Chez *Jean-Roch* Lottin de S. Germain, Imprimeur-Libraire Ordinaire de la Ville, rue S. André-des-Arcs, N° 27.

M. DCC. LXXXIX.
Avec Approbation, et Privilège du Roi.

奥古斯丁-马丁·洛坦，巴黎书商和书商兼印刷商目录（按时间顺序），1789年。纽约公共图书馆，珍本和手稿部。

洛坦关于巴黎印刷和出版业历史的杰出著作是研究旧制度时期出版现象的最重要史料之一。（cat. no. 76）

8月7日，巴黎公社代表大会仿照议会的做法，组建了一个委员会来专门负责大会议程的编辑及印刷和出版。让大众知情在当时是一个全新的想法，因为在旧制度下，市政当局的审议记录都是手写的，从来不会让人民大众得知。唯一以印刷品出现的文本就是法令，但也是以传单或布告的形式，从来不会以图书的形式汇集起来。[4] 1789年到1791年期间，市议会的会议议程都被印制了出来，1789年7月25日到1790年10月8日期间的所有会议都涵盖在内。当然，洛坦是受委托印制这些官方报告的，这些报告现存已经不多了。1790年10月，他们印制了一份概要，由雅克·戈达尔（Jacques Godard）撰写，题目是《代表大会议程报告书》（*Report on the Proceedings of the General Assembly of the Representatives*）。印制的费用是代表们自己支付的，每人支付了9里弗尔。报告起草人写道："这树立了一个好榜样。公仆们不再满足于用行动说话，而是开始记录自己的想法和原则，这样他们的选民们在任何情况下都能对他们有所了解。"[5]

市政印刷商的好意经常遭受严峻的考验。1790年7月，洛坦要求市政支付会议议程的印刷费，这种要求完全合法，但得到的只是市政对其工作热忱的谢意，还被督促要尽可能加快工作进度。有时，为了满足市政的要求，他不得不让印刷机通宵达旦地运转。[6] 除了一些重要出版物和诸如1790年7月14日的《在巴黎召开的法国联盟会议议程》（*Proceedings of the Confederation of the French in Paris*）之类的特别材料之外，洛坦还要印制大量通知、法令、议程摘录、报告，以及不同市政工作所需要的表格和信纸抬头。

关于为洛坦提供固定收入的其他印刷业务，具体情况我们不知晓，因为随着对巴黎人民生活的干预越来越多，市政方面对印刷的需求也日益增长。我们手上只有两个数据，就是市政在大革命的最初几年支付给市政印刷商的总金额[7]：一个是从1789年7月到1790年10月，84 000里弗尔;另一个是从1789年7月到1791年1月,103 595里弗尔。

1792年8月10日发生的起义暂时中断了洛坦的职务。尽管他的工人们在5月20日为起义制作了价值120里弗尔的礼物,他还是被贴上了无爱国心的标签,起义者的巴黎公社于8月11日收回了他的职务。第二日,巴黎公社在无任何异议的情况下任命夏尔-弗罗贝尔·帕特里(Charles-Frobert Patris)取代洛坦,并批准帕特里将其两部印刷机搬入市政厅。[8]

这一任命无疑是有政治意义的,因为巴黎公社选的是一名激进的革命者,而不是一名有经验的印刷商。帕特里于1752年或1753年出生在特鲁瓦,1789年在一所寄宿学校任教师。他住在吊刑广场(Place de l'Estrapade)附近,自三级会议的选举开始就在大革命中表现得特别积极狂热。"我热爱大革命,"他说,"我期盼着大革命,在革命发生之前很早就预料到了。所以一点儿也不奇怪,我满腔热情地拥抱大革命,并勇敢地支持大革命。从大革命的第一天起,我就发誓要推翻暴政,要是看到暴政获胜,我毋宁死。"[9]实际上,从目前档案发现来看,帕特里的革命活动看来就是一个无套裤汉如何钻营的完美案例。

1789年4月,他被指定为圣恩谷区(Val-de-Grâce district)的选举人。7月15日,市政厅常设委员会选派他以及其他三位选举人将一份决议送至凡尔赛的国民议会。1789年7月,他还负责监督巴黎的食品供应。为了证明自己的爱国心,他还表示自费支付了所有旅费和住宿费,并未向市政府报销。[10]他还鼓励自己的学生在1790年2月6日这天前往国民议会,捐献他们募集的245里弗尔善款以及他们鞋子上的银饰搭扣,为国家做贡献。[11]巴黎的国民自卫军成立时,帕特里被选为圣恩谷营的指挥官,因而也就参加了发生在1789年10月5日导致王室回归巴黎的游行。

很长一段时间以来他都是吉尔贝·德·拉法耶特(Gilbert de la Fayette)的对手。1790年8月,他以所率营队的名义拟就了一封信件,抗

《A.F.M.莫默若,国家自由会首席印刷商》,日期未标。木刻肖像画。法国大革命博物馆,法国维齐尔。

莫默若是巴黎最激进的新晋印刷商之一。他于共和二年(1793—1794)因煽动蛊惑罪被革命政府送上了断头台。(cat. no. 59)

议拉法耶特将军在镇压南锡的沙托维厄(Chateauvieux)瑞士兵团兵变中的所作所为。普吕多姆在《巴黎革命报》中选用这封信作为巴黎营的范本。1791年6月，国王一家逃到了瓦雷纳(Varennes)，帕特里在其天文台区域会议上对此表示强烈愤慨。在废黜路易十六的请愿活动中，他积极地撰文并大力宣传。7月17日发生在战神广场(Champs de Mars)的大屠杀中，他就身处被射杀的请愿者当中。[12]

1792年2月20日，帕特里被选举成为巴黎市的一名官员。当时他已经开始进入印刷业，他利用自己的地位与市政府中反对君主制的新成员建立了联系。很可能他已经在策划取代洛坦，成为市政印刷商了。[13]果真如此的话，他的计划就在5月9日受了挫，因为他被雅各宾俱乐部开除了，他自1790年起就一直是雅各宾俱乐部的会员。他与莫默若合作印刷《爱国者论坛》(Tribune des Patriotes)，因为就其中某一论题，他与卡米耶·德穆兰(Camille Desmoulins)产生了分歧，几次激烈的争辩过后，他被开除了。[14]

然而，要想将帕特里排除在政治斗争之外恐怕不太容易。1792年6月20日的示威游行，他就深度参与了，他鼓动国民自卫军允许民众侵入杜伊勒里宫。等到最后巴黎市长热罗姆·佩蒂永(Jérome Pétion)见到国王时，就看到他头戴红色的革命帽，身边簇拥着国民自卫军军官、几名代表和三名市政官员，其中之一就是帕特里。[15]

发生在8月10日的推翻君主制起义终于让帕特里的政治热情获得了回报。自此，巴黎公社的官方出版物都标上了"印自公社印刷商C.-F.·帕特里，圣雅克街，圣玛丽教堂"。他已婚，有一个12岁的儿子，所以根据公社的规定，他分到了一幢位于天文台街上的房子，房租估计要9200里弗尔。他将房子的部分空间提供给公社的公诉人皮埃尔-加斯帕尔·肖梅特(Pierre-Gaspard Chaumette)居住。[16]

为了能够全身心地投入新事业，帕特里卖了寄宿学校的股份，做了一些重要投资。后人在肖梅特的文件中发现了一张帕特里大约在1793年写的便条,他在便条中抱怨说,相比于支持大革命的花销来说,他的收益实在是太少了。因为疏忽大意、缺乏爱国心而被解职的洛坦居然还能够跟他竞争市政部门所委托的工作,对此他很愤慨。他声称自己拥有15台状态良好的印刷机,而且铅字充足,供应50台印刷机都没问题,但是巴黎公社给他的印刷业务从来没超过4台印刷机的工作能力,有时候还不到一两台的。他不明白,为什么巴黎市公共财产和金融局(Bureau of Public Property and Finance)从来不用他?为什么作为最重要的工业经费来源机构之一的税收局(Bureau of Taxation)把所有的印刷业务都给了洛坦?[17]

帕特里索要旧制度下市政印刷商所享有的垄断权。他提出的理由是,只有市政的所有表格都由他来印,他的生意才有赚头;别忘了,自1790年10月巴黎公社成立以后,市政厅的所有会议记录就停止印刷了。而且,帕特里也没获得自1793年6月至1794年2月期间公社布告(Affiche de la Commune)的印刷委托。[18]显然,对于这家在1794年春天共用了四五十名工人的印刷坊来说,市政府并没有提供足够的印刷业务。帕特里不得不另外寻觅市场。1792年8月20日和9月11日,国民议会委任他印制25里弗尔和10里弗尔的指券,印刷费是每令15里弗尔。在巴黎市长让-尼古拉·帕什(Jean-Nicolas Pache)和海军部长加斯帕尔·蒙日(Gaspard Monge)的干预下,他还获得了印制海军部所有材料的委任。[19]

市政府在革命期间的印刷工作要求印刷商时刻准备着,以应对各种紧急任务。1793年5月31日吉伦特派在国民公会受围堵时,帕特里"必须工作到凌晨两点",他说:"尽管那时我卧病在床,正在接受药物治疗,当时,公社书记下达命令,我必须亲自监督,保证人民委员会(People's Commission)与巴黎公社共同投票决定的各种法令能立即散发出去。法令出来得很快,一份接一份,我不得不带病坚持,两个晚上彻夜不眠地工作。"[20]

帕特里曾经两次遭受革命政府治安举措的迫害。严苛的嫌犯法令颁布三天后，即1793年9月20日，帕特里被捕了。他的被捕是因为里夏尔·普瓦雷（Richard Poiret）的举报，普瓦雷是天文台区域治安委员会成员，曾经是为帕特里印制指券的工人。"我不得不解雇他，"帕特里解释道，"因为他工作不得力，还在印刷厂制造事端，鼓动工人们反对工头和监工。我手上掌握了他写给我的雇员们的几封信，这些信都是雇员们自己交给我的。"帕特里被关在圣佩拉吉（Sainte-Pélagie）监狱，关了11天。他向一般安全委员会（Committee of General Security）的副主任E.-G.帕尼斯（E.-G. Panis）上诉，帕尼斯跟他一样，也是在1792年2月被选为市政官员的。这次上诉使他免除了罪责，还获得了一份证明其爱国行为的证书，其中特别强调了他在推动1791年战神广场请愿运动中的重要贡献。[21]

1794年3月，他再一次遭逮捕，这次更严重，是为了审判埃贝尔派（Hébertists）而进行的初步调查。逮捕他的令状是由他那个片区的革命委员会于3月14日颁发的，当时他正忙着印制限价法令（*Maximum*）。帕特里提前获得了预警，设法逃脱了。革命派搜索了10天也没找到他。3月22日，帕特里的工头路易-弗朗索瓦·博纳富瓦（Louis-François Bonnefoy）被委员会召去审问，主问人是印刷商康珀农（Campenon）。他们试图让他证明帕特里可能印制了一些颠覆性文本，而这些文本并不为工人们所知，但博纳富瓦没让他们如愿。同一天，帕特里的妻子因为在接受询问时，闪烁其词，语气嘲讽，而被禁足在家中。因为巴黎公社的工作不能耽搁过久，所以根据国民公会1793年9月2日征募所有印刷商为公共服务的法令，帕特里的工头就代替他开始工作，而且工人们如果要请假，必须提前十天向工头申请。

最后，3月24日，帕特里出现在了朋友帕什的家中。他又一次被押送到了革命委员会跟前，对于逃避逮捕的行为，他解释说，考虑到当时的情况,"他害怕被关进监狱,因为当时有传言说,愤激的委员正策划处死所有的罪犯"。关于逃跑期间在何处吃住的问题,他说他就没在床上睡过觉,他在不同的咖啡馆和饭店吃饭,白天还出席了国民公会的会议。帕特里竭力撇清与当时正遭受追查的埃贝尔分子们之间的关系,声称与已被捕的肖梅特之间完全是工作来往。委员会将他关押在英式本笃会的修道院里。在绝望时刻,他写了好几份材料来证明自己的革命活动,并请求乔治·丹东(Georges Danton)、路易·勒让德尔(Louis Legendre)、雅克·比约-瓦雷纳(Jacques Billaud-Varenne)、J.-L. 塔利安(J.-L. Tallien)、A.-J. 桑泰尔(A.-J. Santerre)等人为他做证。[22]

我们不清楚帕特里被关押了多长时间。可能在罗伯斯庇尔倒台后就被释放了,跟其他人一样。1795 年 7 月,他受公共安全委员会(Committee of Public Safety)的委托,为巴黎市印制面包券。但是,他在市政厅的委托却丢了。等到大革命在督政府下开始右倾时,他的老对手洛坦重新获得了市政官方印刷商的位置,当时的市政在巴黎行政区中央局(Central Bureau of the Canton of Paris)的名下进行了重组。[23]

因为参与了政治,帕特里的余生一直受到当局的怀疑,尽管当局也曾委托过他一些印刷业务。帝国时期,虽然官方印刷商的委任在 1811 年得到了续签,他还是被认定为危险的雅各宾分子。1824 年,他退休了,搬到朗布耶(Rambouillet),但一直受到监视,因为他与自由主义党派之间有联系。[24]

这就是巴黎最重要的两名市政印刷商的职业生涯,混杂着职业上的对抗、庇护上的竞争和意识形态上的承诺。要想对故事进行条分缕析,以确定哪个才是最突出的因素,几乎是不可能的。但很明显,在法国大革命的震中,印刷是一份艰难的生意。指券、布告和官方法令不会靠魔法出现,他们的背后是残酷的斗争,参加斗争的这些人在大革命的所有关键事件中都参与其中,同时又极力想从中牟利。

《出版自由》,1797年。彩刻。法国国家图书馆,图片收藏部。
随着出版自由法令的颁布,生产和消费印刷物的热潮就席卷了整个法国。
(cat. no. 23)

卢浮宫波旁厅的平面图和精确再现图,图中是1614年三级会议召开时的场景……以便告知大家,1789年三级会议在法尔赛宫大厅内召开时应该是什么样子。纽约公共图书馆,珍本和手稿部,塔列朗藏品。

对于1789年三级会议的召集,图像和文本的印刷在调动法国社会各阶级人民方面起到了关键作用。(cat. no. 35)

来自巴士底狱的石碑,在帕罗(P.-F. Palloy)的指示下完成,碑上有一幅题为《巴士底狱平面图》的彩色铜版画,帕罗之后由沙皮(J.-B. Chapuy)完成。法国大革命博物馆,法国维齐尔。

通过一大批不同的印制形式,印刷在传播和纪念巴黎所发生的重要事件方面,非常关键,尤其在巴士底狱被攻陷之后。(cat. no. 43)

雷蒙-奥古斯丁·维埃伊·德·瓦雷纳(Raymond-Augustin Vieilh de Varennes),《巴黎国民军军旗全集》,[1790?]。彩刻。纽约公共图书馆,斯潘塞藏品。

与巴士底狱风暴类似,国民革命军队也是英雄人民之意象的最主要来源,是在普通民众中激发革命支持的关键手段。这里展示的是圣-厄斯塔什(St-Eustache)、博内-努韦勒(Bonne-Nouvelle)、岛上圣路易(St-Louis-en-l'Isle)和卡姆-德肖塞(Carmes-Déchaussés)区域营队的旗帜。(cat. no. 44)

《报贩》,彩刻,作者是菲利贝尔-路易·德比古(Philibert-Louis Debucourt)。法国国家图书馆,图片收藏部。

随着旧制度下监管印刷品的体制崩塌,最迅速也是最重要的一个结果就是报纸生产的大爆炸。出版自由的法令颁布后,"出版"第一次成为日常生活的一部分。(cat. no. 57)

 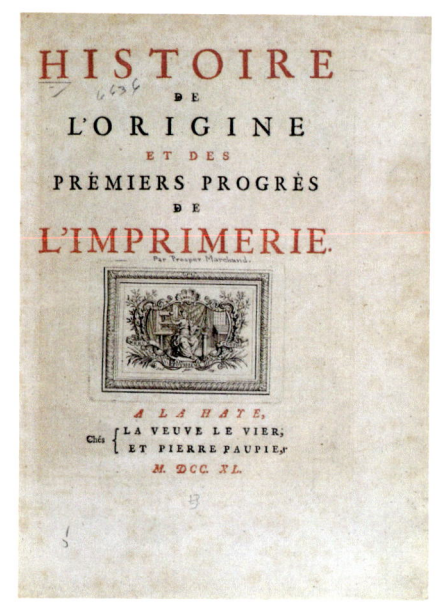

普罗斯珀·马尔尚(Prosper Marchand),《印刷业的起源和早期的进步史》,1740。纽约公共图书馆,一般研究部。

在旧制度下,印刷机被尊为"从天堂来的"礼物,将在黑暗愚昧的世界里传播启蒙思想。(cat. no. 78)

以赛亚·托马(Isaiah Thomas)印刷机,1747年。美国古文物协会,马萨诸塞州伍斯特(Worcester)。

以赛亚·托马印刷机是现存少数典型的18世纪二拉杆商业印刷机之一。(cat. no. 48)

地下印刷机,18 世纪。印刷厂和银行博物馆,法国里昂。(图片:迪苏耶[Dussouillez]工作室,鲁特[Rutter])

这台18世纪的小型"地下印刷机"是为了躲避警方的搜查而能够迅速收藏到壁橱里而设计的。(cat. no. 110)

工人的骚动

菲利普·米纳尔

要想研究18世纪和19世纪工作车间里所发生的历史,研究者必须做好与其他种类的历史发生交叉的应对。首先,这段时期之后发生了工业革命,所以就涉及技术史。其次,还有经济结构的历史,以及手工业的物质结构史,这些手工业在中心城市的工坊还在进行,有其独特的技术和实践技能方面的部署,以及独特的工作模式。最后,在书写工人历史之前,必须追溯的历史线索还有连接雇主与雇员的各种力量之间不断变化的平衡关系。我们还要警惕一种所谓手工业和同业公会的黄金时代的神话,这种神话将工坊理想化成一个大家庭,业主是个快乐友好的人物,迫切地与并肩工作的熟练工人分享其技能,及其作为一名手艺人的自豪感,整个气氛祥和、友善。[1]但真实情况是,雇主与雇员之间的关系时好时坏,一定程度上与政治的起伏相一致。梅西耶如此描述大革命之前巴黎工坊内的不安局面:"手上的活儿越来越马虎;产品匆匆完成,质量不佳……在这段日子里,平民们都已经将主从关系置之脑后了。"[2]

大革命对行业的第一影响就是加强了这种不服从主从关系的普遍精神。对印刷行业还产生了一种影响,那就是出于众所周知的政治原因,市场爆炸了,需求也在成倍增长。1789年,成百上千的散页、书本、小册子,还有将近200种新日报纷纷出版。[3]尽管传统书商因为这些短时效出版物的增长而遭受巨创,但大革命这几年,一种新的对文字的敏感却越来越成熟了。人民希望获得资讯。出版自由一下子成了新民主主义的方式和表达。[4]

巴黎的印刷业拥有一个由 36 名印刷业主组成的同业公会、200 台印刷机和 1 000 名印刷工匠。对于出版物数量的增长和对出版物的爆炸式需求,巴黎印刷业如何应对? 要解答这个问题,我们必须处理两个并置的时间表:长时段的是 300 年的产业结构,短时段的是引发需求急剧增长、造成新需求,以及调整工坊内社会论坛态度的各种政治变化。大革命是否推翻了已经确立了的生产和工作流程体系?"印刷业旧制度",包括其同业公会式的行事方法和思想心态,是否在社会政治旋风中得以幸免?[5]

印刷工坊

我们可以通过研究印刷业的职业手册和专论来了解这个行业里长期流行的规范。手册属于一种公认的实用文学范畴,就像词典或描述个别艺术和工艺的文字。手册的作者都是印刷业主,他们写作的目的是彰显他们所从事行业的光辉形象,凸显印刷业作为学习好帮手的特点。印刷商通晓印刷史,总要先回顾一下印刷史上英雄时代的先驱们,从而肯定印刷共同体的特别自豪感。然而,这些手册还有一个目的,就是要传授工艺规则。可供研究的印刷业专论有 8 部,最早的一部写于 1723 年,作者是圣奥梅尔(St-Omer)的印刷商费泰尔(Fertel),这部作品看起来似是其他几部的范本。还有三部也作于大革命之前:卡斯蒂永(Castillon)的《印刷艺术的真正智慧》(*L'Art de l'imprimerie dans sa véritable intelligence*,1783)、狄德罗的《百科全书》及其后人所著《分类百科全书》(*Encyclopédie méthodique*)。然而到大革命时期,这类作品(都在巴黎出版)的数量就成倍增长,看来肯定是有了新市场。于是,我们的研究对象又增加了布拉尔的《印刷商手册》(1791)、莫默若的专论(1793),以及贝特朗-坎凯(Bertrand-Quinquet)的同名著作(共和七年,即 1799 年)。吉勒发布消息

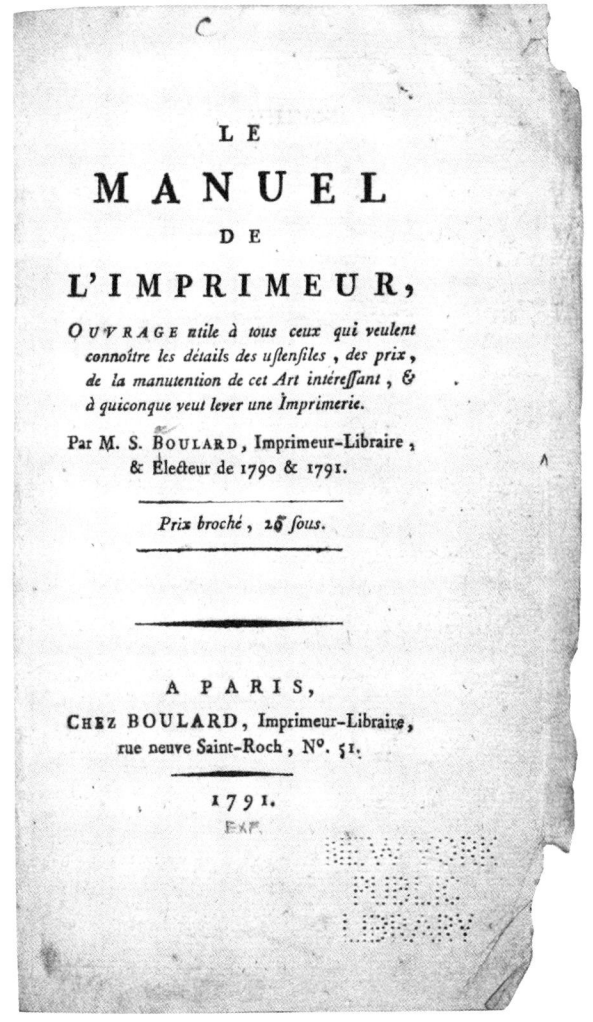

布拉尔,《印刷商手册》,1791。纽约公共图书馆,一般研究部。
　　布拉尔的手册是一本简易、低成本的印刷业入门书。与巴黎图书同业公会会员在 18 世纪制作的文辞优雅、内容丰富的专论有着天壤之别。(cat. no. 61)

112

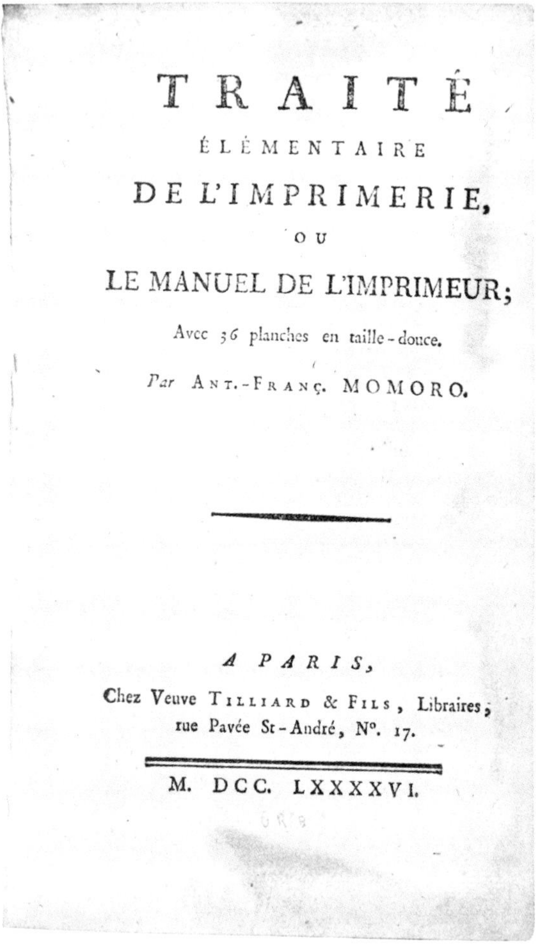

> **TRAITÉ**
> ÉLÉMENTAIRE
> **DE L'IMPRIMERIE,**
> OU
> **LE MANUEL DE L'IMPRIMEUR;**
>
> Avec 36 planches en taille-douce.
>
> *Par* Ant.-Franç. MOMORO.
>
> *A PARIS*,
> Chez Veuve Tilliard & Fils, Libraires,
> rue Pavée St-André, N°. 17.
>
> M. DCC. LXXXXVI.

  莫默若,《印刷业基础专论或印刷商手册》,1796 年。纽约公共图书馆,一般研究部。
  莫默若是大革命时期最有争议的新晋印刷商之一。因为与埃贝尔分子——激进的埃贝尔追随者——有关联,于 1794 年恐怖时期被杀。他的专论是为数不多的印刷者俚语来源之一。(cat. no. 79)

工人的骚动

莫默若,《印刷业基础专论或印刷商手册》。

这两张展示 18 世纪印刷坊的图选自莫默若的革命性专论,但其实是狄德罗的《百科全书》(1751—1765) 中印刷业图例的缩小版。

说库雷（Couret）完成了《排字费率表》（*Barême typographique*），但一直没见到出版。[6]这些专论提供了一个标准的工艺图景，并声称要对从事这一工艺的最好方法进行说明。然而，在技术理想之下，我们还是能看到许多实用的、经验性的专门知识，这些知识都是多年来在工坊实地获得的。手册也将实用窍门结合到了理论规则当中，实际上完全具有时代性。

如果将这些文献与其他材料交叉互证，我们就可以发现更多的意义。例如，本杰明·富兰克林、布勒托内和尼古拉·孔塔（Nicolas Contat）等工人的自传让我们可以从熟练工人的视角了解18世纪的印刷坊。而且，因为缺少革命时期的例子，这些材料（经过严格分析）也有助于我们理解1790年代工人们的修辞。商业档案不多，但纳沙泰尔出版公司的丰富文档是一个幸运的例外。虽然1789年之后几年的公司档案很少，但还是可以为我们提供一些有用的途径。[7]

那么，对于18世纪末的工坊情况，我们到底能够了解多少呢？[8]工坊就安置在普通民房里，符合生产技术要求的设施也不是特别完善。除了印刷机，无论如何，字模盘是必须置办的，另外还有储纸间、浸纸缸、工头的休息室，可能还有干燥间（印刷的时候，纸是湿的）和店铺，因为大部分印刷商同时也是书商。因为书店要临街，所以印刷机就放在楼上。空间很宝贵，所以整体情况与手册上所描绘的理想工坊的样子相差甚远。印刷机与字模是分开的，例如在1789年，尼永的工坊里，字模盘就是放在所谓"排字工人间"的[9]，这说明特殊技能在工作场所是分置在不同领域的。而且，《百科全书》认为是非同寻常的事情，到共和七年（1799）贝特朗-坎凯的时候就是理所当然的了。[10]

职业书写暗含了对手工业劳动之整体哲学的阐述。行业的实施和工匠们的活动已经形成了一种模式，而且正如《百科全书》中所例证的一样，都属于一个理性、有序、无菌的空间，而且每一项都有编码。正如每种工具都有其恰当的位置，每一步行动也都有其正确的规则；身体姿

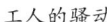

势也是对生产指令的反应。专论在描述排字工人的工作时,不会遗漏任何一个动作,因为每只手的每根手指都参与了生产过程。对印刷机旁的工人也有着同样精准的建议,对扳手杆之人的态度也有精细的规定,其精细程度都赶得上体操手册了。工作是身体上的规训,每项任务都需要恰当的姿势。这些文本有着一个共同的趋势,就是,那些显然已经被公认为是标准的职业建议,不知不觉就发展成为一种对那些偷懒、漠然或轻率的"坏工人"进行规训的语气了。编辑们指责甚至谴责节省精力的做法。因此,作者和编辑们在制定规范时,也承认工坊的日常工作其实跟所要求的规范存在差距,他们呼吁:"注意,不要像我曾经看到的某位工人那样。"[11]我们不需要过多地从字面上去解释他们所列举的那些规范,我们要关心的是缺乏规范的部分。

对于理想化运行的工坊中的理性技术,印刷商们反对那些创新和行业把戏,就是为了要重申工坊是他们的,得听他们的。争论的具体问题往往并不重要。例如,费泰尔警告读者"不要学那些懒骨头,这些人在同事扳动手杆时只是将墨包挂在印刷机的包架上",本来他们应该是要扑打墨包的。"我知道有两个业主就锯断了包架,这样他们就必须抓住墨包不放才行。"他在最后大发了一通感慨:"我并不是说不能暂时性地休息一下,毕竟工作太辛苦;但不能习以为常。"[12]技术指导发展成了埋怨:工人们想多挣钱,就想"一下子把活儿全干完",工作的速度加快了——但印刷质量就遭了殃。这些工人们无所敬畏;总是弄污东西,闲话怠工。分派活儿的闲人们总在喋喋不休地说闲话、讲段子,分散工坊其他工人的注意力。他们倚靠着字模盘吃东西,面包屑都掉到了字模里。如果印版被他们掉地上了,有些字模摔成了"饼",他们不但不把这些字模放回到字模盘,还把它们藏到了垃圾堆里。[13]印刷机上作业的工人们给印版涂墨的时候要么过多,要么过少。投机取巧的把戏就是在印版上涂上厚厚的墨,这样扳手杆的时候就不需要太用力。但问题在于,多余的墨会溢出来，沾到工人的手指上，再沾到他们处理的纸张上。我们都听说过罗伯特·达恩顿所写到的那个趣闻，[14]就是博纳曼（Bonnemain）留在《百科全书》某页上的手指印。

印刷工坊在空间上狭窄不堪，跟行业专论中所设想的理想空间和《百科全书》里图示的功能乌托邦有着天壤之别，这里嘈杂肮脏，在其中工作的人也是如此。工坊内空气潮湿，散发着墨汁，甚至尿液的气味，因为有时候需要尿液来软化墨包的外皮。在这样的工作环境里，机器的节奏影响不了人；在这里劳作、吃饭、打趣的5个、10个、15个或者20个工人们自己掌握着节奏。[15]

在一个世纪里，这种工作组织形式都鲜少变化。工坊的布局还是按照基本的劳动形式，在字模盘与印刷机之间进行区分。每个工人在学徒期都是根据自己的能力被分配某种专门的任务。如果能拼写，那么他就可以成为"猴子"；如果肌肉强于大脑，他就只能是"熊"。[16]

一名排版工（compositor）一小时能排1 000—1 200个字，或大约一张八开纸。一名印刷工（pressman）能一天印1 200—1 500张纸，即在8—12个小时的"印刷"时间内完成2 400—3 000次压印，或6 000次扳杆，不包括为印刷机做准备的必需时间。印刷商或其工头常常要应对一个相同的问题，即如何平衡这两方面的工作。如果一张八开纸要印1 000份，那么需要两个排版工才能保证一台印刷机运转不会停；如果你要的是更大字体的3 000份，那么一个排版工就够了。[17]如果一家印刷坊有几台印刷机（大革命之前，巴黎的36个印刷业主每个人都有至少4台），那么就有必要在同一台印刷机上同时印刷几本书，这样才不会有人闲着没活干或工人们不干活还能有薪水。虽然并行生产自17世纪起就有，但还是逐渐才开始普遍起来。贝特朗-坎凯在共和七年（1799）谈到这种现象时，感觉并行生产已经被普遍采用了。[18]并行生产在控制劳动力成本方面，比雇佣或解雇的方式高效得多，因为这样可以对整个工作流程的方方面面都进行微调,包括工资单、字体库存、进行中的工作、布局、印刷,以及按优先级进行调度。

对于印刷工来说,由哪组工人来揭下哪本书的哪一页,关系并不大。但是对于排版工来说,1789年之后出版的手册还是暗示了有劳动分工的现象。常见的形式是两到三个排字工(typesetter)形成一个小组来负责某项工作。一种加快排字速度的方式受到了欢迎。排版工分成几组打包员(*paquetiers*),每组负责确定一页纸的字模,然后将初稿交给一名组长,组长负责拼版、校对和锁定。这种"打包式排版"被认为是大革命期间的一种流行的实践方式。[19]所以,劳动分工和职业专门化取得了一点进展,生产力也相应有了一点提高。但生产力是否能满足需求的增长呢? 至此,顺理成章地,我们就可以讨论,是技术进步造成了大革命早期的需求大爆炸,还是与之相反,需求大爆炸导致了技术上的进步。

技术革新

一般来说,这个问题必须放置到革新和发现模式的大背景下加以考虑,也就是说,要从通向和行进在工业革命的路径上加以考虑。我们不详细讨论这些问题,但至少应该注意几点:发明创造者是工匠本身,发明创造一定程度上是鼓捣小玩意儿的人的小运气。1785—1786年,巴黎塞洛(Cellot)的排字工布瓦洛(Boileau)想得到皇家印刷厂的雇用,所以他向阿尼松(Anisson)递交了一份他的设计,这个设计能节省排版时间并避免字模被摔扁。根据他的设计,每一版都要放在一种带铰链边的盒子里排版,这样就可以不用活版盘(galley)。他还提议改革拼写方式,他声称"我有着发明家的天分"——但他的发明后来也不了了之了。[20]所以,这时期的革新还有一个特点,就是传播得慢,在确定之前必须经过反复试验。在很大程度上,这些试验都是由手工业业主们来做,因为他们希望能提高工坊的生产力。这些试验包括改进排字技术和加快印刷速度。其实必须包括这两部分，因为生产力必须在生产流程的两个步骤按相同的步调提升，否则两者不平衡就会形成瓶颈。[21]

最早的革新是排版方面的。印刷商希望能够不重新排字就能再版。当时要实现这一点的唯一办法就是保留原始印版，但这样会造成成千上万的昂贵字符不能流通使用。这种做法成本太高，所以一种从已完成书页取影像制作母版的技术就发展了起来。有了这一母版，整张书页就可以随时再印，取代活字印版的是一块金属版，上面有浮雕的整页文本。[22]这种固版印刷的技术在1780年代由弗朗索瓦-伊尼亚斯-约瑟夫·奥夫曼（François-Ignace-Joseph Hoffmann）介绍到巴黎，奥夫曼在皇家科学院（Académie Royale des Sciences）展示了整个程序后，获得许可开设印刷厂，并出版他的《浇制版印刷的科学艺术报》（*Journal polytype des sciences et des arts*）。但是由于他参加了政治活动，而且秘密出版反对王室的小册子，他的印刷坊在1787年11月被关闭了。[23]浇制版印刷的好处是排版的时候不需要太多活字模；一旦排好了一版，就可以浇铸，字模可以投入重新使用。这样一来就不需要储存几千个字模备用，只要设置一台地下印刷机的成本就低得多了。[24]

浇制版印刷品主要有银行纸币、爱国债券（Caisse Patriotique），以及后来的彩票，另外我们发现，在1790年至共和四年（1796）期间，没有早于共和三年（1794—1795）的浇制版印刷的图书。1795年，菲尔曼·迪多（Firmin Didot）出版了卡洛（Callot）的《对数表》（*Table of Logarithms*）；1798年，他和路易-艾蒂安·埃朗（Louis-Etienne Hehran）一起出版了浇制版印刷的文学经典。[25]这种印刷程序还是很有争议的。书商斯图普在共和七年（1799）反复重申坦在1789年的说法：这种发明是一种倒退，使印刷业倒退了三个世纪，回到活字印刷术发明之前。实际上，浇制版印刷在1799年之前既不尽善尽美，也不经济合算。[26]

工人的骚动

116

《新型印刷机说明书》(图由阿尼松-迪佩龙出版公司提供),1783。国家印刷厂,巴黎。

印刷业在 18 世纪末最重要的技术发展成果之一就是洛朗·阿尼松发明的一拉杆印刷机(1781—1783)。这款印刷机不像传统的二拉杆印刷机,只需要印刷工扳一次拉杆就可以了。(cat. no. 132)

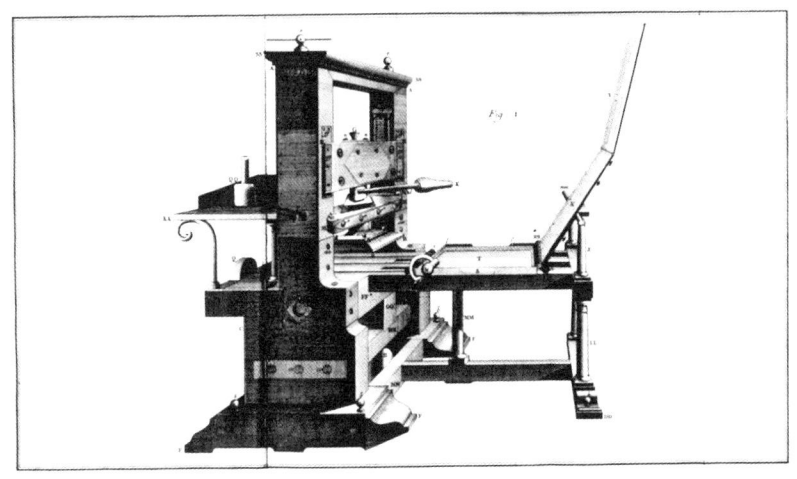

印刷机本身经历过三次不同的改进。第一次是1781—1783年,洛朗·阿尼松(Laurent Anisson)和弗朗索瓦-安布鲁瓦兹·迪多(François-Ambroise Didot)两人都声称发明了一拉杆印刷机:在传统的印刷机上安装一个带有两块木板的双螺纹螺钉,施加到印盘(铜制,不再是木制)上的压力就会更大,而且会传递到整个印版上,所以,拉杆只要扳一次就够了。[27]到1790年,皇家印刷厂也有了一台这样的印刷机。1793年,莫默若将此发明归功于阿尼松,但也发现了其中许多不足之处:"拉杆的拉力太大,所以扳一次实在太累。"而且,这种印刷机价格昂贵。布拉尔提到1791年有人在使用这种印刷机,贝特朗-坎凯在共和七年(1799)说了很多这种印刷机的好处,但看似在巴黎使用得不多。[28]

第二次是在1786年,菲利普-德尼·皮埃雷斯发明了"跷跷板"印刷机,但只有一个雏形。[29]第三次的发明也遭受了同样的命运,这次是巴塞尔(Basel)的阿斯(Haas)在1772年*发明的金属印刷机。从1790年出版的说明书看,印刷机的两个木制门脸被一个金属半圆取代,主轴就在这个半圆里运转。同样,这个印刷机也采用了一个双螺纹螺钉,这样一整个印版只需要扳动一次拉杆。[30]1795年,斯坦厄普(Stanhope)发明的印刷机直接在此基础上发展而来,但直到1819年才被引介到法国。印刷坊真正的技术革命到1812—1813年才真正来临,那就是轮转印刷机的出现。[31]

总之,虽然革命前和革命期间出现了多次革新,但几乎都没有走出实验阶段。大革命并没有促使革新成果的散播,大革命时期的印刷工坊跟尼古拉·孔塔、雷蒂夫·布勒托内或纳沙泰尔出版公司时期几乎差不多。然而,没有质的变化,是因为传统技术的极限还没有达到,而且革新的前提条件是金钱、和平与时间,但革命时期的印刷商一样也没有。因

---

* 原文如此,疑年份有误。——译者注

此,他们对于需求增长的反应就是将旧体系推至技术上的结构极限。

雅克·瑞奇纳(Jacques Rychner)和达恩顿都曾揭示过18世纪印刷坊里工作流量是不规律的。³²所以说,印刷坊有闲置资源,可以通过夜间和周日加班的方式更加接近工厂的真正生产能力,通常也就是这么做的。他们所生产的印刷品性质要求他们加快工作速度;图书的印制可以耽搁,但报纸和小册子必须迅速印制,以跟上他们所意图记录之事件的快速变化。

印刷坊的数量增加

印刷产业还试图扩大其传统结构,以满足公众对信息的需求。印刷品的增长也可能通过印刷坊数量的增长得以实现。据印刷商和书商同业公会估计,1790年在巴黎有200家印刷坊。贝特朗-坎凯写道:城里"每个角落都冒出了印刷坊"。³³共和三年雨月(1795年2月),巴黎的71名印刷商签名背书了一份反对国家印刷厂(National Presses)的纪念册,其中统计了使用中的印刷机有700台,其中240台属于两家政府印刷坊。³⁴共和五年花月(1797年5月),布里瓦尔(Brival)在元老院(Conseil des Anciens)发言时提到有300—400家印刷坊,但共和七年(1799)的《商业年历》(Almanach du commerce)中只有224家,而共和八年(1800)的《印刷业年历》(Almanach typographique)中不超过132家。³⁵

在大革命初期,36名持证印刷业主一直在抱怨印刷坊数量的增长:"根本不具备资质的人都想成为印刷商……都是些根本成不了业主的工人。"³⁶确实,购买一台新印刷机只需要450里弗尔,而1000—2000里弗尔就可以开办一家小印刷坊。³⁷这种小规模的生产单位与18世纪中期设备完善的印刷坊形成了两个极端,例如弗朗索瓦·埃梅里(François Emery)的印刷坊有5台印刷机和重达9600磅的字模,1743年出售时就卖了11 500里弗尔。[38]一些分类广告读起来颇具启示意义,例如:"求购:优良印刷机,配字模盘,包括12点活字(pica)和10点活字(long primer),所有字母附斜体,以及所有其他印刷生意所需的设备;愿支付最多1 500—1 800里弗尔。"[39]小册子印刷商使用的不外乎就是低价购进的破旧印刷机和二手字模,所以贝特朗-坎凯说到报纸和活页时,就说"写得烂,印得差"[40]。对于他和其他许多经历过"过去美好时代"的印刷业主来说,例如库雷·德·维尔纳夫(Couret de Villeneuve),这种理想仍然根植于旧制度的实践中:"[自1789年以来的]这十年,成为一名印刷商来创业,或者学习印刷业的基础知识都变得很容易……只需要很少的钱,还有取之不竭的无知,谁都可以搭起一家印刷坊,然后称之为印刷公司。"他评论说,因为许多人把印刷业"作为一种投机性事业"[41]而扎了进去,那么这个行业也就被贬值了。

确实,大革命催生了一些优秀的印刷坊,例如庞库克的印刷坊,共和二年(1793—1794)曾夸口说有27台印刷机和100名工人,还有国家印刷厂,雇用了多达400名的工人。[42]但首先是增加了后来米舍莱(Michelet)和巴尔扎克(Balzac)[43]所描述的小型传统印刷坊的数量,这些印刷坊的形成实际上都得益于适宜的时势,后来政治小册子慢慢退潮,他们就通过印制大量增加的官方印刷品来积累资本(尤其在外省)。这些印刷坊完全不在技术提升的范围之内。

因此,在大革命时期,"印刷旧制度"幸存了下来。传统技术得到了迅速的提升和传播,但是变化程度并不大。确实发生了变化的是工坊里社会力量之间的相互作用。工坊内的情景当然不是行业神话里所描述的那样,相互理解,气氛融洽。不可否认,紧张关系和颇成问题的工作实践在1789年之前就在工坊里存在(有时候,这些问题太严重,业主们也没办法处理),但是大革命却增强了雇工们的谈判力量,因而也就加剧了这些紧张。

劳动力的组织

正如所有当代评论所证实的,越来越多的印刷坊和不断上涨的印刷量在印刷业为劳动力创造了一个暂时性的卖方市场。1790年2月8日,庞库克写道:"巴黎新成立的20家印刷坊从原来的印刷坊挖走了排字工和印刷工。"在《法兰西信使报》上,他告诫印刷业主们:"你们的工人在各个方面都腐化堕落了;别人给他们的薪水你们根本没法比……高薪水的夜班……引诱他们不顾其他。"[44]同年,旧同业公会的发言人报告说:"新来的印刷商引诱我们的工人,给他们双倍工资。"结论就是要增加学徒数量,以补充劳动力。莫默若报告说:"只要上门应聘的都被吸收成为工人,虽然印刷工人众多,但还需要人手。"[45]

在这样的情况下,工人们的报酬显然得到了显著的提升。1770年,一名印刷工人每个工作日(从早6点到大约晚8点,实际工作时间为12个小时)挣大约3里弗尔,或者3里弗尔10苏。排字工(typographer)的薪水虽然相对不稳定,但也是差不多这个水平。到1791年,所有薪水都翻了倍,包括实际购买力的提高,而且"正常"工作日减少了两个小时,在早8点到晚8点之外的时间加班的话,有加班工资,大约是晚班3里弗尔,周日班2里弗尔。[46]

只有大革命这种特殊的情况才能解释这种现象。工人们参与到了普遍的政治风潮当中,我们可以看到他们在政治示威运动中所起的作用。1790年有几次,报纸上报道了游行队伍中有印刷工人团队,他们的旗帜上写着"出版自由!"或"印刷,自由的火炬"。[47]虽然这些都是政治宣言,但明显有了社会意义:出版自由也意味着印刷工人的充足的工作机会。

工人们的组织也有体制性。1790年6月27日,他们成立了互助会,流传至今的章程是《印刷工人通用规则》("General Regulations for the Typographers"),"由巴黎铅印印刷商代表大会委员会起草"[48]。印刷工人每周日聚会,成立了委员会,建立了病患救济金体系,生病的工人在生病的前3个月每周可以领15里弗尔救济金,随后3个月领7里弗尔10苏。参加互助会的人要缴纳12里弗尔的入会费,另外还要每周缴费。每家印刷公司派一名代表(如果成员多于20人,则可以派两名代表)参加每周的会议。互助会似乎有大约1 100名会员,而且值得他们自豪的是,他们还出版每周简讯《印刷和慈善俱乐部》(Club typographique et philanthropique),一次印刷550份,有400名订户;1790年11月1日到1791年5月31日共出版了31期。[49]这份出版物是不可或缺的时代证据,使我们得以了解工人团体中的讨论要点。他们的根基可以追溯到旧制度下的地下工人组织;《通用规则》的签名人之一迪瓦尔(Duval)就是罗亚尔·洛特尔(Royal Lottery)印刷坊的工人,他曾经在1788年8月20日因为没有得到书面允许就旷工而被开除。[50]也就是说,互助会直接产生自工人们的兄弟会组织,这种组织在1789年之前都是在拉丁区的圣约翰·拉特朗(St. John Lateran)教堂聚会。[51]那些严厉谴责劳工阴谋的雇主们没有错。1790年5月,本来应该在理事办公室有一场巴黎市长巴伊(Jean-Sylvain Bailly)主持的公断会——但工人们躲得远远的。[52]1791年1月,一场神秘的"百科全书式集会"静坐活动发生在大奥古斯丁广场(Grands-Augustins),参加集会的人群向市长宣读请愿书,首先唱响自由赞美诗,接着就谴责印刷工人联合会的行为,指控他们阻止印刷业主招聘新学徒,并密谋维持高薪。同样的控诉在1791年4月也向一名警察队长表达过。[53]

对于工人们来说,学徒制是关键的问题;雇主们习惯于使用学徒和能力不够的劳力,以降低扩充劳动力的成本,随之降低整个工资水平。也就是因为这个问题,群情才越来越激愤。小迪多的工人们在1790年

《印刷和慈善俱乐部简讯》第 1 期，1790 年 11 月 1 日。法国国家图书馆，印刷部。

大革命的政治气候导致了印刷坊工人互助会的建立，互助会从 1790 年到 1791 年还出版了自己的每周简讯，颇为自豪。(cat. no. 64)

出版了《有关印刷业学徒的规划方案》(*Plan de règlement concernant les apprentis imprimeurs*)，表达的也就一个意思，就是要求由工人们来完全监督学徒的雇佣——在最初的两年暂停招聘之后——以保护现有工人的利益。规定学徒制是标准的四年期，并受到严格的配额限制。其潜在意图也表达得非常清楚：

> 先生们，印刷坊数量的庞大，尤其在大都市，已经造成了学徒数量的更大增长，这种增长已经超出了印刷业主或熟练工人能为此提供的条件，因此学徒期只需要几个月的时间就行了。这种情况造成的恶果只会导致我们整个营生的覆灭，因此我们认为，明智的做法就是邀请你们加入我们当中，请你们在这一对于整个工人团体都至关重要的事情上对我们施以援手。[54]

然而，工人们能够自由地公开建立组织，以维护自己的利益，这不仅仅是因为工坊里的情况很适合，更重要的是因为他们觉得这种行动完全具有合法性。实际上，印刷业主同业公会——当时是唯一代表印刷行业的团体——已经在1790年6月之后就停止了运作。后来，印刷业就没有了工人的代表团体，所有印刷行业的内部规定也都没有了，因为之前一直是印刷业主同业公会担任主要的规章制定者。因此，工人协会就可以要求领导整个行业。工匠们如今成了他们所从事行业的真正的、唯一的胜利者。他们出版的简讯表示，他们的目标是要阻止"印刷术的衰退"；他们批评印刷质量的下降，宣称要让一切走入正轨。只要他们所进行的斗争是在捍卫印刷业原则，反对不够格的印刷业主，反对那些不过就是些低俗投机者的新生印刷业主，他们就觉得立足点足够坚实。这也就是为什么他们把旧式印刷业主们的口号用在自己的事业当中，尽管他们的事业是反对所有的印刷业主，不管是旧的还是新的。碰到那种对这个行业一无所知的业主们,这些工人就表现出作为这一艺术和行业神话的唯一真正受托人的样子:"我们又一次成为这一行当的主人。"[55] 1791年3月2日颁布的阿拉德法令(d'Allarde law)进一步确认了印刷业主同业公会的终止,之后,工人们为了自己的目的接手了原同业公会的行业骄傲和工艺传统。自那以后,他们,也只有他们,就是同业公会。他们的简讯甚至邀请那些热爱这一工艺的印刷业主加入工人协会![56]他们认为自己是一个"有选举权的实体",他们的代表背负着"公众的信任";[57]他们是一个小民族,就像法兰西民族一样,其存在是基于成员的自省和自愿的凝聚力,大家团结一致,是出于对此工艺的热爱和对伟大先驱们的崇敬,例如广受崇拜的富兰克林。

资产阶级强烈反对工人协会,并于1791年五六月份颁布了勒·夏普利埃法令(Le Chapelier law)。这项法令造成了什么后果呢?"俱乐部"停止印刷;协会也退至地下。我们不知道工人协会后来怎么样了,因为缺少当时的原始资料,除了发生在国家印刷厂的工人抗争有记录之外。这种抗争中,我们碰到的是一些雇用几十名日薪(en conscience)——按日而不是计件发工资——工人的大印刷坊,其中的工作环境将专门化发挥到了不寻常的程度,排版工和印刷工被分开组织,提出的要求也不同。抗争的焦点主要围绕工资展开,不再纠结于同业公会时期所谓"艺术和神话"之类的幻想类寓意。阿拉德法令和勒·夏普利埃法令标志着旧制度工匠心态的结束。工人们需要的是更高的薪水,反抗的是被解雇,尤其是举行罢工的那些工人们,例如1791年11月国民议会印刷坊的那些工人们。他们就是雇佣劳动者,不再幻想将来有一天自己也能成为印刷业主。[58]

旧的心态不仅仅体现在公开表现出来的自豪感和对工艺尊严的信念上。尽管这些工人们脱离了同业公会,但他们还是保留了协会的概念:雇佣劳动者的团结一致是他们的力量来源,增强了他们的身份认同感。

于是，我们就有信心断言，如果说法国大革命没有从根本上打乱产业结构和工作方式（除了在革命初期对上夜班的普遍影响之外），那它还是改变了工人们对待工作的态度。工作场所的氛围出现了变化，在一定程度上，这种变化与技术所带来的变化同样重要。

一省视角

米歇尔·韦尔努斯

大革命之前的三个世纪里,在弗朗什-孔泰,图书的流通无论在文化精英的圈子里,还是在贫苦的村民范围里,都在大幅度地增长。当然,出版物的种类和传播的程度会根据不同社会阶层的不同文学需求,以及读者所居住地方的不同而有所变化。弗朗什-孔泰的人口分布比较分散,只有20%的居民居住在城市里。随着各种印刷品的传播速度在大革命时期的加快,弗朗什-孔泰,乃至实际上整个法国都进入了识字文化的新阶段。尤其是村民们,他们接收到了大量招贴报、小册子和短文,而且还看到了报纸。

1789年之前的图书传播

弗朗什-孔泰的出版情况在几个方面都很独特。虽然这个边境地区有其独立的传统,但并未受到落后的外省心态的束缚。弗朗什-孔泰正好位于一个交叉路口上,此路口通向巴黎重要的印刷中心、里昂和瑞士,所以有着繁忙的图书流通。这个地区还承担着连接瑞士与洛林(Lorraine)、勃艮第,以及法国腹地省份的任务。在这里,除了有公开的、许可的图书商贸活动之外,还存在利用地下渠道进行的印刷品非法贩运活动。

弗朗什-孔泰的居民正好处于那些著名出版中心的出版物很容易就能到达的区域,所以购买的出版物很大一部分都出自这些出版中心。人们旅行的时候会购买图书,但更常见的还是通过书目和订购的方式来购买。因为当地的图书生产远远满足不了读者的需求和兴趣,尤其是那些受过良好教育的读者,[1]所以弗朗什-孔泰的书商——主要有25家——会向这些出版中心下订单。当地8家印刷商主要印制宗教小册子、初级读本和传统的通俗读物,偶尔也会印制一些神学书、当地或地区的历史书,或者法律和医学方面的文本,但这些还是不能满足当地居民的需求。

弗朗什-孔泰的文化精英相对来说不是很多。1789年,在大约80万的总居住人口中,有定期阅读习惯的、受过教育的公民大概只有1万,其中大约3 500名教士、2 000名贵族(这个群体中的教育水平也大有不同)、2 000名中产阶级职业人士,主要是律师和公证员,另外还有许多医生和一些工程师及商人。分布于不同市镇的学校有15所,不到3 000名学生。[2]在如此情况下,图书市场,尤其是价格昂贵的图书市场还是受到了限制——通常也就400—700名潜在顾客。因此,像《贝桑松和弗朗什-孔泰的历史年历》(Almanach historique de Besançon et de Franche-Comté)这样一本将受过教育的公众群体设为目标读者的书,一版就印制了500本。纪尧姆神父所著的历史著作《萨兰的老爷们》(Sires de Salins)以四开本印制,一版印了700本,都是以订购的形式出售的。[3]另外我们还得知,1777年的四开本《百科全书》也有392名订购者。[4]《弗朗什-孔泰公告》(Les Affiches de Franche-Comté)周刊创刊于1766年,目标读者也是相同的这批公众群体,但运营十分艰难,这也解释了为什么会出现多次中断出版的情况。

虽然市场规模有限,但文化精英对于现代观念和发展趋势还是带着一种接纳的态度,这一点至少可以从他们的图书室看得出来,因为他们的图书室往往藏书几百,甚至超过一千卷。书架上,与世代相传的古老卷册并排着的都是新近出版的著作。[5]

精英们最初对《百科全书》的反应是狂热的。实际上,纳沙泰尔版本(1777年)的成功让弗朗什-孔泰的书商们感到震惊,其他迹象也显示了这种对百科全书知识的狂热情绪。1772—1773年,为了争取经莫雷兹(Morez)进入弗朗什-孔泰的几板条箱的《百科全书》,萨兰的书商让-弗朗索瓦·勒潘(Jean-François Lepin)不惜与海关展开了一系列周旋。他反复向他的一个朋友——皇家副代表法东(Faton)请求帮助,法东为了他多次向总督写信。他在1773年12月8日写道:"我亲爱的格里奥依(Griois),我再次向您请求一张通行证,是为了两板条箱的日内瓦版本的《百科全书》,这些书现在在莱鲁斯(Les Rousses),是属于萨兰的书商勒潘的。被禁的书只有伊韦尔东(Yverdon)的版本……我请求您能在明天给海关那边发一份许可,因为勒潘目前实在是太焦虑了。"⁶另外,《弗朗什-孔泰公告》曾刊登过十则广告,出售《百科全书》的单行本,这说明就这部作品而言,存在着一个非常活跃的二手书市场。

穿袍贵族们(noblesse de la robe)紧跟时代潮流。韦泽(Vezet)的镇长尽管对新观念还保持着一种小心谨慎的态度,但还是埋头阅读哲学书。伏尔泰当时居住在附近的费尔内,但在弗朗什-孔泰也是相当闻名,他的著作尤其在法律界被广泛阅读。但是卢梭的影响更大。弗朗索瓦·费迪南·约瑟夫·布勒内(François Ferdinand Joseph Brenez)是一名居住在隆勒索涅(Lons-le-Saunier)的律师,正好在大革命开始之前的1788年去世,当时有一定影响力的律师都有私人藏书,他的图书室就是一个典型的例子。他是汝拉(Jura)地区纳沙泰尔四开本《百科全书》订购者之一,而且除了36卷的《百科全书》,他还藏有卢梭、孟德斯鸠和伏尔泰的所有著作,以及雷纳尔神父的《欧洲人在东西印度群岛殖民和贸易的哲学与政治史》和布丰的《自然史》(Histoire naturelle)。他还有狄德罗和爱尔维修的著作。他收藏的虚构类作品有《巴黎画卷》(Tableau de Paris)和塞巴斯蒂安·梅西耶(Sébastian Mercier)的《2440年》。总之,他收藏了超过1 000册的图书。布勒内出身于一个公证员家庭,与当地较低等级的贵族有一定联系;他也是火枪队队员和所在市镇的共济会团体的会员。[7]

除了有名的启蒙思想著作,文化精英也会购买其他各种作品。最近一项关于贝桑松法律界的研究发现,"图书室中,宗教书籍的所占比例在下降"[8]。图书室的书架上摆放着科学和艺术类图书,还有一些地方史的书——出于对当地的自豪感——和许多小说。精英们对虚构类图书特别热衷,当地贵族中有人还订购了《世界传奇故事丛书》(*La Bibliothèque universelle des romans*)。[9]

《弗朗什-孔泰公告》透露了当时的阅读品味,而贝桑松书商的广告则显示了这种品味的发展方向。在377本做过广告的著作中(从1766年到1773年),有8.4%是神学,7.6%是法学,21.4%是历史,28.6%是纯文学,还有33.6%是艺术和科学。从中可以看到贝桑松的书商们在形成弗朗什-孔泰的阅读习惯中充当了一个中间人的角色。

随着这种阅读行为和小团体中的图书交换,一种新的社会生活开始发展起来。贝桑松、圣克劳德(Saint-Claude)和费索尔(Vesoul)这三个城市有了公共图书馆。读者俱乐部和社团也出现了。1771年,在圣阿穆尔(Saint-Amour)这个小镇上,"几名有一定影响力的人"向当局请求允许他们"租借一间房舍,供他们聚会、读报、玩博彩等,就像是省内其他市镇很长一段时间以来一直有的那种一样"[10]。在贝桑松,书商皮埃尔-艾蒂安·方泰(Pierre-Etienne Fantet,伏尔泰的一个朋友)和多米尼克·勒帕涅(Dominique Lepagnez)开设了阅览室。萨兰的一名教士表示曾经从一名律师那里借过几卷《百科全书》。如此,图书的影响范围远远超越了图书主人这个有限的圈子。

那么在乡村,图书的传播情况如何呢?我们首先要记得,弗朗什-孔泰位于法国东北部,那一带的识字率相对比较高。[11]村民们之所以能读书,都是因为一些神职人员的勤勉积极。反宗教改革运动为弗朗什-孔泰识字率的提高提供了基础;神职人员在宗教图像和物件之外,采用书籍在家庭中传播天主教义,争取村民们的皈依。在传播宗教书册方面,神职人员受益于一个成熟的商业网络,这个网络由大书商、新闻散播者和流动商贩组成——流动商贩虽然自己有店铺,但还是会到山区挨户兜售小商品。

弗朗什-孔泰的神职人员在很多方面都促进了宗教出版物的传播。例如,圣克劳德的主教梅亚莱·德·法尔热(Meallet de Farges)在他的教区免费分发颂扬虔信的小册子。[12] 布普雷(Beaupré)的传教士[13]一个世纪以来在不同的教区积极活动,与获得当局许可的书商一起去走街串户,一方面搜查坏书,另一方面分发宗教书籍。传教士自身也成了出版者,1780年7月20日,他们获得许可印制《对基督教最重要之真理的思考》(*Les Pensées sur les plus importantes vérités du christianisme*,十二开本),这本书由其中一名传教士所写,当时一版印制了一万本。[14] 许多家庭都收藏宗教歌曲的合集,不仅在教堂做礼拜时用,也可以在家时阅读。一本题为《心灵引导法》(*Méthode pour la direction des âmes*,1782—1783年)的神职人员手册就清楚地解释了基督教家庭收藏虔信书籍的必要性。其作者约瑟夫·波沙尔(Joseph Pochard)以前是一名神父,也是贝桑松神学院的主管,他四次都提到:"如果一名优秀的神父发现有些家庭连十字架、宗教图像或祷告书都没有的话,一定会感到痛心不已。"他还建议夜晚围炉而坐的时候,最后可以读一读引人深思的书籍,为了这个目的,他还推荐了一些适合的图书,其中就包括以上提到的《对基督教最重要之真理的思考》,以及《深思》(*Pensez-y bien*)、《奉献人生之入门书》(*L'Introduction à la vie dévote*)和《基督教教育家》(*Le pédagogue chrétien*)。[15]

这些活动对于民众来说到底有什么效果呢?调查发现,只有6%的农村人口(农民、日薪工人、葡萄栽种农)藏书,其中80%都是宗教书籍。

因此,宗教书籍的数量远远超过了流行的故事书和年历。[16]

大革命之前几年,图书在弗朗什-孔泰的各个阶层都广泛传播。图书的种类有很大不同,而传播的原因也有很大不同。有时候,是智识上的好奇心和现代性口味决定了阅读习惯;而有时候正如我们所发现的,是宗教的宣传起了作用。最后传播到农民手中的书籍跟启蒙思想的作品又完全不同,而且事实上,启蒙思想的著作在大型的精英图书室也不见得一定就有。不过,在弗朗什-孔泰,宣传虔信的图书大量出现,这说明农村人口中至少有一部分是真正具备阅读能力的。农民们很可能蓄势待发,等到1789年之后,时机到来,就可以顺利过渡到对世俗文学的阅读了。

政治出版物的大量增长

大革命给弗朗什-孔泰带来了印刷品传播的新阶段。有力刺激印刷的两大动力是宣传和改变信仰的需要,这两种需要主要来自两大对立派系:一个是想要击退"狂热盲信"的爱国激进分子,另一个则是绝不会被动挨打的反抗大革命者。在这场浩大的意识形态斗争中,双方的武器都是印刷品。传播印刷品的网络也有两个,一个使用的是革命当局的官方渠道,另一个采用的则是地下路线。目标都是要控制农村。为了这个目标,双方都到处散发小册子、小书、招贴报和报纸等,而这些印刷品都直接触及当下发生的各类事件。

我们是否能具体调查印刷材料的增长程度呢?关于这段时期印刷品的完整清单还没有编辑完成,但是已经根据印刷商和出版日期进行了分类整理。这些资料让我们对印刷坊的情况有所了解。1789年1月至5月,为三级会议而开始的选举运动正如火如荼地进行,于是在弗朗什-孔泰出现了220种题目的印刷品(包括小书和小册子)。平均每个题目

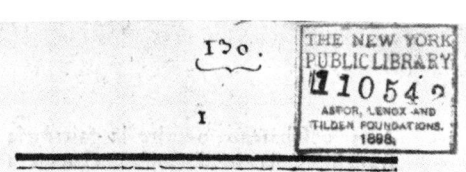

《发生在昆西的可怕阴谋：在弗朗什-孔泰和勃艮第，令人恐惧的混乱局面》，[1789]。纽约公共图书馆，一般研究部。

弗朗什-孔泰见证了区域论战文学的出现，这些作品成为革命和反革命政治动员的中心。（cat. no. 202）

的印刷品都印制了 1 000 份，所以出版总量达到 22 万。几个月之后，有关《神职人员民事宪章》（Civil Constitution of the Clergy）的辩论又催生了 30 种小册子。所有印刷坊都忙碌不停，另外在阿布瓦（Arbois）、波利尼（Poligny）和圣克劳德还出现了新的印刷坊。

将法国划分为"省（departments）"的行政划分政策将原来的弗朗什-孔泰分成了几个省，但还是有利于这种新的政府单位里的官方印刷商。在贝桑松，自 1784 年以来就从事印刷业的安托万-约瑟夫·西马尔（Antoine-Joseph Simard）[17]从省当局获得了大量印刷费，但他没办法接下所有订单，所以省当局不得不再找其他印刷商（雅克-弗朗索瓦·库什［Jacques-François Couché］和让-弗朗索瓦·达克兰［Jean-François Daclin］）。从 1790 年 11 月到 1794 年夏季，杜布（Doubs）省共花费 5 万法郎来支付各种印刷账单。[18]相同的情况也发生在汝拉的首府隆勒索涅，在这里，德洛姆（Delhommes）的小印刷坊自 1762 年以来就勉强支撑，但现在的印刷产量却增长了。[19]自 1790 年到 1797 年期间，我们发现了 20 种不同的出版物，其中一篇于 1794 年 11 月 30 日在至高圣殿（Temple of the Supreme Being）发表的有关"诚信（*La Bonne Foi*）"的演讲稿一次就印刷了 3 000 份。[20]除了这些，还有 5 卷 12 开本的《法兰西共和国法律公报》（*Bulletin des lois de la République française*，革命历共和三年到四年［1794—1796］）和多卷 4 开本的《法兰西法律》（*Lois française*），每卷售价 4 法郎，这几套书的订单都是该省在 1791 年 11 月下的，并由不同区送达每个市政府。而且，所有新法律都要印制到招贴报上。1790 年，汝拉省的印刷支出达到 3 万法郎，占总预算的 10%。[21]还有一个例子，革命历共和三年（1794），刚在波利尼落脚的雅克-维克托·贝通（Jacques-Victor Beyton）从阿布瓦区收到 2 500 法郎的款项，用于支付大约 30 种出版物（包括 12 张招贴报）的印制费，所有出版物的印数在 40 到 650 不等。[22] 1794—1795 年，他还印制了《汝拉省歌曲年历》

(*Almanach chantant du département du Jura*)。

所有印刷坊的产出量都在增长,以满足市政、省政、区政和政治俱乐部的需求,这些机构都在通过印刷品来传播革命观念。而且,意识形态的交锋升温很快,各方都通过出版物进行反击。在反对革命当局出版的大量材料的斗争中,反抗文学也发展了起来。1791 年 6 月 1 日,汝拉省政府得知,"第三和第四次印刷的教皇训谕"在流通,于是决定要印制 2 000 份宪章主教在就职仪式上的演说稿,并"分发到每个市政厅、每个神父或教区教堂主神父手上,推荐他们在第一个星期日的圣会上宣读";如果神父不宣读,那么政府将派该市的检查员在弥撒之后进行公开朗读。政府还建议每个公民"告发所有兜售、散发或组织散发煽动性和诽谤性材料的人"。[23] 其实在 1790 年的秋天,对新宪法满怀敌意的出版物就已经开始出现了。

宗教形势也助长了对大革命的反抗。拒绝宣誓效忠新宪法的教士们和支持他们的网络印制了大量小册子。拒绝效忠的教士们,不管是隐藏着的还是已经被流放的,都是抵抗力量的核心;大约有 2 000 名神父穿过了瑞士的边境。那些躲在附近或偏僻地区的教士们虽然处于一个全新的形势之下,但仍然坚持跟过去一样写作。他们的许多作品在瑞士印制,然后偷运到法国。1792 年 4 月 27 日,在蓬塔利耶附近,"一个看上去像教士的外国人"在前往瑞士的路上"被捕了"。这名神父的身份很快就被揭晓,名叫让·皮埃尔·埃梅里(Jean Pierre Emery),是在汝拉附近的布雷斯(Bresse)地区的前克洛纳(Colonne)教区神父。他随身携带着一份待印刷的手稿,标题是"人们的信仰或节选自《对宗教最重要之真理的思考》(*Pensées sur les plus importantes vérités de la religion*)的原则"。埃梅里只是因此被捕的众多人之一。[24]

拒绝效忠的神父们自身也是宣传者和传播者。在蓬塔利耶区的布耶容(Boujeon)镇,两名神父的行为就"搅乱了这里的平静,他们到处散发充斥着狂热和煽动性格言的书籍"。他们散发的还有一本标准的反宪章图书《一名汝拉省神甫的最后讲道》(Le Dernier Prône d'un curé du Jura)。以这些神父为中心,很快就成功组织了支持性网络,其中妇女扮演着重要的角色。在皮埃尔方丹镇(Pierrefontaine,属杜布省),一个洗衣妇就"阅读各种不好的书籍,而且与她能接触到的每个人分享之"[25]。在古镇(Goux,属杜布省),一名教师组织妇女集会,并"从一个村庄流窜到另一个村庄,通过书面文字"煽动"狂热盲信情绪"。[26]拒绝效忠的神父们的母亲和姐妹们自然都是激进分子。人们肯定还记得,在大革命之前的20年里,神职人员就不断从农村人口中招募年轻神父,因此在农村的妇女群体中自然就获得了同盟军。1793年5月,在格拉斯镇(Gras,属杜布省),一名拒绝效忠的神父的两个姐妹被指控到处散发小书和简报。[27]

革命当局为了反击散发"狂热"小册子的做法,就印制了更多各种各样的材料,包括招贴报、演说稿、小书和论辩的报告等。只要有人在某省或某区或者某个政治俱乐部,发表了爱国演说,当局就命令印刷这篇演说稿。印刷品的重要性被理想化,其有效性从未被质疑。地方上的印刷商印制立法文本,还有公共安全委员会会议的议程摘要等,这些与巴黎的任何一项决定都紧密相关。这些官方文件由各区转发给市镇,市镇同时还会收到同样数量的记录各省和各地方决议的材料。通过研究这些文件的路径,我们可以具体实在地了解到革命当局的决议是如何得到贯彻的。

这些各式各样的印刷材料送到每个市镇上,以便让每个公民都了解情况——这也是为收获自由必须付出的代价。奥尔南(Ornans,属杜布省)的雅各宾俱乐部出版了一篇题为《关于农村的狂热分子》(Aux Fanatiques des campagnes)的檄文,一版印刷了600份,分发到整个区(1791年)。[28] 1793年9月19日,杜布省政府投票决定,免费赠送在贝桑松印刷的雅各宾派报纸《骑哨报》(La Vedette)给该省的所有市政府和政治俱乐部。市政府官员接到指示,要"在每周日和假日的晚祷之前"公开地大声朗读,因为这份报纸"以最纯粹的形式阐述了共和主义的原则"。于是,700 份报纸被分发了出去。[29]

对于双方来讲,印刷材料都有着传教布道的价值,并以前所未有的热情被广泛宣传。有关年历的争斗就例证了双方的交锋,例如《跛足的信使》(*Messagers boiteux*)与在贝桑松和波利尼印制的共和派年历之间的争斗——《跛足的信使》在伯尔尼(Bern)和纳沙泰尔印刷,然后秘密运进弗朗什-孔泰,但后来被省当局追查并缴获。[30]

两种文学,一个目的

不管是通过官方的公开朗读,还是通过夜间聚会时的秘密朗读,政治信息更多的时候都是通过朗读的方式在传播。在过去,阅读是一种集体的公共行为,在 1789 年之前的很长一段时间里,这也是村庄中的一种共同行为。教区神父高高站在讲台上,向聚集在下面的信徒们朗读法令和条例。每年在村集会上选举出来的地方政府行政官员们都要公开朗读总督颁布的公文,他们就是在总督的直接领导下工作的。法规和信息就这样传递到普通民众。在弗朗什-孔泰的村庄里,民主是非常活跃、有生气的。[31]公共阅读也发生在夜间的聚会上。在农民社会中,图书及其他印刷品就是这样被使用的,因为在农民社会,很大一部分仍旧保留着口头文化。这种传统形式中出现的新变化就是对大革命所带来的变局所做出的调整。

众多文献都表明,在秘密的宗教礼拜上,人们会采用公共阅读的形式。似乎大多数秘密传播者也都有责任朗读他们所传播的材料,因此他们实际上也就成了口头中间人。所谓的煽动者就是因为向人们朗读并分发了书籍而遭逮捕的。反革命运动无论是在农村还是在城市,都要依

133

VICTOIRE
REMPORTÉE
PAR LES PATRIOTES
DE LA VILLE
DE NISMES,
SUR LES SOI-DISANS CATHOLIQUES,
Le 14 du Mois.

Toutes les manœuvres des ennemis du bien public ne résistent pas à la constance du patriotisme ; l'événement qui vient d'arriver dans la ville de Nîmes, doit désormais faire sentir à tous les aristocrates, qu'en vain ils opposent à notre régénération des obstacles à vaincre ; qu'en vain ils excitent

《尼姆市的爱国者战胜了所谓的天主教教徒》,[1789?]。纽约公共图书馆,一般研究部。

在弗朗什-孔泰,宗教是政治辩论的中心问题,也是革命派与拒绝宣誓之教士之间的斗争焦点。(cat. no. 218)

靠集体性阅读。1792年8月27日,在蓬塔利耶,区总议会收到情报,说是反革命报纸,尤其是《伯尔尼公报》(Gazette de Berne)在民众中流传。《公报》会先送到郊区的一个秘密地点,之后有人会去取,然后反革命分子们就"聚在室内……向反对宪法的人朗读报纸内容"[32]。在短时期内,这些印刷品替代了主持秘密宗教礼拜活动的流放神父。

爱国者也一直在使用公共阅读的方式,而且有时候这是一种必需。在整个弗朗什-孔泰,报纸、演说稿,甚至来往的信件都会在政治俱乐部里被大声朗读出来。有时,这种朗读带有教育目的。1792年6月17日,在隆勒索涅,宪法之友社(Society of Friends of the Constitution,共604名会员)决定:"在每周日和所有假日,要定期在会议大厅公开朗读最好的报纸和书籍,朗读者要向受教不足的公民解释那些较难理解的内容。"[33]省和区的革命当局都要求市镇官员向"为此目的而聚集的公民们"朗读他们所颁布的立法文本、法令和决议。

爱国神父也被召集起来参加公共阅读活动。有时候还会击鼓召集村民们来参加活动。1790年12月16日,阿布瓦区的官员们注意到,他们那个省的所有教区都收到了一篇赞同《神职人员民事宪章》的文章,并向民众展示了这篇文章,对此他们很满意。"我们甚至有理由相信,这次展示很完美,离设定的目标已经相当近了。"[34]然而,这种公共阅读并不总是如此成功的。例如,茹涅(属杜布省)的国家特务就很遗憾地注意到"参加在理性殿(Temple of Reason)举行的法律发行和朗读活动的公民非常少"[35]。

最后,汝拉省的护林官,布列塔尼的勒坎尼奥(J.-M. Lequinio)在《风景如画的旅行》(Voyage pittoresque,1801年)中所记录的见闻也是一份证明材料。他注意到上汝拉的市长在公共广场上大声朗读报纸。他还写道,在格朗沃的圣洛朗(Saint-Laurent en Grandvaux),居民们"在读、写和计算方面都很不错,他们的一大爱好就是阅读他们焦急等待的报纸,你会发现,他们并不缺乏这些报纸能够提供的政治方面的知识"[36]。

135

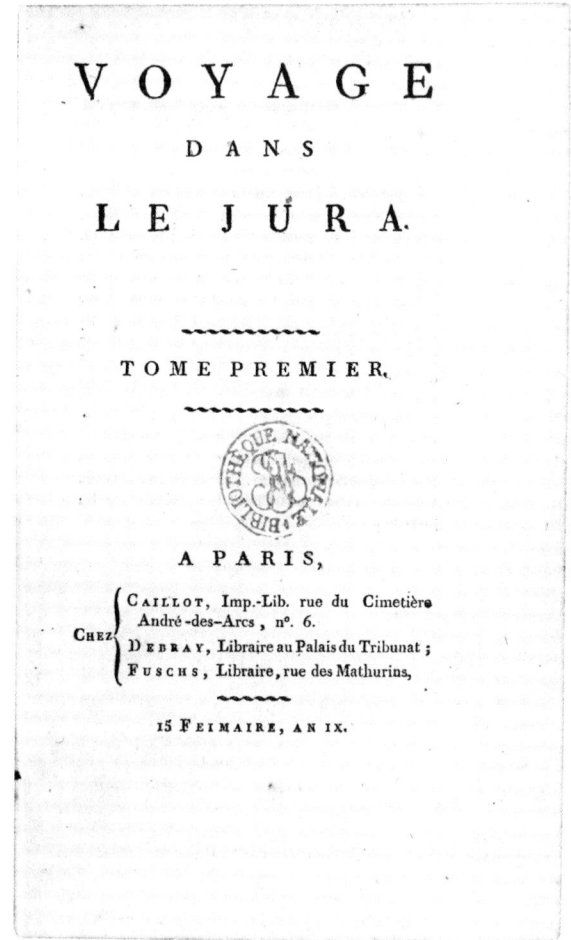

约瑟夫-马里·勒坎尼奥·德·凯尔布莱（Joseph-Marie Lequinio de Kerblay），《汝拉游记》（*Voyage dans le Jura*），巴黎卡约（Caillot），共和九年（1800—1801）。法国国家图书馆，印刷品部。

前国民议会的代表勒坎尼奥在汝拉旅行的时候注意到，上汝拉的市长在公共广场上向村民们大声朗读报纸。

ADRESSE
POPULAIRE
AUX HABITANS DES CAMPAGNES,
Par M. LEQUINIO, Joseph Marie, Membre de l'Assemblée Nationale.

IMPRIMÉE par ordre du Directoire du Département du Gard.

CITOYENS FRANÇAIS, FRÈRES ET AMIS,

DÈS les premiers instans de la révolution, je me suis voué spécialement à votre bonheur, je me suis attaché à répandre parmi vous, autant qu'il étoit en mon pouvoir, les principes de justice et de vérité, à opposer à l'antique et monstrueuse puissance de l'aristocratie qui vous opprimoit, les maximes indestructibles de la raison et de l'équité, qui réclameront éternellement en faveur du malheureux, contre l'homme ri-

A

约瑟夫-马里·勒坎尼奥·德·凯尔布莱,《对农村居民的大众演说》,1791。纽约公共图书馆,一般研究部。

勒坎尼奥清楚地认识到印刷品在动员方面的力量,甚至能够动员农村里不识字的村民们。(cat. no. 211)

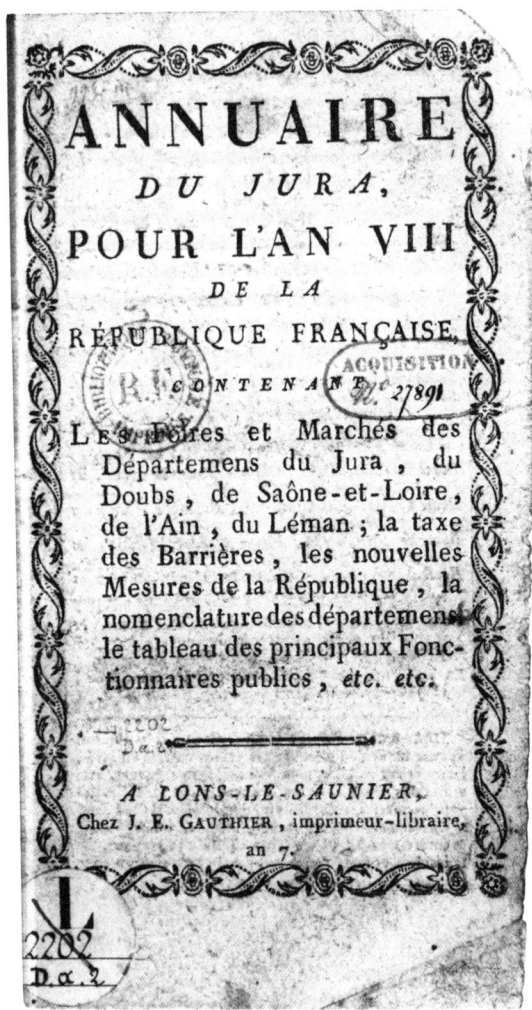

若马荣(Jomaron)编,《汝拉省年历》,共和七年(1798—1799)。法国国家图书馆,印刷品部。

年历往往是农民唯一收藏的书籍,所以也是在农村传播革命或反革命原则的关键媒介。(cat. no. 197)

而且,在弗朗什-孔泰这样一个仍旧在许多方面保留了口头传统的社会里,很自然,歌曲也被广泛运用于观念的宣传上。印制的歌单广泛流传。在杜布省,一名拒绝效忠之教士的兄弟,让·布吕雄(Jean Bruchon)因为宗教迷信扰乱治安,遭到逮捕,他到处散发的就是"恶俗的诽谤性小册子,有些还是以歌曲的形式来写的"(1793 年)。1794—1795 年在波利尼印制的《汝拉省歌曲年历》就是一本歌曲集,既有共和主义的歌曲,也有贵族的歌曲。在贝桑松,在弗夫·沙尔梅(Veuve Charmet)的印刷坊还发现了一首题为《哀悼路易十六》("Lament on the death of Louis XVI")的歌曲(1796 年 3 月)。[37] 1795 年 4 月,一名边境卫兵报告说,他在翻越高山时,听到"有三个男人在高唱一首贵族的歌曲"[38]。不管是印制的还是口头传播的,歌曲都是快速传递意识形态的通讯员。

革命时代,两种对立的政治运动明显加速了印刷材料对弗朗什-孔泰整个社会的渗透,尤其是对农村的渗透。在传统的,主要是宗教性质的文学作品之上,叠加了一种新的、与政治事件紧密联系的文学形式。在农村,首次出现了政府公报和报纸。然而,虽然印刷品的数量大大增加了,而且流通量也增长了,但是阅读的方式却没有发生改变。在这个仍旧以农业为主的社会里,政治信息,无论是革命的还是反革命的,都是通过朗读的方式在传播。

第三部分

印刷品

报纸：新闻的新面孔
杰里米·波普金

"像我们这么复杂的报社刚成立，肯定会出现一些失误，希望我们的读者能够宽容包涵。"[1]大革命时期出现了很多报社，其中一家的作者们如此向公众做着自我介绍。他们的报社确实刚成立，很复杂：旧制度下只有一家日报社，对此还颇为自豪；革命前最重要的政治期刊都是在国外出版后再运进法国的。而今，随着王室政府的名誉扫地，其复杂的审查制度、对某些受宠出版商的特殊优待，以及对外国印刷业的秘密操纵的土崩瓦解，作者和印刷商们开始蜂拥争抢，想填补由1789年6—7月所发生事件带来的空白。[2]

革命记者和出版商打造的各类多姿多彩的报纸从未成为过真正的大众刊物。识字率等社会性约束，以及对木制手动印刷机的持续性依赖等技术性约束都使得这点难以实现。尽管如此，报纸还是成为革命斗争在阐述政治合法性时所采用的主要印刷形式。于是，与立法大会和俱乐部一起，革命报纸成为协助构建法国政治文化新世界的主要形式之一。在立法大会，革命领袖彼此竞争，以求获得认可，成为人民的代言人；在俱乐部，所有公民都能够以个人的身份参加政治辩论。法国学者皮埃尔·雷塔(Pierre Rétat)写道："报纸的诞生恰逢一个新时代的开始。它的使命就是去衡量并界定这个新时代的节奏。"[3]

从应路易十六召开三级会议的决定而拟就的陈情书中可以看到，大部分法国人，甚至特权阶层，都希望可以拥有更多的出版自由。但是这些文献很少显示，人们对报纸将在革命进程中所起的中心作用确实有预

142

《法兰西精灵在传播新闻》("Le Génie des français apporte des nouvelles"),[1793]。版画。法国国家图书馆,图片收藏部,埃南(Hennin)藏品。

《这幅容貌值得你用所有歌曲来颂扬》,勒·米尔(N. Le Mire)仿格拉沃洛(H. Gravelot)的版画,1762。法国大革命博物馆,法国维齐尔。(cat. no. 52)

第166页的版画显示了革命者是如何理想化新闻在农村的传播程度的,这幅版画则展示了旧制度下的图书销售情况。

《咖啡馆里的煽动者》,[1789年8月5日]。版画。法国国家图书馆,图片收藏部。

在咖啡馆里阅读和讨论报纸是革命政治生活的中心内容。(cat. no. 104)

期。只有少数革命领袖才认识到"从此刻起,实现报刊,尤其是政治期刊之自由的必要性"其全部意义所在,后来成为记者和政客的布里索在1789年6月出版的一本小册子的标题中就如此表述。对于布里索来说,出版自由不仅仅是一个更广阔改革项目中的一部分:对于一个因面积太大而难以复制像雅典和罗马这样的古典城邦体制的国家来说,报刊还是能够确立人民主权的唯一手段。报纸可以允许在全国范围内进行公开辩论,允许将公众的观点持续传递给他们选举出来的代表,也允许知识领袖对选民进行启蒙:"一个人可以将同一个真理同时传授给成百万的人;通过报刊,他们可以在不吵不闹的情况下讨论问题,平静地做决定并表达自己的观点。"[4]

然而,要实现布里索的梦想还需要克服巨大的障碍。出版大量日报这一简单的行为对巴黎的印刷商来说就是一个新的挑战。1789年之前,首都巴黎只有一份日报,即《巴黎日报》(*Journal de Paris*),而且主要报道文化新闻,而非政治新闻。1789年,随着最成功的日报发行量猛增到一万份甚至更多,[5]印刷坊的运营也变得越来越复杂。相同的版面要排好几个,以便多台印刷机都能投入使用;旧制度下罕见的夜班现在也习以为常。古板保守的巴黎印刷业在1789年下半年发生了转型:新印刷产业无视同业公会的限制,开始了生产期刊的生意;工人们辞掉原来的工作,投入能带来额外收入的报纸生产中。

一位名叫布拉尔的作者为新印刷坊业主写了本指南书,他声称,任何人只需要一台印刷机和一种字体类型,就能印刷出版一份日版。[6]这种说法只会让在1789年及之后成功印制报纸的印刷商们发笑。事实是,革命报纸要想成功,就需要资金充沛的大型印刷坊作为后盾来支撑,尤其是想出版发行量大的日报。庞库克在革命前是一名印刷商翘楚,在大革命时期又成为主要的报纸主办者,他印制的报纸有《箴言报》和革命前的《法兰西信使报》,另外还印制图书,他的大型印刷坊配备了27台

146

《法兰西信使报》，1789 年 1 月 3 日。纽约公共图书馆，一般研究部。

巴黎印刷巨头庞库克出版的《法兰西信使报》是法国大革命之前最重要的文学日报。(cat. no. 100)

印刷机和 91 名工人。[7] 这可能是法国最大的私营印刷坊了,但其他报纸也拥有相当可观的印刷坊,例如在 1792 年,《寰宇公报》(*Gazette universelle*)每天 1.1 万份的印制量就需要 8—10 台印刷机来完成;1793 年,《巴黎纪事》(*Chronique de Paris*)的印制需要 7 台印刷机。《晚报》(*Journal du soir*)每天印制和发行 1 万份,为此配备了 5 台印刷机、60 名各种工人(不仅有排字工、印刷工,还包括职员和折叠报纸的妇女),另外还有 200 名街头小贩[8]。在忙碌的印刷坊里,简陋的印刷机吱呀作响,工人们擎着烛火一张张地印刷,来回穿梭,以便能赶上一大早的发行,要管理好这一切的确需要相当强的组织能力,法国革命时代的印刷商和出版商都是无名英雄,没有他们,卡米耶·德穆兰、让-保罗·马拉(Jean-Paul Marat)及其同侪都无法实现其历史影响。

自然,从这种运作之下生产出来的印刷品中也能看出其混乱的源头。不止一家报纸向读者们致歉,措辞都与《寰宇公报》的差不多:"到如今,我们只能寄希望于读者能包涵如此之多的印刷错误,我们这样的企业在刚起步的时候实在是难以避免。"[9] 大革命的境况使得报纸在克服技术难题,形成稳定的常规程序方面尤其困难。报纸市场上的公开竞争,新报名称的不断涌现,使得任何一家报纸要想保持地位稳定都很困难。像庞库克这样的雇主都在抱怨工人们为了追求更高的工资而不断跳槽,[10] 恐怖时期及之后的不稳定状态则造成要想找一些质量较好的纸张和墨汁都特别困难。[11]

然而,开设并运营报业公司的困难不仅在于技术上和组织上。大革命时期的印刷业就是在一种体制真空的状态下发展起来的。报纸的产业构成缺乏法律界定,没有版权保护,对记者和出版商的权利也缺乏清晰的规定。成功的报纸会招致竞争对手,这些对手经常采用相同的报名和风格以赢得读者。例如,两家互为对手的报纸都取名为《国王之友》(*Ami du rois*),彼此争斗,以求获得护卫国王的艰险荣耀;六家报纸都叫

148

《国王之友》第 1 期,1790 年 6 月 1 日。纽约公共图书馆,一般研究部。

这里展示的是鲁瓦友神父(abbé Royou)的《国王之友》,是坚决支持反革命运动的报纸,但是编辑与印刷商之间因为利润争吵不休,就开始推出竞争版本。(cat. no. 87)

《迪歇纳老爹》是最精彩、最流行的革命报纸之一,以随意使用诅咒秽语为特点。在共和二年(1793—1794)获得法国国家印刷厂的短暂资助,由国家印刷厂负责印制,这家印刷厂讽喻式使用了有名的"罗马"字体,这是专为国王而设计的。

迪歇纳老爹［冒名的］，《迪歇纳老爹对陋习的愤慨》（"La Colère du père Duchesne, à l'aspect des abus"），1789。纽约公共图书馆，珍本和手稿部，塔列朗藏品。

迪歇纳老爹［冒名的］，《迪歇纳老爹的极度愤慨》（"La Grande Colère du père Duchesne"），［巴黎：Tremblay］，日期未标。纽约公共图书馆，一般研究部。

《迪歇纳老爹》的"王室罗马"字体，法国国家印刷厂，巴黎。（图片：让-卢普·沙尔梅［Jean-Loup Charmet］）（cat. no. 151）

《迪歇纳老爹》(*Père Duchesnes*),相互诋毁,发重誓说只有自己才"名副其实"。

而且,虽然1789年的《人权宣言》保证,"自由交流思想和意见乃是人类最为宝贵的权利之一",但是报纸印刷在整个大革命时期还是一门有风险的生意。历任革命政府都会侵扰自己最不喜欢的记者,从国民议会对马拉的追捕,到督政府在果月18日(1797年9月)政变中对70余名右翼记者的清肃。暴徒或政治激进小团体在1792年8月劫掠了保王派报纸的印刷坊,1793年3月劫了亲吉伦特派的,1797年9月劫了右翼的。法律和政治上的不稳定迫使报业公司过一天算一天,出版商很少有机会去思考如何进行技术革新,以提升印刷的速度和效率,就像当时的《泰晤士报》(*Times*,伦敦)这种无论在经济上还是在政治上都很安全的报纸那样。革命报纸仍旧深处于夏蒂埃所谓的"印刷旧制度"之中,大革命时期动荡不安的进程留给他们进行试验或长期投资的空间有限。

大革命从未真正拥有过大众刊物,原因之一就在于报纸印刷对木制手动印刷机的持续依赖。虽然关于革命期间每天印刷的报纸总数没有确切的数字,但肯定最多不会超过50万份,因为这个数字是像《小报》(*Petit Journal*)这种大众报纸到1880年凭借工业革命中电动印刷机的出现才能达到的日发行量。革命报纸还很贵,一年的订阅费通常相当于一名普通工人几个星期的工钱。[12]而且,法国许多地区的低识字率使大部分成年人无法接触到报纸,尽管有些报纸可以朗读给他们听。

重重阻碍并未阻挡住报业公司的层出不穷。法国国家图书馆的目录列出了184家于1789年在巴黎创办的报刊,1790年有335家。[13]大多数都是昙花一现的企业,只出了一两期,但在革命期间的不同时期,读者还是有至少100份政治报刊可供选择。[14]当然,在任何时候,发行量大、真正具有政治意义的报纸数量都要少得多。1790年,巴黎一家设施完善的大型报刊阅览室提供33种报纸以飨顾客,而另一家档次稍低的竞争对手仅有16种,勉强过得去。[15]最近一项关于大革命早期雅各宾俱乐部的研究发现,在这一时期出版的许多巴黎报纸中,他们只订阅了25种,而且占一半以上订阅量的只有其中6种。[16]在整个革命过程中,巴黎印刷业大概有25—30种成功的政治报纸,而任何时候企图打入这一市场的边缘企业可能都是这个数量的两倍。

虽然这些报纸都声称要成为新时代的新报刊,但它们不得不适应现有的印刷传统。至少有些法国报人熟悉世界上其他地区的报纸设计,尤其是英国报纸。正如历史学家斯坦利·莫里森(Stanley Morison)所描述的那样,英国报纸已经懂得:

> 图书的排版要考虑到图书的阅读是需要聚精会神的……报纸的排版则要基于其阅读是不需要专心致志的。而且,图书的排版要方便连续性阅读,报纸则要方便非连续性阅读;书页的本质是同质的,报纸则是异质的。所以,连接多样化事件的新闻段落,在排版上要不同于图书中的连续性段落。[17]

成功的英国报纸,例如《纪事晨报》(*Morning Chronicle*),很早就开始不再采用图书的外观了。这些报纸印在对开的大纸张上,充分运用线条和标题来区分不同的内容,有时标题会使用大字体来显示新闻故事的主题,以便读者选择感兴趣的内容来阅读。它们还将报道和商业广告拼版——后者经常会包含一些小小的装饰图案,例如用帆船来表示港口消息。

革命时期的法国报纸印刷商拒绝追随英国的模式。庞库克确实很欣赏伦敦的日报,并敦促政府鼓励大版面报纸的形成,这些报纸可以大量采用大写字母,并刊登大量广告。他认为,这种报纸"为了不被骚扰并避免被撤资的风险,肯定会小心谨慎地经营",他将报纸开本的选择看作

152

《国家公报或寰宇箴言报》第 1 期，1789 年 5 月 5 日，复刻版，共和四年（1795—1796）。纽约公共图书馆，一般研究部。

出版商庞库克很欣赏伦敦的日报，在 1789 年为法国引介了第一份现代风格的大版面报纸。（cat. no. 96）

《巴黎革命报》,1789 年。纽约公共图书馆,一般研究部。

《巴黎革命报》保留了传统的 18 世纪报纸所采用的小开本。这份报纸开始并没想成为一种连续出版物,只是作为一种便于收集并装订成册的新闻小册子。插图一般分开印刷后再送到订购者手中,由订购者将其与他们所收集的其他书页装订到一起。(cat. no. 111)

一种政治选择。[18]然而,他自己的大版面报纸《国家公报或寰宇箴言报》(*Gazette nationale, ou le Moniteur universel*)——大革命时期重要的两开本报纸——却完全是非英式的。它根本不刊登广告,而且很快就放弃了最初要刊登英式政治争论的承诺,最终沦为大革命的半官方记录式报纸,大部分栏目都用来刊登国民议会辩论的转录稿,而且还是在小版面报纸已经报道了会议议程精粹的几天之后才出来。《箴言报》的价格是普通报纸的两倍,对法国公众意见产生不了多大的影响。

庞库克提倡大版面报纸和大规模企业的理由,恰恰也是大多数革命新闻人倾向于小版面的原因。言论公开的重要性超越了其他所有的考量,而且他们对于采取某些出版形式以营造稳定、保守的社会和政治秩序这一点根本不感兴趣。在革命初期,大多数报纸使用的都是以前用于印制小册子的八开本,这种版面大小和外观与极端不稳定的政治形势相关。巴黎印刷坊里的工人对八开本版面很熟悉,所以就不再需要什么特殊设备。八开本是一些报业最初几期刊物的自然选择,例如路易·普吕多姆的《巴黎革命报》,这份报纸开始根本没想成为连续出版物,只是用来报道因巴士底狱风暴而起的重大事件的新闻小册子(罗尔夫·雷夏尔德在本书其他章节具体讨论了这些小册子)。[19]而且,如果读者想保留这些报纸,八开本也容易装订成册,正如一名出版商所说,八开本"对读者和图书馆来说都是最方便的"[20]。

八开本报纸最终采用了一些常规的版面组织方式,例如使用"国民议会"之类的标题来区分文章,还经常在第一版做一个简短的内容提要,以便街头小贩的大声叫卖。实际上,出版商认识到,读者们很快就熟悉了材料编排的特定顺序,所以一旦有所变化,还需要向读者一再解释才行。《佩莱报》(*Journal de Perlet*)试图将有关国民公会每日辩论的报道放在每期报纸的最后,而不是最前面,印刷商保证说:"这并不说明报道不完整或不全面。这完全是印刷上的变化,……并不会造成编辑政策

N°. LXXXI.

L'AMI DU PEUPLE

OU

LE PUBLICISTE PARISIEN,

JOURNAL POLITIQUE ET IMPARTIAL,

Par M. MARAT, auteur de l'Offrande à la Patrie, du Moniteur, et du Plan de Constitution, etc.

Vitam impendere vero.

Du mardi 29 décembre 1789.

Concussions de plusieurs intendans et de leurs sub-délégués, dénoncées. Conspiration contre la Patrie et le Roi. Arrestation du marquis de Favras, chef des conjurés. Comparution de Monsieur, frère du Roi, à l'hôtel-de-ville. Observations de l'auteur. Assassinat commis, rue des Quatre-Fils, par un conjuré sur un soldat citoyen.

ASSEMBLÉE NATIONALE.

Séance du lundi 28 décembre.

La pièce délivrée par le comité des rapports, dans l'affaire de l'intendant d'Alençon et de son subdélégué à Bellesme, a été rapportée sur le bureau, et remise à M. le président. Ce n'est, dit-on, qu'un simple arrêté du comité, et la signature de

让-保罗·马拉编,《人民之友》,[1789]。纽约公共图书馆,珍本和手稿部,塔列朗藏品。

马拉的《人民之友》成为面向大众读者的煽动性小册子式报纸的典范。(cat. no. 85)

上的任何改变。"²¹ 然而，八开本的版式以及顽固坚持对新闻标题的死板排序等做法，使革命报人无法使用现代报纸设计中的基本资源，即通过页面上的不同编排位置来凸显某条新闻相比于其他新闻的重要性。

到1790年代，更大版面的四开本版式逐渐赢过了八开本。虽然八开本的版式最初被所有类型的报纸都采用，但它与煽动性小册子式报纸的关系尤其特别，例如马拉的《人民之友》(Ami du peuple)，以及特供农村或底层读者的新闻传单，例如《佩莱报》。自大革命起，每版两栏的四开本版式标志着报纸更强调其新闻播报者的功能，而非其意识形态的偏见，而且也标志着报纸在寻求受过更多教育的读者。四开本的版式使人想到的是旧制度下严肃而可敬的新闻刊物，而不是那些好争喜辩的小册子。相比八版或十六版的八开本的小书，读者更容易在四版的四开本的报纸中找到感兴趣的标题。但是使用四开本的出版商对于版面设计还是很保守。跟他们的伦敦同行不一样，他们不接受像大标题和插图这样令人耳目一新的创新，他们采用的一页两栏的版式看上去还是像1789年之前印制的图书，例如《百科全书》。革命时期的法国报纸无论在内容上有多激进，外观上还是保持着绝对的保守，并不需要读者在阅读习惯上有所革命。

革命报人继续遵循着长期形成的排版传统，但他们必须在选择和印刷新闻方面进行创新。并不是说他们被迫承担的任务毫无先例，在报道国民议会及其后继者的会议时，他们就可以利用由英国新闻界和著名的法语国际公报，例如《欧洲邮报》(Courrier de l'Europe)，所创建的国会新闻报道传统。许多革命报人对1789年之前的政治小册子所采用的修辞技巧进行改编，从非常成功的《政治年鉴》(Annales politiques)中吸取灵感。《政治年鉴》由怪僻的社会理论家西蒙-尼古拉-亨利·兰盖(Simon-Nicolas-Henri Linguet)在1777—1788年印制，兰盖那种高度个性化的论政之道提前就为许多革命小册子式的报纸定了调。²² 然而，革命年代的报人们是在一种全新的形势下进行书写的,他们几乎没有什么指导方针来帮助他们决定哪种可能的途径最有效。

要考察大革命时期新闻报道方式的多样性,一个好途径就是去比较报人们解决如何报道法国新立法机构(包括国民议会及其后继者)这一关键问题的不同方式。与印刷刊物一起,大会也是革命政治中心里竞争性政治话语的焦点,如何将会上发表的言论详尽地传达到国民,这一问题不仅对印刷刊物,对整个革命试验来说都至关重要。大革命开始几周里创办的报纸,例如后来成为雅各宾分子的贝特朗·巴雷尔(Bertrand Barère)所印制的《破晓》(*Point du jour*),几乎专门报道三级会议的公开会议。但几个月里,很明显,报道议会议程有许多不同的方法,印刷刊物的政治角色和政治进程的性质也会有不同的含意。

一种极端是,报纸回避任何独立的角色,并声称自己只不过是被动地转录政客们的话。勒奥代·德·索谢弗勒尔(Lehodey de Saultchevreuil)的《三级会议报》(*Journal des Etats-Généraux*)及其续篇《语符报》(*Journal logographique*)就是这类报纸中最重要的两种。勒奥代在其报纸中谨慎地表达了自己的哲学,就是要"照字面意思报道,保证最全面的保真度,代表大会上所说的所有内容……绝对不省略任何内容"。要实现这一承诺,只需要发明一种原始的速记法就可以了。其他有些报人的主张就没这么严谨,他们后来承认(例如夏尔·拉克雷泰勒[Charles Lacretelle],他是个小记者,其自传最为详细地描写了1790年代新闻人的生活),在重新组织有关辩论内容的文稿时,"有时记忆力还是需要想象力来帮忙的"[23]。但这种方式歪曲了代表们与国民之间的沟通,妨碍了勒奥代为其报纸所设定之目标的实现,即要确保"离首都最远地区的居民……差不多就像在庄严的议院会议现场一样,好像他们在亲自出席"。《语符报》意图成为完全中立的刊物,对于读者对国民议会议程的反应不施加任何影响。它指责竞争对手,说他们"按自己的意思,或按他们想支持的党派的意思来阐释会议上的谈话内容",而懒惰的读者"不能想,也不能思,就想着让别人替他们省却麻烦"。[24]语符式记录的结果就是将国家立法机构描绘成了啰唆冗长的混乱场景。标有姓名或有时候根本未标姓名的(但从来不以党派标签,或其他可能表明其对大问题之立场的线索来标注)演说者们,还得跟忠实记录下来的旁听席中的窃窃私语和鼓掌声竞争报纸专栏里的空间。记录式报纸虽然对历史学家来说很有必要,但不能有效地向法国国民传递"法国正被明智地领导着"这一信息。旧制度下的印刷刊物既简洁又官方,根本不会提供关于政府决议过程的任何背景信息。《语符报》从旧制度的这个极端走到了另一个极端,突显了大革命在法国政治中所造成的转型,但也付出了相应的代价,那就是让决议过程看上去跟1789年之前一样难以理解。

虽然诸如勒奥代之类的报纸确定了自身作为记录存储库的地位,但从未成为大革命中的主导性报纸。大多数读者还是会订阅对大会辩论进行了编辑和概述,并在结果一明确就报道出来的报纸,只是各家报纸的具体做法会有所不同。有些可能只是简单地复制革命前《法兰西公报》的做法,只汇报大会辩论的最终结果,例如《国民议会法令报(专供农村居民)》(*Journal des décrets de l'Assemblée nationale, pour les habitans des campagnes*)开始时就是这么做的——但是不久后编辑就承认:"如果对之前讨论中的主要论点做一个概述,会更有吸引力,更有用。"[25]然而,他所提供的概述与议会报告几乎没有相似之处,因为演说者的姓名被省略,支持和反对每项措施的论点都被缩减到每条只有几句话,被重新组织成了简单的正反方清单。这种做法将国民议会写成了理性化的立法机器,缺乏热情,跟《语符报》所描绘的国民议会完全不同。

在这两种客观报道议会的极端方式之间,还存在许多其他的报道方式。它们大部分都与以上所描述的记录式报纸不一样,表现在新闻从业者更积极更明显的干预,以及国民议会的新闻与其他报道的并置。在面向农村读者的成功周报《村民小报》中,重点是解释论战中所提出问题的意义,而不是转录这些论战。与《语符报》不同,这份周报认为,普通法国人如果去听代表们辩论,肯定会完全不知所云,所以他们撰写政治文章的精神就跟写一篇改善农业的宣传稿一样。关于国民议会会议的每周概要只占很小的篇幅,比起意图阐明问题的说教式文章来说篇幅要小得多。《村民小报》习惯分析观点,而不是概括辩论,而且很少去分辨发言的代表——尽管会提到贵族(aristocrates)和爱国者(patriotes),将国民议会营造成邪正两股敌对力量相斗的战场,同时竭力保持后者作为一个统一群体的形象。《村民小报》虽然在强调党派标签方面犹豫迟疑,但在指出利害攸关的核心问题时却不会闭口不语。它对有争议问题的典型展现方式可以参见一篇关于1791年以来的王室威权的文章,文章开头是这样的:"假如一名受教育程度最低的村民花费一分钟的时间去思考'国王'这个词,那么他首先想到的是,国王就是跟他一样的人,只是被委托了非常重要的职能而已。"[26]为了全面地报道路易十六在国民公会上接受审判时的情景,《村民小报》放弃了对议会会议做简短概要的常规做法,但也没有让读者自己去思考,而是告诉他们,这份报道将向他们展示"一个伟大民族之代表们的庄严体面,以及前国王的耻辱、背叛和诡计"[27]。

《村民小报》在1791年有大约1.5万名订购者,[28]如此成功,说明这种居高临下的态度并没有冒犯潜在的订购者。但如果要向更世故老练的读者阐释革命议会的辩论内容,报人们就需要采取不同的策略,尤其是如果他们不仅要报道这些政治争论,还意图参与其中的话。从党派的观点来阐述国民议会的辩论精髓,在这方面,布里索是早期的大师之一,他的《法兰西爱国者》(Patriote français)是公认的革命前最好的报纸之一。与《村民小报》的作者不一样,布里索对国民议会之工作的评论不仅面向大众,也面向代表们,他根据自己的"爱国主义"观来谴责和指导

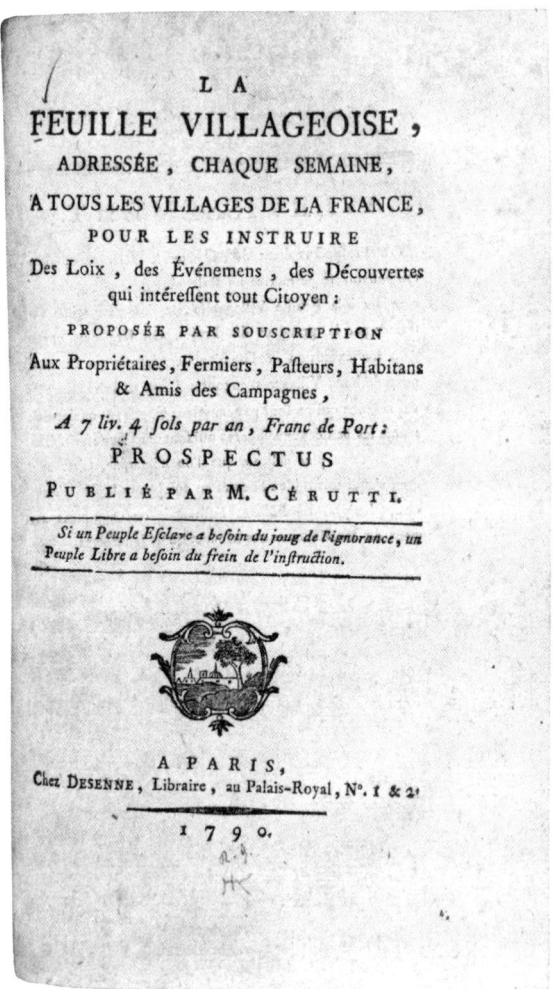

约瑟夫-安托万-若阿基姆·塞吕蒂(Joseph-Antoine-Joachim Cérutti)编,《村民小报》,1790。纽约公共图书馆,一般研究部。

《村民小报》是一份专门面向农村读者的特别成功的报纸,在精神和语气上都非常说教。(cat. no. 176)

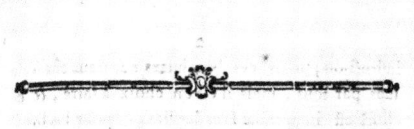

布里索编,《法兰西爱国者,或自由报》(*Le Patriote français, ou Journal libre ...*),1789。纽约公共图书馆,珍本和手稿部,塔列朗藏品。

布里索的《法兰西爱国者》创立时也带有明确的说教目的,对人民进行政治启蒙。(cat. no. 34)

他们。他将自己的角色理解为一种教导者:"其目的是通过向人民讲解国民议会的运作来传播启蒙思想,让国民做好迎接自由之宪章的准备。"他在该报第一期中就这么写道。但是报纸不能只作为国民议会的附属品或公众情绪的反应器,"它的首要任务是维护人民的权利……并防止人民被引导到使混乱局面持久化并推迟宪章制定的持续性发酵过程当中"。[29] 只占大量新闻报道一部分的国民议会报道,其设计目的就是要指导代表们的工作,并预防蒙昧的民众或贵族反动势力的外部阻挠。

布里索很快就表现出教导会众和民众的意愿。1789年,在报道有关宪法的早期辩论时,他在引语中怒斥了犹豫不决的代表,因为他们担心新宪法会给人民带来太多的自由:"没人能创造自由宪章所基于的权利,他只能陈述这些权利。"[30]《法兰西爱国者》对1789年年底著名的国王否决权冲突的处理,是其报道方式的一个好例子。《法兰西爱国者》没有把问题交到演说者手里,而是开始自己设定问题:"否决权的显著性开始变得清晰了。"辩论中采用的一些术语"很抽象",例如"暂时否决权",但"很多新词都是如此"。《法兰西爱国者》欣慰地看到议会代表们已经掌握了这一概念,并表示:"我们的读者根据对赋予国王更多或更少权力的不同解释,也会很好地理解这一概念。"接着,它又精辟地总结了反对赋予国王绝对否决权之人的主要观点。[31]《法兰西爱国者》的语气清晰自信,并向读者们保证,代表们也需要从新闻刊物中获得有关宪章问题的启蒙,这样就形成了一种在不冒犯公众的情况下宣扬某些观点的有效途径。将国民议会的辩论呈现为右倾爱国主义代表与其贵族对手之间针锋相对的斗争,营造了一种既清楚明了又富戏剧性的感觉。在大革命时期,这种基于一贯的党派观点对国民议会所做的选择性报道大概是巴黎新闻媒体最常见的呈现方式。当然,这种方式激怒了对某些报纸有意见的代表们,整个革命十年不断回响着议会对新闻媒体出于党派目的歪曲辩论内容的抱怨声。然而,这种新闻报道方式是为所有集团服务的,从右翼的温和君主立宪派,到左翼的主流雅各宾派,这些集团都将经选举产生的立法大会看作法国新政治生活的恰当焦点。

布里索的报道风格在革命报纸中很典型,不管代表们对这种风格有怎样的私人感受,都赶不上他们对一些左倾和右倾的极端主义新闻媒体的反应,这些媒体提到立法辩论只是为了要否定整个立法机构的政治合法性。大革命时期最著名的激进报刊,马拉的《人民之友》,就是这种风格的缩影。自1789年9月马拉的这份报刊开始出现,马拉对国民议会的评论明显就比他对会议议程所做的速写式、极度偏颇的概述要重要得多。他对国民议会进行直言不讳的批评,基于的理由就是:对人民之友来说,除了"启蒙国民,确定国民的思想,为民意提供自我展示的途径"[32],没别的路可走。

马拉的《人民之友》是一种小版面的小册子式报刊,早期典型的排版就是开头有一篇对最近国民议会的辩论所做的高度浓缩版概述。接着,马拉似乎再也忍不住,就开始插入对代表们的劝诫,用可能找到的最强烈的措辞谴责他不喜欢的那些代表。他猛烈抨击一名国王否决权赞成者的观点,表示这些观点"相当可疑,是贵族的想法,却披上了热爱秩序和公众利益的面纱",他对任何代表都能捍卫两院制立法机构或否决权表示震惊,同时沉痛地提醒读者,"如果没有巴士底狱风暴之后的血腥场面"[33],人民的敌人是从来不会让步的。除了谴责国民议会,他还公然企图动员人民的力量来反对国民议会中的"犯罪团伙"。1792年春,他从更加成熟的视角回顾第一届革命大会时,得出的结论就是:"残酷的经验教导所有国民,三级会议的代表们将国民不可被剥夺的权利和最关键的利益出卖给了君主,只有七八名代表没有同流合污。"[34]对于马拉来说,描述国民议会会议的目的不是要提供无党派倾向的会议记录,或是引导大会中爱国主义成员的想法与公众的想法形成共同的目标,而是要安托万-约瑟夫,巴吕埃尔-博韦尔伯爵(Antoine-Joseph, comte de Barruel-Beauvert)编,《使徒行传》,1796。纽约公共图书馆,珍本和手稿部。

这版1796年的《使徒行传》沿用的是一种右翼政治讽刺作品的传统,此传统从1789—1791年最初的版本中发展而来。(cat. no. 84)

公开和揭露代表们谋逆的意图,动员人民反抗他们,就像他在其报刊中所做的慷慨激昂的反抗。

在大革命的前几年,保王派报纸跟支持革命的报纸几乎一样繁盛,他们跟马拉一样愤慨地抵制国民议会及其所有工作,当然,抵制的原因不同。一些保王派报纸,例如鲁瓦友神父的《国王之友》,描写国民议会时跟马拉差不多,把它描绘成压迫人民的罪恶共谋,是"一个身高已经难以测量的巨人",不仅压迫人民,还迫害国王。[35] 其他像《使徒行传》(Actes des apôtres)这种讽刺类报纸则认为国民议会的问题是疯狂,而不是犯罪。它乐于想象《法兰西爱国者》所阐述的原则可能产生的最疯狂的后果,正如它预言——无疑,当时还不相信这种事就在四年后还真的发生了——不久之后法国大使就会被派往国外,受命"去传播已经让法国拥有了幸福宪法的伟大的自由思想",去推翻所驻国的体制。[36]

布里索在革命前预见,报纸媒体的发明将为现代民主恢复古希腊罗马时期政治上的即时性和参与性,但这种预见却没料到报人的干预,及其在立法者与人民之间的传话所造成的实际效果。国王在凡尔赛的镜厅里展示自身,并设法掌控自己的镜像,而革命议会发现反映自己形象的却是嘉年华游乐园的哈哈镜。尽管代表们有自己的印刷商印制法令,并把自己描绘成团结一致、为国民利益而共同努力的人,但是新闻媒体介入公民与公民代表之间,将立法机构表现成另一个样子:混乱、被激烈的派系斗争分裂、阴谋策划如何反对人民,甚至丧失理智。难怪大革命的坚定支持者,J.-B.卢韦(J.-B. Louvet)议员(其本人也是一名新闻人)不得不谴责"这种写作者永远支配……法官、人民代表和主要公职人员的现象",并警告如果对"新闻媒体……这个永久的革命煽动者"不加以控制,那么即使政府是建立在民众共识的基础之上,也会被他们所动摇。[37] 法国革命者是第一批面对代议制政府下新闻自由所固有之悖论的人:人民可以选择自己的代表,但他们喜欢的并不一定是代表本身的形象,而是媒体所打造的形象。在革命时代,是拿破仑最终解决了政治家与新闻人之间的死结,他把两者都牢牢控制在自己的手中。但是,法国大革命的新闻媒体所提出的问题,自此以后反复出现在所有代议制政治体系之中。因此,法国大革命的老式报纸并不仅仅是历史文物,它们其实例证了现代世界中新闻媒体的一个中心问题。

小册子：诽谤与政治神话

安托万·德·巴克

自 1787 年以来，政治小册子在法国的重要性与日俱增。事实上，这个过程开始时还挺官方的：国王一邀请臣民就三级会议提出观点和建议，印刷刊物就发起了有关财政重组和滥用权力改革的普遍讨论。于是，理所当然地，小册子作者那始终机灵的笔就跟上了事态的加速发展。各种小册子大量涌现，内容涉及召开三级会议的最好方法，议会里的骚动，贵族、教士和第三等级的相对优势，等等。这种昙花一现的作品对几乎所有问题都提供连续不断的评论，经常采用的方式是聚焦重要事件和著名公众人物。法国国家图书馆的《法国历史目录》(*Catalogue de l'histoire de France*)列出了 1789—1799 年 1.2 万多本小册子，虽然这个数字肯定跟真实情况有差距，但不管怎么说都比之前任何一个时期的数字要大得多（例如 17 世纪中期有 5 000 本抨击红衣主教马扎林[Cardinal Mazarin]的小册子，这些小册子引起了克里斯蒂安·茹奥[Christian Jouhaud]的兴趣）。[1]《法国历史目录》中列出了每年出版的小册子，从中可以看到 1789—1792 年最集中：

年　份	小册子的数量
1774—1786	312
1787	217
1788	819

年　份	小册子的数量
1789	3 305
1790	3 121
1791	1 923
1792	1 286
1793	663
1794	601
1795	569
1796	182
1797	245
1798	154
1799	211
总　计	13 608

（1789—1792 合计 9 635）

读者马上就会对这些丰富作品的多样性感到震惊。特别重要的有财政论述、政府组织新体系的提议和学术思索，但有些不太体面的类型也很重要，例如色情小册子、政治批判、悼词或"巴黎的呐喊"（"Les Cris de Paris"）[2]——反映出小册子作者试图使传统形式适应革命政治不断发展的现实。这些小册子中有几种比较突出，都有着各自的风格、意象、修辞技巧和目的。

第一种是产生于受教育阶级对政府和体制的反思，它们试图对政治理论有所贡献，而且自 18 世纪中期以来在这方面就越来越成功。这类小册子仅限于提议，有时有争议，但还是很客气地提出了。对思想史学家来说，这些小册子就是一座金矿，其中既有名人，也有贫困潦倒的三流作家，他们的文学态度无疑是有建设性的，但极度热切，有时还冗长啰唆。

第二种是政治杂文,包括西哀士、米拉波和塔尔热(Target)等著名人物,以及大量二流的或匿名思想家。其庞大数量使得这种作品特别有趣:在所有关于宪法制定、权利宣言,以及呼吁三个阶级团结一致的文章背后,可以感受到大革命初期伴随着事件的快速发展而不断出现的知识分子骚动。

第三种是评论时事的小册子,数量更大,因为阅读大众对新闻有着强烈的兴趣。这类小册子包含对诸如三级会议的王室会议、网球场宣誓、攻占巴士底狱等事件的难以计数的描写,而且或多或少遵循着相同的描写模式。这种实况报道为颂扬英雄人物或勇敢行为提供了一个出发点——正如旧制度下的小册子——但话题在1788年之后就日渐具有爆炸性了。

最后(虽然分析得更细致的话,我们可能区分出更多的子类别)是政治辩论文章,这可能是目的性最强的一类。大革命的十年中,派系之间的斗争一直持续,小册子作者怀着或真或假的热情追随着派系领袖,刺激了这类小册子的发展。一部作品出现,另一部出来答复,再一部出来反驳前一部的辩驳,如此继续,引用时人的话说就是开展"纸上冲突"。[3]这种冲突可能牵涉几十种小册子,立场和目的都各不相同,对学生来说就是名副其实的带倒刺的铁丝网,纠缠错杂。我们必须留心小册子作者的修辞手法,从知识分子的辩论、事件的叙述,到猛烈的批评(或夸张的颂扬)。这类小册子将赞扬和谴责并置。通过重生和堕落的隐喻,试图确定"新人(New Man)"及其神话中英雄们的本质,不管是个体的(路易十六、拉法耶特、内克尔、米拉波)还是群体的(重生的法国人、巴士底狱的攻占者、无套裤汉们)。这种形象也可以是敌对面的,同样有个体的(朗贝斯克[Lambesc]、莫里[Maury]、年轻的米拉波、叛离人民的路易十六)和群体的(显贵、贵族、流亡者)。不断的文字游戏通过隐喻的大量使用，或抬升或贬低，运用新的披露和谴责来激发读者的兴趣，为政治辩论搭建场景，在这里，虚构就跟真的一样，运用修辞编织了一整张政治神话的网。[4]

正如我们所建议的，要研究这种昙花一现的作品，最好的进路就是研究其中有限并相对同质材料的那部分。本章就讨论自 1789 年至 1792 年的政治色情小册子。这个子类别的小册子，作者不详，言谈粗俗下流，但在其粗鄙恶劣的表面之下还隐藏着描绘政治人物时的微妙之处。这种自成一体的作品有助于我们开始从整个范畴来理解革命小册子的方法论。

法国国家图书馆收藏了大量这些言辞激烈的小册子，它们在王室统治的最后一年不断增多，1789 年之后更多。法国国家图书馆的收藏见证了这一趋势。藏品的数量自 1774—1775 年至 1788 年期间每年都在增长，大革命开始的几年则见证了甚至更猛烈的增长。从 1789—1792 年保留下来的 70 本，不仅比之前的小册子更有偏见性、更具政治热忱、诽谤中伤程度更甚，而且在速度上也远超 18 世纪之前的那些小册子。革命之前的文学，为大革命刚开始时出现的转瞬即逝作品之短暂而急剧的爆发铺平了道路，尤其是 1789—1790 年。这些短暂性作品形式特定，是小书，算不上图书，通常采用 8 开本的版面，8 页、16 页或 32 页。从其他迹象可以看到它们跟别的小册子文学之间的联系。例如，几乎所有这种小册子都是匿名的，只有一本签上了名（签的是"泰鲁瓦涅小姐 [Mlle Théroigne]"，这是青年大革命的淫荡缪斯）。日期有时是虚构幻想的，例如，"交媾大革命的第二年"（无疑，应该是 1790 年）。最后，出版地更是奇幻，有些"在阿姆斯特丹"，很多"在塞西拉岛（Cythera）"，还有些更加肆无忌惮，语无遮拦，例如"在老鸨市（Bawdopolis）""在太阳交尾市（Heliocopulopolis）""在民主市（Democratis）"。这种差不多类似于同时期漫画艺术的二流文学不仅使用了淫秽故事的框架和色情词汇，还运用了某些在政治语境中颇为有效的修辞手法,例如辱骂或戏谑式谴责。

除了暧昧的双关语,这些作品几乎没有什么明显的文采,根本无法与18世纪下半叶辉煌的放纵文学相提并论。但这些作品中总共有60多种淫秽文本,对来自街头和协商会议的最新消息发表评论,以其独特的方式成为大革命初期所涌现的短暂性作品中的好样本。这些文本具有小册子的文学特征,长期被忽视甚至蔑视,却为我们提供了一份对大革命的评论,其中有将腐朽堕落归咎于象征性贵族的恶意解释,有投向政治舞台及其演员的、怀疑但往往又颇具穿透力的目光,还有为了将病态、无能和颓废的旧秩序与重生的新社会形成对比,而对每种文学手法的偏向性使用。这些小书的迷人价值还在于其在创造新政治神话中所起的作用,将黑暗的堕落贵族与光明的革命新人形成对照这一点明显透露出奇特疯狂的摩尼教特征。我们不禁要问,煽动性语言和神话化做法如何有助于合法化诠释时政?

在诽谤性书籍中谴责贵族的堕落在1789年并不是一种新鲜的策略。仅在18世纪,教士就经常受到下流的嘲弄;大革命中经常听到的"鸡奸修士(Dom Pederast)",就集中表现了神职人员因为被想象的同性恋现象而受到色情攻击。国王本人也难幸免,就举一个例子,年轻的路易十五跟克莱蒙伯爵(comte de Clermont)的关系就经常被写到。虽然王室生活为这种尖锐下流的攻击提供了证据,但这种色情小册子在大革命之前还未达到令人紧张,尤其是政治性紧张的程度。罗伯特·达恩顿曾经讨论过当时这种边缘文学——伏尔泰称其为"流氓文学"——为了描写王室圈子里的糜烂淫乐,无所不用其极。[5]从某些小册子(其中最著名的可能就是泰弗诺·德·莫朗德的《铠甲记者》[*Gazetier cuirassé*])开始,出现了一场由"贫民窟卢梭们"发起的成体系的颠覆性和加速亵渎的运动。一系列淫荡"私生活"小册子都是关于王室人物的,到大革命时期,这一传统继续,不过涉及的人物则成了政治领袖,例如拉法耶特、布里索、米拉波兄弟、佩蒂永和罗伯斯庇尔。路易十五的绯闻、路易十六的性无能传闻、玛丽·安托瓦内特的"性狂热"等,都成为以下淫秽暴力小册子所瞄准的内容:《王太子诞生揭秘》(*La Naissance du Dauphin dévoilée*)、《黑公报》(*La Gazette noire*)和《夏洛和托瓦内特的爱情》(*Les Amours de Charlot et Toinette*)。

1789年之后,传单似雨点般在整个法国飘散,这一趋势也在加速,对名人的色情攻击随着形势的发展迅速增多。《寻欢作乐的奥地利女人或王室荡妇》(*L'Autrichienne en goguette, ou l'orgie royale*)、《红衣主教罗昂出席三级会议之后与王后的秘密关系》(*Les Entretiens secrets entre la reine et le cardinal de Rohan après son entrée aux Etats-Généraux*)、《三级会议上的鸡奸修士》(*Dom Bougre aux Etats-Généraux*)、《国民议会上的索多玛之火》(*Les Enfers de Sodome à l'assemblée nationale*)、《被女孩环绕的莫里神父》(*L'abbé Maury chez les filles*)等,虽然淫秽下流,但对政治发展都保持着敏锐的观察。这种新文学的用词大胆露骨,其孜孜不倦的首要任务就是利用性轰动效应来证明旧的统治阶级根本不适合新时代,巴黎大众对这类文学的态度也越来越坦然。贵族们被描绘成无能,饱受花柳病的折磨,彻底受制于精神紊乱,从自恋中获得愉悦,这一切都说明贵族不可逆转、命中注定要进入历史的垃圾筒。

这种文学"发明"或堕落的贵族,是宣传道德沦丧的杰作,象征着小册子所展现的那个寿数已尽的社会。与之相反的则是小册子所鼓吹的"爱国主义性实践"——不过描述的清晰度不够,因为讽刺的写法不那么适合写赞歌。共和派的性实践表现得更节制、更卫生、更阳刚,与旧制度所造成的纵欲狂欢形成了对照。这种"政治"摩尼主义是当时小册子所采用的最重要的手法。政治色情作品(叙述都非常直白露骨)为我们提供了研究当时这种政治二元性的有趣进路。

在大革命的淫秽文学中，传统类型还是保留了一席之地，包括色情的戏谑、经典色情文学的新版本、"实用指南"，以及巴黎妓女和娱乐场所的名录及简介等。除了断断续续出现的不自然的"爱国"字眼之外，色情的戏谑和诗句几乎不受大革命的影响，而且这些字眼也是一出现就很快消失了。色情文学的经典作品，从阿勒蒂诺（Aretino）到米拉波或伏尔泰，再到萨德（Sade），继续定期出现新版本。关于情爱姿势和行为的"实用指南"在大革命中也是毫发无损，其中最畅销的两本是《人生不同时期的道德习惯图解》（*Les Tableaux des moeurs du temps aux différents âges de la vie*）[6]和《世界妇女实用科学》（*La Science pratique des filles du monde*）[7]，后面这本展示了"四十种情爱姿势"，但根本没提到其他淫秽手册中所描述的"爱国主义姿势"。最后一种是妓女和妓院名录，这些就不能对革命的异想天开完全免疫了（可以看看18世纪末出现的所有"妓业共和国"的伪历史），但在大革命其他时期它们也还是定期出现，而且经常根本不带任何政治色彩。

相反，政治色情作品直接针对的是巴黎最显赫的人物们。这种在大革命初期淫秽文学中几乎占据一半数量的作品，主要通过两个主题来嘲笑贵族：性无能和同性恋。这两个主题并不新，启蒙作家中有许多卫生学者都曾在18世纪早期开发过这些主题。但是到了大革命时期，堕落颓废就发展成了腐朽和有机体的垮塌。于是按照这种作品的写作目的，贵族就成了垂死的族类；道德的败坏与肉体的放荡紧密地交织到了一起。

所有的淫秽讽刺作品中，谴责的技巧都是相同的，即身体上的堕落往往伴随着道德上的卑鄙和政治上的欺瞒。于是，小册子将贵族的性实践描述成恶毒的、娘娘腔的。控诉也指向了大革命的敌人，这些人往往疾病缠身、缺乏活力、笨拙愚蠢——无疑都是些暧昧不清的品质，但肯定都与梦寐以求的"爱国主义能量"恰好相反。旧制度领袖身上的软弱懒散甚至也指向了国王；1789—1791 年，好几个版本的《夏洛和托瓦内特的爱情》[8]就写道：

> 年轻多情的王后
> 她那威严的丈夫在床上毫无用处

当时的淫秽小说将玛丽·安托瓦内特描写成一个性感尤物，榨干了可怜的路易以及阿图瓦伯爵（comte d'Artois），最后只能到德·波利尼亚克夫人（Mme. de Polignac）那里寻找慰藉。在检举国王性无能之外又增加了对王后的"非自然性欲"——同性恋倾向的指控，于是，颓废堕落最终是彻彻底底的了。

一个古老的恐惧针对的是 18 世纪许多作品中所提到的花柳病。色情文学的论辩术就是将其转化成一种既是个人的也是政治上的不利因素。各种带有偏见的病理描写堆砌在描绘颓废贵族的漫画里，小册子则可以根据需要将这些漫画推向市场。一本小册子写道，洛梅尼·德·布里耶纳（Loménie de Brienne）承认已经感染了"30 种花柳病"，并且他亲口描述了症状："我浑身长疱；阴茎发亮，像是缀上了珠光；腿自骨向外腐烂，支撑不了我的身体；口腔溃烂，几乎张不开口喊疼；身体渗出脓液；呼吸时感觉就像是在停尸间。"[9]这些小册子的辛辣讽刺就在于，贵族们自恋地以自身的腐烂为乐。

旧秩序下特权阶级的自恋情绪表现在他们的高傲蔑视中，他们常常蔑视那些放荡不羁的三流作家；而今他们自己成为自我淫思的对象，因而沦为笑柄。这种嘲弄是小册子作者的一贯作风。他们写道，最后的审判正等着这些道德败坏者，一旦所有贵族的物质存在消耗殆尽，最后的灭亡就来了："在恐惧的床上死去，被啃噬至骨，感受四肢在腐烂，并一个接一个消逝。"出版日期写着"交配重生第二年"的小册子中就是这么描写贵族的死亡的[10]。围绕这一破败的身体——小册子作者所虚构的政治情景中越来越醒目的旧社会的象征——关于"革命重生"的神话也就建立了起来。这是一个完整的思想框架，明显带有新千年的意义，传达的观点（通过拙劣地模仿最后的审判或描述世界末日的方式生动地得到了例证）就是，革命爆发，摧枯拉朽，推翻了颓废的社会。与病弱、无能、衰退的贵族形象相对照的是健康、阳刚的爱国者，他们所象征的必定是被召唤，而且一再被召唤的新生的概念。

道德的堕落在这种文学体裁中当然伴随着身体的衰败；归咎于旧的特权秩序的同性恋现象是这种论辩性色情文学的另一个受青睐的主题。怀疑教士同性恋倾向的悠久讽刺传统，很快将神职人员锁定为第一目标。人们想象着，法国的高级教士们在一次下流的使徒秘密会议上集会，高唱着："我们将成为性变态者，这就是游戏规则！"[11]他们向教皇恳求："恳请圣座将我们需要的诉书发回，批准我们虔诚的决心，允许我们按我们的愿望彼此相爱。"神职人员在精神、身体和淫乐上放荡不羁，彻底堕落了。

相同的方式也应用到了显贵的身上，显贵们令人崇敬的元素被剥夺殆尽。色情小册子把堕落和放纵作为贵族的两个主要特征。自然，这种可鄙的形象在法国以外感觉会更舒服，因此科布伦茨（Koblenz）就经常在1791年的小册子中被提及。实际上，流亡者在小册子作者和漫画作者的政治神话中是中心人物。[12]科布伦茨就一再被描写成堕落的中心，显贵们玷污了所有他们碰触过的东西，整个城市就是狂欢不息的所在地。一本题为《科布伦茨的乐趣》[13]的小册子就嘲讽地描写了"孔代亲王（Prince de Condé）在这批著名的法国流亡者出发前往巴黎之前，为他们举办了盛大的欢庆"。在这里，唯一要担心的事就是无趣，所以为了满足肉欲，事事都仔细地考虑到，小到特殊的床垫都安排好了，"［床垫的］弹簧与身体的愉悦节奏一致，一旦受到身体运动的压力，它们就会反弹，从而使快感加倍"[14]。这里所呈现的快感无拘无束,似乎在证实对另一种表面上与之相反的性无能的指控。其政治目的就是通过详细讨论贵族在性方面的越轨行为,来质疑其在社会中所处的地位。所展现出来的情况就是,贵族们还幻想在被重新征服的巴黎城里享受更多的狂欢:

> 他们作为一个整体,发誓要率领队伍重回巴黎,再续其欢愉……孔代搂紧怀中的情妇,高喊着:"是的!我发誓,你们在巴黎还会有相同的欢庆,不管他们巴黎人……这些卑鄙的乌合之众,这些恶棍流氓们,现在还擅自称自己为立法者,[咱们]就在他们的鼻子底下与咱们的情妇享乐,还有什么比这种复仇方式更好的?"红衣主教罗昂补充道:"确实如此,而且我们还别忘了邀请最漂亮的议员妻子来参加我们的情爱比赛,就在她们的丈夫亲眼所见之下与她们共享欢乐。"[15]

这里,对贵族们来说,给敌人戴绿帽子是比与之搏斗更甜蜜的复仇,其作为战士的身份一下子就变得不重要了。贵族们以前的好品质——战斗中的男性力量在这里腐化了,成了性堕落。

粗鄙文学对"爱国者"也有话要说,但还是保持着对自身原则的忠实。虽然有一些正面人物——例如民主战友和民主鸨母,但并不总是被尊重相待,评论文章还是一贯讽刺性的。对这些小册子,不能从字面上去理解,因为它们会使用想象来操纵读者,以跟上最新进展和思想潮流。它们擅长呈现扭曲的相似性,更追求政治神话(即为了迎合时代趣味)而非逼真度。这并不是说小册子忙于编造色情奇幻,就没有采用一种虽肤浅但新颖的语调来反映新的价值观。"我的'鸡巴'可不是花花公子的'鸡巴'"[16]可能可以作为这种路径的轻松缩影。贵族的做爱过程缓慢而笨拙;爱国者的则轻快坚定,自动就遵从了一种阳刚的理想。色情作品一开头往往就是自由人的强健悦目与贵族的颓废精细之间的对比。

还有一种主题与健康有关,其目的就是让爱国者的健康身体与贵族的疾病缠身形成对照。它为大革命的"政治和道德重生"提供了一种解释和理由,这种重生将净化性行为,将其置于新政府的权限之下。[17]不用说,这其实是另一个奇思妙想,因为没有一个革命政府会自找麻烦去管理巴黎的妓女和妓院。

谈论色情业的小册子(最著名且拥有许多版本的是《浪荡子问答录》[*Catéchisme libertin*],作者署名是"泰鲁瓦涅小姐")拾起了雷蒂夫·布勒托内的《论妓业》(*Le Pornographe*)所中断的话题,提议成立一家新型的爱国组织,对新型的娱乐场所实施严格的道德和卫生管理。"患病的姑娘不能出工……妓女可以尽其所能挣钱,但必须诚实,不作假。""退休"年龄设定为40岁,但"金发碧眼的35岁得退休,因为她们比深肤色姑娘衰老得快。"甚至室内装饰也有建议:"既然如今所有东西都是爱国主义的,那么三色缎带应该足以让性也带上爱国主义色彩。"[18]实际上,这就是一本爱国主义性实践的指南书,肯定是色情的,但自始至终又带着政治色彩。它公开指责旧秩序下年老的浪荡子、因身体患病或为满足变态口味而寻花问柳的男人。进入这种新场所的条件也有所设定:"你必须能够展示你的性器官健康良好,必须证明你是优秀的爱国者和贵族的死敌。"[19]在色情文学作者的狂热想象中,这些就是编制爱国主义性重生之法典的必需条款。

同性恋必须从性重生中剔除。《诉变态者》(*Requêtes contre les bougres*)是一份虚拟的向三级会议提交的起诉书,终止"无聊好男色者的行为"是其目标,它请求"三级会议的先生们为了最充分的理由,[颁布法令来规定]所有这样的人必须佩戴一种特殊的羽饰,以便辨识"[20]——这是一个拙劣模仿三级会议议程的好例子,是小册子的专长。

174

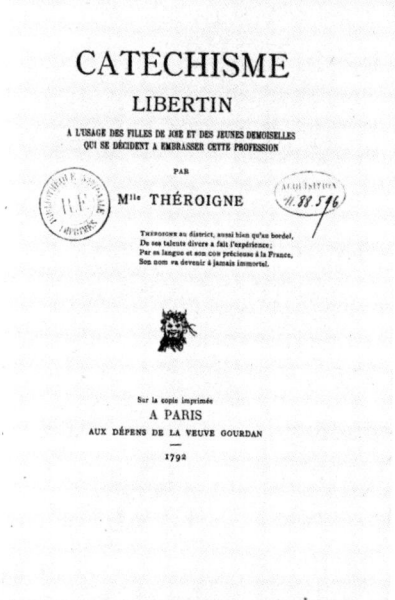

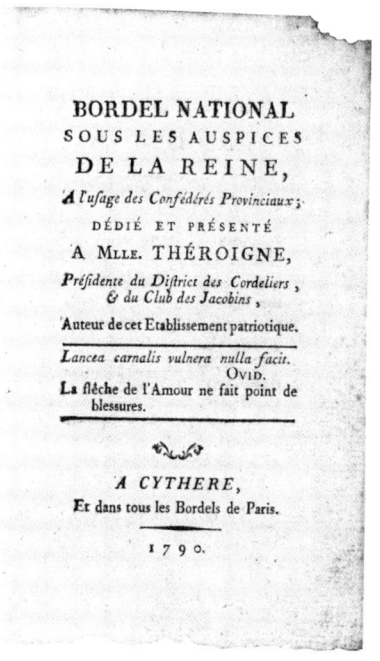

泰鲁瓦涅小姐[笔名],《浪荡子问答录,供欢场女子及决心操此业之年轻女子使用》,巴黎,1792。法国国家图书馆,印刷品部。

雅各宾俱乐部,《国家妓院……供外省联盟使用》,1790。法国国家图书馆,印刷品部。(cat. no. 91)

革命色情文学的目的之一就是通过对比健康的爱国者身体与疾病缠身的贵族身体来庆贺政治和道德上的重生。

旧式的欢愉将通过"性重生"来展示,所以我们在这种短暂性文学所推崇的声色享受中读到了"革命故事"。这个故事有几个组成部分,首先是爱国主义狂热情绪,例如《色情狂的回声》[21]的赠言就如此写道:"如果我们的民众愿意屈尊,承认本选集的爱国主义特点的话——因为我们蔑视对贵族外貌的赞颂——肯定就还会有其他选集接踵而来。"另一个不可或缺的是"放荡的缪斯",一个想象出来的,总是非常聪明,又有爱国主义热情的女士——即革命神殿中被公认的成员之一。其中最著名的是泰鲁瓦涅·德·梅里库尔(Théroigne de Méricourt),被称为"浪荡子",后来又以"泰鲁瓦涅小姐"而闻名。她是相对于无处不在、淫秽可憎的玛丽·安托瓦内特的爱国者形象(据说是吉伦特派)。这个故事里也有英雄,正如每个寓言故事里都会有英雄一样,那就是民族战友,在很多革命色情文学中,这个英雄形象都表现出单纯健康的阳刚气质。他所代表的理想因"巴黎最伟大妓鸭"的渴望得到了凸显,她的渴望就是"同时被四名强壮的战友所占有,因此我满盈着民族的种子"。[22]如果"爱国主义重生者"理想化了革命,那是因为他政治正确,并被赋予了古典半神的外部标志。在小册子所想象的政治舞台上,充满着这种强壮的人物,标志着不可抑制的新社会的意志力。于是这种重生也带有了讽刺意味,正如一则粗秽"逸闻"中的一小段所显示的:

> 里科瑞希(Lickerish)夫人在如花的年纪成了婚,不仅美丽,还是一名处子,新婚之夜是怎样的欢乐啊!……那是法国大革命的伟大转折点之夜:1789 年 7 月 14 日。她选择这天与一名法国男子结合,所以可以推定她是与一名英雄结成了佳偶,在她的新婚夜,基于同样的理由,她应该测试一下胜利的赫拉克勒斯的气概……至少,这就是她想到的令人心痒的主意,想想看,这个男人从巴士底狱的风暴中来到她的床边,在推翻

暴政后开始占有她——显然,一个获得重生的男人就是一尊蓄势待发的半神。年轻热情的丈夫在冲破处女膜之前还在巴士底狱那8座监塔间来回冲锋,决心战胜专制主义;作为直接坦率的爱国者,他在力图将一些月桂树枝编织进桃金娘的花环。[23]

一些声名狼藉的作者在论辩性色情文学作品中发现了一种嘲弄之前当权派的方法,既可以非常直接,也可以通过暗示。这种方法看起来还挺奏效,因为这种摩尼主义做法(堕落的贵族可以说是自食其果)不仅可能在早期的革命漫画中遇到(在漫画中,贵族有着同样荒谬扭曲的形象),而且在政治论战中也能遇到。一次又一次,一旦主题是反革命的,我们就会碰到嗜粪癖,不管这种说法是来自马拉、埃贝尔还是其他爱国评论家。这些形象生动隐喻了旧秩序与新秩序的彻底决裂,成为革命神话中不可或缺的部分。色情小册子凭借其从感官角度处理时事的方式,清晰例证了这一点。它引领我们在当时小册子作者所创造的奇幻世界中遨游,但它从未放弃对现实的把握,其人物一再重现。虽然这里只能做非常片面的分析处理,但对这些小册子的讨论还是强调了在革命的新政治神话中,某些与贵族反其道而行的思想潮流所具有的强大重要性。

图书：重塑科学
让·东布尔

从两则轶事可见一个时代的风气。共和二年雨月(1794年2月)，引领法国度过大革命和恐怖时期的公共安全委员会正在召开高度紧张、激烈并卓有成果的大会，就在会议进行时，一个仆佣离开会场后带回来一样东西，既不是茶点也不是来自前线的消息，也不是断头台上新受刑者的姓名，而是一捆有关力学和化学的新书。[1] 科学通过最自然的媒介——图书，潜入政治当中。

10年以后，几百码远之外的杜伊勒里宫里，在拿破仑皇帝那气氛稍显生硬的朝廷上，身为法兰西学会(Institut de France)道德和政治科学部会员的作家贝尔纳丹·德·圣皮埃尔(Bernardin de Saint-Pierre)在暴躁地抱怨他的科学界同事对他的漠视，不，是蔑视。拿破仑问："贝尔纳丹先生，你懂微分学吗？""不懂。"作家回答道。"那就回家去学吧，"皇帝命令道，"你的问题会自我解答！"[2]

于是，有多少像贝尔纳丹这样的人，为了跟上时尚，为了看上去像个受过教育的人，就都投入到数学及一般性精确科学的束缚当中？要学习这些科学就需要图书，所以科学类图书再一次风靡起来。大量各式各样的科学类图书被编著、被出版，当然还有被阅读。

这种新的迷恋以其自身方式加速了18世纪、19世纪之交就出现的一种漫长而缓慢的趋势。我们很可能对这种现象的消失感到惊讶，因为随着1815年波旁王朝的复辟，在法国出版的所有图书中，科学类图书所占的百分比出现了急剧的下降。以下有关科学类图书的数据(在所选年份出版的所有图书中所占的比例）大致可以看作一种比较基准：1798 年 14.4%，1799 年 14.6%，1800 年 14.1%，1801 年 14.3%，1802 年 14.0%，1803 年 17.7%，1804 年 23.2%，1805 年 23.3%，1812 年 25.1%，1816 年 14.5%。[3]确实，出版图书的总数在持续增长，但科学类图书的稳定增长却消失了，取而代之的是文化中的其他类图书。历史学家们认为 19 世纪初是科学的时代。考虑到苏格拉底认为相反的观点会激发对知识的探索这一深刻洞见，我们打算提供一些可供读者选择的思考途径。

回顾科学类图书的产出，选择 18 世纪最后十年——即大革命的十年——可能会令人惊讶，毕竟人们认为这个文化种类对历史事件的反应相对迟钝，以至于科学几乎要被永久归入费尔南·布罗代尔（Fernand Braudel）的"长时段"范畴。但是从结果来看，这一选择是有合理性的。

那么，科学类图书在革命时代的文化中占据什么位置？这类图书中哪种科学最受优待，哪些最受忽视？目标读者是哪些人？我们尝试使用定量分析的方法来为这些问题提供合理的答案。这些答案也会有利于大革命时期出版情况的更普遍性研究，毕竟研究这一时期的历史学者并不会经常戴上科学的眼镜。

很多图书，很多科学类图书

大革命后期，所有领域出版的各类图书都增长迅速，以至于 1798 年的 1 500 种图书这个记录直到 1825 年才再次被追平（至少按照我们的指南书——《法国文学总刊或系统目录》[*Journal général de la littérature de France, ou répertoire méthodique*]的指引是这样的）。[4] 1785 年，法国只出版了大约 900 本图书，与之相似的低水平记录发生在 1804 年。[5]但是 1785 年的数据来源不同（国王图书馆的藏书目录）。具体的研究不足,我们还无法在1790年代末之前发现一个清晰的模式——例如在1789年前后先出现知识生产的激增,之后又衰退。

然而,整个图书生产还是出现了分水岭,一边的增长比另一边的要急剧很多,科学类图书的增长更稳定。虽然还是缺少1790—1797年的数据,但如果平均计算1785年前后的数据,那么我们发现科学类占所有出版图书的12%,[6]到大约1798年增长到大约15%;1803年19%,到1812年左右甚至增加到20%。[7]我们所谓的"科学类图书"是指那些严格意义上的科学类著作,不包括技术类图书、农业图书、我们现在认为是工业类的"艺术和制造"类文本,也不包括关于战争艺术、建筑和土木工程的书。这样的自我限定有助于我们区分纯科学与应用科学,应用科学往往会与经济和技术上的考虑彼此仰赖。之后,我们会分析很多由大革命所造成的具体的科学应用,以及那些(我觉得是错误地)被认为是那个时期全部科学成果的科学应用。

总之,在法国大革命后半期的丰富出版物中,科学类图书的出版稳定增长;帝国时期出现的整体下降也没有影响其在所有出版书籍中所占比例的稳定增长。但是在波旁王朝复辟时期,这一增长中断,科学类图书的相对重要性恢复到督政府时期的状态。这就是数据所告诉我们的内容。但是在试图解读这些数据之前,让我们先具体考虑一下它们是什么吧。正如我们已经看到的,1789—1799年,在法国大约有1500种科学类图书出版或再版。这么大一个数字可能很难把控,所以我们还是审慎地将范围圈定在共和七年(1798—1799),也就是大革命的最后一年。

1799年的科学类图书

共和七年雪月1日(1798年12月21日)至共和八年雾月30日

(1799年11月20日),共有1 377种图书出版,包括新书和旧书的新版本(表1)。[8] 如果说出版形式中文学占据了最大比例——仅小说就有177种,占当年出版图书总数的13%——那么科学类图书也表现得不错。地理类、技术领域类和纯科学类图书占所有出版物的四分之一多,大大超过了政治类所占的比例,即使我们将法律和有关政府其他方面的图书也归入政治类。哲学在1785年占所有图书的6%,现在只占2%。哲学家的时代已经成为过去。

1799年出版的科学类图书可以分成不同的学科(表2)。[9] 表3是关于技术类图书的,数量实际上比严格意义上的科学类图书要少。虽然这些只是一年的数据,但我们相信这些数据不会产生误导。上述三个表格跟1798年或1800年的不会有很大不同。

表1 1799年图书出版分类表

	图书数量	所占比例
科 学	205	15
技 术	65	5
地 理	91	7
历 史	93	7
文 学	541	39
政 治	119	9
教 育	88	6
艺 术	101	7
其 他	74	5
总 计	1 377	100%

表2 1799年科学类图书出版分类表(百分比)

自然历史	16.0
植物学	8.0
物 理	4.5
化学、药理学、矿物学	6.0
医 学	28.0
外科学	5.0
兽医学	2.5
度量衡	13.0
数学科学和天文学	17.0

表3 1799年技术类图书出版分类表

	数 量	所占比例
建 筑	14	22
军事艺术	14	22
商业和工业	20	31
农 业	17	25
总 计	65	100

医学书在所出版的科学类图书中占比最大,这一趋势发展到1818年的时候就已经达到每两本出版的科学图书中就有一本可以归为医学类的程度了。社会在进步,人们希望这会对人类的健康有利。虽然治愈术还未取得重大突破,但人们还是期盼能从一般性进步的慢慢渗透

中有所收获。例如共和七年(1798—1799),巴黎的富克斯(Fuchs)出版了拉罗什(D.Laroche)所著的《给家长的接种忠告》(*Avis aux pères et mères sur l'inoculation*),这本书有48页,售价不高,75生丁,其公开宣称的目的是"将接种纳入社会所有阶层的能力范围"[10]。再例如,巴黎的克鲁耶布瓦(Croullebois)出版了博丹(L. Bodin)所著的《治疗痛风的医生》(*Le Médecin des Goutteux*),售价是1.5法郎。可能因为自1791年3月开始,人人都可以行医了,也就涌现出了一批批评"庸医"的作品。例如,米尼亚尔(J. Mignard)就写到"抗梅毒糖浆的假想用处",并用长达54页的篇幅来批驳公民拉弗莱克特尔(Citizen Laflecteur)关于预防性病方面的提议。[11]

梅斯梅尔(Mesmer)的治疗法在1799年还是很风行,其出版商对此直言不讳:"可疑原则一直以来都被用作医学实践的准则,而他取而代之以一种既简单又自然的方法。"[12]即便如此,有些医学著作的质量甚至更引人注目,其意图很明显,就是要为大众提供精心编写的专论,不仅有关当下的医学研究革命,还包括从医者开发的新理论。卫生学校(Ecole de Santé)的一名普通讲师,同时也是综合工科学校(Ecole Polytechnique)的访问讲师肖西耶(Chaussier),出版了一本关于解剖学课程的书。[13]格扎维埃·比沙(Xavier Bichat)的老师、著名外科医生德索(Desault)与比沙合著了一本330页的《泌尿道疾病专论》(*Traité des maladies des voies urinaires*),由德鲁瓦(Deroi)出版,定价4.5法郎。出于启蒙的考虑,布勒尔(C. Brewer)出版了他的《德国内外科图书馆》(*Bibliothèque germanique médico-chirurgicale*)。盛行于共和七年(1798—1799)的精神在吉尔贝(N.P. Gilbert)所著的一本教科书书名中得到了彰显,即《现代医学理论相互比较,且与临床观察结果一致》(*Les Théories médicales modernes, comparées entre elles et rapprochées de la médicine d'observation*)。[14]实际上,正如福柯已经颇具权威地指出,一种临床方法,一种以统计学为导向的方法,在这里发展了起来。[15] 对分析方法之分类的关注在《哲学病情学,或应用于医学的分析方法》(*Nosographie philosophique ou méthode de l'analyse appliquée à la médecine*)中有清楚的阐述,这本书的作者是皮内尔(Pinel),最早于共和七年(1798—1799)在巴黎出版。

在共和七年的图书出版中,自然史和植物学仅次于医学,这是18世纪的传统特点。2月,普拉桑开始出版新版本的布丰的《自然史》——52卷,12开本——还有奥德贝尔(J. Audebert)所著《猴子自然史,根据林奈体系按其家族分类》(*Histoire naturelle des singes, divisée par familles, suivant le système de Linné*)。但一种新的对学校教科书的偏爱开始出现,这一点从手册数量上来看就很明显,例如里尔为诺尔省中央学校(Ecole Centrale of the Département du Nord)印制的《动物自然史基础手册》(*Abrégé élémentaire de l'histoire naturelle des animaux*),是一门连贯性的教学课程,有140页,由雅克(Jacquez)销售,售价3法郎。一些成功的教科书还重印了,例如《昆虫史,包括对人类、动物、农业和园艺有害的和有益的昆虫》(*Histoire des insectes nuisibles et utiles à l'homme, aux animaux, à l'agriculture, au jardinage et aux arts*),由库尔西耶(Courcier)出版,售价是6.5法郎。随着让-巴蒂斯特·拉马克(Jean-Baptiste Lamarck)所著三卷本《法国植物群》(*Flore françoise*)[16]第二版在共和三年(1794—1795)出版,以及同作者所著长卷本《植物学辞典》(*Dictionnaire de botanique*)在《系统百科全书》(*L'Encyclopédie méthodique*)中由庞库克及其继承者在1782—1832年出版,[17]植物学辞典兴盛起来。那年,特勒特雷和维尔兹(Wurtz)还贡献了从德文翻译过来的巴奇(A. J. Batsch)所著的《女性和业余植物爱好者的植物学》(*Botanique pour les femmes et les amateurs des plantes*)。出版商所做的简介指出,"之前图书中的晦涩含糊、枯燥无聊得到了改善,所以这本小

183

乔治·路易·勒克莱尔,布丰伯爵（Georges Louis LeClerc, comte de Buffon）,《自然史》共和八年（1799—1800）。纽约公共图书馆,一般研究部。

自然史是革命时期仅次于医学,最受欢迎的科学主题。这本布丰的1799年版本《自然史》例证了革命对自然的崇拜。（cat. no. 62）

书很适合女性"。更严肃的作品有《根据朱西厄体系编写的植物王国图表》(*Le Tableau du règne végétal selon la méthode de Jussieu*)。[18]

自18世纪中期就开始的对分析和分类的热情,也造就了一些边缘并且危险的探索性图书,例如拉马克非常不明智地在共和七年(1798—1799)出版了116页的《共和八年的年度气象》(*Annuaire météorologique pour l'an VIII*),书中包含了根据"恒久不变之原因"和"基于对天空状态长期系统的观察所归纳的概率"来推断的预言。这个目标颇有价值,但在1799年只是一个梦想,实际上现在仍是。它并没有在科学界留下深刻的印象。

在图书出版中占据显著第三位的是数学科学,但它在百科全书派的传统中却不是重要部分。共和七年(1798—1799),引人注目的是皮埃尔-西蒙·拉普拉斯(Pierre-Simon Laplace)所著的两卷本《天体力学》(*Traité de mécanique céleste*),由迪普拉出版,克拉珀莱(Crapelet)印刷。标准版本的售价是30法郎,缎面牛皮纸精装本的售价是96法郎。出版公司的简报写得很抒情:"这部书的制作是这类图书的典范。公式的对称展示、布局的优雅、凸版铅字的优美和印刷的清晰都让人赏心悦目。"[19]以下展示的是共和三年(1794—1795)印刷的拉普拉斯所著教科书中的一个数学公式:[20]

$$(a+b)^n = a^n + n \cdot a^{n-1} \cdot b + \frac{n \cdot \overline{n-1}}{1 \cdot 2} \cdot a^{n-2} \cdot b^2 + \frac{n \cdot \overline{n-1} \cdot \overline{n-2}}{1 \cdot 2 \cdot 3} \cdot a^{n-3} \cdot b^3 +, \text{etc.}$$

我们来对比一下共和七年(1798—1799)印制的同一作者的另一个公式的排版,[21]改进程度很明显:

$$T = \pi \cdot \sqrt{\frac{r}{g}} \cdot \sqrt{\frac{2r \cdot (a+b)}{(a+b)^2 + r^2 - b^2}} \left\{ 1 + \left(\frac{1}{2}\right)^2 \cdot \gamma^2 + \left(\frac{1 \cdot 3}{2 \cdot 4}\right)^2 \cdot \gamma^4 + \left(\frac{1 \cdot 3 \cdot 5}{2 \cdot 4 \cdot 6}\right)^2 \cdot \gamma^6 + \&c. \right\}$$

185

艾蒂安·博诺·德·孔狄亚克(Etienne Bonnot de Condillac),《孔狄亚克作品集》,共和六年(1798)。纽约公共图书馆,一般研究部。

《孔狄亚克作品集》新版本,经"计算的语言"(1798年)修正,表现了数学推理的兴起,并赞扬了数学表达方式的视觉美感。(cat. no. 66)

数学符号的更高质量不仅仅表现在其外在美让读者赏心悦目，还在于它表述了一种由孔狄亚克发展起来的数学推理方法，孔狄亚克著作[22]的各种新版本一再被推出，其中包括《计算的语言》[23]等作品。孔狄亚克认为，恰当的符号是思想的推进器，因为"代数学就是一种结构合理的语言，而且也是唯一的这种语言"。它使处理抽象事物成为可能："不管是用文字还是用代数符号来解决数学问题，使用的方法都是一样的。如果在一个例子中采用的方法是机械性的，那为什么在另一个例子中不也用机械性的呢？而且如果手边的问题是形而上学的问题，那为什么不继续沿用机械性的方法呢？"[24]

天文学与数学的结合在当时肯定受到了大力推崇，因为在出版商描述并向市场推介各种新书的传单上，这种教科书都受到了高度赞扬，正如一个作者一丝不苟地补充道："法国牛顿所著的《天文数学》（*Celestial Mechanics*），穿上等候许久的永垂不朽的服装登场，这是再合适不过的了。"[25]

1799年，拉普拉斯在其向科学院提交的报告这一坚实基础上，准备为自己一生的著作搭建一个统领性的架构——经过多年的不懈努力，涉及理论天文、数学和概率的所有方面。他的出发点是牛顿的万有引力定律和一套力学公理，他对这些都应用了积分学和微分学。仅通过理论推理，拉普拉斯就设法绝对精确地解释了所有已知的和明显的行星围绕太阳的运动，以及月球围绕地球的运动——还有美第奇（Medici）卫星围绕木星的运动。有些地方可以发现与纯粹的解析计算相反的直接观察的迹象。拉普拉斯充分解释了诸如土星等某些行星脱离常轨的异常现象（早期有着无尽耐心的天文学家只要能够注意到这种现象就心满意足了），他的解释是它们受到了其他行星质量的干扰。他宣称，这种干扰的累积结果并不会导致太阳系的灭亡，相反，这证实了太阳系的持久性。这些异常现象具有重复性和周期性，并在宇宙的有序和谐中占据一定的地位。拉普拉斯那一长串精心编写的方程最后是太阳系的稳定性：这难道不是撕下了一部分上帝裹着的那件神圣不可侵犯的永恒长袍吗？

尽管这项工作是在完善牛顿体系，但还是赢得了相当大的声誉，牛顿体系本身就是解析方法的无上荣耀。这项工作是激发法国最优秀诗人灵感的主题，正如居丹·德·拉·布勒内雷尔（Gudin de la Brenellerie）在共和九年所写的：

> 我们须找寻，我们须有勇气留下印记，
> 在太空中分配给每个不同天体的位置上。
> 我们须精确，这样它们的运动
> 才为我所知，即使它们是如此遥远。
> 这是我的目标，这是我努力的方向，
> 我希望收获回报，那就是各种真理。[26]

虽然《天体力学》的意义如此重要，但没有坚实数学基础的读者还是看不懂——这一点在书的开始几页就很清楚了。[27]尤其是最好的英译本，补充了大量脚注和说明性篇章。[28]庆幸的是，拉普拉斯已经做好了准备，他还撰写了一本导读性作品《宇宙体系论》（Exposition du système du monde）[29]，第二版出现在共和七年（1798—1799）。书里几乎没有任何数学公式和技术性术语。它以自然直接的语言——虽然时不时为了效果会强调一下——将丰富的科学知识汇集成对行星运动的有条理的解释。它甚至采用概率理论来假设太阳系的起源。拉普拉斯的解释留给读者最深刻的印象之一就是，虽然科学有各式各样的分支，但只有一种科学方法能够超越其他所有。"这样的类比是研究数学推理最大的乐趣之一。当观察到一些现象，并将其数学结果转化成自然法则；当这些法则拥抱整个宇宙,在我们的眼前揭示过去是什么样,将来又是什么样,庄严的全景就赋予我们人类天性能够享受到的最高贵的愉悦。"[30]拉普拉斯在《宇宙体系论》里是否真正成功地创造了大众天文学这一点还是个问题,我们还须回头详细讨论。

同年,还出现了恐怖时期"胜利的组织者"拉扎尔·卡诺(Lazare Carnot)所写的一篇较短篇幅的作品。他在果月政变(1797年9月4日)中受到迫害,就整理恢复了在大革命之前编纂的笔记。在德国流放时期,卡诺完成了《关于无限小微积分的形而上学思考》(*Réflexion sur la métaphysique du calcul infinitésimal*)。他成功了,因为微分学数学当时正处境悲惨,这种状态自1734年就开始了,当时伯克利主教(Bishop Berkeley)对微分学数学提出了尖锐的哲学指控,说它缺乏严密性。伯克利认为,数学想象缺乏约束,可能会发展成像推测性神学一样大胆放肆、随性游戏。[31]没人会质疑这种微积分学的实用性或精确性,但时人疑惑的是,是否真的有必要去摆布位于理性边缘的"无穷小"或"正在消失的量",因而更接近于无穷的陷阱?达朗贝尔在精神上指了一条出路:"前进,信念就会来到你身边。"[32]这也不错,但没能说服所有人。

卡诺对各种可用的不同方式进行了汇总比较,为自己设定的任务就是"确定无穷小解析的真正本质所在"[33]。拉贝(J. Labey)在1797年翻译的厄勒尔(Euler)的著作《无穷小解析导论》(*Introductio in analysin infinitorum*)[34]中让公众注意到了这种分析方式,但拉格朗日在共和五年(1796—1797)对1772年柏林出版的学术论文选集所做的综述则争取到了更多的可能性。他的《解析函数理论》(*Théorie des fonctions analytiques*)由贝尔纳在巴黎出版,四开单卷本,拉格朗日在书中着手揭示"微分学原则,不考虑无穷小、极限和通量,简化为有限量子的代数分析"[35]。虽然他的方法很有说服力,但从未在实践中被数学家采用,而且在 1821 年,当柯西(A. L. Cauchy)提出至今仍被使用的解释之后就被替代了。[36]拉格朗日的著作代表了数学抽象的一种高峰,但是在共和七年(1798—1799)前后,关于这个主题的每个能想象得到的层面都有专论和手册出现。这一点在下文还要拿出来讨论,因为它对大革命时期科学类图书的研究来说非常重要,至少在 1795 年之后的那几年是这样。

物理和化学也没有被忽视。这两门学科的图书比较少,但专论更多。学校教师的影响是最主要的。共和七年(1798—1799),博杜安出版了综合工科学校巴吕埃尔(F. Barruel)所讲授的课程,书名是《以推理表阐释的物理学》(*La Physique réduite en tableaux raisonnés*),同时布里松(M. J. Brisson)出版了他的《物理学推理辞典》(*Dictionnaire raisonné de physique*),由马吉梅尔(Magimel)出版。[37]布里松的书装腔作势得厉害,尽管如此,还是被地区高中采用了。布永-拉格朗日的两卷本《化学课手册》(*Manuel d'un cours de chimie*)也被高中采用。综合工科学校化学课的首席示范教师布永-拉格朗日与贝尔纳合作出版了他的作品。这套书的一个创新点是"每堂课上所做的一系列实验",反映了与综合工科学校之间的紧密联系。富克斯出版了雅德洛(Jadelot)翻译的洪堡(Humboldt)的《流电学实验》(*Expériences sur le galvanisme*),有 530 页。

关于共和七年(1798—1799)的出版情况,我们还不能忘了"即将出版的书目",此书目是在果月 20 日(9 月 6 日)开始的某一旬公布的。书目中除了虚构类还有 14 本图书,其中 5 本是科学类,包括《天体力学》,以及佩里勒(B. Peyrilhe)的《自然史课程的系统表格》(*Un Tableau méthodique d'un cours d'histoire naturelle*)。虚构类中有一本新的、已是第四版的《青年阿纳卡西斯的希腊之旅》(*Voyage du jeune Anacharsis en Grèce*),还有两本小说,一本是《普拉克赛尔》(*Praxile*),是模仿希腊人的,由德塞纳(Desenne)在巴黎出版,还有一本是《游吟诗人的新年献礼:致共和八年的抒情诗和祝酒歌》(*Etrennes des troubadours, chansonnier lyrique et anacréontique pour l'an VIII*），由卡耶（Caillet）出版。通告要出版的还有《法兰西共和国法律选辑》（*Recueil des lois de la République française*）的第九卷，也是最后一卷，另外还有奥布里（Aubry）的《换算手册，或传统测量方式的十进制换算》（*Manuel du transformateur ou tables centimales pour la transformation des anciennes mesures*）。总之，都是真正的"革命"选择。

计量学作品作为大革命及其法令的直接结果，开始占据显著位置。考虑到解释十进制原则和度量系统——基于标准米的新的测量系统的需要，这一点可以理解。这个系统最早由共和三年芽月18日（1795年4月7日）法令提出，并在共和八年霜月19日（1799年12月9日）法令中得到确认，而且度量衡的铂金标准也于1799年6月22日存放到法国国家档案馆中。从提出到确认的这段时间里，这套系统就在官方指示的一整套仪式下被执行。印制的图书、学校教室和法律是介绍和传播新系统的众多方法中的三个，新系统在以上提到的所有教科书中都得到了采用。[38]

科学界在自身所设计的这套系统实施期间，始终保持着警惕。政府被劝说去测量敦刻尔克与巴塞罗那之间的子午线的长度，毕竟，米的长度必须来自所有国家所共有的一些地球特征。在共和七年（1798—1799），德朗布尔（J. B. J. Delambre）在球面三角微积分学上获得A.M. 勒让德尔（A. M. Legendre）的协助，出版了《用于确定米的确切长度的分析方法》（*Méthodes analytiques employées dans la détermination de la longueur définitive du mètre*），是四开本的单卷本。这本关于计量科学的综合性专论售价7.5法郎。测量员自1792年开始就一刻不停地工作，他们所付出的成本要更高一些。

其他学者的任务就要平淡得多。从他们出版的作品中可以清楚地看到他们的热情，但同时也能明显地看到他们在教学技巧上的不足。例克洛德-安托万·普里厄(Claude-Antoine Prieur),《关于计划在共和国建立统一度量衡方法的报告》("Rapport sur les moyens préparés pour établir l'uniformité des poids et mesures dans la République ..."),巴黎:国家印刷厂,共和三年(1794—1795)。纽约公共图书馆,一般研究部。

共和国政府在 1795 年春季在法国施行米制。于是,大量解释新制如何运行的作品出现。

如,共和二年(1793—1794),身为牧师的矿物学家勒内·朱斯特·阿维(René Just Haüy)编著了《关于从地球周长推导出的测定法,以及将其分成小数的方法的指南书,这些方法现在共和国已统一采用》(*Instruction sur les mesures déduites de la grandeur de la terre, uniformes pour toute la République, et sur les calculs relatifs à leur division décimale*)。这本手册在1794年4月1日开始发行,以尽可能广泛的读者群为目标,但内容却多达224页!很明显,精简版《指南书》很有必要。仅10天之后就有精简版编辑完成并出版,但还是有147页。进一步普及明显还有待于开发。学校教师承担了这一任务,编写了大量手册类图书。

科特多尔(côte d'Or)的普里厄是一名工程官员,于1781年进入梅济耶尔(Mézières)的皇家工程学校(Royal Engineering School),自1793年8月到1794年10月担任公共安全委员会成员,在科学出版方面也有所作为。共和三年风月(1795年2—3月),在国民公会的指令下,普里厄指导出版了一份关于在共和国全境范围内介绍新度量衡方法的报告。国家承担教科书的费用,所以普里厄的新手册印了2 400本。这样的作品一部接一部。像奥布里这样的作者,他的《十进制算术》(*Arithmétique décimale*)在恐怖时期一次印制了1 000本,到共和七年(1798—1799)在书市上仍可见到,与之一起的还有《通用计量学》(*Métrologie Universelle*)和《十进制简便计算表,或如何计算》(*Barème décimal ou les comptes faits*)。同年,出版商卡约(Caillot)出版了比龙(Buron)的125页的《十进制计算的方法和原则》(*Méthode des principes du calcul décimal*),"供任何性别和年龄的公民使用"。布拉维耶(Blavier)出版了自己的《十进制数学》(*Mathématique décimale*),以及其他等等。到处都是招贴报,还分发两分米的测量工具。

假如可以这么说的话,大革命因此为全世界贡献了一种新的、符合逻辑的计量学,并且可以为其科学成就而感到骄傲,然而它所仰赖的不

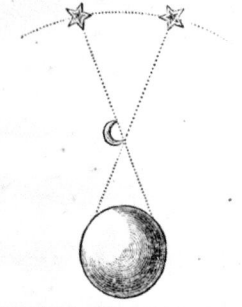

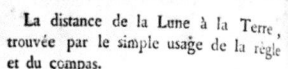

亨利·德克朗(Henri Decremps),《无套裤汉科学：……天文学研究》,共和二年(1793—1794)。纽约公共图书馆,科学技术研究中心。

大革命目睹了政治化和大众化科学的种种努力,例如这本写给"无套裤汉"的天文学。(cat. no. 67)

图书:重塑科学

ESQUISSE

D'UN

TABLEAU HISTORIQUE

DES PROGRÈS DE L'ESPRIT HUMAIN.

Ouvrage posthume de CONDORCET.

SECONDE ÉDITION.

A PARIS,

Chez AGASSE, rue des Poitevins, N°. 18.

L'AN III DE LA RÉPUBLIQUE, UNE ET INDIVISIBLE.

[1795]

马里·让·安托万·尼古拉·卡里塔,孔多塞侯爵(Marie Jean Antoine Nicolas Caritat, marquis de Condorcet),《人类精神进步……纲要》(Esquisse ... des progrès de l'esprit humain),巴黎:阿加斯,共和三年(1794—1795)。纽约公共图书馆,一般研究部。

孔多塞的"纲要"例证了在一个已经宣布宗教非法的世界里,科学如何成为人类理解所取得所有进步中的典范和希望。

仅仅是自己的资源。大量译本存在,而且还迫切地从法国以外寻找新的科学发现,[39]尤其在化学领域,法国和英国的学者都在跟时间赛跑,彼此竞赛,为的就是能发现新物质。一般来说,科学家的观点还是很国际化的,法国人很惊讶,度量标准居然未被国际采用。我们都知道,英语世界花了很长一段时间才接受了度量标准。无疑,尽管有拉普拉斯的提前警告,米制问世时所具有的无套裤汉血统还是使它难以被普遍接受。学者们匆忙之间,让他们的科学带上了政治的味道。几年之后他们看得更明白了,说了一段有哲学意义的话:"等待着那个幸福的日子,在那一天,有学问的人和人道主义的朋友们将会看到他们的希望得以实现。"[40]

也存在一些政治化的科学类图书,例如德克朗的《无套裤汉天文学》(Astronomie sans-culottisée),但数量很少。虽然事实上,像富克鲁瓦(Fourcroy)这样的人,既是著名的化学家又是坚定的政治家,演说时的语气就会综合科学和政治,但这样的态度在印刷的图书中几乎不会留下任何痕迹。然而,假设科学的世界在意识形态上无作为,不承担政治责任,也是不对的。一些科学家就全身心投入革命当中,例如吉东·德·莫尔沃(Guyton de Morveau)和富克鲁瓦就在公共安全委员会任职,蒙日是乔治-雅克·丹东的海军大臣,尤其是卡诺,不仅在恐怖时期,而且在之后很长一段时间实际上就是战争部长。但是这里不详细讨论科学家的政治角色,[41]这里的历史学研究的是图书,图书才是我们的讨论要恰当聚焦之处。

印制的图书让我们发现了当时的科学家在发挥作用时不怎么强调的一种模式。他们的科学目标如此之高,以至于我们有理由说,维持这个科学共同体的诞生和发展的是一种进步的意识形态、一种对不同学科之间彼此联系的关注,以及对精确的解析方法的信念。有一本书能够例证所有这些期盼,它1794年初来自科学院前任秘书孔多塞的笔端(他在3月自杀)。孔多塞于[1793年]6月被指控同情吉伦特派而被通缉,不得不在巴黎藏匿。他的《人类精神进步史表纲要》(*L'Esquisse d'un tableau historique des progrès de l'esprit humain*)在他死后由其遗孀和多努(Daunou)出版。它赋予科学的功能意义重大,相当于给予了人类掌控自己命运的方法。宗教已被宣告非法,这里提供了另一种希望,一种与进步的社会世俗化更步调一致的希望。

重塑科学

虽然并不是所有科学家都有孔多塞的视野,但是一方面,他们在大革命时期的著作并没有为了一个封闭的专家圈子的利益,就将科学局限在对某些论点的细化改善上,另一方面,他们轻易就超越了对技术发现的简单大众化这个层面。他们进行了广泛的尝试,试图为所有旧的和新的科学知识的不同分支搭建一个共同的框架。"解析"精神影响了科学的"形而上",使科学的"形而上"能为大多数人理解,为所有人所用——或者人们就是这么认为的。从这点来说,科学确实成了政治话语的一部分,因为其目的就是要修正社会生活,为进步提供依据。

有本书是这一知识运动最好的典型,即拉瓦锡(Lavoisier)的两卷本《化学基本论述》(*Traité élémentaire de chimie*),这套书在1789年非常恰当地以一种新的形式出现。它的语言是一种化学的代数学,因为它对构成物质的元素名称进行了屈折变化,这样任何物质的组成部分就可以通过其语言终端马上辨析出来。[42] 普通化学物质的新名称更加理性,例如,以前的"脱燃素盐酸(dephlogisticated muriatic acid)"变成了"氯(chlorine)",这样它作为"盐酸(hydrochloric acid)"的一个组成成分就有了合乎逻辑的位置。一下子,科学领域的未知领域变得不再令人生畏,未来已被驯服。我们要注意,拉瓦锡使用形容词"基本(*élémentaire*)"

最初是为了暗示欧几里得(Euclid)的《原本》(Eléments),指新化学推理中的数学严密性,而不是指其级别的普及性。

但是那种感觉一直都在,就是,一种科学以"解析"的方式呈现,它就会很容易理解。在这种时代精神下,奥拉斯·赛(Horace Say)就试图劝说《哲学时代》(Décade Philosophique)——这本杂志只谈论 1797 年在世的所有知识分子——的读者去阅读迪普拉出版的长达 530 页的拉克鲁瓦(Lacroix)所著《微积分学教程》(Traité de calcul différentiel et de calcul intégral)第一卷。这套书的第三卷,也是最后一卷,本身就是一篇长文,题目是《差与级数》(Traité des différences et des séries),出现在共和八年牧月 30 日(1800 年 6 月 18 日)。赛告诉其读者:"如今学习微分学比 100 年以前学习代数要容易得多,今天的代数比当时的算术还要简单。"[43] "符号的完善"和寻找"通向真理的直接通道"是如今科学可采用的一种新的、更容易的解释方式的两个阶段。

大革命时期的学者们竭力向大众阐述甚至是他们所著最难的科学著作,同时也等着这些著作能够恰当地被置于知识发现的整体框架之内。他们没有将传播自己著作的工作留给大众作者,就像伏尔泰在最初曾经传播过牛顿的光学一样。拉克鲁瓦是一名数学老师,但更多的也是一名观察者,观察着我们在本文致力于再现的那种趋势,他在 1805 年如此说道:

> 学者们想通过培育一种写作风格,将他们的思想传播到最初所设定的专家读者圈之外,来为自己的成就进一步增光添彩。通过相关学科的方法,可以使他们的主要主题更加突出,更加清晰。他们的著作摆脱了抽象的负担,能够谈论社会普遍关注的问题,之前他们与这些都太隔绝了。[44]

拉普拉斯于 1796 年出版的《宇宙体系论》是这种大众传播方面最辉煌的例子,但是我们也不能忽视阿维那令人钦佩的《矿物学专论》(*Traité de Minéralogie*),它于 1801 年出版,四卷本,附地图册。这套书以六种基本形状的精美绘图解释了晶体的几何形状,进一步发展了他在 1793 年的著作《晶体结构理论的评述》(*Exposition abrégée de la structure des cristaux*)中提出的观点。但这样一本教科书也显示:最熟练的普及手段也有局限。尽管有孔狄亚克及其仿效者,但外行们还是发现自己遭到了断然的拒绝,始终未能抓住那根引领他们理解书中观点的线索。阿维对物质核心进行了几何学描绘,并描述了一些晶体学的定律(纯理论的,无关晶体在地球上的形成方式)。在这么做的时候,他将纯粹出于好奇心、未受过扎实几何学教育的读者排除在外。晶体学历史研究者埃莱娜·梅斯热(Hélène Metzger)在 20 世纪早期发现,自阿维的文本开始,"晶体学就不再是业余爱好者所能理解得了的了,只有那些差不多在专业水平上具备必需基础的人才有望能理解"[45]。洞察力如此敏锐的评论也适用于晶体学以外。随着解析方法揭开了一系列藏于令人眼花缭乱的大量表象之下的普遍真理,它也带来了专门化。大致来说,数学和力学在 1789 年之前已经被专门化,但就在大革命期间,法国其他许多科学学科也被专门化了,原因就在于这种最初被认为是向普通读者妥协的简单化趋势。这恐怕是我们从阅读大革命时期科学类图书中所获得的最清楚明白的历史教训了——当时的人们因为孔狄亚克那个所谓"科学会变得很容易"的普遍流行(而且很有说服力)的神话,并没有充分明白这一点。

当时学者们即使有优美有力的散文,也无法掩盖如此深刻的分歧。拉普拉斯在他的《宇宙体系论》中竭力避免使用任何数学方程式(但这里要说一句,如果包括在内的话,它们就证明了他的观点)。梅西耶在 1803 年所写的批评针对的就是拉普拉斯及其系统:

> 既然宇宙这么简单,常识之光就能看清,
> 那么谁还会认为需要创造这种混乱的代数呢?
> 破败的系统,象征的暴政——
> 他觉得在这些抽象符号中还能找到什么?[46]

科学通过解析法去梳理现实,因此也就将其推出了普通人所能触及的范围,科学"消除了大自然的魅力"[47]。这种惊人的表述是1802年夏多布里昂(Chateaubriand)说的,很快就在政治家和支持教士抗议者中流行开来。

能成为那个时代之荣耀的伟大科学著作有着一个相同的趋势,就是通过严格的(有时是数学的)组织推理朝专门化发展。当然,这些伟大著作之一就是《论任意阶数值方程的解法》(*Traité de la résolution des équations numériques de tous les degrés*),书中对代数方程理论的几个方面做了注释,由迪普拉出版,作者是拉格朗日。还有《动物学初阶》(*Tableau élémentaire de l'histoire naturelle des animaux*),作者是乔治·居维叶(Georges Cuvier),出版于共和六年(1797—1798)。还有一本很明显就是蒙日的《画法几何》(*Géométrie descriptive*),1799年在巴黎出版,直接来自他在高等师范学校(Ecole Normale)所教的课程,不过补充了一些精美的插图。当然,1798—1803年出版的拉塞佩德(Lacépède)的《鱼类自然史》可以为普通读者所用,但勒让德尔的1798年的《数论》(*Essai sur la théorie des nombres*)不行,蒙蒂克拉(Montucla)的《数学史》(*Histoire des mathématiques*,巴黎,1799—1802)第二版也不行,甚至前面提到的皮内尔的《哲学病情学》也不行。这些令人眼花缭乱的书卷在中央学校(*écoles centrales*)和公立中学(*lycées*)经常被用作奖品,它们可能培育了某些职业,但仅限于那些有志于"步入科学"的学生们。然而,作为学校奖品,它们自然就引领我们进入对教育界以及服务教育界的图书研究当中。

图书：重塑科学

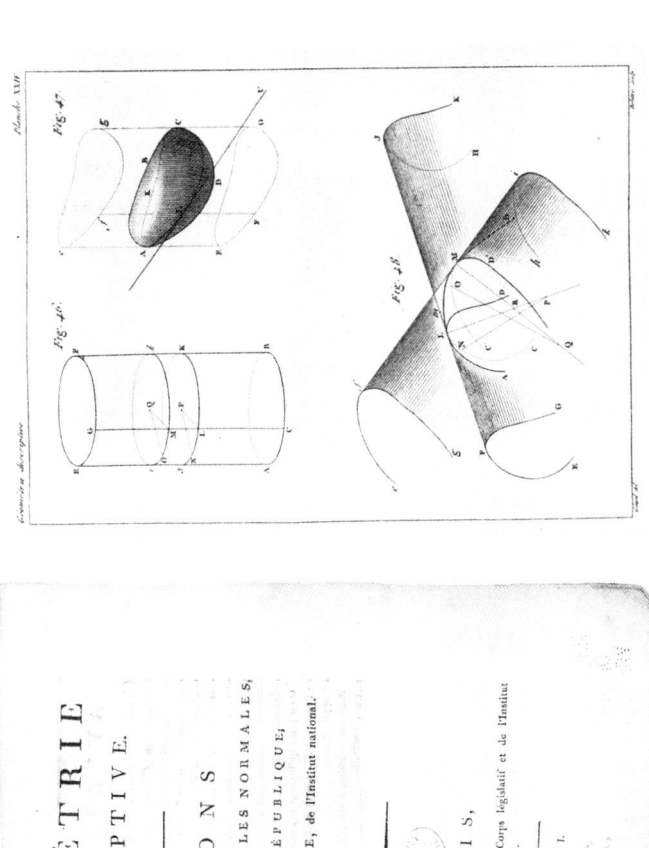

加斯帕尔·蒙日,《画法几何》,共和七年(1798—1799)。纽约公共图书馆,科学技术研究中心。革命政府建立的新型教育系统,通过鼓励像蒙日这样的教师去制定结构式课程,为科学出版物提供了推动力。(cat. no. 80)

丰富的教科书

可能因为学者并没有意识到自身与大众之间的宽阔鸿沟,所以科学大众化的进程在革命时代根本谈不上开始。

相反,一大批作者满怀热情地致力于编写学校的教材,在这一进程中画出了一条对传播科学知识阻力最小的线,并且创造了一种新的写作形式。这一运动的动力来自1795年,政府在旧制度各种各样的"大学"废墟之上建立起教育系统。中央学校在1795年秋季启动,按科目来组织班级的方式培养了对课本的需求,甚至会鼓励教师制定结构式的课程。综合工科学校作为教育系统的高峰,广泛深远地传播自己的课程材料,并敦促学校教师要考虑到法国所有的课程设置:

> 校董会经常想,如果所有这些不同课程的内容都由教师们编写进教科书,会如何有利于学生的学习和学校的声望。这样的书既能像古典作家那样精准地论述各科目,又能保持使教学水平与知识进步相一致所需要的深度。[48]

这样,学校就供奉起整个大革命时期所追寻的目标,即图书必须书写最新的发现。科普的开展与组织化及现代化是同步进行的。科学知识的所有分支和这些知识的传播方式都在重组。不久,学校教师成为数学教科书作者的竞赛就开始了,出版商们想着最全面的书单上要有最知名人士的姓名来装饰,所以在后面敦促着这些作者。迪普拉是当时最活跃的出版商之一,在他之后有库尔西耶以及之后的弗夫·库尔西耶(Veuve Courcier)。迪普拉与拉克鲁瓦来往密切,拉克鲁瓦是最多产的作者,几乎要垄断整个市场。当然,等到编教科书成为一种责任时,拉克鲁瓦也就成为择选教科书的委员会委员。

拉克鲁瓦的数学专论[49]是套七卷本，《算术》(*Arithmétique*)到1813年出了第13版，《几何》(*Géométrie*)到1818年出到第10版。尽管如此，勒让德尔的《几何学基础》(*Eléments de géométrie*)还是给拉克鲁瓦的《几何》造成了一定的威胁，因为其风格清晰，尤其是它颇受好评地恢复了受波尔-罗亚尔(Port-Royal)的影响已经被弃之不用的欧几里得式展示方式。这本335页的书最初由F.迪多在1794年出版，1799年10月增加了新注释后再版，之后再版了9次，直至1812年；售价5法郎，而拉克鲁瓦的那本售价4法郎。然而，真正的竞争对手最后证实是来自一个1783年就去世了的数学家艾蒂安·伯祖(Etienne Bézout)的著作。大革命对于如何利用早期的好东西非常在行。这本书通常被称作"伯祖"，在综合工科学校的早期并不起眼，因为它缺乏扎实的微积分方法、系统化的代数应用和结构良好的解析方法实例。尽管如此，其不同部分的版本总是卖得很好。其他教师——加尼耶(Garnier)、雷诺(Reynaud)、佩拉尔(Peyrard)等——将伯祖的数学教科书进行分解拼装，以使自己的数学课能适用不同的专业：炮兵(最早出版于1770年)、海军和警卫(最早出版于1764—1769年)。[50]

人人适用的技术知识

没有数据显示，解释特定技术的"实用"图书的出版在1789—1799年出现了可观的增长。数据在这方面可信度不高，因为它们没有考虑版本的大小。大众对实用科学从来不吝赞词。在1794年，对于科学确实为共和国的胜利提供了方法这一点，大家已经有了共识。这么认为的人很多，其中富克鲁瓦在共和三年葡月7日(1794年9月28日)的国民公会上就慷慨激昂地说道："是这些[学问之]光开启了法国大革命,相同的光芒引领着法国人民从一个胜利走向下一个胜利;它们的职责就是克服每个障碍,打下每次胜利的基础,在法兰西共和国已经到达的顶峰上支持它。"[51]正是科学的力量哺育了这些"光"。

要注意的是,这些颂词只符合军事语境中的应用科学。富克鲁瓦说道:战争,"只有当一个民族为复兴其权利和自由时才是正义的",对于法兰西共和国来说,战争已经变成"一个颇受欢迎的机会,可以发挥[实用]艺术的力量,可以向艺术家和学者们富有创造力的天赋发出挑战,可以发现储备和应用其实用之处的独创性方法"。[52]最值得注意的科学——已经形成了所有大革命作品中的老调常谈了——就是"武器、硝石和火药的生产"。这些技术都在图书中留下了痕迹,因为人们试图传播知识,在极度危机的时代生产出实践结果。法国在共和二年(1793—1794)颁布军事动员令,学者们也动员起来要根据"革命系统"来教学。三个因素有望能保证这一点的成功实现:技术原创性;对实践步骤进行简化版说明,但遵循最初引导出科学发现的科学分析方法;推动所有事物加速发展的革命热情。

因此,挑战胜利了,多数法国作家们都抒情地书写着大革命期间生产火药的种种努力。[53] 1803 年,一名刚从综合工科学校毕业的物理学者总结说:"那些创造了如此伟大奇迹的学者们享有无限的荣誉。"[54]技术类作品比科学类作品使用了更多的革命辞藻,一本包含八课内容的关于硝石制造的选集,所取的标题就是《送暴君去死:硝石、炸药和火炮制造的革命课程》("Mort aux tyrans, programme des cours révolutionaires sur la fabrication des salpêtres, des poudres et des canons")。吉东·德·莫尔沃、富克鲁瓦、迪富尔尼(Dufourny)、贝托莱(Berthollet)、卡尔尼(Carny)、蒙日、普吕维内(Pluvinet)、赫森弗雷兹(Hassenfratz)和佩里耶(Perrier)为这些教学课程注入了活力。在所有其他技术类作品中,我们还要提到一本 32 页的作品,是特吕松(Trusson)和沃克兰(Vauquelin)合著的《关于植物质的燃烧、盐的制造、颗粒炭的制造,以及硝石饱和溶液的制作等的说明书》(*Instruction sur la combustion de végétaux, la fabrication du salin, de la cendre gravelée, et sur la manière de saturer les eaux salpêtrées*),这本书在外省出版。[55] 关于武器,有高度指导性的《致铁匠有关制钢的建议》(*Avis aux ouvriers en fer sur la fabrication de l'acier*),4开本,34页,5张整版插图,是在公共安全委员会的指令下于共和二年(1793—1794)出版的,由两名数学家旺德蒙德(Vandermonde)和蒙日,以及一名化学家贝托莱合作完成。我们不能忽视的还有系留气球——它在弗勒吕斯(Fleurus)的出现不仅丰富了法国大革命的图像学,而且提供了敌军位置的情报——和沙普(Chappe)的旗语。

战争掩盖了图书甚至更多期刊中的另一种趋势,即为了生活更舒适,随着进步而自然产生的技术传播。生活质量与科学知识的进步紧密相连。《村民小报》号称在1792年有1 100份来自农村的订阅,并在然格内(Ginguené)的经营下维持到1795年,它在第一期就声称:"我们深信光会点燃光,人民的心灵会随着光的照射而变得明亮,我们将实用的发现展现在你们面前,它们将提升你们的境况,丰富你们的闲暇,减轻你们的劳动;我们将向你们讲授艺术和工艺,它们将向你们打开新的繁荣之源。"

而诗人们却选择歌唱科学和纯学问——当时这些是科学的荣耀。甚至还有赞颂天文学的颂诗!法国最优秀的语言大师之一安德烈·谢尼埃(André Chénier)就曾计划向这一荣耀奉献一首长诗,标题为《海尔梅斯》(*Hermès*),但共和二年的断头台中断了他的计划,只剩下一些优美的碎片:

科学
拿着严密的罗盘,

> 天平在她手中
> 含糊犹疑尾随着她的步伐。
> 于是几个世纪以来
> 实验都在缓缓前行。⁵⁶

一种躁动冲淡了谢尼埃对科学发展的犹疑不决所持的冷静看法,这种躁动只有少数人的智慧才能感受到。从当时的情况来看,这种躁动是没有理由的,需要诗人的预见性才感受得到:

> 在我们看来,理性
> 展现了真理,但,就像在梦中,
> 将禁锢在虚假中的我们唤醒。⁵⁷

一场野火

人们所希望的是,所有受教育的人迟早都能充分利用这些专论得以理解科学的神秘。虽然这个过程早于大革命,但大革命处于这个过程的核心,并通过出版显著作品加快了这一进程。但是自那时起,每一种科学都要分开学习,有着各自的方法、语言、甚至目标。这种专门化——随着出版书籍的增多越来越清晰——迅速击碎了百科全书派的梦想,敲响了企图将各种学问都掌控在其手中的人文主义的丧钟。科学类图书如今只写给其信徒(信徒数量的增长肯定非常可观)来读,门外汉对其书页不再感兴趣。两种新的写作形式开始出现以填补空白。第一种是科学大众化,在 19 世纪发展到了相当的高度。然而,尽管有许多革命作者进行了尝试,但始终未能将其施加于学术性科学写作。第二种是为达到大学入学水平而写的教科书。这种新著作形式,就科学来说,其繁盛从1795年开始,并与一批训练有素的学校教师同时发展起来。在大革命和帝国时期,开发一种既适用于学者又适用于普通人的科学文献只不过是一场野火,不能燎原,尽管还算辉煌。

年历：革命化传统文类

利斯·安德里

大革命期间，出版了很多不同种类的年历，有些是上门售卖的小贩们分销的出版物，有些印有当地的姓名地址录，还有些则是文学收藏品。但所有这些都属于一种特殊文类，其传统可以追溯到中世纪用于祈祷的时辰书和占卜书。年历是人们可以一整年随身携带的实用手册，内含日历，经常被当作新年礼物。早在 18 世纪之前，当时被称作"邮箱官（postal-box officials）"的邮差就在年末赠送日历，并附小诗：

> 接受这件小礼物吧，
> 是真心相赠；
> 要记得巴黎邮差
> 他赠与初始时的礼物。[1]

这个传统说明了年历为什么不同于大革命时期的其他出版物。因为年历一年才出版一次，不能跟每日或每周出版的报纸等相比。

"年历（almanac）"来自阿拉伯语，意思是"天气之书"。所以从一开始，年历就属于费尔南·布罗代尔所谓的"长时段"范畴。结果，恰恰就是"年历"这个词的意思将它与新闻的两个基本内容——日常事件和政治隔离了开来。虽然年历的基本目的是要预测来年的季节、战争和疾病——意味着某种更新的过程——但它的基础还是时间循环的观念，这一点不仅通过日历的展示，也通过对信息的选择和构思来表达。但是，

年历:革命化传统文类

《波伦亚的生意:兜售儿童图书和画片的商贩》,日期未标。版画,作者西蒙·纪尧姆(Simon Guillaume),仿卡拉乔(Carraccio)。印刷厂和银行博物馆,法国里昂。(图片:迪苏耶工作室,鲁特)

挨家挨户上门售卖的小贩无论在城市还是在乡村,对于大众文学的传播都至关重要。(cat. no. 58)

这种传统文类为适应大革命的非传统条件进行了一些调整。实际上,年历在新条件下的调整能力和创新能力都非常有趣,接下来会就此进行讨论。

大革命时期印刷的年历现存大概有 400 份,[2] 大部分都是 1789 年之前年历的改写版,持续旧制度下发展起来的主题。小贩们卖的大众年历,例如《牧羊人年历》(Almanach des Bergers)、《上帝保佑》(Dieu soit béni)、《马蒂厄·伦斯贝格》(Mathieu Laensberg)在预测来年的天气之外还提供健康和园艺方面的建议,过去也是这么做的——这方面仿照的是《牧羊人的大日历和堆肥》(Grand Calendrier et compost des bergers)这本最早版本出现于 1488 年的年历。这些年历的印刷量相当大(《马蒂厄·伦斯贝格》每年的流通量据说有 15 万份),[3] 而且在大革命时期的变化很小。这些年历的读者主要是下层阶级和农民,正如当时有人所说:"现在只有市井无赖才读年历。"农民们总是梦想能够提前一年就知道天气情况,小贩们售卖的年历就承诺可以实现这个梦想。年历还能以占星术算命,或者根据一个人的年龄、性别或星座在饮食方面提出建议。这种占星术和医学知识采用了自古以来就为人所知的格言训诫,当然跟 18 世纪的先进科学毫无共同之处。

革命者声称要遵循启蒙思想的理性原则,所以经常对大众年历发起攻击,攻击的方式有嘲弄式模仿和施加政治压力两种。1794 年,《上帝保佑》首次出版了共和日历,并引述了几起爱国主义英勇事件。但到第二年,一切又回归正常。在更大规模上,年历的编辑者都被要求自我提升:

> 最终在今年要达到大革命的水平。这一点很重要,我们在此领域[年历]的创作者不能以旧制度的旧式偏见和胡言乱语让自己蒙羞,还对此沾沾自喜……人民——包括我——会感激

你们,如果你们放弃出版那些愚蠢的天气信息,以及其他你们完全出于习惯就添加进去的谎言……一个人不能向人民说谎。这比你能意识到的更重要。多数人一整年都会参考年历,如果他们在其中只能找到胡言乱语,他们自己就有成为傻瓜的风险,这是我们爱国者最不希望看到的。[4]

所有这些美好宣言都徒劳。在特鲁瓦和列日(Liège)印刷的年历,在整个大革命时期沿街兜售起来都毫无困难。对于许多地方的年历来说,情况也相同,例如《桑斯市年历》(Almanach de la ville de Sens)、《上阿尔卑斯省总年历》(Almanach général du département des Hautes-Alpes)等。这些极其实用的卷册每年都会列出主要的威权部门和领导人,大革命时期出现了一些变化:现在是省刊而不再是地区刊物;会关注不同行政部门的变化;1793年之后还注意到了度量衡改革。但最引人注意的还是其保守不变的地方:自1789年至1799年,这些年历就像在大革命之前一样,继续纹丝不动地刊登集市和市场的日子、公共马车与客船出发和到达的时间。

年历的这两部分内容吸引了很大一批读者,实际上构成了一种大众传播形式,通过研究这两部分内容,可以得到一个印象,就是大革命并没有从根本上改变日常生活的节奏。对于那些未卷入政治斗争中的人来说,在整个19世纪,变化发生得可能要慢得多。这就是传统年历设为目标读者的大众,也是它们以自己的方式所见证到的大众。

别的几乎不为大革命所动的年历还有包含爱情诗的《风雅年历》(almanach galant)和文学年历,后者把诗歌选集和日历结合在一起,在大革命前夕很流行。我们只附带提及这些年历。它们实际上是一种单独的类别(只有很少一部分在大革命时期继续出现),印刷得很仔细,价格也贵,例如《缪斯年历》(Almanach des Muses)售价36苏,而大众年历平均只售 2 苏。这类年历是为贵族或富裕老主顾准备的,无疑这些老主顾主要是女性。对我们的研究来说,这种年历有趣的地方在于其凭借外观和内容影响了一定数量的共和年历。

讨论了年历这种文类的保守不变,同时也要注意到它的创新能力。大革命标记了这种媒介的断裂点和激烈转型。并不是修改传统书籍中的内容(正如启蒙派所期盼的),而是一种全新的年历——政治年历——出现了。这种新文类一开始并不是为了要反抗其他年历的影响而设计出来的,它就是简单地要反映一种新的精神,这些迹象在 1789 年之前就显现出来了。例如,西尔万·马雷夏尔(Sylvain Maréchal)的《老实人年历》(Almanach des honnêtes gens)为了"第一个理性年",于 1788 年出版,并用"伟人"日历取代了传统的圣徒日历。这引发了丑闻:年历受谴责,马雷夏尔被下狱。这其实是第一本,之后有一系列年历以各自的方式提议修改日历的不同方法,直到法布尔·德格朗蒂纳(Fabre d'Eglantine)的改革才结束了这些幻想之争。在一本共和日历中,古腾堡(Gutenberg)、索伦(Solon)、巴拉(Barra)、荷马(Homer)和华盛顿都出现了,而在另一本,耶稣基督被提及:"让我们原谅其生时的江湖骗术,只记得其死时吧,那还是很美好的。他因企图在耶路撒冷的无套裤汉的帮助下发动一场神圣的起义,而被贵族们推上了绞刑架。"[5]

自 1789 年起,"历史"年历也出现了——试图草拟一张前一年的总结表。这种新文类在整个大革命时期都非常成功,最有效地将年度出版物与不断变化的事件背景保持了一致。这类年历中最广为人知的是拉博·圣艾蒂安(Rabaut Saint-Etienne)编写的 1792 年的《革命史年历》(Almanach historique de la Révolution),作者承诺要呈现的不是一种纪事年历,更是一种对事件的分析性选集。它们以这种方式来展示人们如何意识到已经经历了一个关键历史时期:巴士底狱的攻陷、8 月 4 日的晚上和联盟庆祝日(1790 年 7 月 14 日)在年历上都作为重要日子被突

年历：革命化传统文类

尼古拉-埃德梅·雷蒂夫·布勒托内,《国家妇女日历》,1794。法国大革命博物馆,法国维齐尔。

历史年历是一种新文类,是为了处理年度出版物与不断变化的事件背景相一致的问题:"构建中的历史"。这份年历是特别面向女性的。(cat. no. 192)

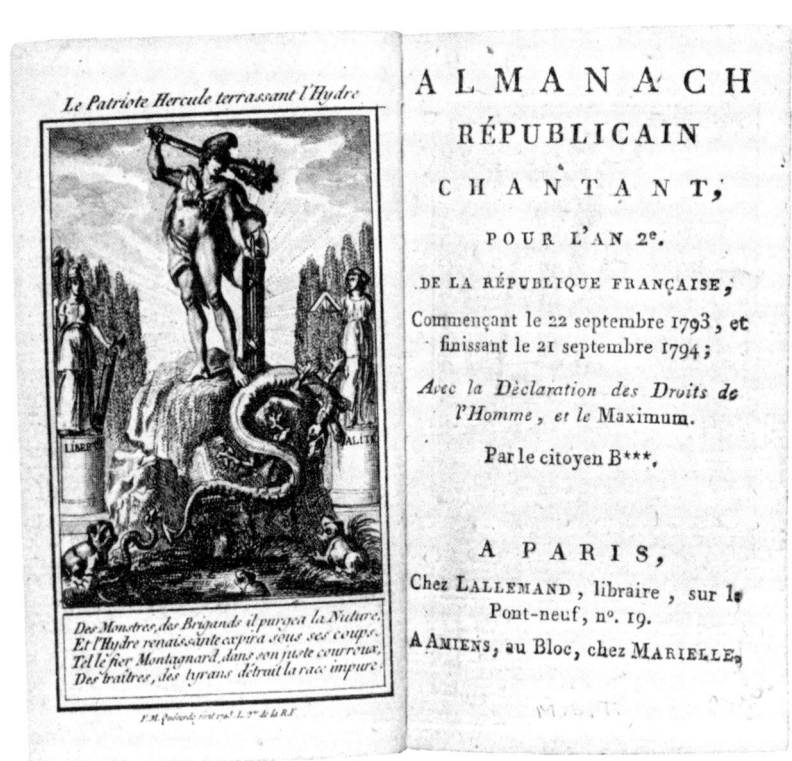

《共和年历,以歌曲形式,为法兰西共和国二年》,[1793]。纽约公共图书馆,珍本和手稿部。

"歌曲年历"除了惯常日历外还提供诗歌和歌曲选集。这本共和二年的年历中还有以征服贵族九头蛇的赫拉克勒斯来象征共和国的图像。(cat. no. 160)

出标示,在制作的时候就划出了一个新的历史视野。于是,这些小书与19、20世纪的教科书有了联系,为一代代年轻的法国学生构建了关于大革命的集体性记忆。

有些政治年历外观上更浮夸,采用了歌集的形式,例如《共和主义的竖琴》(La Lyre républicaine)、《共和主义的缪斯》(La Muse républicaine)、《山岳派之歌》(Chansonnier de la Montagne)。虽然它们的基调是坚定的爱国主义,但看上去却像旧制度下的《风雅年历》——甚至作为插图的版画也这样。在惯常的日历之后,他们附上了当年的诗歌和歌曲选集,其中大部分都是转载,转载的是在爱国主义场合演唱的赞美诗,或者赞颂拟人化抽象概念(例如自由女神)的军歌或诗。但有时候情爱的灵感也会为政治的爆发添彩,例如克洛德-约瑟夫·多拉-屈比埃(Claude-Joseph Dorat-Cubières)所写的诗歌"我的新情妇是法律(Ma Maitresse nouvelle)",或者暧昧小诗中的"爱情有一百多种诱惑……当它是无套裤汉的时候(L'amour a cent fois plus d'appas ... quand il est sans-culottes)"。

在我看来,共和年历是最有趣的,因为它们也是最富创新的。确实,年历已经被用作一种宣传工作,例如,《马蒂厄·伦斯贝格》有时就被用来斥责民生凋敝的境况。而且,在大革命之前,每次严重的危机事件——宗教战争、投石党运动和詹森派纷争——都会在新闻饶舌者的推进下发展成恶语相向、讽刺纷生的战争。有时年历也被政治化。特鲁瓦的一本年历就是一个例子,它在投石党之乱时就成了嘲讽妙文。[6]

但是在大革命时期,年历才第一次系统地、大规模地被用于宣传。虽然正如前面所注意到的,传统年历在整个革命时期非常流行,但是在恐怖时期,1793年到1795年期间,政治年历占年历出版的73%。[7]雅各宾派最早体会到他们可以从这种出版形式中获益,当时它已经接近于我

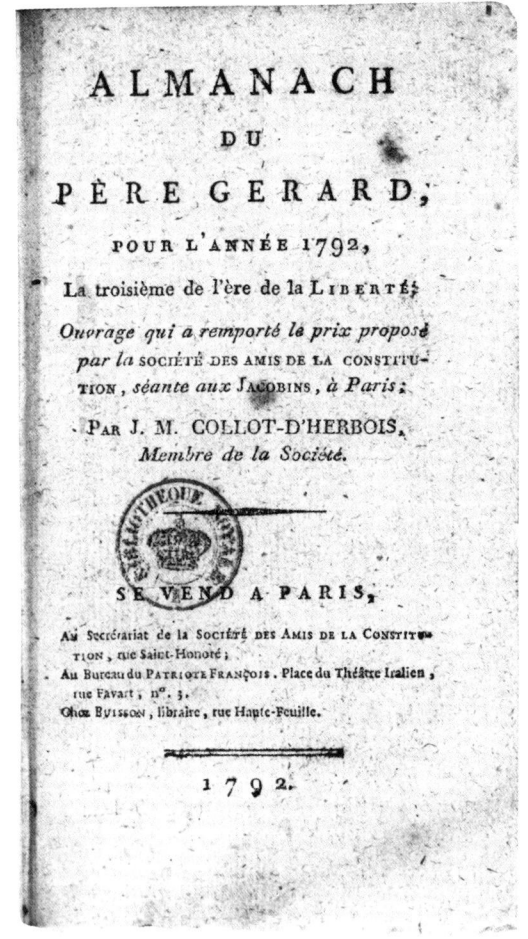

科洛·戴尔布瓦(J.-M. Collot d'Herbois)编,《热拉尔老爹年历(1792年)》,1792。阿森纳图书馆,巴黎。(图片:法国国家图书馆)

年历经常是一个家庭拥有的唯一一本书,革命者开始看到年历在教育上的重要性。于是,在1791年,雅各宾俱乐部赞助了一个寻找最佳教育年历的竞赛。科洛·戴尔布瓦的《热拉尔老爹年历》获奖。(cat. no. 159)

们现代的大众刊物了。他们最初于1791年9月开始行动,当时雅各宾宪法之友社举办了一次竞赛,奖励向人民告知政治变化时表现最好的年历。"这种农民手册"将成为"他们的整个图书馆",必须包括(竞赛规则如此表述)太阴月和日月食的日历,以及一些农业概念,还要有"1. 我们的革命历史;2. 法国人境况的改变;3. 对自我、权利、责任和希望的感受"。科洛·戴尔布瓦凭着成功的《热拉尔老爹年历》(*Almanach du Père Gérard*)在竞赛中获胜。

然而就所有这些,是否能说这些年历属于大众文学呢?很明显,对于宪法之友社和亲雅各宾派的不同民众联合会来说,主要任务是创建"一种专门为人民而办的出版物,一种会在农村被阅读的出版物"[8]。编辑们选择年历而不是报纸,来传递不仅可以向广大公众也可以向农村民众传递的明确思想。所以鲁伊·莱内(Rouy l'aîné)在其序言中称:"我认为这些作品很适合教化民众,所以我决定最好以年历的形式来整合这些作品,这样它们就可以更广泛地流通。"除了《热拉尔老爹年历》,1793年到1795年期间还出现了《农村年历》(*Almanach des campagnes*)、吉尔贝·罗默(Gilbert Romme)的《耕作者年历》(*Annuaire du cultivateur*),甚至还有《共和二年牧羊人年历》(*Almanach des bergers pour la seconde année républicaine*)。《耕作者年历》被分送到共和国内所有市政府和学校,《共和二年牧羊人年历》使用的是一本传统年历标题,只稍加改动。

这些年历特别面向农村民众这一点的意义特别重要,因为其他刊物对他们几乎没什么兴趣。除了塞吕蒂的《村民小报》和其他少数报纸之外,报纸主要面向城市读者。所以可以推断,政治年历——总之是其中斗争性最强的那些——填补了宣传性传播中的某些空白,尤其在农民群体中。而且在这种环境下,传统年历的读者也被吸引了过来,提供给他们的是一种新风格的作品,但同时又保留了让他们有亲近感的熟悉外观。基于相同的原因,传统畅销故事书的成功标题也在书店重新出现。蓝色的封面还是一样的,但内容已经改成了"爱国主义圣诞节"或"共和主义问答录"。在尽力教育民众和普及所掌握的信息的过程中,雅各宾派很自然地就转向求助传统,甚至是已经过时的大众刊物和文学的模式,例如单面全版印刷品、年历、问答录和畅销故事书。在这方面,雅各宾派既是政治思想的宣传者,也是启蒙思想的继承者:在这些印刷品中,宣传几乎总是伴随着道德、爱国主义和经济方面的教育。但是,十八世纪最伟大的教育梦想之一不就是让每个人都能分享知识吗?

然而,政治年历与大众文学并不完全一致。大众文学,不管是年历还是畅销故事书,在旧制度下都有一个专业出版商网络、书目和标准化外观(基于廉价的批量生产技术),所有这些都是它的商标,而且在当时公众的眼里,这些也使得它们被认定是专为民众而创作的特定产品。大革命期间没有这类产品。虽然革命年历从畅销故事书中借用了一定数量的书名,但更多的特点还是内容的复杂性、生产过程的相对谨慎,以及高价格。所以,看起来更准确的说法是,他们属于流通广泛的印刷材料,而非大众文学。

而且,革命年历更接近革命报刊而不是传统文学——至少更接近"意图向这批有趣的人传达信息"而创建的刊物,"时尚的文人们总是鄙视这些人,从来不为他们写作",正如埃贝尔在谈到他的杂志《迪歇纳老爹》时所说的。[9] 当时的报纸与年历之间的相似之处,到今天可能看起来令人惊讶。但是我们别忘了,因为审查,旧制度下法国报刊的发展还是处于一个很原始的阶段,新闻主要是以在国外出版的公报和报纸的形式在流通。至于法国的期刊,它们对事件的报道总隔着一定的距离,因为期刊出版的周期长。在这个言论受钳制的世界里,年历和单页大幅印刷品尽管性质上很过时,但还是留下了好印象。它们一年报一次新闻,主要内容不是政治,而是奇怪且不寻常之事(时而出现的有关长寿和畸胎的记录),所以也能像如今的通俗小报一样提供信息。

与此同时,有些革命年历,尤其是政治性的,也发生了一些转型,使它们获得了前辈们所缺乏的政治和历史维度。通过记录过去一年所发生的事件,援引演说和法律文本的摘要并进行评论,它们也就有了现代政治报刊的大致功能了。而且,编辑们来自跟报人们相同的社会环境。我们提到过的戴尔布瓦,还要加上西尔万·马雷夏尔和加拉尔·德·蒙若瓦(Galard de Montjoie,被认为是几本保王派年历的作者)、迪索尔舒瓦(J. F. N. Dusaulchoy)和圣艾蒂安,都是文人、政治家和宣传员。因为大革命时期文本循环的速度特别快,报纸与年历之间的联系就更加紧密了。报纸上刊登了一篇演说稿或赞美诗,或者配版画的四行诗,没多久就会在年历上转载,这种情况并不罕见。大革命带来的这一种爆炸性、无政府状态的文字解放,导致报纸与其他印刷媒介有时会同时提供相同的信息。虽然革命报刊存在意识形态冲突、能源浪费,以及信息的随意无计划等问题,但已经达到了一种批评性分析的水平,这一点完全有别于旧制度,并为现代新闻业开辟了道路。共和年历,作为意识形态的推广者,在这一演进过程中贡献了自己的一份力量。

然而,政治年历是否如所希望的那样广为流通呢?它们是否真正起到了推广的作用呢?要回答这个问题不容易。首先,我们要注意到,在1793—1794年,当最大数量的年历出现时,政府颁布了法律,以保护经授权的报刊不受任何其他报刊的排挤。1793年9月禁言某些作者的法律颁发[10],就在那年3月已有一条法令表示:"出售禁书的小贩、销售商和分销商,如果透露这些作品的作者姓名被罚拘留三个月,如果不透露则被罚入狱两年。"而且建立了街道巡查的制度,为了方便搜查还对地域进行了分区,尤其在巴黎。一个分区到一个分区,巴黎进入了一种由分区检查员和政治俱乐部进行严密监视的管理体制。在新历法第二年(1793—1794年),咖啡馆禁止赌博,街角禁止跳舞。任何非法集会都可疑。被带到革命法庭（Revolutionary Tribunal）的人可能会因为在小酒馆（醉酒不能成为减轻罪罚的条件）或在排队买面包的时候说了几句煽动性评论而被判死刑。[11]这是真正的艰难时期，边境上和国内的战争都如火如荼，经济危机正在恶化。很难想象图书和报纸的生意在这样一种气候下能够偏离官方渠道，逃离当政者的控制。

共和二年（1793—1794）的巴黎街道上，生活已经失去了旧制度下丰富嘈杂的样子。卖报人、年历小贩和江湖骗子——各种算命的、占卜的和预言的——尤其受威胁。不管卖的是什么，兜售本身就可疑。所以在一次搜查时，巴黎一名小贩被抓，他的包里装着严肃文学作品——拉辛（Racine）的作品、《危险关系》（*Les Liaisons dangereuses*）、《汤姆·琼斯》（*Tom Jones*），另外还有几本年历和歌集。[12]像 C.蒂埃博（Thiébaut）——其本人就是默尔特（La Meurthe）省的官员——所编著的《人民的年历》（*Almanach du peuple*）等政治年历则通过使用官方渠道获利。通过持证小贩，这些年历被送至公社和不同的行政当局，有些则在政治俱乐部和学校内分销。另外还要记得，在共和二年（1793—1794），一本年历的成功很大程度上取决于其是否被递交到国民公会上。很多年历确实是献给国民公会的，在国民公会面前，作者本人要为自己的作品辩护。

但是，如果相信控制文本流通的系统在完美高效地运转，也是不对的。在巴黎和外省，警方记录中就有显示，甚至在恐怖时期气氛最紧张的时候还有小贩因兜售被禁年历而被捕。比起小贩或单纯的商人经常会以无知作为托词，出版商则会受到严厉得多的处罚。共和二年（1793—1794），蒙马特区（Montmartre）的一个书摊摊主因摆出了几本色情书，包括《浪荡子问答录》而被捕。他称自己不会读写，展示这些书"没什么不好的目的，今后再不会展示了"。[13]有时候也会抓到反革命年历。1794 年 5 月，一个名叫皮埃尔·尚特卢（Pierre Chanteloup）的裁缝和一个名叫路易·菲利普（Louis Philippe）的旅店店主被推上革命法庭，

约瑟夫-弗朗索瓦-尼古拉·迪·索肖利·德·贝热蒙(Joseph-François-Nicolas Du Saulcholy de Bergemont),《人民的年历(1792[—1793]年)》,日期未标。法国国家图书馆,印刷品部。

许多年历标榜自己是"民众的""人民的",其实都得到政府的官方赞助和批准。例如《人民的年历》的作者实际上就是默尔特省的一名官员。(cat. no. 182)

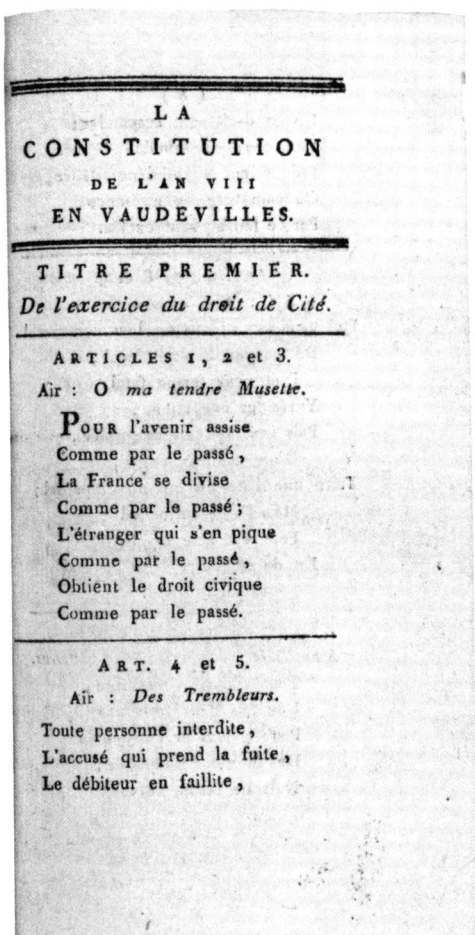

《共和八年杂耍宪法》(*La Constitution de l'an VIII en vaudevilles*),巴黎:戈捷(Gauthier),[1800?]。纽约公共图书馆,一般研究部。

官方对年历和歌本等传统文类的借用遭到了反革命的抵制,反革命对相同文类采取了讽刺性借用。讽刺政府者最喜欢的一种文化形式就是歌舞杂耍或流行歌曲。

原因是兜售和分销一本反革命年历《杂耍共和国》(*République en vaudevilles*)，这是一本嘲讽大革命的歌曲集，在埃佩内(Epernay)和沙隆被公开出售。他们被宣告无罪，但他们所告发的书商布亚尔(Bouillart)却被判了死刑。[14]最后还有托马·鲁索(Thomas Rousseau)的例子，他是一名出版商，出版了七本爱国主义年历，他在1793年抱怨说："卑鄙邪恶、令人憎厌的《杂耍宪法》卖了两万本，而他的《爱国主义之歌》(*Chants du patriotisme*)只卖了五百[本]。"[15]

这些不同的案例证明了一个事实，那就是在共和二年(1793—1794)，最严密的警方控制和最严厉的法律制裁都无法关闭未经授权的报刊，或终止反革命年历的流通。然而，这类作品相比于当时出版的共和年历来说还是很少的。有人可能也怀疑，法院记录会不会不可避免地因为强调一些完全边缘性的疏忽而稍稍歪曲了事实。"良好的爱国者"除了极小的可能性，几乎从不出现在警方的拘捕记录里。于是，在共和二年，有些富裕知识分子的家被搜查。正如当时的时尚，他们拥有私人的自然史收藏和漂亮的图书室，另外在房子女主人的套间里还发现了一些"用于教育其年幼家人的"问答录和其他爱国主义指南书，以及"有关大革命的版画和爱国主义著作"。[16]

而且，正如我们所能想到的，警方记录关注城市民众而非农村民众。很多政治年历都特别面向农村民众，关于他们，我们的信息很少。我们是不是真的可以相信科洛·戴尔布瓦所说的"《热拉尔老爹年历》在所有农村和每个农户里培育成熟了[对公共教育的]热爱"呢？可能吧，因为这本年历——频繁被修订并很快被翻译成了好几种语言——在当时是真正的畅销书。而很多其他年历很明显做不到这样，这些年历都以罗默的《耕作者年历》为样本，竭力宣传新的农业技术，以及共和历法和良好公民的原则。这些年历往往说教性强，读起来也难，似乎更多是给农村里的公民领袖，而不是乡下群众的。这些教师和小官员们是文化中间人,他们取代了传统中间人——神父,代表着启蒙精神,扮演着传播革命原则的世俗代理人。旧式的传播渠道不再适合这种思想宣传形式。挨家挨户兜售被改成了通过新的行政机构、邮寄和订购的方式。乡镇机构和政治俱乐部(所在地)向所在地区的首府或巴黎致函,请求给他们寄送特定的爱国主义著作、报纸和年历。

然而,这并不意味着挨家兜售年历的现象就全部消失了。两种并行的分销形式发展了起来,其中一种是准官方和基本体制化的。议员们经常在巴黎与乡村之间起到中间人的作用。《上阿尔卑斯省总年历》的编辑们建议将包裹和请愿书送到省议员那里,甚至给出了议员们在巴黎的地址。有时,一个普通公民、公社革命委员会的委员写信给他的政治代表,请求报纸和其他印刷品:"我们没有任何报纸。我以协会的名义请求您订购6个月的《迪歇纳老爹》报;这份报纸完全合适,因为它的写作风格不做作,适合所有人。"他还请求"演说稿、致辞、赞美诗和爱国歌曲的复本",还有剧本、漫画,等等。[17]

共和二年(1793—1794),连最小的公社为了证明爱国热情都组建了政治俱乐部(民众社团),考虑到这一点,我们不会怀疑这一分发系统的有效性。甚至在乡村腹地,行政管理的热情也很明显,1792年之后就有民事专员被派遣过去。不确定的是公众的反应。人们似乎排斥对传统年历横加指责并试图取而代之的官方爱国主义年历,他们可能继续从小贩那里购买年历。[18]很可能他们对共和日历的使用还是持保守态度,还是喜欢把星期日作为休息日,而不喜欢革命日历中的一周(décade)里的"旬(decadi)"或"第十日"。因为在乡村,甚至在城市里,年历经常是人们所拥有的唯一一本书,是他们的季节伴侣、日常作息表。自上而下压下来的剧烈转变接受起来不会太轻松。这也是为什么朗德(Landes)的政府专员在共和七年(1798—1799)仍旧在抱怨,尽管在推广革命著作方面做了很多努力,旧式年历在大众当中还是很流行,并在整个乡村广为

让-皮埃尔·克拉里斯·德·弗洛里安(Jean-Pierre Claris de Florian),《加拉泰,田园浪漫故事(仿塞万提斯)》,1793。纽约公共图书馆,斯潘塞藏品。

弗洛里安这本大众浪漫小说的版本采用了 M. 蒙西厄(M. Monsiau)设计的彩色插图,印刷技术采用的是刚开发出来的所谓的"娃娃式"(à la poupée)。这项技术不再是一种颜色一个单独的印版,然后采用覆盖颜色的方式来印刷,而是使用一个"布娃娃"为一个印版的不同部分上色,之后一次就可以印刷出多色的插图。(cat. no. 70)

 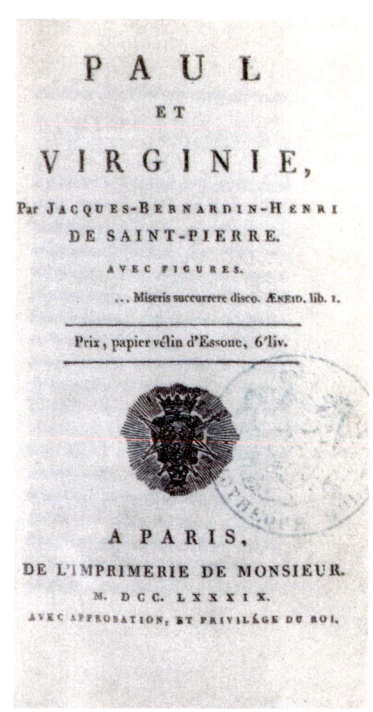

雅克·亨利·贝尔纳丹·德·圣皮埃尔,《保罗和维尔日妮》(*Paul et Virginie*),1789。纽约公共图书馆,斯潘塞藏品。

《保罗和维尔日妮》这个带彩色插图的漂亮版本是小迪多印制的四五个复本之一,印在牛皮纸上,使用了路易十六的盾徽作装饰。(cat. no. 82)

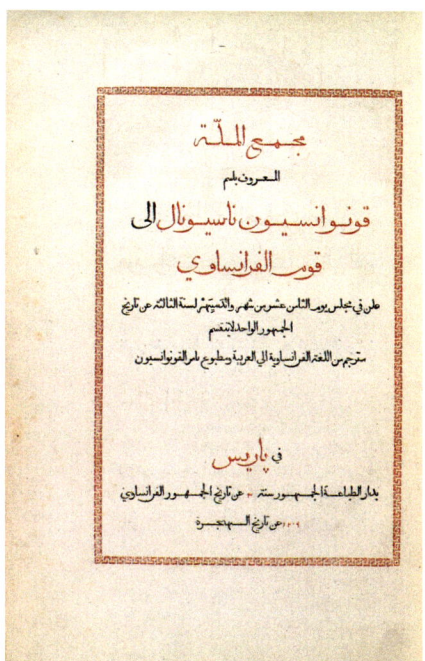
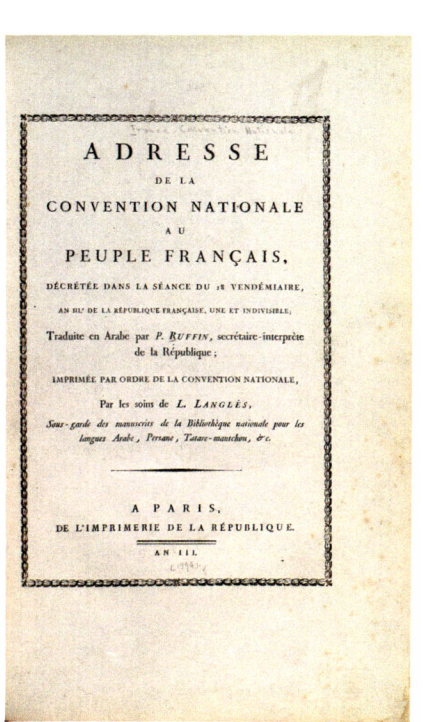

"在国民公会上对法国人民的发言……法兰西共和国三年,统一而不可分割,由吕芬(Ruffin)翻译成阿拉伯语",共和三年(1794—1795)。纽约公共图书馆,东方部。

国家印刷厂拥有几乎所有已知语言的字体,不管是现代的还是古老的。革命政府使用这些字体向全世界传播其共和理念。阿拉伯字体是在1632年首次由国王的印刷商引介到法国的。(cat. no. 206)

VIVE LA RÉPUBLIQUE.

LA GUERRE EST DÉCLARÉE
AUX OPPRESSEURS DU MONDE.

Sı dans la République il se trouvoit un Traître,
Qui regretât Louis et qui voulût un Maître :
Que le Perfide meurt au milieu des tourmens :
Que sa Cendre coupable abandonnée aux Vents,
Ne laisse ici qu'un Nom plus odieux encore,
Que le Nom du Tyran qu'en ces Murs on abhorre!

"共和国万岁。已向世界压迫者宣战",1793。大幅纸张单面印刷。纽约公共图书馆,珍本和手稿部。

大幅纸张单面印刷方式的使用使得向最广泛潜在读者传播革命理念成为可能,甚至可以将印刷的文字整合进即使没有办法购买印刷品的人们的生活当中。(cat. no. 45)

革命扑克牌,圣西蒙伯爵(Comte de St-Simon)设计,V. 若姆(V. Jaume)和 J.-D. 迪古尔克(J.-D. Dugourc)生产,共和二年(1793—1794)。阿尔伯特·菲尔德扑克牌藏馆,纽约市阿斯托里亚。

革命者从最随意的休闲活动所使用的印刷品中,找到了编码象征意义的方式。于是,扑克牌中的王、后和杰克就被替换成了天赋、自由和权利。(cat. no. 188)

《自由,法国人民的守护女神》,1789—1790。扇面,彩色版画。法国大革命博物馆,法国维齐尔。

日常生活中最常见的物品,例如女士使用的手摇扇,如果带有印刷元素的话,也能转变成革命的代言人。(cat. no. 187)

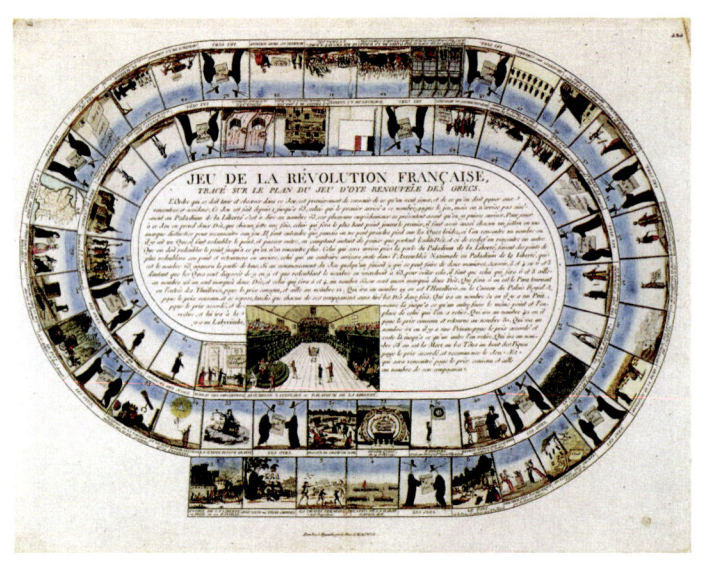

法国大革命棋盘游戏,巴黎,日期未标。彩色版画。法国国家图书馆,图片收藏部,法国历史藏品。

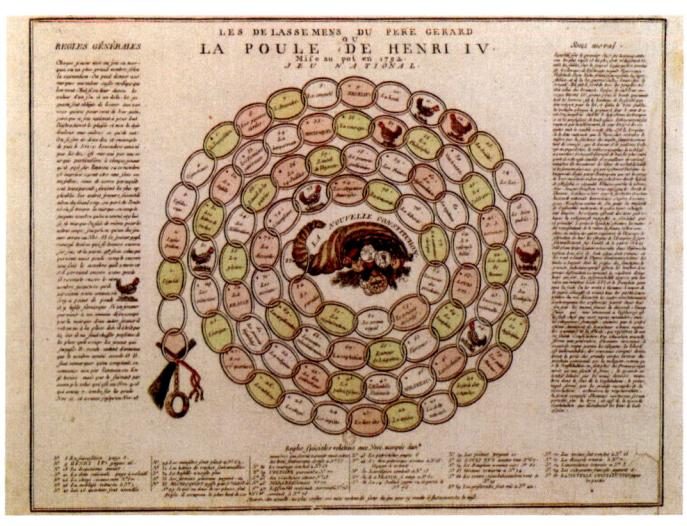

《热拉尔老爹的消遣娱乐》,[1792]。版画,彩色样张。法国国家图书馆,图片收藏部。

游戏也被用来向群众,尤其是向孩子们传递革命意义。1789 年之后,古老的鹅棋为了适应革命目的也被改编,玩游戏的人一格格往前进,从巴士底狱风暴开始,经历大革命的各种主要事件,直到国民议会。(cat. no. 180)

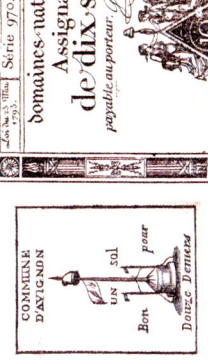

指券: *a*. 50 苏,1792 年 1 月; *b*. 阿维尼翁公社,1 苏,相当于 12 个辅币,日期未标; *c*. 10 苏,1793 年 5 月; *d*. 科特多尔省,5 苏,1793 年; *e*. 蒙特佩利尔(Montpellier)公社,6 个辅币,日期未标; *f*. 尼姆,1 苏券,日期未标; *g*. 阿维尼翁公社,1 苏,6 个辅币,日期未标。法国里昂市图书馆。

随着纸币的引介,印刷业不仅在转型休闲活动,而且在转型日常生存必需品上都变得至关重要了。(cat. nos. 162 – 166)

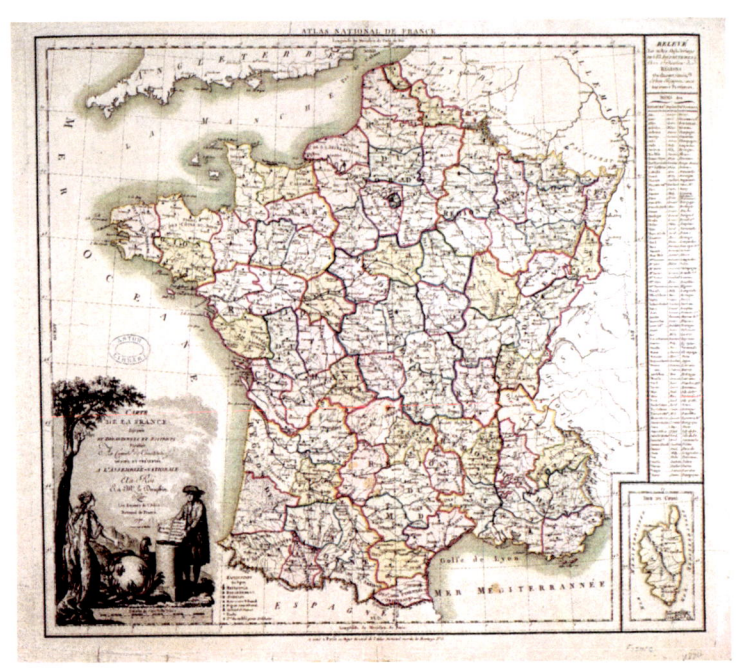

"法国地图,划分成省和地区,由制宪委员会审核",1790。彩色版画。纽约公共图书馆,地图部。(cat. no. 174)

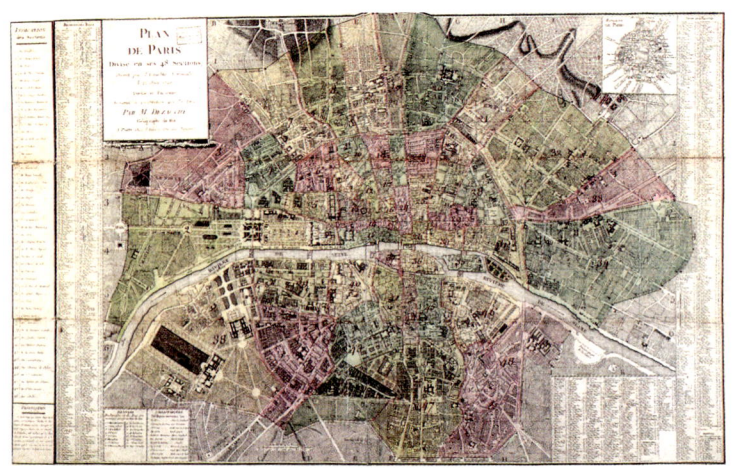

德佐齐(M. Dezauche),"划分成48个区的巴黎地图",1790。彩色版画。纽约公共图书馆,地图部。

随着国民议会委员会根据更加理性和统一的原则重新界定空间和时间的概念,印刷业也就被引导着将这些日常生活中的新维度传播到全国的各个角落。(cat. no. 181)

散播。他向内务部部长写信道:

> 我相信这是我的职责所在,我要大声反对那种在旧制度下流通的年历,里面印有所有圣徒和节日的名字……这是培养狂热盲信最好的办法;每个人都跑去买这种年历,对那些只叙述新时代的年历却嗤之以鼻。人们想庆祝旧式节日,他们拒绝新日历上的节日……最有说服力的演说也不可能像这种毒药所造成的危害大,它在人们之间的传播更快更有效,因为它亲近,与人们的固有偏见亲密相连。[19]

这种抗议可能只会是一纸空文,并不比过去或未来所有的煽动或威胁更有效。

作为总结,我们来考察考察革命日历的内容吧。我们不做冗长的文本分析,而要关注某些广泛的、一般性的特征。首先,这类作品最基本的是日历中的变化。这项改革被国民公会采纳,于1793年9月22日开始生效(并被用于大部分印有旧式日历的年历中,以便形成对照),它试图跟度量衡改革一起建立一种新的世界秩序。立法者野心勃勃,要将一种新的时间和空间系统施加给所有人。[20]一定程度上,他们要建立一个乌托邦,扫清旧制度残余。实际上,复兴的概念是革命象征主义的核心,革命者不仅要在旧世界的废墟上建立起一个新世界,而且还想象着在废墟中会生长出流着新鲜血液的新民族,一个就像是从所有被砍去的枯枝中生长出来的自由的白杨木那般笔直、强壮的民族——这一形象在年历中反复出现。正如共和三年(1794—1795)的《革命事件历史表》(*Tableau historique des événements révolutionnaires*)所写:"共和国就像一个花园,要修剪枯去的、无用的枝条。"

在立法者看来,年历从一开始就很重视日常活动,似乎最适合对法国人进行新象征主义的教育。罗默在国民公会的报告对这方面表述得非常明确,也表现了他对年历在大众文化中之作用的理解超过了其时代。他的宏大声明是:"我们的时代已经翻开了一本新的历史书,它在前进运动中,像平等女神一样既庄严又简单,将用它那把新的、有力的刻刀镌刻下一个复兴法兰西的编年史。"之后他补充说:"我们的年历将不再充斥着主日字母或金色数字,我们要找到什么才是最适合农民的,农民的日历应该像他们从未脱离的大自然一样简单纯粹。"[21]实际上,革命日历的成功仰赖年历,因为雅各宾派需要力图尽可能接近自然(鉴于"自然"这个词在18世纪哲学思想中所表现出的所有含义),而要实现这一点可能更多需要精心设计的政策,而非理想主义。还有什么样的教化灌输模式会比日历好呢?在这个日历中,每个月通过其名称就能让人想起大自然的节奏,每一天都献给已经准备好在那一刻播种的植物或备用的农具。甚至不需要会阅读,年历中的日历要记在脑子里,以便能随时联想到一系列按照时间,为了跟上农活的节奏而精心安排的形象,就像是大教堂里的彩色玻璃窗和雕像以形象来反映宗教生活中的不同时刻一样。

但是这种时间的构想与传统年历中的相悖。它不仅用世俗时间取代了宗教节日的时间(宗教节日的时间是根据主日字母和金色数字计算出来的),因此将神圣感转化成了一种新的劳动崇拜,而且它还自"共和元年"起就开辟了一个新世界,取代了传统年历所反映的、有着永恒不变之秩序的世界。实际上,这些传统年历很落后,因为它的新年是根据其距离创世(距1792年大约是5 797年)、大洪水、耶稣基督或查理大帝的诞生等年数来计算的。

即使像罗默和法布尔·德格朗蒂纳等改革家不惜调用占星术来试图挽救其事业,对新理性的介绍进行得还是不顺利。罗默提出,9月22日,这个新日历开始的日子,也是国民公会第一次会议召开的日子,

在星座学上与天秤座一致,他宣称:

> 法国大革命带来了令人瞩目的和谐局面,可能在整个历史记录中都是独一无二的,天体运动、四季、古老传统和事件进程之间达成了和谐一致,所以整个国家都应该围绕着我们向你们展示的新秩序进一步鼓舞士气。于是,就在法国人民的代表宣称公民平等和道德平等将作为新政府的神圣基础的时刻,天上也出现了白天与黑夜之间的平等印记。[22]

可能大革命的领袖们,尤其是罗默,都坚信大革命就写在星象之上。统领国民公会最初时刻的公正的象征——天秤座,不就是来自天上的符号吗?而且,从梅斯梅尔时代到卡利奥斯特罗(Cagliostro)时代,启蒙思想一直就有晦涩难懂的地方。

我还要强调共和年历的另一个显著特征,就是其书写方式。虽然他们力求最大数量的读者,但他们却吊诡地求助于抽象语言。实际上,普通讽喻形式的抽象语言到处都是,尤其是在明显自愿接受这种处理方式的诗歌和歌曲当中。革命版画也很青睐完全凭空想象出来的伟大女性的形象,例如自由、公正、平等、法律……或法兰西女神。以这些形象为中心,他们又发展出了一系列的象征物、红色便帽、天平、长矛、帽徽等。甚至在以对话形式编写的年历中,例如《热拉尔老爹年历》,说明性文字都更仰赖抽象概念(例如宪法的定义),而不是实例。于是,宣传被纳入了观念的系统化之中,这就可能导致宣传损失了部分有效性。

这种系统化和对文字力量的迷恋,以及雅各宾文化的深厚书呆子气和知识分子本质,有时候会造成语言与现实之间的联系严重缺失。奇怪的是,很多政治年历与历史年历相反,在坚持转化农村文化的同时却不甚关注正在发生的大事件。更令人惊讶的是,对抽象事物的喜好还总是与持续反复出现的说出心里话的愿望结合在一起。自狄德罗和卢梭开始,感情的流露就不仅仅是一种文学模式,共和二年的激进分子将其用作一种行为准则。年历回应了他们。对作者来说,重要的是其作品的感情,这是真实的标志。"我并不知道如何生硬、有条理地勾勒出作品大纲;当心中有所感时,我就写出来。"迪索尔舒瓦在1793年的《人民的年历》中这么写道。

可能大革命主要的一个二元性就在于它以抽象、暴力和感性锻造了政治理想。政治暴力——对所有反对的事物,不管是过去的还是现在的,所发出的仇恨的呐喊——总是伴随着缥缈的信仰表白。最狂热的爱国者内心深处藏着对卢梭的崇拜。革命者必须是好士兵、好公民、好丈夫和好父亲。道德与政治之间的联系在《爱弥儿》(*Emile*)中已经有所陈述("那些将政治与道德相分离的人到头来哪个也理解不了"),在多数共和年历中也被采纳。它们不仅是信息的载体,也是用于传播爱国主义道德观的教化工具。这些信息直接受到《爱弥儿》和《社会契约论》(*Contrat social*)的启示,现在以一种粗陋、简化的形式出现。

共和年历沐浴在感性之中,在公共领域颂扬良知的纯粹(这种趋势可能会抹消私人与公共世界的区别,因而会逐渐损害个人自由),同时强调社会秩序的价值,赞美工作和家庭。国家就像一个大家庭——祖国——而且,对劳动,尤其田间劳动的号召在共和二年(1793—1794)的所有年历中回响。在这些价值观之外,还有对节俭和简朴生活的尊重。在这方面,我们要记得本杰明·富兰克林的《贫穷理查德的年历》(*Poor Richard's Almanac*),这本年历宣扬相同的价值观,法语译本很有影响力,在大革命之前小贩们把它跟畅销故事书一起出售,流通广泛。还有雅各宾分子们追随伏尔泰,非常崇拜贵格会,甚至想将一个节日奉献给他们。与这种对节俭家居生活的崇尚一起,还有古罗马共和国的理想、黄金时代的复兴神话、卢梭式回归自然的理想,正如山岳派的盾徽所表达的那样。

法国这种为了启迪农村民众而制作的教化和政治愿景,实际上是城里人和知识分子的梦想。人们是否在梦中看到了自己,这一点并不确定,除了大革命已经赢得的读者,例如供职于新政权行政机构的无数官员和雅各宾精神的真正宣传者。

历法改革虽然时间不长,但意义重大,因为是大革命创造了旧制度这个概念,自那以后,时间就有了之前和之后的区别,以大革命为分割点。人类记忆中有了一个间断,而不仅仅是日历的变化。但是,我们也要重视这种以年历为中介来重构时间之疯狂野心的模棱两可。这是在永恒的基础上建立大革命的问题,还是通过庆祝乌托邦第一年来中断历史进程的问题?

在本研究中,我更关注共和年历,而非传统或王室年历,而且我更偏好1793—1794年和给予它们启示的雅各宾意识形态。原因很简单:不管人们怎么看待它们的信息内容,它们确实在象征性上更富创新,也更丰富。凭着其信念的力量和对大众读者之政治良知的诉求,这些年历当属于现代刊物。

版画:巴士底狱的形象

罗尔夫·雷夏尔德

在法国大革命时期的各式印刷材料中,一般以单面全版的形式印刷的政治版画占据了很大比例。据我们所知,在旧制度末期,铜版画只局限于伟大人物的肖像、大自然的理想化展示、家庭和日常生活场景,以及宗教虔诚的形象等。审查员对政治图像,至少是对讽刺漫画持怀疑态度。因此,这些内容就成了一些外来者或在邻国,特别是在荷兰工作的镌版工的领域。然而,随着大革命和更深程度出版自由的到来,这种现象发生了改变。图文并茂的政治性单面全版印刷品迅速发展起来,而且在几年的时间里在版画领域中占据了主导地位,使得像安德烈·巴塞(André Basset)这样的版画出版商发了财。这些版画量大而分散,所以一直未得到全面系统的编目。仅法国国家图书馆印刷部的万克(Vinck)藏品目录就包含了革命时期的6 000多幅。[1]

革命版画的意义

革命版画以不同的出版形式、意象和制作方式面向不同的社会群体。例如,只有穿着考究的订购者才有能力负担得起细节刻画得精致但又与事件相疏离的《法国大革命历史画》(*Tableaux historiques de la Révolution française*)。夏尔·莫内(Charles Monnet)、让·安托万·杜克洛(Jean Antoine Duclos)、约瑟夫·迪普莱西-贝尔托(Joseph Duplessi-Bertaux)和伊西多尔·斯坦尼斯拉斯·埃尔曼(Isidor Stanislas

Helman)将其构思整理成一个纪念大革命的长时段选集,并于1793年至1798年期间以对开本形式出版。²相反,《版画史》(Gravures historiques)则更具实时性,价格更低,面向更广泛的读者群。镂版工弗朗索瓦·雅尼内(François Janinet)出版了一种包括56幅叙事性凹版蚀刻版画和8页报道的"拼缀品",内容涉及从1789年到1791年3月发生的大革命重要事件。³

许多报纸中的版画(往往出现在相关文字叙述之后),不管是从保守的(《使徒行传》《公共检查员》[Accusateur public])还是从激进的立场(《巴黎革命报》《法国和布拉班特的革命》[Révolutions de France et de Brabant])出发,都通过促进公共舆论的方式实现了另一个职能。⁴但是大部分革命版画采取的都是直接解读当日新闻的匿名单页全版的形式。这种简单的技术和原始的着色,说明其制作上仓促,印刷量大,而图像清晰,为的是能让普通的无套裤汉们一看就明白。这种单页版画多数都是从巴黎中心的索邦(Sorbonne)与西岱岛(Ile de la Cité)之间的圣雅克街上制作出来的。除了有书贩沿街叫卖,这些版画也在大皇宫出售,在那里,书商德塞纳开了一家政治公众能够了解最新消息的俱乐部。⁵

跟其他革命印刷品一样,单页版画的印刷量也非常大。对图像再现的强调使得这种印刷品对大革命来说有着重要的意义,因为首先它们帮助动员了广泛的社会基础,使大革命的政治进程和激进化成为可能。假如我们考虑到当时二分之一到三分之二的人口都不能或仅仅能勉强阅读,而且他们都生活在一种依靠口头交流的传统世界里,那么就能很清楚地看到单页版画实现的不仅仅是一种补充性功能。与公共演说和歌曲等非书写性媒介一起,单页版画从街头男女们自己的口头或半口头文化的角度走近了他们,不仅让人们获得了革命信息,而且将普通人拉进一个在越来越广阔的公共领域里交流和形成观点的进程当中,并且是朝着民主化的趋势发展的。这些印刷品既是政治教育的方式,也是大众观念的证明。其中有很多属于一种口头文化,这种文化在受到专制主义和启蒙思想的压制后被大革命复活了,[6]而且其优势还被共享。

时人对这一点非常清楚。例如,1791年11月27日,巴黎的雅各宾俱乐部就《热拉尔老爹年历》(可能是大革命时期最成功的大众年历了,俱乐部为其颁过奖)是否要配插画进行辩论,勒坎尼奥说服了大会,他说道:"对于在外省由于图片的传播,狂热迷信所造成的所有弊端,你们都很清楚。我提议由协会征募艺术家,通过创作一些能够比拟大革命的形象,从反方向来做工作。"[7]而保守派从他们的角度出发,对革命印刷品的动员效果感到忧虑:"我们已经看到,漫画在所有革命中都被用来动员人民去采取行动,我们不能否认,这种滥用是有危害的,正如其效果是快速并可怕的。漫画是能够指示公共舆论之热度的温度计。"[8]一名道德观察者和报人,后来在恐怖时期成为保守分子,在1798年抱怨说,虽然报纸审查越来越严格,但革命版画的可见度还是很高:"漫画力图能够继续扩大影响,为已经获得许可的报刊做进一步的补充。行人纷纷在印刷坊的展示柜前驻足。"[9]

公共安全委员会为宣传性单页版画专门设立了基金,并在1793年9月至1794年10月期间委托制作了至少12幅作品,包括雅克-路易·大卫(Jacques-Louis David)的两幅漫画和罗(Roo)的《大衰败》(*La Chute en masse*),每幅都是一次印刷1 000份(半彩色)。艺术家获得1 000—3 000里弗尔的报酬。[10]所以,一名委员会成员,也是一名建筑师,于1799年4月5日在五百人院发言,表述了革命政治家对政治版画的共同经验,他说:"[版画]用途可以媲美报刊。通过这种方式,人们花很少的钱就能复制爱国主义和道德图画,这些图画对公共舆论的影响肯定比我们所知道的还要大。"[11]直到最近,学者们都很少认识到插图版革命报刊的真正意义,所以还没有对它进行系统的研究。艺术史学家很少会从伟大绘画的审美高峰上走下来,去研究为大众创作的政治版画,而大革命史学家只满足于使用几幅事件型版画来例证其叙述，偶尔才会附加几幅"猎奇型"漫画。[12]只有到最近，我们才开始认识到，作为历史学资料的革命版画的真正和独特价值并不在于其对个人或事件的描述，而在于其对当时集体性观点和问题的象征性、隐喻性和类比性阐释。它们可以向我们展示时人处理和阐释其经历的方式——在文字资料中仍被掩藏的方式。[13]以下的观察就试图阐明这一说法，举的例子是在插图版报刊中无处不在的一个主题，尤其在大革命最初的几年里。[14]

作为革命象征的巴士底狱

即使从完全量化的角度来看，巴士底狱在大革命的象征剧目中也是起着重要作用的。实际上，在150多张以巴士底狱为主题的单页版画中，我们能讨论的只有一部分。这座堡垒式监狱在大革命的符号系统中也占据了重要位置，我们可以从1791年鹅棋（*Jeu de l'oie*）的不同版本和重印中看出这一点。[15]棋盘上的缩略图来自流行的插图版单页版画，配以相关的概念解释。根据游戏规则，在棋盘的不同区域创建了一种复杂的意义，使得对革命节奏的体验变得清晰可见。巴士底狱，作为从旧制度的"专制"过渡到新时代的"自由"的象征，其功能就是语义上的转盘。[16]对于这个许多法国大革命插图版报刊中典型的革命象征，我们来看看它的主要社会层面吧。

呼唤未来

巴士底狱的象征力量并不是在1789年凭空出现的。最近的是从1715年开始，巴士底狱就被视作所有人可见的"大臣专制"的实体体现和启蒙思想上的污点，遭到越来越多的攻击。在反专制主义的地下文学，尤其是之前的因犯所讲的受尽折磨的悲惨故事中，它就是各种指控的载体,即使监狱的条件实际上已经有所改善,这种指控也越来越强烈。[17]大革命之前的一本小册子在创作有关巴士底狱的传说方面达到了顶峰,作者是雄辩的新闻工作者尼古拉-西蒙-亨利·兰盖,他曾被关在巴士底狱两年。这本小册子印刷了六版,后来又在兰盖的报刊《政治和文学年鉴》(Annales politiques et littéraires)中重印。它不仅将与"巴士底狱"概念相关的词汇及其相伴的担忧和恐惧带到了激进主义的新高度,[18]而且在一幅引人注意的卷首插画(见第263页插图)中将隐含的关注具象化了。这幅版画既总结了过去,又展望了未来。它对此指控文本的解读就是,请求(受大臣们所骗的)国王终止巴士底狱的专制主义。插画展现的前景是,如果路易十六最终释放了被非公正关押在巴士底狱的囚犯,那么就会为他树立一座纪念碑。从囚犯的穿着来看,他们属于上层阶级,在画中满怀感激、谦卑地向国王伸出双臂。国王的仁慈话语是:"许你自由和生命!"(这成为版画优雅精准的标题。)这句话是自伏尔泰1736年的戏剧《阿尔齐尔》(Alzire)(第二幕第二场)之后就已然成为谚语的一句话。虽然在版画中,路易十六表现出了王室权力的特征,但释放囚犯并不是随他高兴就可以的,这应该是人民要求的一种权利,这是在提醒他曾在1780年8月30日改革法令中呼吁要实行温和的刑罚。国王写道:"对于我们的司法系统来说,如果这些难以想象的折磨和阴郁黑暗的惩罚,在宣传推广和以儆效尤方面都不能有助于维持秩序,那就毫无用处。"确实,这种"不必要的酷刑"是巴士底狱的特征,这一点在画中也有暗示,就是监狱院子里用来装饰挂钟的浮雕,上面绘有两个戴镣铐的囚犯,兰盖在他的回忆录中谴责了这种羞辱性效果。版画上,场景的周围是巴士底狱的废墟,六年后这座堡垒就真的被夷为平地。从黑云中霹雳而出的闪电轰炸在监狱的墙上和挂钟上,像是从一种未名的更高力量(报刊?)中而来。画面暗示的是,它将摧毁巴士底狱,路易十六将被任命为执行人。

版画：巴士底狱的形象

227

西蒙-尼古拉-亨利·兰盖，《巴士底狱回忆录》，1783。纽约公共图书馆，一般研究部。

将巴士底狱作为专制主义的体现而进行的相关创作，在一本小册子中达到了大革命之前的顶峰，作者是雄辩的新闻工作者兰盖。小册子的卷首插图描绘了路易十六释放受到不公关押的受害者的情景，插图说明写的是："许你自由和生命！" (cat. no. 24)

塞尔让·马索(Sergent Marceau),《1789年4月27日,在路易十六统治期间,崇高而伟大的滥罚·死亡大人的送葬队伍》("Convoi de très haut et très puissant seigneur des Abus Mort sous le règne de Louis XVI le 27 avril 1789"),巴黎,1789。凹版蚀刻画。法国国家图书馆,图片收藏部,万克收藏。

这幅版画描绘了一支送葬队伍,画面中,"第三等级"扛着滥罚大人的"巨大棺木"走向坟墓,成为一个盛大的政治性羞辱场面。

这种求助于未来的视觉材料广泛传播，但并不是导致一系列呼吁在1789年春季废除巴士底狱的陈情书（cahiers de doléances）的唯一因素。关于对改革的普遍期待，一种新的表达方式超过了兰盖的预期，对旧制度下的一般状态发起了攻击，并通过《崇高而伟大的滥罚大人》（très haut et très puissant seigneur des Abus）得到体现（见第264页插图）。这幅版画描绘了一支送葬队伍，第三等级抬着滥罚大人的"巨大棺木"走向其坟墓。与传统的教士和王室的凯旋游行完全相反，这是一个盛大的政治性羞辱场面。牧杖、主教法冠、剑、钱袋、法官帽和铁王冠等形象都是在控诉教士、贵族和长官们的残暴专横。在卢梭的引领下，"职权滥用的悲惨受害者"，司法受害者，从圣女贞德到让·卡拉斯（Jean Calas），都走到了队伍的前列。他们当中有自封的巴士底狱殉道者马赛斯·德·拉蒂德（Maseis de Latude，真名叫亨利·达里［Henri Dahry］），他曾神奇地越狱，并写了一本成功的回忆录，是个风云人物。在石棺前，我们看到复仇女神以及专属于"滥罚大人"的恶习——贪婪、疯狂和傲慢三位女神，正踩着最后绝望的步伐，之后跟着的是平等、谨慎、力量和正义等美德女神，她们的心情就完全两样，正昂首阔步地走向新时代。在队伍周围雀跃的小丑则加强了这一盛况的嘉年华气氛。

队伍的第二部分由首席大臣雅克·内克尔领导，相对来说就没那么可笑。作为以前"滥罚"的受益人，贵族们在哀悼他们的损失。离开滥罚大厦的废墟（半宫殿式半教堂式），经过朽烂的树桩和丢弃的巴士底狱里用于责罚的刑具（右下方的锁链），有欢呼有哀叹的游行队伍朝着法兰西的复兴向前行进。在前景里，小精灵们在向第三等级朗读改革文章，宣告国家复兴即将到来。迫近的新生被象征化：一幅未完成的画作，轮廓清晰可见，望远镜代表着未来的希望，最后还有一棵焕发勃勃生机的橡树。虽然第三等级已经扮演了主动的扶柩者的角色，但版画说明中的装饰图案还是劝诫路易十六要采取行动，这样他才能作为"民之王

(roi citoyen)"在史书中留名。克洛诺斯(Chronos)和法马(Fama)还不得不刻上了"滥罚大人"的死亡日期。这幅单页版画的反响也很热烈。虽然在 5 月出版后立即遭禁,但在塞纳河沿岸的码头和杜伊勒里宫里还是有至少六个复制版和仿写版在成功展售。[19]

大众报道和英雄崇拜

1789 年 7 月 14 日巴黎人民发动的巴士底狱风暴,不仅引发了报纸和小册子的报道狂潮,而且还有大量的版画。它们满足了尤其是街头普通民众的需求,通过图片、口头和书面的形式,他们能够重新经历那场将他们从恐惧的存在中解放出来的行动,同时也让他们感觉到自身是一种爱国团结的力量。在所有事件的描绘中,有两幅流行的单页版画在这方面尤其成功。两幅都属于闲话报(canards)这种传统的大众公报类,出版不定期,报道的都是平日里一些耸人听闻的事件。[20]闲话报综合使用图片、声音和文字,通过所有感官传达到人们当中。通过小贩们的挨家兜售和表演,这种闲话报就参与到了街头的集体演唱当中,所以属于之前提到的半口头文化。以前的闲话报通常报道的都是著名罪犯被执刑等内容,现在被转化成了一种对大众进行革命教育的手段。我们讨论的这两幅粗制单页版画为大众传达信息,比那些情感上欠激昂但技术上更老练的版画更加投入。

一幅(见第 267 页插图)的制作者是住在圣雅克街的镌版工让-巴蒂斯特·戈蒂埃(Jean-Baptiste Gautier),他使用的是新式的、流程更快速的蚀刻,而不是平常所用的更加费力的铜版雕刻。所以,在巴士底狱风暴的两周之后,1789 年 7 月 28 日,这份闲话报就开始出售了。这幅稚拙的蚀刻版画描绘的是刚刚占领巴士底狱并出现在这座城堡门前的胜利者们。在城垛上,第一批攻占者俘虏了监狱长。这幅画的特别之处不在于其对特定事件的描绘,而在于其使用周边的文本所创造的意义语境。图画下方是关于这次"成功革命(heureuse révolution)"的报道,这样,这

版画：巴士底狱的形象

231

《已被资产阶级占领的巴士底狱周围》("Le Siège de la Bastille prise par la bourgeoisie"), 巴黎：戈蒂埃, 1789。彩色蚀刻版画。法国国家图书馆, 图片收藏部, 埃南收藏。

粗制单页版画以前描绘的一般是著名罪犯被执刑的内容, 现在用于革命的大众传播。这幅关于巴士底狱风暴的蚀刻版画于 1789 年 7 月 28 日就在巴黎准备出售了, 距离事件发生只有两周。

幅单页版画与激进派革命小册子就有了联系。实际上，它几乎在一字不差地重复一本小册子上的关键句子，这本小册子在巴士底狱风暴之后就在巴黎市中心出版。[21] 从两个版本之间的轻微改变、误解和拼写不同来判断，版画上的文本无疑是由一个读写能力不佳的镂版工听写下来的，所以就有了半口头的特征。但它传递的信息还是原汁原味的，就是明确的"攻占巴士底狱的必要性"。

文本内容为攻打巴士底狱提供了进一步的理由，就是监狱长的"可耻背叛"。监狱长在沙滩广场（Place de Grève）上被人民处决，以及巴士底狱攻占者让-巴蒂斯特·安贝尔（Jean-Baptiste Humbert）和约瑟夫·阿尔内（Joseph Arné）的英雄行为，形成了这篇辩论文章的中心。图画周围的文本明显就是面向民间口头文化的；庆祝7月14日事件的歌曲都是根据耳熟能详的旋律来编写的，还配上了乐谱，使新文本更容易被记住。左边的凯旋歌改编自大约1750年流行歌曲作者皮埃尔·洛永（Pierre Laujon）所写的一首舞曲。为亨利四世所做的传统曲调如今帮助平民文本来引出当年巴士底狱的专制主义，并用砍头来威慑人民的叛徒。右边的第二首歌仿效《复兴的法国和受审的叛徒》（*La France régénérée et les traîtres punis*，巴黎，日期未标）这本手册的卷首语，赞颂了法国卫兵（French Guards）的美德。

巴黎的这种政治化闲话报接着又成为一幅外省木刻画的样板。这幅木刻画由奥尔良（Orléans）的让-巴蒂斯特·勒图尔米（Jean-Baptiste Letourmi）出版，他通过全法国几百个销售点成功销售了这幅单页版画（见第269页插图）。[22] 他对巴士底狱风暴的再现比戈蒂埃的更加简明扼要，描绘了卫兵们扛着火枪、搬着大炮朝堡垒冲锋，擒获贝尔纳·勒内·若尔丹·德·洛奈（Bernard René Jordan de Launay）侯爵，胜利的旗帜在城垛上飘扬。恰恰是这种象征符号的减少（这也是普吕多姆的《巴黎革命报》第一期卷首的一个特点），使这幅木刻画有了一种政治献身形象的圣像效果。

版画：巴士底狱的形象 269

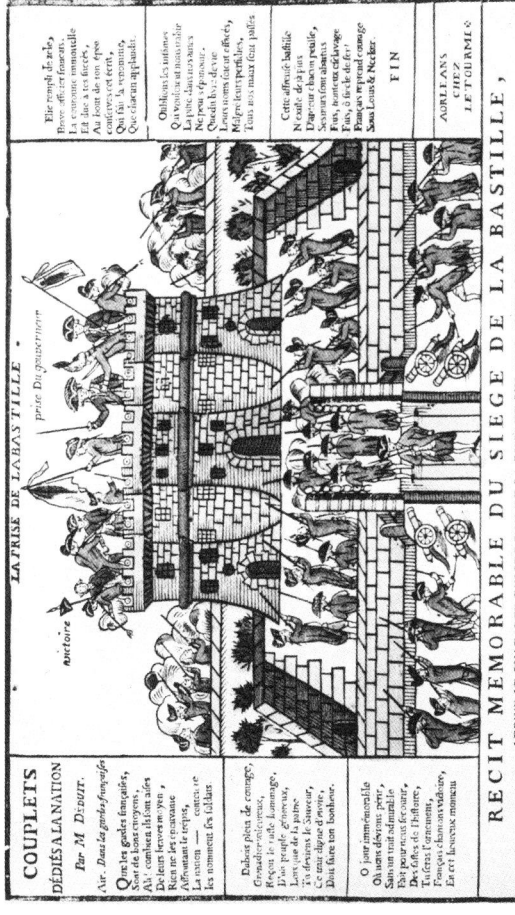

233 《占领巴士底狱》("La Prise de la Bastille"), 奥尔良, 勒图尔米, 1789。彩色木刻画。法国国家图书馆, 图片收藏部, 万克收藏。

巴黎的蚀刻版画接着成为一幅在外省奥尔良出版的木刻画的样板, 并通过几百个分销点在全法国扩散。

图画下面印的"难忘的记叙（Récit mémorable）"字面上采用了戈蒂埃的文本，但从三个方面进行了政治化和激进化处理：首先，图注将7月14日赞誉为"自由元年"的开始；其次，报道加强了起义的民众特征（"一大批爱国公民"）；再次，它阐明了当时实施的民众审判，文中补充道："监狱长的头颅被凯旋的人们举着绕城展示了好几天。"对叛徒的公正惩处这一点也是其他插图单页版画的关注焦点。[23] 洛奈的"双面像"就是一个例子，洛奈似乎就因为是巴士底狱的监狱长就该死。最后，勒图尔米这幅版画的四周也有歌曲，作者是巴黎的小资产阶级流行歌曲作者德迪（Déduit），他把一首与士兵爱情相关的传统歌曲政治化，用于赞颂起义者的行动、专制的终结和新的黄金时代的破晓：

> 这个可怕的堡垒
> 再也不会存在了；
> 所有都因为热情而闪烁发光；
> 其城墙被夷为平地。
> 滚开，可耻的奴役制，
> 滚开，烂铁的时代！
> 法兰西人民，鼓起勇气
> 在路易和内克尔的引领之下。

大众单页版画比其他版画更可能将7月14日事件的叙述与英雄颂歌相结合，这并非偶然。在1789年，巴士底狱的胜利者们——扎根于传统、半口头文化中的普通人——一下子从政治上的不善表达跃升到舆论的舞台，将自己描绘成国家英雄的形象。[24] 他们新获得的自信，还有公众崇拜（例如，有许多感恩的群众），都可以从一系列"胜利者画像"中看到其表现。英雄画像在此之前专属于王室和贵族官员，现在第一次用来赞

《迪·阿尔内画像,取自生活》("Portrait d'après nature de Du Harnée …"),巴黎,1789。木刻画。法国国家图书馆,图片收藏部,万克收藏。

大众单页版画比其他版画更可能将 7 月 14 日事件的叙述与英雄颂歌相结合。因为这些单页版画,"英雄画像"第一次赞颂来自人民队伍的战士。

236

《自由烈士》("Martirs de la liberté"),1793。蚀刻版画。法国国家图书馆,图片收藏部,万克收藏。

参加了巴士底狱风暴运动的英雄们仍旧是革命积极分子的楷模。在共和二年(1793—1794),对革命烈士的崇拜还是会让人联想起7月14日的自由之战,并将其作为衡量先贤祠里国家声望候选人的标准。

美来自人民队伍的起义自由斗士。另外一幅木刻画,也配有歌曲和来自另一篇解读7月14日的文章中的引文,描绘了两个最受欢迎的巴士底狱胜利者:走到人民这边的近卫兵阿尔内和叙述了亲眼所见之经历的制表匠安贝尔。在图中,他们满怀荣耀,既有征服者的自信姿态,又带着爱国主义的平和(见第271页插图)。他们的英雄主义既富启发性,又有传承性,是革命积极分子的榜样。到共和二年(1793—1794),对革命烈士的崇拜还是会让人想起7月14日的自由之战,所以将其作为衡量国家声望候选人能否进入先贤祠的标准(见第272页插图)。

历史合理性

但是无论7月14日怎样轰动,其真正意义以及作为现代法国奠基事件的永久地位都要归功于一种象征性阐释,这种阐释远远超过了起义者的军事成就和巴士底狱的实际情况,满足了革命者对崇高性和合法性的需求。一系列蚀刻版画对这一阐释进行了大众化处理。

我们可能会想到那幅1789年7月的著名单页版画《第三等级的觉醒》(*Réveil du Tiers Etat*),画中描绘的是第三等级从几个世纪的受压迫中觉醒过来,挣开锁链,拿起武器,站起来攻占巴士底狱(背景中可见),一个吓坏了的贵族和一名神父就在旁边看着。[25]然而人们对于进一步加深这种解读的蚀刻版画却了解不多。例如,在前面所提到的那副之后出现的第一批版画就显示,第三等级的形象在巴士底狱风暴之后更高大了。第三等级不再匍匐在地,而是高过了贵族和教士。第三等级身后跟着一头狮子,如今无所不能。他已经将那两个更高等级降尊为牵线木偶,让他们在巴士底狱摇摇欲坠的城墙下随着他的笛子起舞,就像是娱乐巴黎民众的巡回木偶操纵人。

第二批则清楚地显示,第三等级之所以能获得高大形象,不仅因为他所取得的胜利,还因为他为自由所做出的贡献(见第274页插图)。第三

《战胜自由之敌后摧毁巴士底狱》("Destruction de la Bastille après la victoire remportée sur les ennemis de la liberté..."),1789。彩色蚀刻版画。法国国家图书馆,图片收藏部,万克收藏。

一系列蚀刻版画推广了第三等级从几个世纪的压迫中觉醒并站起来攻占巴士底狱的情景。第三等级不再是匍匐在地的,而是高出了贵族和教士。在巴士底狱岌岌可危的城墙前,第三等级不仅通过此次胜利,也通过对自由的贡献,获得了新高度。

《贵族多头怪》("L'Hydre aristocratique"),1789。彩色蚀刻版画。法国国家图书馆,图片收藏部,万克收藏。

从巴士底狱的藏匿处被拖拽出来的多头怪,体现了巴士底狱风暴之前对"贵族共谋"的群体性恐惧,以及人民看到阴谋被挫败时的欢乐。

等级是画面的主角,在自由旗下战斗(见弗里吉亚帽和狭长的小旗),朝着长着六个头颅的专制主义多头蛇挥下最后一击,贵族和教士则逃窜而去。配图的文本将巴士底狱监狱长和被认为是其同谋的商会会长雅克·德·弗莱塞勒(Jacques de Flesselles)称为多头蛇的走狗,这两人在7月14日因为"冒犯君主罪(lèse-majesté)"——冒犯的是他们的新君主,国民——根据公正的刑罚被砍了头。这次"针对自由之敌所获得的胜利",为摧毁象征他们之前绝对臣服的巴士底狱扫清了道路。所有年龄段和阶级的旁观者们,男男女女,观看着这场倾覆,为每一块滚落的石块鼓掌欢呼,高喊"自由(liberté)"[26]——场景本身所描绘的内容就足矣。

上文提到的图画只暗示了已经消失的自由之敌与巴士底狱的专制主义之间的联系。还有一幅至少再版了四次的单页版画,则更加详细具体(见第275页插图)。在这幅画中,起义的公民们以群体出现,装备着7月14日的武器,捣毁巴士底狱两次:一次是在背景中实体性捣毁,另一次是在画中央隐喻性捣毁了一只龙形多头怪兽。怪兽捕食的爪子就像吃人吃兽的鸟身女妖的爪子,鸟身女妖在1784—1788年有关玛丽·安托瓦内特的漫画中为人熟知。[27]版画的标题将怪兽认作贵族阶级(aristocratie),这是当时的一个流行词语,用于谴责不断变化的敌人——特指有特权的贵族,但也指普遍的大革命的敌人。所配的详细文本概括"贵族多头怪"的特征为一头贪婪、"残忍、野蛮、嗜血(féroce,Barbare,Sanguinaire)的怪物"。这头怪物贪婪地吸食悲惨民众的血髓,直到无法再藏匿,于7月12日在从凡尔赛前往巴黎的路上被发现,只好跑到巴士底狱寻求庇护。

这些描述很明显在影射内克尔因王室的一场反动阴谋被解职,王室军队在国民议会外的威胁性集合,以及关于巴士底狱将卷入一场策划好了的毁灭巴黎的行动的谣言。[28]多头怪被人民从巴士底狱内的藏身之处拉了出来,之后被包围,而且已经被人群砍掉了部分头颅,它体现了"专制被打倒(Despotisme terrassé)"。[29]它还体现了巴士底狱风暴之前对"贵族共谋"的群体性恐惧,以及人民看到阴谋被挫败时的欢乐。在画面的前景中,昏迷许久的法兰西亚(Francia)苏醒过来,这是胜利的果实,而路易十六只在配文的结论中(作为国家对民之王的期望)被提及。

对于革命者来说,巴士底狱是专制的,不仅因为人们认为它参与了一场贵族阴谋,其内部直到7月14日一直都存在的"残暴"情况也是同样关键的一个因素。在那里,以国王之名所施加的恐怖行为越残忍、越多,以人民之手攻占和摧毁巴士底狱的行动就越有理由、越光荣。媒体顿时忙碌起来,从各种来源寻找材料,包括刚发现的巴士底狱档案、口头证词、攻占时的发现等,为的是为兰盖的说法提供更多的支撑材料,证实巴士底狱的唯一目的就是任意武断、不经任何审判就关押启蒙思想人物和其他无辜受害者,以便秘密地杀害他们。但是,7月14日解放的7个囚犯中没一个符合这种形象,所以理想的巴士底狱烈士需要创造。在许多理想化或虚构的囚犯描绘中,一份闲话报又一次被证实是尤其丰富的。它包含两个均分的虚构场景,两个场景都设定在1789年7月的巴士底狱地牢(cachots)中(见第278页插图)。

在左边,"国民"来解放"隆热伯爵(comte de Lorges)",根据图中文本所说,隆热伯爵是在路易十五时期因为与一起"王室事件"有关而被捕的。"国民"解放隆热伯爵后就领着他在凯旋中穿过巴黎。伯爵摆脱锁链获得自由,但32年的专制牢狱经历使他成了一个满脸胡须、几乎全瞎的老人。图画边上的悲歌不仅叹息他作为一名(旧制度下)囚犯的命运,而且哀叹他成为那如今已消失的专制主义的受害者的命运。屈尔蒂斯(Curtius)蜡像馆展出了真人大小、虚构的"隆热伯爵",还完整地配上了锁链、地牢等[30];关于他的故事被书写出来,通过单独的小册子[31]和激进报刊广为扩散,这些都标志着隆热伯爵成为7月14日之后集体性狂热中的关键人物:"不仅我们自己看到,而且很多人都向我们保证他

241

《国民解放隆热伯爵……国民发现骷髅和铁面具》("Délivrance de M. le Comte de Lorges par la Nation ... Le S'quelette au masque de fer trouvé par la nation ..."),巴黎:戈捷(Gouthier),1789。蚀刻版画。法国国家图书馆,图片收藏部,万克收藏。

在许多理想化或虚构的囚犯描绘中,这幅单页版画中两个均分的虚构场景都设定在 1789 年 7 月的巴士底狱地牢中。左边描绘的是"国民"解放了被长期关押的"隆热伯爵",之后领着他在凯旋中穿过巴黎。在右图,巴士底狱的胜利者终于发现了神秘的"戴铁面具的人"(可以看到骷髅旁的那个面具),他曾被认为已经在路易十四时期隐姓埋名地死去了。

们也看到了，一个老人走出了那个恐怖之地［巴士底狱］，满脸的白胡子有一尺多长；如果报道可信的话，他在那个地牢里已经受尽折磨30多年了。"[32]

在右边的版画中，我们看到巴士底狱的胜利者们发现了神秘的"戴铁面具的人"（可以看到骷髅旁的那个面具），他曾被认为已经在路易十四时期隐姓埋名地死去，也是自18世纪中期以来很多猜测臆想中的话题。铁栅封闭的地窖、腐烂许久的草垫、被有意折磨至死的无名男子的骷髅，身上还绑着锁链，这一切所造成的阴郁气氛解释说明了所配的民谣：

> 从这个情景，人们可以看出
> 凭着智慧和理性
> 巴士底狱这座堡垒
> 就相当于异端裁判所

纪念活动和纪念碑

作为革命事件，巴士底狱的占领和摧毁——在很多形象中被期盼、预言、热情地关联、庆贺、理想化和解读——非常适合构建新的有关国家认同的象征主义；而且，不管怎么说，都比大革命后来所发生的重要事件更合适，因为那些事件在政治上有更多的争议。巴士底狱的这种象征效果在1790年之后的公共节庆上表现了出来，而在那之前则体现在各种纪念碑的策划当中。以下这篇报纸上的报道总结了一个最成功的关于攻占巴士底狱的叙述，其基础来自民众阶级和革命者所达成的共识："这个地狱般恐怖的暴政巢穴，这么多世纪以来无数次让愤怒的人类颤抖，吞噬了如此多无辜的受害者，应该被彻底摧毁，就在这个地方要树立起光荣的自由纪念碑！"[33]

《新"巴士底狱广场"》("Nouvelle Place de la Bastille"),1789。彩色蚀刻版画。法国国家图书馆,图片收藏部,万克收藏。

相比于大革命后期发生的在政治上更有争议的那些事件,攻占和摧毁巴士底狱是构建新的国家认同的更好象征。纪念碑的计划试图依靠巴士底狱这一象征成为其灵感来源。

报道之后是一幅图画(见第280页插图)。这是一幅匿名蚀刻版画,将兰盖哀求的形象(见第263页)改成了成就的象征,国王还被保留在1783年那座纪念碑的基座上,但摒弃了之前版画中可见的巴士底狱废墟。巴士底狱不复存在了,正如国王脚下的专制主义多头怪已经断了气,7月14日事件的版画(在右边的地上)也很清楚地这么表现着。路易十六可以宣布成为自由纪念碑的庇护人,因为就是他在7月14日访问巴黎并批准了巴士底狱风暴(这是地上第二幅版画的主题)。因此,国民议会宣布他是"法国自由的恢复者(Restaurateur de la Liberté Française)",并反映在纪念碑的碑文中。另一篇碑文,镌刻在基座的旁侧,劝谏国王要遵守"吾惟愿与吾民一致(Je ne veux faire qu'un avec mon peuple)"的原则。然而他看上去像是一个牵线木偶,望着高过他头顶的三个等级的新奇行为。这幅图画暗示,随着7月14日事件,之前阶级之间的斗争已经让位给国家和谐,而且两个更高等级已经从第三等级的压迫者转变为他们的同盟军。第三等级(图注将其等同于"国民")装扮成未来民兵的样子,在法兰西亚的哺育下,最终获得了应有的结果:从教士那里获得了生计和滥用的什一税,从贵族那里获得了他们在8月4—5日夜里丧失的封建权利。因此,这幅图画描画的是对"保王"胜利的庆贺和对国家团结的祈祷。

这幅讽喻式图画后来被转化为实实在在的纪念碑设计图(7月14日之后不久就宣布举行比赛),催生了皮埃尔-弗朗索瓦·帕罗(Pierre-François Palloy)、让-路易·普里厄(Jean-Louis Prieur)等的设计图,包括建筑师达维·德·沙维尼(Davy de Chavigny)在1789年夏季绘制的设计图,这幅图到1790年由让-古斯塔夫·塔拉瓦勒(Jean-Gustav Taraval)制成了版画。纪念碑是献给"法国自由的恢复者"——路易十六的,他以统治者的姿态高踞在一根巨大的自由柱上,基座上是代表四个新的指导原则("法兰西""自由""和谐""法律")的雕塑,以及平等地向国家缴税的不同外省和阶级。

245　　　这种为纪念跟巴士底狱相关的事件,并将国王和各个等级都包括在内,以增强感染力的纪念碑方案,是1789—1790年的一种现象。当路易十六远离革命的表现越来越明显,之前被缓和的社会紧张又开始爆发的时候,其他设计方案就出现了。"获国王陛下勋章的雕塑家(Graveur des Medailles de sa Majesté)"尼古拉-马里·加托(Nicolas-Marie Gatteaux)在1790年为巴士底狱广场设计革命立柱,柱子上的路易十六已经被替换成手执长矛、头戴弗吉利亚帽的"自由女神"像。1792年6月16日,制宪议会决定将巴士底狱被推倒后出现的空地命名为"自由广场(Place de la Liberté)",并在广场中央树立自由柱,一个月以后的7月17日,在一派欢庆的气氛下,自由柱的奠基石被埋下。建筑承包人皮埃尔-弗朗索瓦·帕罗是个自封的建筑师(*architecte*)和巴士底狱摧毁者(*démolisseur de la Bastille*),他用自己的策划方案向这个决定表示欢迎,他设计的纪念碑比图拉真(Trajan)立柱还要高大,使用的石块全部来自被推倒的巴士底狱(见第283页插图)。于是,为巴士底狱建纪念碑的设计稿最后都集中到"自由"这一点上。

　　虽然这些纪念碑都只是纸上谈兵,但许多纪念革命公共节庆的版画还是展示了巴士底狱这一象征在营造大革命具体的背景环境方面的重要性。1790年7月在马尔斯广场(Champ de Mars)上举行官方的联盟节庆活动,巴黎的政治公众就在巴士底狱的碎砖瓦上自发地举行了一场反庆祝的活动来表示回应,有几幅版画就抓住了这一表态(见第284页插图)。民众们将"在此跳舞(Ici l'on danse)"作为口号,将过去的恐怖要塞所在地变成了游乐场。[34]帕罗及其工人们用刚砍来的树木沿着以前巴士底狱的轮廓搭起凉亭,形成一块跳舞场。自由帽飘扬在夜间节庆的串灯之上。但是,从另一扇门进入,客人们就可以看到复制的地牢,现在是一间恐怖屋,里面有从巴士底狱拿来的刑具和其他骇人的东西。导游所使用的语言肯定跟一年以后当节庆重办时,一家革命俱乐部的主席所雇

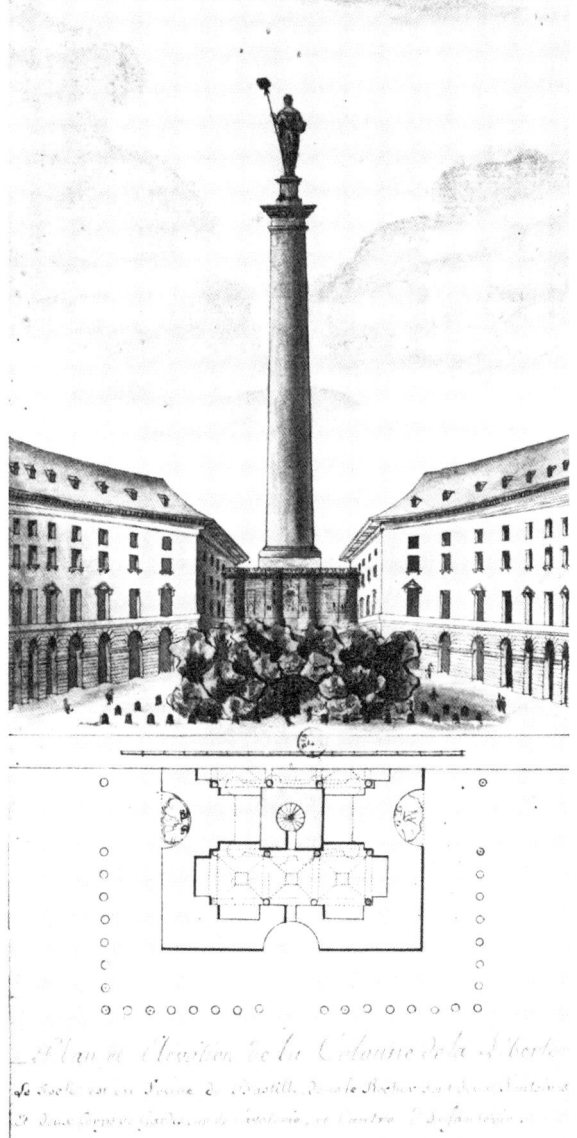

《即将树立在巴士底狱废墟之上的纪念碑透视图》("Vue en perspective du monument à ériger sur les ruines de la Bastille"),巴黎,1792。蚀刻版画。转载自 Alain Weil, *Histoire numismatique du patriote Palloy démolisseur de la Bastille* (Paris, 1976),图 XIV。

纪念巴士底狱相关事件的纪念碑项目将国王和各等级的形象都考虑在内,这是 1789—1790 年的一种现象。到最后,为巴士底狱树纪念碑的设计就只关注"自由"了。

247

《1790年7月14日为了法国联盟庆祝日,巴士底狱原址装饰一新、灯火通明》("Vue de la décoration et illumination faite sur le terrain de la Bastille pour le jour de la fête de la Confédération française le 14 juillet 1790"),巴黎,1790。蚀刻版画。法国国家图书馆,图片收藏部,万克收藏。

　　虽然纪念碑的事都只是纸上谈兵,但许多纪念革命公共节庆的版画还是显示出巴士底狱这一象征在营造大革命具体的背景环境方面的重要性。1790年7月在马尔斯广场上举行官方的联盟节庆活动,巴黎的政治民众在巴士底狱的断壁残垣上同时举行了一场反庆祝的活动来表示回应,有几幅版画就抓住了这一象征性表态,正如这一幅。

的导游所说的差不多：

> 市民们、兄弟们、朋友们！……这就是巴士底狱曾经的所在地。我们脚下踩着这些石块，心底是多么欢畅，这里长期以来关押着天才之人、勇敢启蒙其同胞公民之人……就在这些地牢里，我们面前的遗体，就是那些监禁在这里，准备加快我们革命进程的著名作家。这座专制主义宝贵的丰碑被打倒了，我们将其归功于大革命的胜利：自此以后，我们将从这一日开始计时我们的政治时代。7月14日将成为被铭记数个世纪的日子。[35]

在这里，巴士底狱的作用开始还是被当作圣安托万区小资产阶级的胜利象征，后来就作为法国大革命的识别性象征赢得了广泛的认可——不仅在每年的7月14日纪念活动上。[36] 它在所有革命节庆上都成为"必需"，所有节庆几乎强制性地必须从巴士底狱原址开始。[37] 1791年7月11日伏尔泰被同意进入先贤祠的时候就是如此情形。前一天晚上，这位启蒙思想家的石棺就被展示在这座他曾两次被监禁的监狱废墟上，上刻铭文："伏尔泰，在这个专制主义用锁链囚禁你的地方，请接受祖国给予你的荣耀（Reçois dans ce lieu où le despotisme t'enchaîna, Voltaire, les honneurs que te rend la Patrie）。"[38]

圣雅克街上的巴塞在一幅蚀刻版画中捕捉到了送葬队伍的画面（见第286页插图）。在背景中，最重要政治力量的代表，包括革命俱乐部和"巴黎中央市场的搬运工人（Forts de la Halle）"（原图注2和6），其中还有巴士底狱胜利者，以君王般的辉煌排场护送着巴士底狱烈士伏尔泰的遗体，朝着新近才开放的名望圣殿走去。队伍中大多数高举的"自由战利品（trophées de la liberté）"上都涉及巴士底狱。一面旗帜的一边描绘了7月14日的事件，另一边则指出这就是"人民最后的理由（La dernière

249

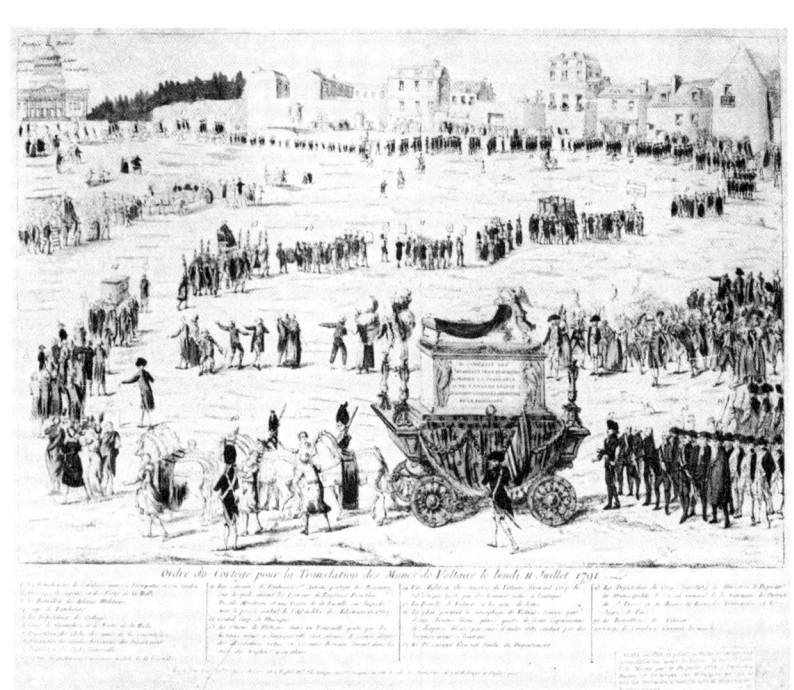

《1791年7月11日,周一,移送伏尔泰亡灵之队伍的顺序》。彩色蚀刻版画。法国国家图书馆,图片收藏部。

巴士底狱作为法国大革命本身的识别象征得到了广泛的认可。它是所有革命节庆的必需象征,节庆几乎必须从巴士底狱原址开始。当1791年7月11日伏尔泰被准许进入先贤祠时就是如此。(cat. no. 108)

版画:巴士底狱的形象

《1789年7月14日至1880年7月14日》("14 juillet 1789 – 14 juillet 1880"),巴黎,1880。蚀刻版画。法国国家图书馆,图片收藏部,法国历史收藏品。

在1880年第一个7月14日的官方庆祝上,廉价的插图小册子也显现出巴士底狱的象征主义传统。

raison du Peuple）"³⁹。接着走过来的是"第 83 个巴士底狱模型的队伍（Cortège du quatre vingt troisième modèle de la Bastille）"（原图注 10），这是帕罗的工人们在 1790—1791 年为了作为爱国主义"自由献祭品（*ex voto de la liberté*）"分发给所有省区而制作的所有模型中的最后一个。⁴⁰ 接下来是圣安托万区的市民。在绘有革命之父——卢梭、富兰克林、德西耶（Desille）和米拉波——头像的各色旗帜的包围下，他们在一块来自巴士底狱的石头上放上巴黎选民普通大会……会议记录（*Procès-verbal ... de l'Assemblée générale des Electeurs de Paris*），这是让-西尔万·巴伊和尊敬的马里·尼古拉·迪韦里耶（Marie Nicolas Duveyrier）在 1790 年对 7 月 14 日事件的官方叙述。

相同的形象在之后巴黎革命节庆及记录这些节庆的版画中一再出现。一个例子就是 1792 年 4 月 15 日为表彰沙托维厄（Châteauvieux）的士兵而举行的游行，在游行队伍中，帕罗的工人们和"巴士底狱胜利者（vainqueurs de la Bastille）"扛着一个巴士底狱模型和四个从巴士底狱搬来的方石，上面分别镌刻着"宪法""自由""勇敢（Bravoure）"和"忠诚（Dévouement）"。还有个例子是 1793 年 8 月 10 日的宪法庆祝日，这个活动是由大卫策划和组织的，从巴士底狱原址开始，如今这个地方站立着一个埃及自然女神形象的喷泉。水自她的乳房流出，分流至各省的代表那里，喝着汁水的代表们表现出的是国家重生或政治洗礼的场景。甚至在 1880 年 7 月 14 日举行的第一个官方国庆节上，廉价的插图小册子也显现出巴士底狱的象征主义传统。深受鼓舞之"共和国"最终扫除了旧贵族和上层资产阶级，但是其胜利只有在巴士底狱的专制主义被攻占和被摧毁的背景之下才实现了其全部意义。⁴¹

歌曲：混合媒体
劳拉·梅森（Laura Mason）

大革命的共和二年（1793—1794），轻歌舞剧编剧安托万·皮斯（Antoine Piis）写了一首献给印刷媒体的赞歌。皮斯是个非同凡响的人物，不仅在创作歌曲方面似乎才思不竭，而且对政治风向的预测也有着万无一失的本能。他的赞歌写道：

> 经你的方式，每个观点
> 都成了金属块儿；
> 经你的眼，每个观点
> 都一个接一个，排列得整整齐齐；
> 经你的臂，每个观点
> 都被印制，从而力量倍增，价值倍增；
> 经你的手，每个观点
> 都抵达所有人的头脑。[1]

这是为革命服务的歌曲与书报之间最妥帖的合作，而且——在印刷品上——还加上了一个维度，就是这首歌曲第一次演出的时间和地点。然而，这么整齐平滑的合流只在大革命的一个阶段中特点显著，"致印刷媒体的赞歌"只代表了革命歌曲与印刷品之间多面向复杂关系的一个方面。

在法国大革命中，歌曲与其他种类的印刷文化有两点不同。第一，它与革命报纸有着很不一样的出版轨迹。报纸的出版在1789—1790年急剧增长,到恐怖时期则持续下降直至最低点,[2]而歌曲的印制随着革命的发展获得了增长,在报刊似乎要销声匿迹的时候却达到了顶点。[3]

第二,歌曲因为自身的口头性质,与印刷品的关系很独特。歌曲写出来是为了唱出来或为他人表演用的,这种口头传播使它们可以在目不识丁的人群中流通。在旧制度时期,歌曲有助于批评性歌词的扩散,也就有可能引起警方的注意。而且,公共表演促进了对歌曲暗示可能性的利用。口头传统与印刷媒介的互动为革命歌曲文化带来了活力。一旦被固定在印刷品中,歌曲的文本和表演就从倾听的公众延伸到了阅读的公众,为歌曲与革命政治之间不断变化的关系又增加了一个维度。

大革命期间,印刷媒体继续发挥保存歌曲文本的传统功效,但当表演也开始被保存下来时,歌曲与印刷品之间的一种新型关系就产生了。随着大革命的开始,报纸出版呈爆炸式增长,创造了新的将事物和活动再现在公众眼前的可能性:写给编辑的信件和逸事专栏抓取一些很可能在街头转瞬即逝的事件,将报纸与街头、剧院混合成可以详细阐述和公开辩论革命文化的非官方论坛。歌曲和歌唱,作为街头经验的一部分,成为报纸要处理的主题。

刊登了描述特定歌曲之演唱的报纸——刊登频率和对革命进程的详细描述会有所不同——将一首歌的暗示可能性延伸到更广泛的听众,而不仅仅是街头的倾听者。然而,描述一首歌的表演,就像印制一首歌的文本,不会是一种中立的行为,而是对大革命的性质、过程和目标表达观点的一种方式。这种表达方式也不是静态的:像歌曲表演和歌曲文本内容的性质一样,报道表演和出版文本的条件在大革命期间也经历了几次变化。

虽然1789年攻占巴士底狱对政治关系产生了深刻的影响,但并没

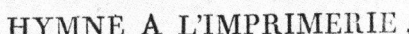

皮埃尔-安托万-奥古斯丁·德·皮斯(Pierre-Antoine-Augustin de Piis),《致印刷媒体的赞歌》,[1793—1794]。法国国家图书馆,印刷品部。

皮斯的《致印刷媒体的赞歌》生动地例证了为革命服务的歌曲与书报之间最妥帖的合作。(cat. no. 81)

有预示革命歌曲的开始。从1789年7月到1790年7月,民众的歌唱实践很多都是旧制度的——只是歌曲的主题有所变化。1789年所写的流行歌曲——"谱写"方式就是为熟知的曲调配上新诗文——颂扬显著事件,但等到事件消退后也就不再流行了。[4]有几首老歌被认为跟时事相关,就被重新翻出来,在各种庆祝活动和民众聚集时演奏或演唱。[5]歌曲在印刷媒体上的出现并不规律——只在一些报纸或整个18世纪歌本小贩所熟悉的半页印刷、6页或12页的廉价小书上出现——而且只有几家报纸通常在报道特定事件的语境之下才会描述民众演唱的情况。虽然几乎所有1789年所写的歌曲都在歌颂大革命,但是,只要是关注到这些歌曲的报人和政客,都认为民众歌唱一般来说都是有嫌疑的活动。神父福谢(abbé Fauchet)就称:"当旧秩序和旧方式的拥护者们还在用歌曲、诙谐短诗和诽谤小文自娱自乐时,拥护宪法和适合刚获解放之人民的习惯的朋友们,则在创作严肃、严谨和公正的作品。"[6]卡米耶·德穆兰对于革命理想人格的理解不是那么死板,自己偶尔也会欣赏街头歌手的表演,但对此也表示怀疑。他警告他的读者,歌曲的缪斯"是个喜欢喝香槟的人",也是最容易被贵族制腐化的人。[7]当然,街头的演唱还在继续。接着到了1790年年中,流行歌曲的某一方面经历了深刻的转型,这一点在印刷媒体中有所反映。

1790年7月前两周,几千名巴黎人志愿去帮忙筹备第一个联盟节庆。他们边工作边歌唱,所有报道一致认为最受欢迎的歌是"一首名为《国家钟声》('Carillon national')的歌,所有人异口同声地唱着'会好的,会好的,会好的(ça ira, ça ira, ça ira)'"。[8]

"会好歌"是一首极其简单的歌曲,只需要重复旋律和副歌部分"啊!会好的,会好的,会好的",并保持"会好的"。[9]歌词可以经常修改,而且的确经常被修改。印制出来的1790年所唱的歌词对大革命的未来满怀期望,并寻求社会各阶层之间的和解。

歌曲：混合媒体

CHANSON
SUR
LA PRISE DES INVALIDES
ET DE LA BASTILLE.

A MON PARENT
M. MOREAU DE SAINT-MERRY,
Préfident des 300 Electeurs de Paris.

Air: *Dans ma Cabane obfcure*, &c.

LIBERTÉ qui m'ès chere,
Cent fois plus que le jour ;
Toi que mon cœur préfere
Au bonheur de l'amour :
Ma Mufe t'offre un Temple,
Où ton œil radieux
Et careffe & contemple
Tes François glorieux.

皮埃尔-让-乔治·德·卡利埃·德·勒斯堂（Pierre-Jean-Georges de Callière de l'Estang），《攻占荣军院和巴士底狱之歌》，[1789]。纽约公共图书馆，珍本和手稿部，塔列朗收藏。

革命者延续了为熟知的曲调谱写新词的流行传统，以颂扬重要事件。(cat. no. 4)

294　印刷中的革命：1775—1800 年的法国出版业

257

《国庆节，1790 年 7 月 14 日》，[1790]。单页版画。法国国家图书馆，印刷品部。歌曲常因颂扬特定事件而短暂流行，但"会好歌"作为革命歌曲，第一次超越了这样的局限，成为一种向大革命和新政体表示效忠的方式。（cat. no. 12）

> 啊！会好的，会好的，会好的
> 我们欣喜，好时代即将来到
> 市场上的人们，曾经穷困潦倒
> 现在可以高唱哈利路亚。[10]

这首歌还有其他版本，但没有印行，而且也不如这个版本具有和解的特点。《巴黎纪事》在描述马尔斯广场上的工作时，补充道："我们不能复述所有在唱的歌曲……'贵族不能幸免'这一点已经说得够多了。"[11]《法兰西信使报》则没那么小心谨慎，而是直截了当地陈述："多数歌曲的合唱部分是'会好的，绞死贵族，杀死贵族！'"[12]

在接下来的两年里，"会好歌"是各种革命党派的标志性歌曲，区别于仍旧在革命文化中占一席之地的传统歌曲和歌唱实践。"会好歌"不仅被接受而且还保持流行，标志着它在两个重要方面已经背离了传统。"会好歌"在1790年7月14日国庆节之后的几周内都没有淡化，说明它已经超越了大多数流行歌曲短暂流行的特点。而且，虽然它产生的语境是为了筹备节庆，但并不是为了歌唱某一特定事件，而是为了表示对待大革命的政治立场和态度。

革命者认为，在"大革命和反对顽固教士和贵族"的过程中，唱"会好歌"就是信念的符号："有个人……在作坊里高唱'会好的，会好的，会好的'这首歌，这时候另一个人，以前是个贵族，从门口经过，认为这是一种侮辱，就向市政府正式表达不满。"[13]另一方面，保王派则将此解读为向煽动者所做的流行且盲目的承诺："会好的：误入歧途的自由狂热分子用琐碎的副歌震聋了一个愚昧无知的民族，他们只会机械地重复这一句。"[14]双方都把这首歌看作革命的计量器，一个计量进步，一个计量退步。

在此语境下，特别重要的是，"会好歌"的歌词基本上仍然保留着口头文化的元素。革命者和保王派都认为这首歌具有非凡的重要性——从他们讨论和报道其表演的方式就能清楚地看到这一点。但是歌词很少被印制,而且几乎从未出现在革命歌曲选集中。"会好歌"主要以口头方式来传播,这一点使它具有了在讨论热门话题和意识形态方面的灵活性,这是它能在大革命头几年保持流行的核心所在。在印刷形式上缺少确定的歌词版本,使这首歌能够更加适应演唱时所处的剧烈变动的环境。[15]

大多数报道"会好歌"的报纸只对它被演唱这一事实感兴趣,革命派和保王派的报纸都如此。有些革命刊物的逸事版块会提到在某一特定集会上演唱了"会好歌",唱了多少遍,以及听众如何反应。保王派报人们抱怨这首歌的反复表演,或诅咒不会有人再唱,并且印制愤怒的仿写本。那些报纸(大部分)不想麻烦自己去详述一首流行歌曲的生涯,但承认利用"会好歌"来简洁表述复杂的革命观点是有一定重要性的——认为它高尚还是荒唐,就取决于刊物的革命立场了。

报纸对其表演的报道反映了对待流行歌曲的普遍态度和关于大革命的特定见解。只有小部分报纸描述了"会好歌"的表演,因为很少报纸会对流行歌曲特别感兴趣。虽然有些出版商会偶尔描述"会好歌"的表演,以表达对其重要性的认可,但这种认可还是很含蓄。描述本身就暗含了对大革命的二元性见解:一个人要么支持,要么反对;要么唱"会好歌",要么不唱。虽然口头传统的"会好歌"所蕴含的对大革命的理解是变化的,但印刷文化却倾向于简化这种变化中的不同。然而,尽管报纸的报道数量少而且简单,但还是通过对民众实践和地方性实践的赞扬,加快并扩大了这种新演唱形式的传播。不仅巴黎人在唱"会好歌",外围村庄、里昂,甚至伦敦的居民也都在唱。流行歌曲是革命文化中让公众发声的部分,尽管这种声音还是沉闷不洪亮。

随着1792年新的革命歌曲(《马赛曲》)的到来,以及投入战争和培养共和国公民的迫切需要,对流行歌曲的看法发生了明显的变化。处理歌曲的方式随之发生变化,强调的重点从表演转向了文本;歌曲与印刷文化的关系也随之发生变化,革命歌曲的出版数量开始急剧上升。

1792 年春天,法国人民正在准备应对对外战争的持续性危机,一个问题被提出:什么样的歌曲才配得上革命军队?在巴黎,《巴黎纪事》和戈尔萨斯(Gorsas)的《邮报》(Courrier)甚至在正式宣战之前就开始讨论这个问题。[16] 到四月底,战争宣言抵达斯特拉斯堡时,市长迪耶特里克提出了相同的问题,他认为像"会好歌"和"卡尔尼奥拉歌(Carmagnole)"这类流行歌曲是远远不能胜任鼓舞法国士兵赢得胜利之任务的。鲁热·德·利勒(Rouget de Lisle)在听取了市长的迫切希望之后,当天晚上回到家中就写成了《马赛曲》。[17]

《马赛曲》曾经是一首非常独特、强有力的歌曲,现在仍是。在共和国头几年,其文本和表演被认为同等重要。但刚开始时,单独的文本并没有激起多大热情。文本被印在两份不同的报纸上,7 月底之前也在一次宴会上演出过,但没有引起多少评论。[18] 1792 年 7 月 30 日,来自马赛的部队抵达巴黎,带来了非同凡响的演出和几百个熟悉这首歌并愿意教唱的人。到八月底,《巴黎纪事》报道:"在所有剧院,人们都可以听到这样的请求:让我们成为祖国的儿女吧(Allons enfants de la Patrie)。这是鲁热先生[Monsieur Rougez,原文如此]的话……[曲调]瞬时打动人心,鼓舞士气。来自马赛的志愿者们带来了这首歌……他们演唱的效果非常好,摇着帽子和军剑,突然大喊:武装起来,公民们(Aux armes, Citoyens)!那一刻使人精神一振。"[19] 到 10 月中旬,同样是这份报纸报道,"联盟和革命性质的'会好歌'(air fédéral et révolutionnaire ça ira)"已经完全让位于《马赛曲》。[20]

跟"会好歌"一样,演唱《马赛曲》成了团结的符号和对大革命的拥

261

LA CONSTITUTION
FRANÇAISE,
ET LES DROITS DE L'HOMME,
CHANSON PATRIOTIQUE.

Air : Vive Henri IV.

Rendons hommage
A nos Représentans,
A leur courage,
Ainsi qu'à leurs talens :
Leur grand ouvrage
Vivra dans tous les tems.

L'homme est né libre ;
Tous sont égaux en droits ;
Tous peuvent suivre
Leurs penchans & leurs choix,
Mais doivent vivre
Sous l'empire des lois.

《法国宪法和人的权利——爱国主义歌曲》,[1791?]。纽约公共图书馆,珍本和手稿部,塔列朗收藏。

像这种演绎宪法和《人权宣言》的歌曲,被用来向最广泛的可能听众传播共和主义理想和公民原则。(cat. no. 125)

护。有学识的革命者对这首新歌更为推崇,因为想着这首歌伴随法国军队走向战场,就会联想到希腊人和古代高卢人口中高唱着歌曲,冲锋陷阵的形象。[21]

《马赛曲》也值得更多尊重,因为很明显,它是一首更加正式的歌曲。演唱"会好歌"的报道总是会遗留一些到底唱了什么的问题,而《马赛曲》的歌词却是坚决确定的。从 1792 年到 1794 年,《马赛曲》至少印了 60 个不同版本,而"会好歌"只印了大约 12 版。[22] 虽然有仿写本,而且偶尔也会增加新的诗文,但有 6 段(后来 7 段)诗文毫无争议地组成了《马赛曲》。这种正式性减少了发明创造的可能,[23] 但歌曲能够传遍全国,营造团结一致的局面:巴黎人知道,他们所唱的文字跟法国士兵带到前线的一样。

同一时期,谱写歌曲还要实现一个任务,就是打造共和国公民。在这一语境下,歌曲被用于各种目的:传播共和主义原则和道德,纪念"革命烈士"(例如让-保罗·马拉、米歇尔·勒佩勒捷[Michel Lepelletier]和约瑟夫·巴拉[Joseph Barra]),庆祝"十日一句(décade)"和最高主宰的存在。全国都在热烈讨论利用歌曲来锻造共和国公民。一个外省的市长写信给国民公会,指出勒佩勒捷的全国教育计划忽视了音乐的教育,通过音乐教育,共和国可能有望摆脱神父和迷信习惯的控制。[24] 雅各宾派歌曲作家托马·鲁索催促国民公会投资印刷 16 000 份他写的一首歌,因为"人民唱得比读得多"[25]。国民公会也在采取行动,呼吁公众写歌来歌颂少年革命烈士巴拉和维亚拉(Viala),并提供资金支持国家音乐学院(National Institute of Music)多出歌集和赞美诗集。[26]

人们对歌曲的可能用途及其刚被发现的值得尊敬之处越来越感兴趣,所以不奇怪,越来越多的歌曲被创作出来。数字一直在上升,从 1791 年的大约 199 首革命歌曲,[27] 到 1792 年的大约 305 首,1793 年的 504 首,1794 年的 701 首。虽然歌曲文本的数量在增长,但歌曲文化的其他方面却在下降。

报纸更可能刊登歌曲文本，但报道演唱实践的可能性却越来越小。表演的报道没有完全从印刷中消失（几乎所有刊登出来的歌曲都包括一个关于第一次演唱的时间和地点的注释），但明显不够详细。表演也更加精心组织。剧院里的演唱仍在继续，但刊登的报道更倾向于强调在分会上的演唱。更强调节庆或民众庆祝活动上的表演，而不是街头自发性的演唱。[28]与这种对更加组织化表演的叙述并行的是提高歌曲地位的努力。虽然大多数还是延续着流行曲调配上新诗文的简单创作方法，但现在刊登出来的歌曲可能被称为更正式的"赞歌"或"颂歌"，而过去只被称作歌曲。

当公共演唱的报道越来越正式，反对派的歌曲和歌唱——就像反对派的报刊——就被踢出了公众视野。以前大量的保王派和反雅各宾派的歌曲，现在只出现在编辑整理后递交革命法庭和通用安全委员会（Committee of General Security）的卷宗里。然而，就在同一时期，法国人还是以一种在大革命任何其他时候都不曾有过的速度创作着歌曲。

歌曲增多的很大一部分原因是共和国头两年里创造了一系列新的保存和推广歌曲的可能性——其中很多是为了进行战争和打造团结一致的公民。共和派歌曲作家不再局限于传统的书商和商业印刷者渠道，因为这些人在决定是否印制一首歌曲时，主要考虑的是利润。现在为几个分会和国民公会委员会服务的印刷厂也可供使用了。没有被印出来的歌曲还能保存在分会和国民公会的会议记录中，也可以保存在公共教化委员会的文件中。国民公会定期颁发歌曲征集令，鼓励法国公民递交自己创作的作品并会刊登（或带有荣誉性质地提及）这些歌曲，这就说明他们采用的标准不是商业上是否成功。民众信任这种相比于才华更强调爱国主义的标准，这种信任从国民公会和公共教化委员会所收到的无数信件中得到了证实。小克里斯托夫（Christophe fils）随自己的诗文

歌曲：混合媒体

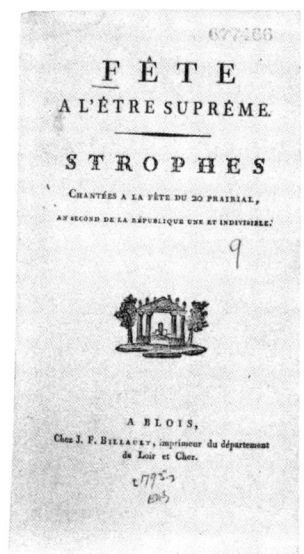
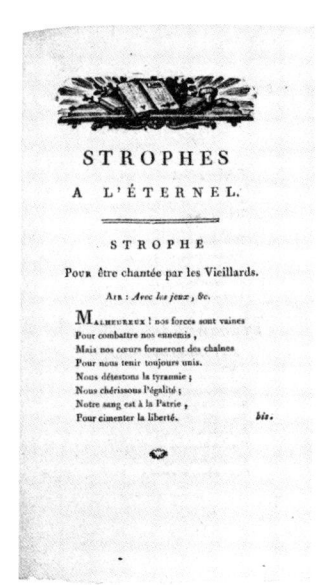

《最高主宰节》，[1794]。纽约公共图书馆，一般研究部。（cat. no. 183）

伊尼亚斯·普勒叶尔（Ignace Pleyel），《自由赞歌》，1792年，纽约公共图书馆，音乐部。（cat. no. 190）

当革命政府开始意识到歌曲的教育价值时，就对歌曲和音乐，以及歌曲表演的情境进行了越来越正式的组织。歌曲现在被给予了更正式的称号："赞歌"或"颂歌"。并且为官方场合——例如最高主宰节——写歌。

264 （"音乐待谱写"）还附了一个注释,解释说:"谨以此篇拙文向国民公会表示敬意,它是献给我们在保卫'复仇号（le Vengeur）'舰船时牺牲的武装兄弟的。我只说了我所感受到的,在这里,爱国主义代替了才赋;这足以赢得公正之人的宽容尊重,他们懂得如何区分心意与无用的历史鲜花。"[29]

歌曲文本在增多,刊登有关表演描述的可能性却在减少,是因为在共和国的头两年半里,对流行歌曲的看法在改变,而且最主要的关注点在法国国民。《马赛曲》的品质和成功帮助提升了流行歌曲的形象。但是这一时期能够引起对歌曲大加褒赞的,还是共和国要构建国家团结、进行战争、肃清旧制度习惯和信仰的计划。这个计划以及之后对歌曲之教育价值的认识,提升了歌曲的地位,鼓励了越来越多的关注,并改善了有利于其出版的资源。

这个成功故事的另一个面则是,歌曲表演出现在印刷品中的可能性却在减少。一定程度上,报纸上对表演的描述让位于歌曲文本,是因为文本在教育上的重要性。但是,多元性的缺失和恐怖时期的偏执也起了很重要的作用。很多早期关于"会好歌"表演的报道都涉及保王派的事实在场或暗示在场。在恐怖时期,利用歌曲(现在用的是《马赛曲》)来反对敌人的做法已经从国内发展到满是刺刀和攻击的前线;在巴黎,受嫌疑的保王分子不再被歌唱,而是被批捕。[30]更普遍地说就是,危机中的共和国没有余地再容纳"会好歌"的报道中所暗含的对自发性和多元性的宣扬。

歌曲快速出版,而关于歌曲表演的描述却不详细的这种现象,并没有在罗伯斯庇尔和公共安全委员会于共和二年热月9日（1794年7月27日）倒台后的第二天一早就消失不见。变化的发生是不定时的、不均衡的。在巴黎各区的演唱在热月政变之前已经开始减少,但向国民公会呈交歌曲还在继续,尽管速度慢了下来,但之后还是延续了一阵。报纸

歌曲：混合媒体

继续刊登革命歌曲，表演的细节却不多或根本没有；革命歌曲选集还在出版。但是新歌的创作变少了，康斯坦·皮埃尔（Constant Pierre）的编目记录了这一惊人的下降，从1794年的701首锐减到1795年的137首（共和三年雪月至共和四年雾月）。

然而，这种急剧下降并不是歌曲从革命舞台消失的信号。之后两年，报纸、公众和政府的注意力又回到了歌曲的表演上，而且关注的程度尤其强烈，因为发生了一场范围广泛的公共论战，争论的问题是《马赛曲》与一首反雅各宾派新歌《人民的觉醒》（Réveil du peuple）这两首歌的演唱意义。论战在共和三年和四年（1795—1796）延续了很长时间，每次政府的介入都会使其更清晰更剧烈，而且论战也标志着印刷品与歌曲表演之间关系的又一次变化。

《人民的觉醒》第一次公开表演是共和三年雪月30日（1795年1月19日），在威廉·退尔区（section William Tell）举行的一个庆祝"十日一旬"的活动上。演唱者是演员皮埃尔·加沃（Pierre Gaveaux），他也是歌曲的作曲者。歌曲以提问开始：

> 法兰西人民，兄弟们，
> 你们看到，难道不会因为恐惧而瑟瑟发抖吗？
> 罪行提高了
> 大屠杀和恐怖的标准。[31]

接下来，激昂的四行诗文呈现的形象是嗜血的暴君、被屠杀的无辜和复仇的欲望。

> 什么！这群吃人的暴徒，
> 地狱从肠子里呕吐出来的暴徒，

鼓吹着屠杀和血流遍野！
要用你的鲜血去淹没！³²

最后一段诗文很平静，赞颂了国民公会尚存的成员，并保证他们的名望将永垂不朽。³³

在之后几个月里，《人民的觉醒》绝对占了上风。有时候似乎它就只是某一特定党派的歌曲，而这一党派的反对力量被彻底噤声，就像在雨月（1795年2月）初，"金色青年（jeunesse d'orée）"³⁴对几名被指控为雅各宾分子的演员实施恐吓，让他们演唱《人民的觉醒》，但接着又大喊，让他们别唱，说他们根本配不上这首歌。³⁵而有时候似乎它又广泛流行，因为它表达了一种普遍的反雅各宾派情绪。在芽月（1795年3月），梅西耶的《爱国年鉴》(Annales patriotiques)——绝对不是"金色青年"的代言人——报道："巴黎人看到针对督政官[décemvirs，罗伯斯庇尔的昔日同僚]的诉讼进展缓慢且阻碍重重，不会感到轻松。在所有剧院，当一听到人民的警钟[《人民的觉醒》]响起，所有观众就会报以最持久的掌声以表达他们的情感。"³⁶

能够确定的是，《马赛曲》不再受公众青睐了。对其演唱的最后一次报道发生在雅各宾俱乐部最后的、充满暴力的日子。³⁷从前线回来的士兵可能还会捍卫这首歌曲，毕竟这首歌伴随着他们走入战场；但是在巴黎，《马赛曲》因为与恐怖时期之间密切的联系而黯然失色。

《马赛曲》与《人民的觉醒》之间的第一次较量发生在国民公会颁布一道法令之后。法令规定，为了纪念攻占巴士底狱周年，《马赛曲》的歌词要被编入大会简报，而且第二天卫兵上岗时要演奏这首歌曲。³⁸第二天早上，一群愤怒的年轻人出来阻止演奏《马赛曲》。"他们说，这首歌为雅各宾派和食人者所用，已经被玷污；为什么不规定演唱《人民的觉醒》呢？难道还要复兴恐怖时期吗？"³⁹卫兵队长面对反对意见不确定该怎么办,就派人送信到国民公会,信使回来时带的话是,命令已撤销。

然而,这件事打响了在接下来两周里席卷巴黎街头、剧院和报纸的论战第一枪。在各个剧院里,演唱《马赛曲》的努力都被压了下去,演员们被迫改唱《人民的觉醒》。《巴黎纪事》报道,一个在歌剧院正厅的士兵大喊,《马赛曲》被演唱的时候,士兵们在前线打仗,而他们的家人却被杀。[40] 连日来,报纸都在报道事件的详细信息,语气会根据报纸所持的政治立场而有所不同,还会加上对于冲突会如何结束而做出的思考或建议。公共安全和通用安全委员会通过法令,规定除正在演出的歌曲之外不准演唱其他歌曲,但观众们无视法令,自己高唱《人民的觉醒》。[41]

穑月的最后一日(1795 年 7 月 18 日),寻求结束争端的布告出现了,各式报纸对其进行了转载。布告的语气各不相同,有要求将演唱《人民的觉醒》的歌手作为保王分子和新恐怖分子进行暴力打击的,[42] 也有调解型的,提醒相同团体——比如"牧月捍卫者(defenders of prairial)"——要记得支持国民公会的承诺。[43] 布瓦西·当格拉斯(Boissy d'Anglas)在热月 1 日(1795 年 7 月 19 日)的演说中在这两种立场之间阐明了自己的观点(热月 4 日刊登在《巴黎邮报》[Courrier de Paris] 上)。他承认《人民的觉醒》是赞颂热月 9 日的,"但是[这些诗文]也是在良好公民之间导致意见不合的种子。不止一次,在里昂,在南方,它们都是大屠杀的信号……在任何其他情况下,这种演唱都不应受谴责;但如果对它进行恶意滥用,你们就必须戒绝"。

毫不奇怪,这些方法没一个奏效。国民公会的一道法令挑起了纷争,大会的另一道法令则标志了它的结束。热月 9 日,就在"山岳派余党"的"暴力咕哝"中,《人民的觉醒》在国民公会前被演奏,一起演奏的还有《马赛曲》和"会好歌"。[44]

这场争论之所以值得注意,是因为它标志着一场广泛的焦点转移,从共和国头几年特有的对文本的聚焦回归到对歌曲表演的强调。虽然两首歌曲都被拙劣地模仿，但重要的不是任何一首歌所说的，哪首歌词更能代表大革命的理想，而是每首歌被演唱时的情境。《马赛曲》被攻击是因为当这首歌被演唱时，恐怖时期的断头台正在疯狂地运转；它被捍卫则是因为它曾经送共和国的军队走向胜利。而《人民的觉醒》或是作为国民公会再次重申反对暴政的歌曲，或是作为一场血迹斑斑的南方反动的曲子。

正如两首歌曲都从表演时的不同情境中解析出不同的意义，他们对于主导地位的争夺也围绕着表演来组织，这些表演都经报纸的叙述被放大和改变。报道这些冲突的报纸不仅对它们进行描述，还进行评论，并试图扩大或限制这些冲突。《爱国年鉴》和《巴黎邮报》都是温和派报刊，对国民公会为《马赛曲》背书感到迷惑不解，但在报道每次的进展时都会劝告巴黎的年轻人要审慎行动。《夜间信使》(Messager du soir)则是一家臭名昭著的反动报纸，反应有时候甚至比街头的更激烈，这家报纸喜欢被升华了的情绪激昂的表达方式，以及对《马赛曲》捍卫者的尖锐谴责。然而，不管他们劝告读者要审慎还是要狂怒，这些报刊都赋予了这场论战一定的合法性，并通过报道和评论帮助将这个问题从歌曲泛化到了政治。这无疑是左翼残余分子的报纸在这个话题上几乎保持完全沉默的部分原因。

虽然革命报纸又一次报道歌曲表演（现在是《马赛曲》和《人民的觉醒》的表演），但它们并不是简单地回归到大革命头几年的演出实践。首先，这些新的报道数量要大得多，而且远比1792年之前关于"会好歌"的任何一篇报道都要具体详细。流行歌曲的形象在中间几年也得到了提升，既因为《马赛曲》的成功，也因为对歌曲教育价值的认可。因此，演唱——特别是争论中的演唱——已经在革命文化中获得了可确定的位置，出现在报纸上的可能性也就更大了。

早期特有的对立也不适用。演唱《马赛曲》的人与演唱《人民的觉醒》的人之间的争论并不是革命的支持者与反对者之间的争论,而是关于大革命应该具有怎样的意义和目标两种不同观点之间的争论。"会好歌"如果没印出来的话,在口头上包含了对大革命的不同理解。但是,在一个既经历过恐怖时期暴行,又经历过反动时期暴力的社会里,歌曲与政治之间的显性纠缠、对政治立场之含义的期望与恐惧之间的复杂关系,都使得在任何一个层面要实现和平共存都不可能。

这场争论在共和四年有了续集。在雪月(1796 年 1 月),督政府下令在剧院禁止演出《人民的觉醒》,命令在每次演出之前都要演唱《马赛曲》和另外三首共和歌曲。剧院又一次成为文化辩论的场所。巴黎的报刊争论不休,但督政府毫不动摇。这场冲突拖了两个月之久,直到剧院的观众们都厌烦了,一个警方暗探报告道:"剧院里的每个人对爱国赞歌表现得都很冷静。两段歌词,匆匆唱完,对演员们来说似乎足够了。不同党派都足够平和地听完了这些赞歌。"[45]督政府重申该法令,四个月之后,等到所有对应该唱什么歌这一问题的兴趣消失殆尽后,督政府撤销法令,就这样让事情过去了。

这件事之后,革命歌曲文化开始分裂。个人继续歌唱,但关于歌曲的意义及其跟大革命的关系的公共讨论却越来越稀少。在文本与表演之间也出现了分裂,同样出现的还有官方与民众,精英阶级与工人阶级之间越来越宽的鸿沟。当督政府几乎只关注赞歌的创作,报纸公然评论非政治性歌本的时候,民众演唱在街头和工人阶级街区的咖啡馆仍旧继续着。但这些表演报纸不会再报道,而是出现在警方的报告中,其中强调歌唱就只是夜间饮酒的助兴节目而已。

歌曲与印刷文本之间不断变化而且多层面的关系,正好发生在大革命最伟大的文化实验和发明创造时期。当流行歌曲获得受尊重的革命地位,而且与政治意识形态的关系越来越清晰时,它们就越有可能进入印刷媒体之中。更大范围的政治环境会决定报纸是关注歌曲的表演还是文本。对大革命的方向不确定并有争论时,表演就占主导。对于1792年之前"会好歌"的演唱者、1795年和1796年《马赛曲》和《人民的觉醒》的演唱者来说,民众的文化发明和民众暴力成为建立象征性示范的方式,因此也成为主张革命意义的方式。在共和国头几年(1792—1795),不确定性和争论都被噤声了,文化生产都是朝着非常特定的方向引导的。但是在积极宣传共和主义和努力投入战争的情况下,还是出现了文化成长和保存的新方式,于是革命歌曲的文本很繁盛。到共和五年,表演和文本的两条路都被封死。督政府通过颁发官方革命歌曲的法令让所有讨论噤声,而非商业性的歌曲印刷商早就不存在了。

正如大革命头几年的情况一样,文化改变落后于政治变化。巴黎民众与国家政府之间从恐怖时期中期开始就日益增宽的政治鸿沟,在《马赛曲》与《人民的觉醒》争端和之后的沉默中找到了其文化体现。巴黎人不得不等到19世纪才再次发声。

短时效印刷品：以意象进行公民教育

詹姆斯·利思（James Leith）

大众传媒的权威学者马歇尔·麦克卢汉（Marshall McLuhan）在他的《古腾堡星系》（Gutenberg Galaxy）中提出，作为批量生产的最早实例，印刷机可以复制大量完全一致的文本，远远超过抄写员手工能复制的量。[1]麦克卢汉强调印刷文字对现代文化的影响是对的，但他的分析没有强调印刷机还通过人类历史上前所未有大规模的版画促成了意象的大幅增加。我们从大量的收藏品中可以想象得到法国版画意象的涌现。这些收藏品之所以存在，是因为路易十四时期颁布了法律，要求每幅版画都要存两个复本在皇家图书馆，也就是现在的法国国家图书馆。这些从旧制度和大革命时期收藏下来的大量版画，证实了印刷机不仅印制了大量文字，还印刷了大量意象。

大革命十年制造了好几千种印刷的意象。除了篇幅较大的版画，例如寓言作品、政治漫画、时事情景画、领袖画像，甚至墙纸，我们还可以发现随处可见的尺寸较小的意象，例如在颁发给巴士底狱攻占者的证书、纸币、官方信头、法律文本的抬头和印章、政治俱乐部或分会的会员证、《人权宣言》复本、新日历、共和主义格言录、儿童游戏、扑克牌、女士的扇子、小盒子的盖子以及公民手册中的卷首插图和装饰图中。这些意象，尤其尺寸较小的意象，有时被称作"短时效印刷品（ephemera）"，但这种说法低估了其重要性。因为这些意象有时印制的量数以万计，而且会被传到那些可能接触不到报纸、小册子或图书的人们手中。不管怎么说，作为启蒙思想感官论心理学的继承者，革命者对意象在公民心里留下持久印象的

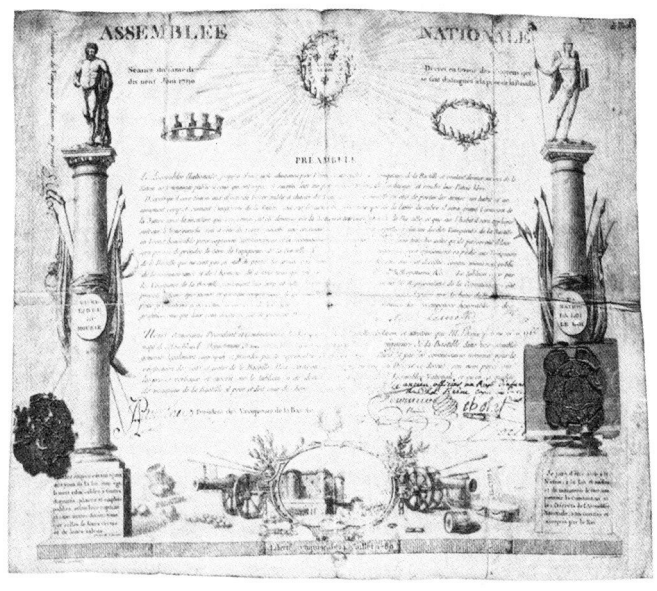

巴士底狱攻占者证书("Brevet de vainqueur de la Bastille..."),日期未标。版画。法国国家图书馆,图片收藏部,万克收藏。

国民卫兵证书,[1793]。版画。法国国家图书馆,图片收藏部。(cat. no. 2)

大革命早期,颁发给巴士底狱攻占者和新国民卫兵的证书上都装饰着象征新秩序的标志。

力量深信不疑。首先,他们相信,意象能够激起情绪,这一点印刷文字做不到。

大革命早期,颁发给巴士底狱攻占者的证书和新国民卫兵的证件上都装饰着象征新秩序的图案。1790年6月,国民议会决定对在攻打旧的城堡监狱时表现突出的公民颁发特别表彰证书。在证书的顶端,一个由橡树枝围成的椭圆形内是代表大革命现阶段三位一体的名称——国民议会、法律和国王。正如我们将看到的,大革命产生了一系列三位一体的形象,大部分持续时间都很短。法国国家图书馆里的这个证书复本上,"国王"这个词被删除了。[2] 证书的左边,一根柱子的顶端立着赫拉克勒斯像,这个半神已经与民众力量联系到了一起。在右边,相同的柱子顶端立着墨丘利(Mercury),手里拿着一本新宪法。在底部的圆廓装饰图里是攻打巴士底狱的情景,图上站着一只法兰西雄鸡,图周围是大炮。断开的锁链散放在地上。后来,赫拉克勒斯又出现在新国民卫兵的证件上,又一次与攻占巴士底狱联系到了一起,还写着标语"不自由,毋宁死(Live free or die)"[3]。另一边是正义女神像,题词是"法律面前人人平等(Men are equal under the law)"。

新纸币成为传播革命标语、寓言形象和象征物的主要媒介。[4] 所谓的指券,最初是以没收的教会财产为支撑的债券,但很快就发展成为国家基本货币。刚开始,指券上有路易十六的像,就像是大革命之前他会出现在硬币上一样,但不久以后就加上了革命的象征,并最终取代了他。最有趣的是1792年发行的十苏指券上等边三角形的使用。等边三角形在过去被用作基督教三位一体或共济会最高主宰的象征。美国一美元纸币有背面是共济会的版本。从大革命一早开始,这个三角形就被用来神圣化各种理想——所谓的三贤王:路易十二、亨利四世和路易十六;三个等级的联盟,而今众等级平等;或君主立宪制的三重理想,国民、法律和国王,[5] 正如这张指券上所呈现的。跟其他一样,这个三位一体的形象也没有维持很久,不久就被另一个三一体取代:自由、平等和安全。

1792年8月10日后不久,自由女神像取代了国王的形象。自由女神像作为一个可以追溯到古典时代的古老寓言形象,通常身穿飘逸长裙,手握顶戴便帽的法杖。法杖让观者联想到罗马行政长官用于碰触并解放奴隶的那根法杖;便帽代表的是以前奴隶作为自由的标记所戴的帽子。有时,自由女神像边上还有断裂的牛轭,偶尔还有古老的自由象征——猫。自由女神的形象在美国独立战争时期在法国就更加显著。有版画描绘富兰克林引领她来到美国,或者在一个以抗争殖民地为中心的地球仪上,她为他加冕。随着法国大革命的爆发,自由女神成为一个越来越为人熟知的形象,刚开始还有国王相伴,之后就经常独自站立。推翻君主制时,她已经准备好成为共和国的核心象征了。在1792年12月发行的50里弗尔的指券上,她已经是画面主角,一只手握着国家的方向舵,另一只手拿着公民王冠。基座上的一只法兰西雄鸡站在她身旁,基座正面装饰着束棒和自由帽。

大革命发展到高潮时,自由女神还在各级政府实体(包括各个部门、委员会和军事单位)的信头里成为主要形象。[6]形象如何刻画会根据特定实体的功能而有所不同。将军们的信笺装饰图里,自由(或共和国)女神通常会有武器相伴,而在公共教化委员会的信笺上,她就是阅读一本书的形象。特别有趣的是公共安全委员会的信头里,自由女神的形象是一只手上拿着一把顶着自由帽的长矛,另一只手上拿着束棒——象征国民团结和国家威权。背景里还有其他权力的象征:短棒、闪电、战船、大炮、剑、公正的天平、火山。最后这个明显是暗指坐在国民公会高凳上的激进派,他们因此赢得"山岳派"的称号,恐怖时期在革命政府掌权。女神头顶上是全视之眼(All-Seeing Eye),这个不再象征最高主宰,而象征委员会及其代理人无处不在的监视。这个版本的自由女神整体上太富于战斗性,与那个可怕委员会的联系太紧密,到恐怖时期结束时就难以幸免。

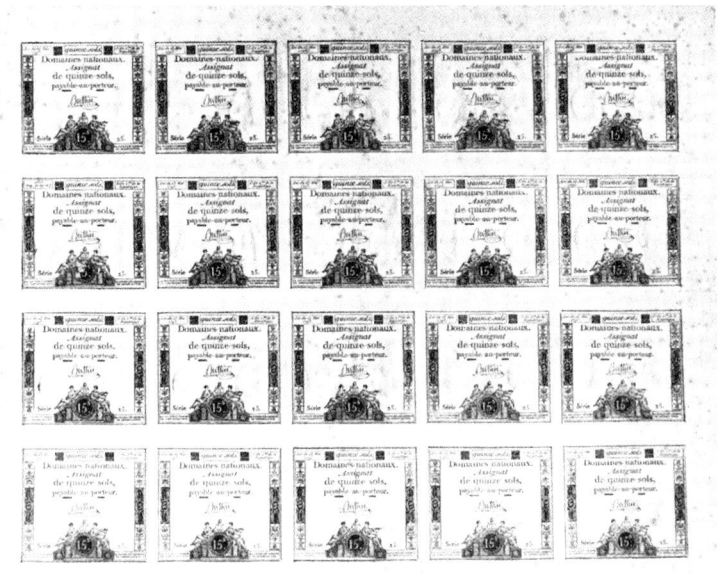

指券页：15苏，18世纪，印刷厂和银行博物馆，法国里昂。（图片：迪苏耶工作室，鲁特）

指券页：50苏，18世纪，印刷厂和银行博物馆，法国里昂。（图片：迪苏耶工作室，鲁特）

新纸币成为传播革命标语、寓言形象和象征物的主要媒介。所谓指券，刚开始有路易十六的形象，就像是大革命之前他会出现在硬币上一样，但不久以后就加上了革命象征，并最终取代了他。

1792 年指券：50 里弗尔，4127 系列，印刷厂和银行博物馆，法国里昂。（图片：迪苏耶工作室，鲁特）

1792 年指券：400 里弗尔，1213 系列，印刷厂和银行博物馆，法国里昂。（图片：迪苏耶工作室，鲁特）(cat. no. 161)

1792 年 8 月 10 日后不久，自由女神像取代国王的形象。自由女神像作为一个可以追溯到古典时代的古老寓言形象，通常身穿飘逸长裙，手握顶戴便帽的法杖。法杖让观者想到罗马行政长官用于碰触并解放奴隶的那根法杖；以前的奴隶戴着作为自由标记的帽子。到 1792 年 12 月，自由女神像成了 50 里弗尔指券的画面主角。

短时效印刷品：以意象进行公民教育　　　　　　　　　　　　　　315

276

(a) 身份证，中央局专员。

身份证，智慧之友，波尔多：(b) 正面："普通安全——无此证未经允许不得进入大会"；(c) 背面：波尔多市政府，智慧之友部。

在大革命高潮时，自由女神像也占据了各级政府实体的身份证和信头——部门、委员会和军事单位。形象如何刻画会根据特定实体的功能有所不同。自由女神经常一只手上拿着顶戴自由帽的长矛；束棒是国民团结和国家威权的常见象征。(cat. no. 193)

277

国民议会议员的徽章,萨尔特省:(d)正面;(e)背面。

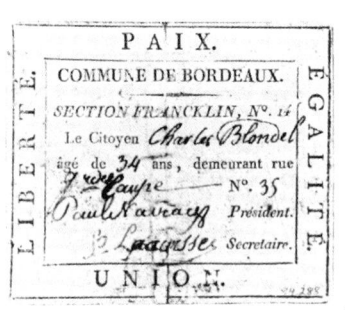 

身份证,富兰克林区,波尔多:(f)正面;(g)背面。都来自法国大革命博物馆,法国维齐尔。

《法兰西共和国法律公报》(Bulletin des lois de la République française ...),[巴黎]:国家法律印刷厂,共和二年穑月 11 日(1794 年 6 月 29 日)。纽约公共图书馆,普通研究部。

相比于身份证或官方信笺的信头,人们看到更多的可能是法律文书的抬头。1793 年 12 月,国民公会决定出版一份法律公报,在共和国全境传播已就绪的法律条款。形成抬头的方框内,中间是自由女神,她像旧制度的国王一样坐在王座之上,手中拿着束棒。

《法兰西共和国法律公报》,[巴黎]:国家法律印刷厂,[1794 年]。纽约公共图书馆,普通研究部。

每篇公报最后都有一个印章,是印刷上去的印记,画着代表法兰西人民的赫拉克勒斯踩在破碎的君主制象征之上。

相比于官方信笺的信头，人们看到更多的可能是法律文书的抬头。1793年12月，国民公会决定出版一份公报，在共和国全境传播已经准备就绪的各项法律。这份称为《法律公报》的第一期直到第二年五月才出现。呈平行四边形的抬头内，中间是自由女神，她像旧制度的国王一样坐在王座上，右手扶着一根束棒。后来，在束棒中央又增加了一把斧头，暗示权力更大（在古罗马，它意味着行政长官可以执行死刑），她的左手上放着一个等边三角形。[7] 还有两个等边三角形在抬头的两端，彼此平衡，中间有一只全视之眼的那个三角形看上去像原来的神祇象征，另一个则是木匠使用的水平仪样子，是平等的常见象征。所以，总共有三个神秘的三角形。在每份公报最后都有一个印章，是印刷上去的印记，画着代表法兰西人民的赫拉克勒斯踩在破碎的君主制象征之上。他的右手平端着自由女神和平等女神的常见标志，暗示在人民的支持下，她们代表的理想将征服世界。

《法律公报》最初的抬头和印章持续的时间比人们想象的要长。经历了罗伯斯庇尔及其同僚的倒台，以及随后反恐怖时期暴行的反动之后，国民公会通过了一套比1793年宣布但从未施行的宪法更加保守的宪法。根据共和三年（1795）宪法，督政府成立，这部宪法通过的同时还颁布了一个既强调权利又强调义务的宣言。1797年，抬头和印章终于有了修改，以反映更加保守的共和国。[8] 在抬头的中间，没有了坐在王座上的自由女神，而是一个包围着出版编号的八边形。原来两端的三角形换成了法律女神和正义女神。激进的平等水平仪还在，但尺寸缩小，夹在其他象征物中几乎看不到。更有意义的变化是报尾的印章。人民-赫拉克勒斯换成了法律的碑牌，发着光，坐落在生出双翼的雷电之上，这是迅速执行的象征。所有这些又被一条衔尾蛇包围，这是表示永久的传统符号。信息很明确，就是法律的统治要取代强大的人民权力。

《法兰西共和国法律公报》,[巴黎]:国家法律印刷厂,共和五年牧月 14 日(1797 年 6 月 12 日)。纽约公共图书馆,普通研究部。

根据共和三年(1795)宪法,督政府成立,这个宪法通过的同时还颁布了一个既强调权利又强调责任的宣言。1797 年,抬头和印章被修改,以反映更加保守的共和国。在抬头的中间,没有了坐在王位上的自由女神,而是一个包围着出版序号的八边形。

281

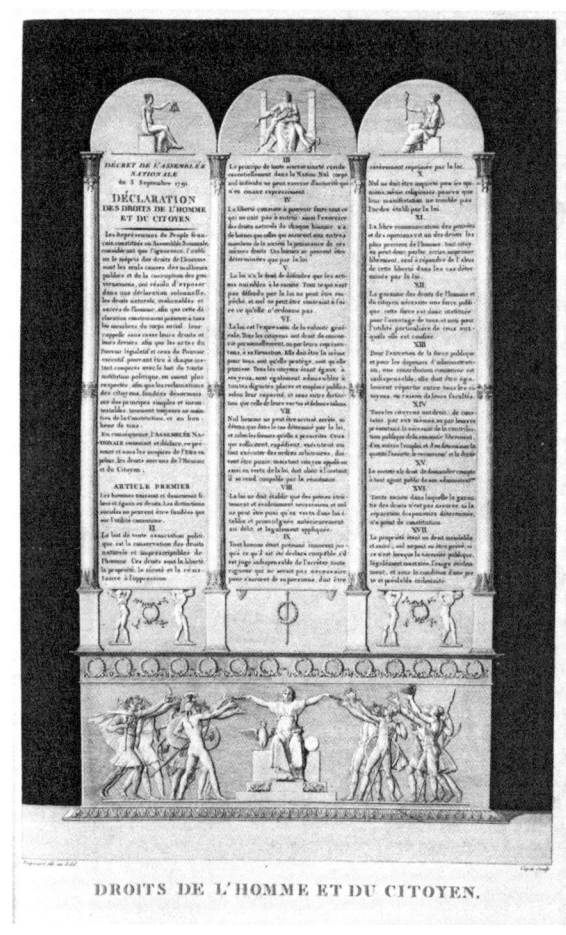

《人权和公民权宣言》,见 Collection complète des tableaux historiques de la Révolution française 第三卷,共和六年(1797—1798)。纽约公共图书馆,米里亚姆和艾拉·D. 沃勒克艺术部,印刷品和图片。

正如印制的法律条款对于告知公民新的立法必不可少,《人权宣言》的印刷版对于让公民熟悉新政体所隐含的原则也是必要的。因为大革命的每个阶段都会出来一个新版本的宣言——1789 年、1793 年和 1795 年——所以也出现了三波文本印刷的浪潮。(cat. no. 133)

正如印行法律文本是将新立法告知公民的必不可少的手段,《人权宣言》的印刷版对于让公民熟悉新政体的基本原则也是必要的。因为大革命的每个阶段都会出来一个新版本的《人权宣言》——1789年、1793年和1795年,所以也出现了三波文本印刷的浪潮。通常装帧都很漂亮,这样就能挂在公民墙上。一个很好的例子是一个瑞士人印制的,献给自由的法国人及其朋友的1789年版本的《人权宣言》。[9] 封建怪兽被推下了底座,原地只留下了他的靴子。就在怪兽曾经站立的地方升起了一杆带着自由帽的毛瑟枪,小天使们围着毛瑟枪庆贺怪兽的倒台。一边是一只鹈鹕在用自己的血肉喂养雏鸟,这是一种表示自我牺牲的古老象征,而另一边,闪电和一只鹰冲出云层。总共十七条的《人权宣言》刻在斜靠着基座的碑牌上,可能会让人想起摩西诫碑。再往左,赫拉克勒斯脚踩多头怪,多头怪的几个头上可看到分别戴着王冠头饰、红衣主教的帽子、贴着"反宪法"标签的主教法冠和议员(parlementaire)的方帽。小细节也有说服力:狗在倒台的怪兽上撒尿,孩子们在碎石上玩耍;左上的背景里,农民们在追赶一头鹿,在享受新获的自由,在狩猎;天空中,名望的喇叭在高唱"啊,会好的,会好的"这首当时最流行的副歌。之后,在1793年的共和国《人权宣言》复本里,装饰物有束棒、高山和共和国烈士的胸像。

为了传播革命原则和创建一种新的公民道德,领袖们鼓励出版大量的手册和问答录,很多都是为了成长的一代而设计的。其中有一些的插图非常丰富,例如小舍曼(Chemin fils)编写的,经巴黎公社同意和国民公会接纳的小手册《年轻爱国者之友,或革命问答录》(*L'Ami des jeunes patriotes, ou catéchisme révolutionnaire*)。[10] 卷首插图描绘的是巴拉殉难的故事,巴拉是个13岁的少年,加入共和国的军队,投入到镇压旺代反革命的斗争中。被俘后被杀害。据说,他在被杀前拒绝高喊"国王万岁",而是高喊"共和国万岁"。这幅图下面还有另外两个小英雄里歇尔

(Richer)和帕若(Pajot)的图画。还有其他整页插图穿插在文本当中,有些是为了配合文字,但有一幅描绘了1792年8月10日攻打杜伊勒里宫的场面,还有一些大革命主要的寓言形象的画像——拿着水平仪和束棒的平等女神、拿着炮弹和短棒的自由女神和以赫拉克勒斯形象出现的主权民族。还有插图描述了对公共安全的需要和对私有财产的尊重。除了一些读、写和算的课程之外,文本讲述了少年巴拉的故事,解释了《人权宣言》和1793年宪法。

另外一种反复灌输新公民理想的媒介是能够挂在墙上的谚语和格言录,这些有时候也得到了丰富的装饰,例如,《年轻共和派格言》(Maximes du jeune républicain)就得到了著名的镌版工弗朗索瓦-马里·戈沃多(François-Marie Quéverdo)的美化装饰。[11]抬头的中间是以共和女神为特色的圆形垂饰图,共和女神戴着明亮的理性之眼作为项坠,手上拿着命运之书。背景中是山顶上的不朽之庙。她的头顶上有表示神性的等边三角形,上写"崇敬永生(Adore the Eternal)"。垂饰图的两边各站着一个婴幼小精灵,一个托着一只鸽子,另一个像赫拉克勒斯一样拿着一根短棒。后面这个和一只法兰西雄鸡一起站在一头被打败的多头怪身上。左边的圆形垂饰上是平等女神,边上有长着两串乳房、象征富足的自然女神。右边的圆形垂饰内是自由女神,一手拿王权宝球,另一手拿束棒。抬头下是排成两列的38条共和派格言,分隔两列的是一杆长矛,上面缠绕着树枝、一面三色旗和四名共和国烈士的形象——勒佩勒捷、马拉、沙利耶(Chalier)和巴拉,他们是终极自我牺牲的榜样,头顶上有一圈星星,代表着不朽。三色旗上有引自先贤祠正面的铭文:"致伟人,祖国感谢你们。"底部是一个象征共同体的蜂巢,而且,又有一只用自己的血肉喂养雏鸟的鹈鹕。

1793年9月国民公会采用的共和日历对当今的人们来说非常奇怪,但实际上它体现了一种新的历史观。国民公会选择从1792年9月

284

《共和国女教师》,[1793]。版画。法国国家图书馆,图片收藏部。(cat. no. 149)

为了传播革命原则和创建一种新的公民道德,领袖们鼓励出版大量的手册和问答录,很多都是为了成长的一代而设计的。

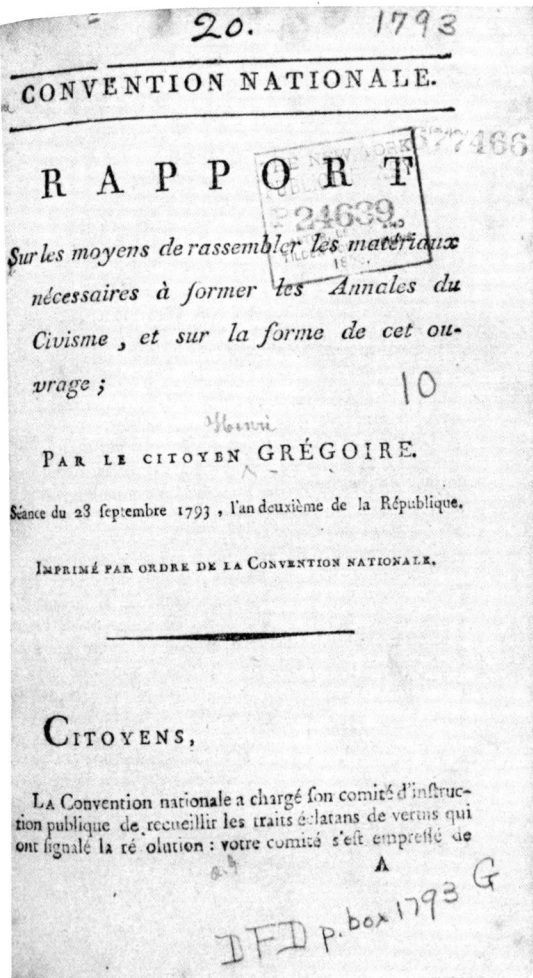

亨利·格雷瓜尔(Heri Grégoire),《关于组织必要材料组成"公民行动年鉴"的方法及其形式的报告》(*Rapport sur les moyens de rassembler les matériaux nécessaires à former les Annales du civisme, et sur la forme de cet ouvrage*),巴黎:国家印刷厂,[1793]。纽约公共图书馆,普通研究部。

小舍曼-迪蓬泰（J.-B. Chemin-Dupontès fils），《年轻爱国者之友，或革命问答录》，共和二年（1793—1794）。法国国家图书馆，印刷品部。

这些公民手册中，其中有一些的插图非常丰富，例如小舍曼编写的、经巴黎公社同意和国民公会接纳的小手册《年轻爱国者之友，或革命问答录》。描绘大革命事件的整页插图穿插在文本当中，例如1792年8月10日攻打杜伊勒里宫，还有主要的寓言形象的画像，例如拿着水平仪和束棒的平等女神。（cat. no. 177）

287

《法兰西共和国问答录》，[1792?]。单页全版版画。纽约公共图书馆，珍本和手稿部。

反复灌输新的公民精神的另一种媒介是可以挂在墙上的谚语格言录。(cat. no. 175)

短时效印刷品：以意象进行公民教育

22 日宣布成立共和国这一天开始纪年,而不是从基督诞生日开始,寓意历史的新起点。因为共和国的开始正好是秋分,所以革命者解读,这预示着上天也赞成平等。[12]太阳直射点会从一个半球移向另一个半球这个事实就被用来预兆革命的进程会影响全世界。月份的新命名放弃了古代诸神和几个罗马皇帝的名字,而依据自然和变化的季节来定(无视他们所描述的只是法国北部的气候这一事实)。而且,新的十日为一周,类似的还有计划中的十小时为一日,都代表了对所有事物采用十进制的强烈意愿。同时,他们有目的地让星期日,即圣日,和其他基督教节日的记录变得困难。跟新法律和《人权宣言》一样,这个新历法也要深入公民的心中。出版商以精美装饰的日历版本来回应这一挑战,这些日历版本适合悬挂在家中,通常有两部分,一部分从秋到冬,另一部分从春到夏。[13]这些日历又一次充满了象征性的高山、自由女神和平等女神,以及共和国烈士。

游戏也被用于向大众传达革命的意义,尤其是向儿童。"那么,一个人如何能从心里感动,并激起对祖国及其法律的热爱呢?"卢梭在大革命之前就提出了这样的问题。"我敢说吗？通过儿童游戏。"[14] 1789 年之后,古老的鹅棋为了革命目的进行了改编。游戏中,参加的人掷骰子以决定能沿着小格子走多远,最后到达目的地。在 17 世纪,要到达目的地,必须从代表罗马皇帝的小格子开始,经法国早期君主的小格子,直至表现路易十四统治时期的小格子。[15]大革命早期的升级版鹅棋中,玩游戏的人从巴士底狱风暴开始,经历大革命的各种主要事件后,抵达"自由的守护神"[16]——国民议会。每个小格子用缩略图描绘一件重要事件或成果,为孩子们提供了插图版的大革命历史。运气不佳的小格子,上面有鹅的形象,每个都代表一个原来的高等法院,现在被贬为反动势力的大本营。如果落在一个画着鹅被绑着的小格子上,就要被迫后退。有些版本的鹅棋展示的历史观甚至更远,从史前文明的"自然状态"开始,追溯滥政的发展经过,最后经启蒙时代到达大革命。[17]

动员所有可用的媒介来传达革命信息的努力,到共和二年(1793—1794)达到了顶峰。"实际上,在共和国国民中,所有事情都应该有一个道德目的的,"民众与共和艺术联合会的一份报告提出,"甚至在消遣娱乐的时候也应该有教育。"[18]为了这个目标,甚至扑克牌也得服从。原来牌上的图案及其名称不能再容忍,因为它们让人想起专制和不平等,即律法(*Lois*)、王(*Rois*)、后(*Dames*)和杰克(*Valets*);尤其是"杰克(valet)"这个词暗示了社会的下等阶层。有两个出版商想印制新的扑克牌作为大革命的公民手册,这种牌只会让玩牌的人看到自由和平等的形象。[19]他们用战争之神、和平之神、艺术之神和商业之神替换"王",用宗教自由、婚姻自由、出版自由和职业自由来替换"后",用责任平等、权利平等、级别平等、颜色平等来替换"杰克"。为了配合新扑克牌,他们还出版了一本宣传册来解释新意象。其他印刷商生产的扑克牌中采用的形象有启蒙思想家、共和国士兵和无套裤汉。

印刷的革命意象传达到法国人民,这里只写了其中的一部分方式而已。篇幅有限,不容许我们对所有其他出现过印刷意象的地方进行分析,但是我们已经有了足够的实例可以看到,革命者正在慢慢实现一些启蒙思想家的理想。当爱尔维修宣称"教育万能"[20]时,他的意思并不是说只有学校教育可以塑造个人,他的意思是,如果一个人自出生开始,对其施加的所有影响能够协调一致的话,那么就可以塑造任何所希望的公民。这正是革命者所努力在做的。他们相信,与共和国学校、各种形式的印刷文字、革命音乐、教化戏剧、公民节庆和公共纪念碑相结合,意象的洪流有助于营造一种能够为新社会创造"新人(*nouvel homme*)"的教育环境。

展品目录

这份目录包括图书、小册子、版画和其他材料,这些展品都参加了1989年2月18日至4月29日在纽约公共图书馆D. Samuel和Jeane H. Gottesman展厅举办的"印刷中的革命:1789年的法国"的展览。条目除另有注明外都是图书或小册子。尺寸用英寸表示,括号内是厘米;高度×宽度×深度。18世纪图书和小册子的开本用4°、8°等表示。法语标题中的拼写、大写和变音符号的使用都经现代化处理。在引用中,地名经英语化,出版商的姓名经标准化处理。括号中的日期、出版地点和出版商的姓名表示这是已经确定但没有出现在作品中的信息。当信息属于学术估计时,括号内的信息后就有一个问号。条目最后括号内的数字表示该条目的插图在本书中出现的页码(页边码)。

导言:1789年大爆炸

1. *Adresse des Gardes nationales de la campagne, sous les ordres de M. le duc de Duras, à l'Assemblée nationale.* Bordeaux:Imp. de l'Armée Patriotique Bordelaise, n.d. 8°. The New York Public Library, General Research Division.

2. "Brevet de Garde nationale." [1793]. Engraving. 10×13 (26×33). Bibliothèque Nationale, Paris, Cabinet des Estampes, Collection Hennin. (272)

3. *Brochure de l'Imprimerie Guffroy.* Paris:Imp. Guffroy, an IV (1795 – 96). 4°. Archives Nationales, France. (79)

4. Callières de L'Estang, Pierre-Jean-Georges de. *Chanson sur la prise des Invalides et de la Bastille, les lundi 13 et mardi 14 juillet 1789.* [Paris:Nyon le jeune, 1789]. 8°. The New York Public Library, Rare Books and Manuscripts Division, Talleyrand Collection. (256)

5. *Chanson des dames de la place Maubert.* N.p., [1789]. 8°. The New York Public Library, Rare Books and Manuscripts Division, Talleyrand Collection.

6. Chénier, Marie-Joseph de. *Dénonciation des inquisiteurs de la pensée.* Paris: Lagrange, 1789. 8°. Archives Nationales, France. (64)

7. Desmoulins, Camille. *La France libre.* 2d ed. N.p., 1789. 8°. The New York Public Library, Rare Books and Manuscripts Division, Talleyrand Collection.

8. *Discours du roi, à l'ouverture des Etats-généraux, fait à Versailles le 5 mai 1789.* Bordeaux: Michel Racle, 1789. 8°. The New York Public Library, General Research Division.

9. Duchesne, le père [pseud.]. *Catéchisme de la liberté.* [Paris]: Imp. des Patriotes, 1790. 8°. The New York Public Library, Rare Books and Manuscripts Division, Talleyrand Collection.

10. *Etat, par ordre alphabétique, des bailliages royaux & des sénéchaussées royales des pays d'élections, qui députeront directement ou indirectement aux Etats-généraux, avec le nombre de leurs députations; chaque députation composée d'un député du clergé, d'un de la noblesse & de deux du Tiers-état.* Paris: Imp. Royale, 1789. 8°. The New York Public Library, General Research Division.

11. *Etats-généraux.* Ed. Honoré-Gabriel de Riqueti, comte de Mirabeau. [Paris: Le Jay fils, 1789]. 8°. The New York Public Library, Rare Books and Manuscripts Division, Talleyrand Collection.

12. *Fête nationale, 14 juillet 1790.* Paris: Bonvalet, [1790]. Broadside. 8¼ × 10½ (21 × 26). Bibliothèque Nationale, Paris, Département des Imprimés. (257)

13. France. Assemblée nationale constituante. *Constitution française, présentée au roi par l'Assemblée nationale, le 3 septembre 1791.* Dijon: Imp. de P. Causse, 1791. 8°. The New York Public Library, General Research Division.

14. France. Assemblée nationale constituante. *Procès-verbal de l'Assemblée nationale, contenant les articles qu'elle a adoptés de la Déclaration des droits de l'homme & du citoyen, & ceux pour la Constitution & l'organisation du*

pouvoir législatif. [20 – 26 août 1789]. Paris: au bureau général du Journal général de la cour & de la ville [Imp. de la Veuve Hérissant], 1789. 8°. The New York Public Library, Rare Books and Manuscripts Division, Talleyrand Collection.

15. France. Convention nationale. *Acte constitutionnel précédé de la Déclaration des droits de l'homme et du citoyen.* Paris: Imp. Nationale, 1793. 8°. The New York Public Library, General Research Division.

16. France. Parlement (Paris). *Arrêt ... qui condamne un imprimé ayant pour titre: Délibération à prendre par le Tiers-état dans toutes les municipalités du royaume de France, à être lacéré & brûlé par l'Exécuteur de la Haute-justice. Du 17 décembre 1788.* [Paris: N. H. Nyon, 1788]. 4°. The New York Public Library, Rare Books and Manuscripts Division, Talleyrand Collection. (54)

17. France. Parlement (Paris). *Remontrances ... sur l'usage des Lettres de cachet.* [11 mars 1788]. N. p., [1788]. 8°. The New York Public Library, Rare Books and Manuscripts Division, Talleyrand Collection.

18. *L'Ermite sans souci ou Le Capuchon à tous les diables, dédié à l'abbé Maury.* Goa: Dans le Palais de l'Inquisition, 1790. 8°. The New York Public Library, General Research Division.

19. Joseph-François-Nicolas. *Bouquet des braves sans-culottes à Louis XVI, ci-devant Roi des Français, à présent premier Bourgeois du Temple.* [Paris]: Imp. de Tremblay, 1792. 8°. The New York Public Library, General Research Division.

20. *Journal de l'autre monde, ou Conversation vraiment fraternelle du diable avec St. Pierre, sur des objets de grande importance. Nouvelles Recrues arrivant en Enfer. Réjouissances à ce sujet. Intrigues de Robespierre en l'autre monde. Ses liaisons scandaleuses avec Proserpine. Sédition aux Enfers. Châtiment des conspirateurs. Rapport de l'Avocat-général près du Tribunal de Pluton.* Paris: Toubon et Lefevre, an III (1794 – 95). 8°. The New York Public Library, General Research Division.

21. *Lettre à un censeur royal sur la liberté de la presse.* [Paris: Volland, 1789?]. 8°. The New York Public Library, General Research Division.

22. *Lettre du roi pour la convocation des Etats-généraux à Versailles, le 27 avril 1789, et règlement y annexé, pour le Languedoc.* Paris: Imp. Royale, 1789. 8°. The New York Public Library, Rare Books and Manuscripts Division, Talleyrand Collection. (*53*)

23. "Liberté de la presse." 1797. Color engraving. 11 × 13 ⅛ (28 × 34). Bibliothèque Nationale, Paris, Cabinet des Estampes, Collection Histoire de France. (*Pl. 1*)

24. Linguet, Simon-Nicolas-Henri. *Mémoires sur la Bastille, et sur la détention de l'auteur dans ce château-royal, depuis le 27 septembre 1780, jusqu'au 19 mai 1782.* London: T. Spilsbury, 1783. 8°. The New York Public Library, General Research Division. (*227*)

25. *Litanies du Tiers-état.* N.p., n.d. 8°. The New York Public Library, General Research Division.

26. Lombard, Vincent de Langres. *Le Dix-huit Brumaire ou tableau des événements qui ont amené cette journée* ... Paris: Garnéry, an VIII (1799 – 1800). 8°. The New York Public Library, General Research Division.

27. Malesherbes, C.-G. Lamoignon de. *Mémoires sur la librairie et sur la liberté de la presse.* Paris: H. Agasse, 1809. 8°. Columbia University, Rare Book and Manuscript Library. (*52*)

28. Marat, Jean-Paul. *C'en est fait de nous.* [26 juillet 1790]. [Paris: Imp. de Marat, 1790]. 8°. The New York Public Library, Rare Books and Manuscripts Division, Talleyrand Collection.

29. Marat, Jean-Paul. *Opinion de Marat, l'ami du peuple ... sur le jugement de l'ex-monarque.* [Paris: Imp. Nationale, 1792]. 8°. The New York Public Library, General Research Division.

30. Mirabeau, Honoré-Gabriel de Riqueti, comte de. *Sur la liberté de la presse, imité de l'anglais, de Milton.* London, 1788. 8°. The New York Public Library, Rare Books and Manuscripts Division, Talleyrand Collection. (*64*)

展品目录 333

31. Moulins (sénéchaussée). Tiers-état. *Cahier général des plaintes et doléances du Tiers-état de la province du Bourbonnais.* N.p., [1789]. 8°. The New York Public Library, Rare Books and Manuscripts Division, Talleyrand Collection.

32. *Observations patriotiques sur la prise de la Bastille, du 14 juillet 1789, et sur les suites de cet événement.* Paris: Debray, 1789. 8°. The New York Public Library, Rare Books and Manuscripts Division, Talleyrand Collection.

33. Parlen, Pierre-Mathieu. *Les Crimes des parlements, ou les horreurs des prisons judiciaires dévoilées.* Paris: Girardin, Lesclapart, 1791. 8°. The New York Public Library, General Research Division.

34. *Le Patriote français, ou Journal libre, impartial et national; par une société de citoyens. Prospectus.* Ed. Jacques-Pierre Brissot de Warville. [Paris, 1 avril 1789]. 8°. The New York Public Library, Rare Books and Manuscripts Division, Talleyrand Collection. (*160*)

35. *Plan et représentatiom exacte de la salle de Bourbon au Louvre, où se tint l'assemblée des Etats-généraux en 1614, gravé d'après un exemplaire de la bibliothèque du roi, avec le cérémonial qui y fut observé, pour donner une idée de ce qui sera pratiqué dans la salle de Versailles, où doivent être assemblés les Etats-généraux en 1789.* Paris: Nyon, l'aîné & fils, 1789. 4°. The New York Public Library, Rare Books and Manuscripts Division, Talleyrand Collection. (*Pl. 2*)

36. "Prise de la Bastille par les Gardes françaises ..." Engraving. $9\frac{3}{4} \times 10\frac{3}{4}$ (25×27). In *Gravures historiques des principaux événements depuis l'ouverture des Etats-généraux de 1789.* Paris: Janinet & Cussac, 1789. The New York Public Library, The Miriam and Ira D. Wallach Division of Art, Prints and Photographs.

37. *Récit fidèle et complet de tout ce qui a précédé et suivi la découverte du testament de la reine.* Paris: Imp. de Mme. Vve. Perronneau, [1793?]. 8°. The New York Public Library, General Research Division.

38. *Réflexions, sommaires et impartiales, sur l'effet que le décret de l'Assemblée nationale relativement à la destruction de la féodalité, doit produire dans la*

province d'Alsace. N.p., n.d. 8°. The New York Public Library, General Research Division.

39. *Rendez-nous la Bastille.* [Paris]: Hôtel de la mairie, rue des Capuchins, [1789]. 8°. The New York Public Library, Rare Books and Manuscripts Division, Talleyrand Collection.

40. *Requête des femmes, pour leur admission aux Etats-généraux.* N.p., [1788]. 8°. The New York Public Library, Rare Books and Manuscripts Division, Talleyrand Collection.

41. Sieyès, Emmanuel-Joseph. *Qu'est ce que le Tiers-état?* 2d ed., corrected. N.p., 1789. 8°. The New York Public Library, Rare Books and Manuscripts Division, Talleyrand Collection.

42. Common Press, British. Early eighteenth century [replica]. 78×36×60 (31× 14×24). Property of Clinton Sisson.

43. Stone from the Bastille, executed under the direction of P.-F. Palloy, serving as a frame for a "Plan de la Bastille," color aquatint by J.-B. Chapuy after Palloy. 1790. Stone: 32×20×3 (82×50×7); aquatint: 22×14(56 ×36). Musée de la Révolution Française, Vizille, France. (*Pl. 3*)

44. Vieilh de Varennes, Raymond-Augustin. *Collection entière des drapeaux de l'Armée nationale parisienne.* [Paris, 1790?]. Color engravings. 11×8¾ (27× 22). The New York Public Library, Spencer Collection. (*Pl. 4*)

45. *Vive la République. La Guerre est déclarée aux oppresseurs du monde.* N.p., 1793. Broadside. 7½×6¼ (19×16). The New York Public Library, Rare Books and Manuscripts Division. (*Pl. 12*)

第一部分：印刷坊

46. Composing table. Eighteenth century. 36½ × 48½ × 28¾ (93 × 123 × 73). American Antiquarian Society, Worcester, Massachusetts.

47. Lead, molds, and utensils used in the fabrication of typographical characters. Eighteenth century. Imprimerie Nationale, Paris.

48. The Isaiah Thomas Printing Press. 1747. Press: 72×33×59 (183×84×150);

pedestal: 2½×36×72 (6×91×183). American Antiquarian Society, Worcester, Massachusetts. (*Pl. 7*)

49. Type stand and type cases. Seventeenth century. Stand: 64½ × 59½ × 22¾ (164×151×58). Yale University Library, Arts of the Book Collection.

第二部分: 书店

50. Baritel. Letter to the Société typographique de Neuchâtel, 19 septembre 1774. Manuscript. 9⅛×7⅜ (23×19). Bibliothèque Publique et Universitaire de Neuchâtel, Archives de la Société Typographique de Neuchâtel, Switzerland. (*43*)

51. Bergeret. Letter to the Société typographique de Neuchâtel, 11 février 1775. Manuscript. 10 × 7⅜ (25 × 19). Bibliothèque Publique et Universitaire de Neuchâtel, Archives de la Société Typographique de Neuchâtel, Switzerland. (*45*)

52. "Ce Visage vaut mieux que toutes vos chansons." Engraving by N. Le Mire, after H. Gravelot. 1762. 5½×3 (14×8). In Pierre Corneille, *Théâtre*, vol. 11, ed. Voltaire, 1764. Musée de la Révolution Française, Vizille, France. (*143*)

53. Grasset, Gabriel. Account with the Société typographique de Neuchâtel. [Août 1775]. Manuscript. 14½×9⅜ (37×24). Bibliothèque Publique et Universitaire de Neuchâtel, Archives de la Société Typographique de Neuchâtel, Switzerland. (*34*)

54. Grasset, Gabriel. Letter to the Société typographique de Neuchâtel, 25 avril 1774. Manuscript. 9×6½ (23×17). Bibliothèque Publique et Universitaire de Neuchâtel, Archives de la Société Typographique de Neuchâtel, Switzerland. (*35*)

55. Grasset, Gabriel. "Note de livres philosophiques." [1774]. Manuscript. 6¼× 4⅛ (16×11). Bibliothèque Publique et Universitaire de Neuchâtel, Archives de la Société Typographique de Neuchâtel, Switzerland. (35)

56. Hardy, Siméon-Prosper. "Mes Loisirs." Manuscript journal for 3 février 1789. [Paris, 1789]. Folio. Bibliothèque Nationale, Paris, Cabinet des

Manuscrits. (*19*)

57. "Une Marchande de journaux. Fragment d'un almanach pour 1791." 1791. Color engraving by Philibert-Louis Debucourt. 13×16½ (33×42). Bibliothèque Nationale, Paris, Cabinet des Estampes, Collection Hennin. (*Pl. 5*)

58. "Les Métiers de Bologna: Vendeur de tableaux et de livres pour les enfants." N.d. Engraving by Simon Guillaume, after Carraccio. 10×6 (26×16). Musée de l'Imprimerie et de la Banque, Lyon, France. (204)

第三部分：印刷和出版图书

59. "A. F. M. Momoro, premier imprimeur de la liberté nationale." N.d. Engraving. 5½ × 4 (14 × 10). Musée de la Révolution Française, Vizille, France. (*103*)

60. Archives de la Chambre syndicale de la librairie et de l'imprimerie de Paris. *Registre de la communauté des libraires et imprimeurs de Paris*. 14 juillet 1789. Manuscript. Folio register. Bibliothèque Nationale, Paris, Cabinet des Manuscrits. (*75*)

61. Boulard, Martin-Silvestre. *Le Manuel de l'imprimeur, ouvrage utile à tous ceux qui veulent connaître les détails des ustensiles, des prix, de la manutention de cet art intéressant, & à quiconque veut lever une imprimerie*. Paris: Boulard, 1791. 8°. The New York Public Library, General Research Division. (*110*)

62. Buffon, Georges Louis LeClerc, comte de. *Histoire naturelle, générale et particulière*. New ed. 127 vols. Paris: F. Dufart, an VIII (1799 – 1800). 8°. The New York Public Library, General Research Division. (*183*)

63. "Charles Guillaume LeClerc, libraire, ancien Juge consul, Député de Paris." Engraving. [1790?]. 7⅞ × 6¼ (20 × 16). Bibliothèque Nationale, Paris, Cabinet des Estampes, Collection de Vinck.

64. *Club typographique et philanthropique*. No. 1, 1 novembre 1790. [Paris]: Roux. 8°. Bibliothèque Nationale, Paris, Département des Imprimés. (*121*)

65. Communauté des libraires & imprimeurs de Paris. *Code de la librairie et imprimerie de Paris, ou Conférence du règlement, arrêté au Conseil d'état du*

roi le 28 février 1723, et rendu commun pour toul le royaume, par arrêt du Conseil d'état du 24 mars 1744, avec les anciennes ordonnances, édits, déclarations, arrêts, règlements & jugements rendus au sujet de la librairie & de l'imprimerie, depuis l'an 1332, jusqu'à présent. Paris, 1744. 8°. The New York Public Library, General Research Division. (71)

66. Condillac, Etienne Bonnot de. *Oeuvres de Condillac, revues, corrigées par l'auteur, imprimées sur ses manusorits autographes, et augmentées de La Langue des calculs, ouvrage posthume.* Paris: Imp. de Ch. Houel, an VI, 1798. 8°. The New York Public Library, General Research Division. (185)

67. Decremps, Henri. *La Science sans-culotisée. Premier Essai sur les moyens de faciliter l'étude de l'astronomie, tant aux amateurs et aux gens de lettres, qu'aux Marins de la République française, et d'opérer une révolution dans l'enseignement.* 8 vols. Paris: l'auteur, an II (1793–94). 8°. The New York Public Library, Science and Technology Research Center. (192)

68. Diderot, Denis, et al. *Encyclopédie, ou Dictionnaire raisonné des sciences, des arts et des métiers, par une société de gens de lettres. Mis en ordre & publié par M. Diderot ... & quant à la partie mathématique, par M. d'Alembert ...* Paris: Briasson, 1751–65. Folio. The New York Public Library, General Research Division.

69. *Faillite de sieur Debure-d'Houry, libraire-imprimeur à Paris.* 26 juillet 1790. Demi-folio manuscript notebook. Archives de Paris. (87)

70. Florian, Jean-Pierre Claris de. *Galatée, roman pastoral; imité de Cervantes.* Paris: Defer, 1793. 4°. The New York Public Library, Spencer Collection. (Pl. 9)

71. France. Assemblée nationale constituante. *Loi [de l'Assemblée nationale du 2 mars 1791] portant suppression de tous les droits d'aides, suppression de toutes les maîtrises & jurandes, & établissement de patentes. Donnée à Paris, le 17 mars 1791.* [Paris: Guilhemat, 1791]. 8°. The New York Public Library, Rare Books and Manuscripts Division, Talleyrand Collection. (81)

72. Graffigny, Françoise d'Issembourg d'Happoncourt de. *Lettres d'une*

péruvienne. New ed. Paris: P. Didot l'aîné, an V, 1797. 8°. The New York Public Library, Spencer Collection.

73. Jean-Baptiste [pseud., "Anacharsis Cloots"]. *Discours prononcé à la barre de l'Assemblée nationale, au nom des imprimeurs, par Anacharsis Cloots, orateur du genre humain, le 9 septembre 1792.* [Paris: Imp. Nationale, 1792]. 8°. Archives Nationales, France.

74. La Fontaine, Jean de. *Les Amours de Psyché et de Cupidon, avec le poème d'Adonis par Lafontaine.* With figures by Moreau le jeune, engraved under his direction. Paris: Didot, le jeune, an III (1794-95). Folio. The New York Public Library, Spencer Collection.

75. Lapérouse, Jean François de Galaup, comte de. *Voyage de La Pérouse autour du monde, publié conformément au décret du 22 avril 1791, et rédigé par M. L. A. Milet-Mureau.* Paris: Imp. de la République, P.D. Duboy-Laverne, an V (1796-97). 4°. The New York Public Library, Rare Books and Manuscripts Division.

76. Lottin, Augustin-Martin. *Catalogue chronologique des libraires et des libraires-imprimeurs de Paris, depuis l'an 1470, époque de l'établissement de l'imprimerie dans cette capitale, jusqu'à présent.* Paris: Lottin, 1789. 4°. The New York Public Library, Rare Books and Manuscripis Diviaion. (*100*)

77. *Manuel de l'auteur et du libraire.* Paris: La Veuve Duchesne, [1777]. 12°. The New York Public Library, General Research Division. (*18*)

78. Marchand, Prosper. *Histoire de l'origine et des premiers progrès de l'imprimerie.* La Haye: La Veuve le Vier et Pierre Paupie, 1740. 4°. The New York Public Library, General Research Division. (*Pl. 6*)

79. Momoro, Jean-François. *Traité élémentaire de l'imprimerie, ou le manuel de l'imprimeur.* Paris: Veuve Tilliard & fils, 1796. 8°. The New York Public Library, General Research Division. (*111, 112*)

80. Monge, Gaspard, comte de Péluse. *Géométrie descriptive. Leçons données aux écoles normales, l'an 3 de la république.* Paris: Baudouin, an VII (1798-99). 4°. The New York Public Library, Science and Technology Research

Center. (*198*)

81. Piis, Pierre-Antoine-Augustin de. *Hymne à l'imprimerie par le citoyen Piis, chanté à la section des Tuileries, le décadi 30 phuviôse*. N.p., [1793 – 94]. 8°. Bibliothèque Nationale, Paris, Département des Imprimés. (*254*)

82. St-Pierre, Jacques Henri Bernardin de. *Paul et Virginie*. Paris: Imp. de Monsieur, 1789. 18°. The New York Public Library, Spencer Collection. (*Pl. 10*)

83. Engraved woodblock used to print *Paul et Virginie*. By engraver of the school of Bewick. Eighteenth century. 5¾×4 (15×10). Musée de l'Imprimerie et de la Banque, Lyon, France.

第四部分：报纸和小册子

84. *Les Actes des apôtres*. Ed. Antoine-Joseph, comte de Barruel-Beauvert. Prospectus and no. 1. [Paris: Imp. des Actes des apôtres, 1796]. 8°. The New York Public Library, Rare Books and Manuscripts Division. (*163*)

85. *L'Ami du peuple, ou le Publiciste parisien, journal politique, libre et impartial, par une société des patriotes. Et rédigé par M. [Jean-Paul] Marat*. No. 81, 29 décembre 1789. Paris: Imp. de M. Marat. 8°, The New York Public Library, Rare Books and Manuscripts Division, Talleyrand Collection. (*155*)

86. *L'Ami du peuple, ou le Publiciste parisien, journal politique, libre et impartial, par une société des patriotes. Et rédigé par M. [Jean-Paul] Marat*. No. 103, 20 janvier 1789 [sic for 1790]. Paris: Imp. de M. Marat. 8°. The New York Public Library, Rare Books and Manuscripts Division, Talleyrand Collection.

87. *L'Ami du roi, des français, de l'ordre, et surtout de la vérité. Par les continuateurs de Fréron*. No. 1, 1 juin 1790. Paris: Crapart et Artaud. 8°. The New York Public Library, General Research Division. (*148*)

88. Portrait of Jacques-Pierre Brissot. Engraving by N. F. Maviez, after F. Bonneville. From *Portraits des personnages célèbres de la Révolution*, F.

Bonneville and P. Quénard. Vol. 2. 1796. 8¾×5½ (22×14). Musée de la Révolution Française, Vizille, France.

89. Cérutti, Joseph-Antoine-Joachim. *Lettre de M. Cérutti, adressée au café de Foix, au sujet d'un écrit de M. Schmits, membre de l'Assemblée nationale.* Paris: Desenne, 1789. 8°. The New York Public Library, General Research Division.

90. *La Chronique du mois, ou Les Cahiers patriotiques de E. Clavière, C. Condorcet, L. Mercier, M. E. Guadet, J. Oswald, N. Bonneville, J. Bidermann, A. Broussonet, A. Guy-Kersaint, J. P. Brissot, J. Ph. Garran, J. Dussaulx, Th. Paine et F. Lanthenas.* Paris: Imp. du Cercle Social, 1793. 8°. The New York Public Library, General Research Division.

91. Club des Jacobins. *Bordel national sous les auspices de la reine, à l'usage des confédérés provinciaux.* Cythère, 1790. 8°. Bibliothèque Nationale, Paris, Département des Imprimés, Enfer. (*174*)

92. Portrait of Georges-Jacques Danton. Engraving by Claessens. From *Tafereelen van de Staatsomwenteling in Frankrijk.* Amsterdam: J. Allart, 1794 – 1801. 8¾×6¼ (22×16). Musée de la Révolution Française, Vizille, France.

93. Desmoulins, Camille. *Discours de la lanterne aux Parisiens. En France, l'an premier de la liberté.* [Paris: Le Jay fils, 1789]. 8°. The New York Public Library, Rare Books and Manuscripts Division, Talleyrand Collection.

94. "Les Ecrivains de la patrie française." N.d. Detail of "La Révolution française." Engraving by A. Duplessis. 20½×25¾ (52×65). Musée de la Révolution Française, Vizille, France.

95. *Etats-généraux.* Ed. Honoré-Gabriel de Riqueti, comte de Mirabeau. No. 1, 2 mai 1789. [Avignon]. 8°. The New York Public Library, General Research Division.

96. *Gazette nationale, ou Le Moniteur universel.* No. 1, 5 mai 1789. Reprint. Paris: H. Agasse, an IV (1795 – 96). Folio. The New York Public Library, General Research Division. (*152*).

97. La Motte, Jeanne (de Luz de Saint-Rémy de Valois), comtesse de, purported

author. *Adresse ... à l'Assemblée nationale, pour être déclarée citoyenne active.* [Londres, le 20 mai 1790]. London, 1790. 8°. The New York Public Library, Rare Books and Manuscripts Division, Talleyrand Collection.

98. Marat, Jean-Paul. *Appel à la nation.* N.p., [1790]. 8°. The New York Public Library, General Research Division.
99. Portrait of Jean-Paul Marat. N.d. Engraving by Jean-Baptiste Vérité. 20×14½ (51×37). The New York Public Library, The Miriam and Ira D. Wallach Division of Art, Prints and Photographs.
100. *Mercure de France.* 3 janvier 1789. Paris: Bureau du Mercure. 8°. The New York Public Library, General Research Division. (*146*)
101. "Mirabeau arrive aux Champs-Elysées." N.d. Engraving by Marquelier, after Moreau le jeune. 9×12½ (23×32). Musée de la Révolution Française, Vizille, France. (*65*)
102. Morande, Charles Théveneau de. *Le Gazetier cuirassé: Ou Anecdotes scandaleuses de la cour de France.* [London?]: Imprimé à cent lieux de la Bastille à l'enseigne de la liberté, 1771. 8°. The New York Public Library, General Research Division. (*30*)
103. "Motion faite au Palais royal par Camille Desmoulins le 12 juille 1789." Engraving by Pierre-Gabriel Berthault, after Prieur. 7⅛×9½ (18×24). Bibliothèque Nationale, Paris, Cabinet des Estampes, Collection Hennin.
104. "Les Motionnaires au café du caveau [5 août 1789]." Engraving 5¾×13⅛ (28×34). Bibliothèque Nationale, Paris, Cabinet des Estampes, Collection Histoire de France. (*144*)
105. *Nouveautés du Palais royal, ou Livres nouveaux des charlatans, des roués, & c. de la France, accompagnés de notes impartiales.* Par M.G.C.D.C. [Paris?]: Imp. de la Vérité, et se trouve au Palais royal, chez Madame l'Ironie 1789. 8°. The New York Public Library, Rare Books and Manuscripts Division, Talleyrand Collection.
106. "Les Nouvellistes dans un jardin." [1796]. Drawing with wash. 12×18 (31×46). Bibliothèque Nationale, Paris, Cabinet des Estampes, Collection Hennin.

107. *L'Orateur des Etals-généraux, pour 1789.* N.p., n.d. 8°. The New York Public Library, General Research Division.

108. "Ordre du cortège pour la translation des mânes de Voltaire le lundi 11 juillet 1791." 1791. Color etching. 13×20 (33×50). Bibliothèque Nationale, Paris, Cabinet des Estampes, Collection Histoire de France. (*249*)

109. *Le Patriote français, ou Journal libre, impartial et national*; *par une société de citoyens.* Ed. Jacques-Pierre Brissot de Warville. [Paris]: Imp. du Patriote Français, 1790. 8°. The New York Public Library, General Research Division.

110. "Presse de cabinet" (clandestine press). Eighteenth century. 63×43×26(160×110×65). Musée de l'Imprimerie et de la Banque, Lyon, France. (*Pl. 8*)

111. *Révolutions de Paris.* No. 1, 17 juillet 1789. Paris: Imp. de P. de Lormel. 8°. The New York Public Library, General Research Division. (*153*)

112. Robespierre, Maximilien. *Prospectus. Le Défenseur de la Constitution.* N.p., [1792]. 8°. The New York Public Library, General Research Division.

113. Portrait of Maximilien Robespierre. Color engraving. In *Portraits des députés*, Jean Urbain Guérin. [Paris, 179–]. 4°. The New York Public Library, The Miriam and Ira D. Wallach Division of Art, Prints and Photographs.

114. *Le Vieux Cordelier: Journal.* Ed. Camille Desmoulins. 20 frimaire, an II. [Paris: Imp. de Desenne, 1793]. 8°. The New York Public Library, General Research Division.

第五部分：革命政府和版画

115. *Almanach royal, année M.DCC.LXX. Présenté à sa majesté pour la première fois en 1699.* Paris: Le Breton, [1769]. 8°. The New York Public Library, Rare Books and Manuscripts Division. (*10*)

116. Arbogast, L. F. A. *Rapport et projet du décret sur la composition des livres élémentaires destinés à l'instruction publique.* Paris: Imp. Nationale, [179–]. 8°. The New York Public Library, General Research Division.

117. Archives de la Chambre syndicale de la librairie et de l'imprimerie de Paris. *Rapports des censeurs sur les ouvrages soumis à leurs examens pour l'obtention des privilèges ou permissions.* 1769 – 88. Manuscript. Folio register. Bibliothèque Nationale, Paris, Cabinet des Manuscrits. (*15*)

118. Archives de la Chambre syndicale de la librairie et de l'imprimerie de Paris. *Registre des privilèges et des permissions simples de la librairie (1788 – 1789).* Manuscript. Folio register. Bibliothèque Nationale, Paris, Cabinet des Manuscrits. (*8*)

119. Archives de la Chambre syndicale de la librairie et de l'imprimerie de Paris. *Répertoire des livres prohibés par ordre alphabétique.* N.d. Manuscript. Folio register. Bibliothèque Nationale, Paris, Cabinet des Manuscrits. (*4*)

120. Baudin, P. C. L. *Rapport et projet du décret sur la propriété des auteurs dramatiques, présenté au nom du Comité de l'instruction publique.* Paris: Imp. Nationale, n.d. [1791 – 92]. 8°. The New York Public Library, General Research Division.

121. Beaumarchais, Pierre Augustin Caron de. *Pétition à l'Assemblée nationale contre l'usurpation des auteurs.* Paris: Imp. Dupont, [1791 – 92]. 8°. The New York Public Library, Rare Books and Manuscripts Division.

122. Billaud-Varenne, Jacques Nicolas. *Rapport de Billaud-Varenne, au nom du Comité de salut public, sur un mode de gouvernement provisoire & révolutionnaire, fait à la séance du 28 brumaire, l'an second de la République française [18 novembre 1793].* [Paris: Imp. Nationale, 1793?]. 12°. The New York Public Library, General Research Division.

123. *Catéchisme français, à l'usage des gens de la campagne.* N.p., [1789]. sm. 8°. The New York Public Library, Rare Books and Manuscripts Division, Talleyrand Collection.

124. Condorcet, Marie Jean Antoine Nicolas Caritat, marquis de. *Rapport et projet du décret sur l'organisation générale de l'instruction publique, présentée à l'Assemblée nationale au nom du Comité d'instruction publique... le 20 &*

21 avril 1792. [Paris, 1792]. 8°. The New York Public Library, General Research Division.

125. *La Constitution française, et les droits de l'homme, chanson patriotique.* Paris: Garnéry, l'an premier de la liberté (1791?). 8°. The New York Public Library, Rare Books and Manuscripts Division, Talleyrand Collection. (*261*)

126. *La Constitution française, présentée au roi par l'Assemblée nationale, le 3 septembre 1791, & acceptée par sa majesté le 14 du même mois.* Paris: Imp. de Baudouin, 1791. 8°. The New York Public Library, General Research Division.

127. *Contre la multiplicité et le danger des brochures, par l'auteur de l'écrit intitulé: Je ne suis point de l'avis de tout le monde.* N.p., 1789. 8°. The New York Public Library, Rare Books and Manuscripts Division, Talleyrand Collection.

128. "Déclaration des droits de l'homme et du citoyen." Engraving. 15¼ × 10½ (39×27). Musée de la Révolution Française, Vizille, France.

129. *Déclaration des droits et des devoirs de l'homme et du citoyen.* [Paris]: Imp. du Directoire Exécutif, an III (1794–95). 8°. The New York Public Library, General Research Division.

130. *Declaration of Rights/Déclaration des droits.* London, 1789. 8°. The New York Public Library, General Research Division.

131. *Déclaration solennelle des droits de l'homme dans l'état social.* N.p., 1793. 8°. The New York Public Library, General Research Division.

132. *Description d'une nouvelle presse exécutée pour le service du roi; et publiée par ordre du gouvernement.* Paris: Imp. Royale, 1783. 4°. Imprimerie Nationale, Paris. (*116*)

133. "Droits de l'homme et du citoyen." Engraving. In *Collection complète des tableaux historiques de la Révolution française*, vol. 3. Text by Claude Fauchot, Sébastien R. N. Chamfort, Pierre L. Ginguené, and F. X. Pagès. Paris: P. Didot l'aîné, an VI (1797–98). Folio. The New York Public Library, The Miriam and Ira D. Wallach Division of Art, Prints and

Photographs. (*281*)

134. "Extrait du registre dés délibérations ... de Toulon [interdiction de la presse royaliste]." 9 août 1792. Manuscript. 13 1/8 × 9 (34 × 23). Musée de la Révolution Française, Vizille, France.

135. France. Assemblée nationale. Déclaration des droits de l'homme et du citoyen. *Projet de déclaration des droits de l'homme en société, présenté le 17 août 1789, par MM. du comité chargé de l'examen des déclarations de droits.* [Paris: Baudouin, 1789]. 8°. The New York Public Library, Rare Books and Manuscripts Division, Talleyrand Collection.

136. France. Constitution. *Constitution of the Republic of France, Completed on the 26th June, 1793, and Submitted to the People by the National Convention. (Translated from a French copy, direct from Paris).* New York: Thomas Greenloaf, 1793. 12°. The New York Public Library, Rare Books and Manuscripts Division.

137. France. Consulat. *Constitution de la République française, représentée par figures, gravées par F. A. David.* Paris: David, an VIII (1799 – 1800). 12°. The New York Public Library, General Research Division.

138. France. Statutes. *Décret de la Convention nationale du 19 juillet 1793 sur la propriété littéraire des auteurs.* Paris: Imp. Nationale, 1793. 4°. Archives Nationales, France.

139. France. Statutes. *Décret de la Convention nationale du 2 septembre 1793 ... portant que tous les imprimeurs de Paris sont en état de réquisition pour le service public ...* Paris: Imp. Nationale, 1793. 8°. Archives Nationales, France.

140. France. Statutes. *Décret de la Convention nationale, du 18 germinal, an III [7 avril 1795]...* Paris: Imp. de la République, an III (1794 – 95). 8°. The New York Public Library, General Research Division.

141. France. Statutes. *Décret du 12 mars 1793 ... qui ordonne l'envoi du Bulletin de la Convention aux sociétés patriotiques.* Marseilles: Mossy, 1793. Broadside. 15 1/2 × 11 1/2 (39 × 29). The New York Public Library, Rare Books

and Manuscripts Division.

142. France. Statutes. *Journal des débats et lois du Corps législatif, arrêté du 27 nivôse, an VIII [16 janvier 1800].* Paris: Baudouin, 1800. 8°. The New York Public Library, General Research Division.

143. France. Statutes. *Loi qui ordonne que les libellistes seront poursuivis. Donnée à Paris, le 21 juillet 1792.* Aix: Veuve André Adibert, 9 août 1792. Broadside. 15×11¼ (38×29). The New York Public Library, Rare Books and Manuscripts Division.

144. France. Statutes. *Procès-verbal de la Convention nationale. Décret du Directoire du 15 vendémiaire, an IV, contre la liberté de la presse.* Paris: Imp. Nationale, an IV (1795 – 96). 8°. The New York Public Library, General Research Division.

145. France. Statutes. *Procès-verbal de la Convention nationale. Décret du Directoire du 24 vendémiaire, an IV, contre la liberté de la presse.* Paris: Imp. Nationale, an IV (1795 – 96). 8°. The New York Public Library, General Research Division.

146. *Le Front de Robespierre et de sa clique, ou la nécessité de la liberté de la presse.* Paris: Imp. des Patriotes, [an II (1793 – 94)]. 8°. The New York Public Library, General Research Division.

147. Gouze, Marie, called "Olympe de Gouges." *Droits de la femme, à la reine.* N.p., [1791]. 8°. The New York Public Library, Rare Books and Manuscripts Division.

148. Grégoire, Henri. *Rapport sur la nécessité & les moyens d'anéantir le patois, & d'universaliser l'usage de la langue française.* Paris: Imp. Nationale, n.d. 8°. The New York Public Library, General Research Division.

149. "Institutrice républicaine." [1793]. Engraving. (7⅞) × 6 (20 × 15). Bibliothèque Nationale, Paris, Cabinet des Estampes, Collection Hennin. (*284*)

150. *Je suis le véritable père Duchesne foutre.* No. 334. [Paris: Imp. de la rue Neuve de l'Egalité, 1794]. 8°. The New York Public Library, General

Research Division.

151. Type characters called "les romains du roi," spelling out "Père Duchesne." Imprimerie Nationale, Paris. (*149*)

152. La Chabeaussière. *Catéchisme français, ou principes de philasophie, de morale et de politique républicaines, à l'usage des écoles primaires.* Paris, an IV (1795 – 96). 8°. The New York Public Library, General Research Division.

153. Manuel, Pierre. *La Police de Paris dévoilée.* 2 vols. Paris: J. B. Garnéry, l'an seconde de la liberté [1791?]. 8°. The New York Public Library, General Research Division. (*12*)

154. *Manuel du républicain.* Paris: Imp. Nationale Executive du Louvre, an II (1793 – 94). 12°. Bibliothèque Nationale, Paris, Département des Imprimés.

155. Panckoucke, Charles-Joseph. "Sur les chambres syndicales." *Mercure de France.* 23 janvier 1790. Paris: Bureau du Mercure. 8°. The New York Public Library, General Research Division.

156. Paris. Printers. *Pétition présentée aux consuls de la République par les imprimeurs de Paris soussignés.* Paris: Imp. de Stoupe, 1799. Folio. The New York Public Library, Rare Books and Manuscripts Division.

157. Sieyès, Emmanuel-Joseph, comte. "Projet de loi contre les délits qui peuvent se commettre par la voie de l'impression et par la publication des écrits et des gravures, etc., présenté à l'Assemblée nationale le 20 janvier 1790, par le Comité de Constitution." In *Procès-verbal de l'Assemblée nationale.* Vol. 12. Paris: Baudouin, 1790. 8°. The New York Public Library, General Research Division.

158. United States. Declaration of Independence. *Acte d'indépendance des Etats-unis d'Amérique, et constitution des Républiques française, cisalpine et ligurienne, dans les quatres langues française, allemande, anglaise et italienne.* N. p., [17 –]. 8°. The New York Public Library, General Research Division.

第六部分：日常生活中的版画

159. *Almanach du père Gérard pour l'année 1792.* Ed. J.-M. Collot d'Herbois.

Paris: Au secrétariat de la Société des Amis de la Constitution, 1792. 12°. Bibliothèque de l'Arsenal, Paris. (*211*).

160. *Almanach républicain chantant, pour l'an 2ᵉ de la République française, commençant le 22 septembre 1793, et finissant le 21 septembre 1794; avec la Déclaration des droits de l'homme et le maximum. Par le citoyen B****. Paris: Lallemand, [1793]. 32°. The New York Public Library, Rare Books and Manuscripts Division. (*209*)

161. *Assignats* of 1792: (a) 400 livres, série 1213. 4½ × 7½ (11 × 19). (b) 50 livres, série 4127. 6¼×8¼ (16×21). Musée de l'Imprimerie et de la Banque, Lyon, France. (*275*).

162. *Assignats:* (a) 50 sous, janvier 1792. 3⅛×3½ (8×9); (b) 10 sous, mai 1793. 2¼×2½ (6×7). Bibliothèque Municipale de Lyon, France. (*Pl. 17*)

163. *Assignats*, Commune d'Avignon: (a) 1 sou, 6 deniers. 2×1½ (5×4); (b) 1 sou, 12 deniers. 2×1½ (5×4). Bibliothèque Municipale de Lyon, France. (*Pl. 17*)

164. *Assignats*, Département de Côte d'Or: 5 sous en échange d'assignats de 100 livres jusqu'en janvier 1793. 2×2⅜ (5×6). Bibliothèque Municipale de Lyon, France. (*Pl. 17*)

165. *Assignats*, Commune de Montpellier: 6 deniers. 2×1½ (5×4). Bibliothèque Municipale de Lyon, France. (*Pl. 17*)

166. *Assignats*, Nîmes: billet d'un sou avec crocodile et palmiers. 2⅜×1½ (6×4). Bibliothèque Municipale de Lyon, France. (*Pl. 17*)

167. Engraved plate used for the printing of *assignats*. Eighteenth century. 6½×10¼ (17×26). Musée de l'Imprimerie et de la Banque, Lyon, France.

168. Aubry, Charles Louis. *Le Système des nouvelles mesures de la République française, mis à la portée de tout le monde, et sa nomenclature restreinte aux seize mots génériques du décret...* Paris: Imp. de Pain, 1797. 8°. The New York Public Library, Rare Books and Manuscripts Division.

169. *Avis sur le maximum. Aux citoyens et citoyennes qui veulent l'unité et l'indivisibilité.* Paris: Charpentier, Imp. de la Section des Amis de la Patrie,

[1793]. Broadside. 20½×16½ (52×42). The New York Public Library, Rare Books and Manuscripts Division.

170. Blondel, C. M. "Un Vieillard lisant avec un lorgnon une affiche ainsi conçue: Ordonnance de police qui défend de porter l'épée à tous les vagabonds et gens sans aveu." 1789. Engraving. 8½×11½ (22×29). Bibliothèque Nationale, Paris, Cabinet des Estampes, Collection Hennin.

171. "Bon pour huit livres de pain pour deux jours à délivrer au citoyen ———." Engraving. 5×8(13×21). Bibliothèque Municipale de Lyon, France.

172. Burial announcement, An X(1801 – 2). Broadside. 10¼×15½(26×40). Musée de la Révolution Française, Vizille, France.

173. "Calendrier national calculé pour 30 ans et présente à la Convention nationale en décembre 1792." 1792. Engraving by J. F. Lefèvre. 22×15½(56×39). Bibliothèque Nationale, Paris, Cabinet des Estampes, Collection Hennin.

174. *Carte de la France divisée en départements et districts vérifiée au Comité de la Constitution dédiée et présentée à l'Assemblée nationale, au roi et à M. le dauphin.* 1790. Color engraving. 21½×25 (55×63). The New York Public Library, Map Division. (*Pl. 18*)

175. *Catéchisme français, républicain. Des sociétés en général.* [Paris]: Imp. de la Municipalité, [1792?]. Broadside. 21×17 (53×43). The New York Public Library, Rare Books and Manuscripts Division. (*287*)

176. Cérutti, Joseph-Antoine-Joachim, ed. *La Feuille villageoise, adressée, chaque semaine, à tous les villages de la France, pour les instruire des lois, des événements, des découvertes qui intéressent tout citoyen: proposée par souscription aux propriétaires, fermiers, pasteurs, habitants & amis des campagnes.* Paris: Desenne, 1790. 8°. The New York Public Library, General Research Division. (*159*)

177. Chemin-Dupontès fils, J.-B. *L'Ami des jeunes patriotes, ou Catéchisme républicain...* Paris: Imp. de l'auteur, an II (1793 – 94). 16°. Bibliothèque Nationale, Paris, Département des Imprimés. (*286*)

178. Letterhead, Commission des subsistances. Engraving. 17¾×11½ (45×

29). Musée de la Révolution Française, Vizille, France.

179. Convocation, Société des amis des noirs. Engraved invitation. 4⅛×6½ (11× 17). Musée de la Révolution Française, Vizille, France.

180. "Les Délassements du père Gérard. La Poule de Henri IV. Mise au pot en 1792. Jeu national" (Board Game). N.d. Engraving. Color proof. 17¾×23½ (45×60). Bibliothèque Nationale, Paris, Cabinet des Estampes, Collection Hennin. (*Pl. 16*)

181. Dezauche, M. *Carte de Paris, divisée en ses 48 sections.* 1790. Color engraving. 25 × 40 ¾ (63 × 103). The New York Public Library, Map Division. (*Pl. 19*)

182. Du Saulchoy de Bergemont, Joseph-François-Nicolas. *Almanach du peuple pour l'année 1792* [-1793]. 2 vols. Paris: Au bureau des Révolutions de France, n.d. 8°. Bibliothèque Nationale, Paris, Département des Imprimés. (*215*)

183. *Fête à l'Être suprême. Strophes chantées à la fête du 20 prairial, an second de la République une et indivisible.* Blois: Billault, [1794]. 8°. The New York Public Library, General Research Division. (*263*)

184. France. Conseil d'état. *Arrêt qui suspend l'exportation des grains à l'étranger. Du 7 septembre 1788.* [Paris: Imp. Royale, 1788]. 8°. The New York Public Library, Rare Books and Manuscripts Division, Talleyrand Collection.

185. *Hommage aux bons citoyens ou catéchisme des démocrotes.* N.p., n.d. 8°. The New York Public Library, General Research Division.

186. L'Epithète, M. de [pseud.]. *Dictionnaire national et anecdotique, pour servir à l'intelligence des mots dont notre langue s'est enrichie depuis la révolution, et à la nouvelle signification qu'ont reçue quelques anciens mots. Enrichi d'une notice exacte et raisonnée des journaux, gazettes et feuilletons antérieurs à cette époque. Avec un appendice contenant les mots qui vont cesser d'être en usage, et qu'il est nécessaire d'insérer dans nos archives pour l'intelligence de nos neveux.* N.p., 1790. 8°. The New York Public Library, General Research

Division.

187. "La Liberté patronne des Français." 1789 – 90. Fan, with color engraving. $5\frac{1}{2} \times 20$ (14×51). Musée de la Révolution Française, Vizille, France. (*Pl. 14*)

188. Revolutionary playing cards. Designed by the comte de St. Simon; manufactured by V. Jaume and J.-D. Dugourc, an II (1793 – 94). $3\frac{1}{2} \times 2\frac{3}{8}$ (9×6). Albert Field Collection of Playing Cards, Astoria, New York. (*Pl. 13*)

189. Playing cards: "Jeu de cartes des grands hommes." Edited by Chassoneris. Paris, 1793. $3\frac{1}{4} \times 2\frac{1}{4}$ (8×6). Musée de la Révolution Française, Vizille, France.

190. Pleyel, Ignace. *Hymne à la liberté*. London, 1792. 4°. The New York Public Library, Music Division. (*263*)

191. *Proclamation du roi, sur le décret de l'Assemblée nationale du 1 juin concernant la forme, la valeur et le nombre des assignats.* Amiens: Imp. Caron, 1790. Broadside. $7\frac{3}{4} \times 19$ (20×48). The New York Public Library, Rare Books and Manuscripts Division.

192. Restif de la Bretonne, Nicolas-Edmé. *L'Année des dames nationales.* 1794. Frontispiece. $6\frac{1}{2} \times 4$ (17×10). Musée de la Révolution Française, Vizille, France. (*208*)

193. Four sectional identity cards. Engravings. (a) $2\frac{1}{4} \times 2\frac{3}{4}$ (6×7); (b) diameter: $3\frac{1}{2}$ (9); (c) diameter: $2\frac{1}{8}$ (5); (d) $3\frac{1}{2} \times 2\frac{3}{4}$ (9×7). Musée de la Révolution Française, Vizille, France. (*276 – 77*)

194. Engraved woodblock used to print a sectional identity card. $1\frac{1}{2} \times 2$ (4×5). Imprimerie Nationale, Paris.

第七部分：遥远的回声

195. *A l'Assemblée nationale. Supplique et pétition des citoyens de couleur des îles et colonies françaises, sur la motion faite le 27 novembre 1789, par M. de Curt, député de la Guadeloupe, au nom des colonies réunies, tendante à faire*

nommer un comité des colonies, composé de vingt membres, mi-partie de députés des villes maritimes & des manufactures, et mi-partie de députés des colonies, pour préparer toutes les matières qui peuvent être relatives à ces possessions importantes (I) du 2 décembre 1789. [Paris, 1789]. 8°. The New York Public Library, General Research Division.

196. *Aanmerkingen over de staats-omwentelingen, van Engeland, in den jaare 1688. En van Frankryk, op den tienden van oogstmaand, des jaars 1792.* Haarlem: J. Tetmans, [1792?]. 8°. The New York Public Library, General Research Division.

197. *Annuaire du Jura, pour l'an VIII de la République française, contenant les foires et marchés des départements du Jura, du Doubs, de Saône-et-Loire, de l'Ain, du Léman: La taxe des barrières, les nouvelles mesures de la République, la nomenclature des départements, le tableau des principaux fonctionnaires publics, etc. etc.* Ed. Jomaron. Lons-le-Saulnier: Imp. J.-E. Gauthier, an VII (1798 – 99). 12°. Bibliothèque Nationale, Paris, Département des Imprimés. (*137*)

198. Bonneville, B. *Ce que Speravian pas, ou Jean-Pierre vengu de Brest, intermède provençal...* Marseilles: Hermitte, 1790. 8°. Musée de la Révolution Française, Vizille, France.

199. Bourdon de la Crosnière, Louis-Jean-Joseph-Léonard. *Collection of the Heroic and Civic Actions of the French Republicans Laid before the National Convention, in the Name of Its Committee of Public Instruction.* Translated by H. P. Nugent. Philadelphia, 1794. 8°. The New York Public Library, Rare Books and Manuscripts Division.

200. Burke, Edmund. *Reflections on the Revolution in France.* London: J. Dodsley, 1790. 8°. The New York Public Library, Rare Books and Manuscripts Division.

201. Committee of Constitution. *The New Constitution of France Literally Translated from the Original Copy. Presented to the People of France for Their Consideration.* London: James Ridgway, 1793. 8°. The New York Public

Library, General Research Division.

202. *Complot infernal exécuté à Quincey: Affreux Désordres en Franche-Comté & en Bourgogne.* Paris: Gueffier, [1789]. 8°. The New York Public Library, General Research Division. (*129*)

203. *Costituzione della Repubblica Ligurge.* [Ligurge], 1797. 8°. The New York Public Library, Rare Books and Manuscripts Division.

204. Cousin d'Avallon [pseud.] (Charles Yves Cousin), *Histoire de Toussaint-Louverture, chef des noirs insurgés de Saint-Domingue.* Paris: Pillot, 1802. 12°. The New York Public Library, Schomburg Center for Research in Black Culture.

205. *Dialogo sul dangé de la patrio et de la countro-rebouluciou.* Toulouse: Viallanos, [1790]. 8°. The New York Public Library, General Research Division.

206. France. Convention nationale. *Adresse de la Convention nationale au peuple français décrété dans la séance du 18 vendémiaire, an IIIe de la République française, une et indivisible, traduite en arabe par P. Ruffin.* Paris: Imp. de la République, an III (1794 – 95). Folio. The New York Public Library, Oriental Division. (*Pl. II*)

207. Arabic type characters used to print the preceding work. Imprimerie Nationale, Paris.

208. France. Statutes. *Loi portant que tout homme est libre en France, & que, quelque soit sa couleur, il y jouit de tous les droits de citoyen, s'il a les qualités prescrites par la Constitution.* Paris: Imp. Royale, 1791. 4°. The New York Pubic Library, Schomburg Center for Research in Black Culcure.

209. Grégoire, Henri. *Motion en faveur des juifs.* Paris: Belin, 1789. 8°. The New York Public Library, Jewish Division.

210. Karayev, Nikolai Ivanovich. *A History of Western Europe.* N.p., 1913. 9× 6 (23×15). The New York Public Library, Slavic and Baltic Division.

211. Lequinio de Kerblay, Joseph-Marie. *Adresse populaire aux habitants des campagnes.* Nimes: C. Belle, 1791. 8°. The New York Public Library,

General Research Division. (*136*).

212. *Lettres-patentes du roi, sur un décret de l'Assemblée nationale, portant que les juifs, connus en France sous le nom de juifs portugais, espagnols et avignonnais, y jouiront des droits de citoyen actif.* Nancy, 1790. 4°. The New York Public Library, Jewish Division.

213. *Massacre of the French King! View of the Guillotine; or the Modern Beheading Machine at Paris.* London: William Lane, [1793]. Broadside. 20 ¼ × 15 (51 × 38). The New York Public Library, Rare Books and Manuscripts Division.

214. *Die national Versammlung an die Franzosen.* Strasbourg, 17 février 1790. 8°. The New York Public Library, General Research Division.

215. Noclauf [pseud.] and Ingitalg [pseud.]. *Au coq qui chante, sur les hommes de couleur libres.* Paris: L. M. Collot, 1791. Broadside. 20 ¾ × 15 ½ (53 × 39). The New York Public Library, Rare Books and Manuscripts Division.

216. Paine, Thomas. *Rights of Man: Being an Answer to Mr. Burke's Attack on the French Revolution.* London: J. S. Jordan, 1791. 8°. The New York Public Library, Rare Books and Manuscripts Division.

217. *Traduction de la Déclaration bretonne de l'ordre de la noblesse, envoyée aux Paroisses qui ne parlent pas la langue française.* N.p., [1789]. 8°. The New York Public Library, General Research Division.

218. *Victoire remportée par les patriotes de la ville de Nîmes, sur les soi-disants catholiques, le 14 du mois.* [Nîmes?]: Imp. L. L. Girard, [1789?]. 8°. The New York Public Library, General Research Division. (*133*)

219. Wollstonecraft, Mary. *A Vindication of the Rights of Woman; with Strictures on Political and Moral Subjects.* London: J. Johnson, 1792. 8°. The New York Public Library, Rare Books and Manuscripts Division.

注 释

《审查与出版业》

本文修改自丹尼尔·罗什发表在 *Histoire de l'édition française: le livre triomphant*, *1660 – 1830*(Paris: Promodis, 1984), vol. 2, pp.76 – 91 上的文章。

1. M. Cerf, "La Censure royale à la fin du XVIIIe siècle," *Communications* 9 (1967): 2 – 28.
2. 主要参考书目有 H. D. Macpherson, *Censorship under Louis XIV*(New York, 1929); A. Bachman, *Censorship in France from 1715 to 1750: Voltaire's Opposition* (New York, 1934); D. T. Pottinger, *The French Book Trade in the Ancien Regime* (New York: 1944); J. P. Belin, *Le Commerce des livres prohibés à Paris de 1750 à 1789* (Paris, 1913); N. Hermann-Mascard, *La Censure des livres à Paris à la fin de l'Ancien Régime* (*1750 – 1789*)(Paris, 1968)。
3. H. J. Martin, *Livre, pouvoirs et société à Paris au XVIIe siècle, 1598 – 1701*, 2 vols.(Paris, 1909), 1: 460 – 466; 2: 764 – 768.
4. H. Beaumont de la Bonninière, "L'Administration de la librairie et la censure des Livres, 1700 – 1750"(硕士论文, Ecole des Chartes, 1975); Françoise Bléchet, "L'Abbé Bignon et son rôle"(硕士论文, Ecole des Chartes, 1974); J. Lebrun, "Censure préventive et littérature religieuse en France au début du XVIIIe siècle," *Revue d'histoire de l'Eglise de France* (1975): 201 – 225.
5. Catherine Blangonnet, "Recherche sur les censeurs royaux et leur place dans la société au temps de M. de Malesherbes"(硕士论文, Ecole des Chartes, 1975).

6. Martin, *Livre, pouvoirs*, 1: 440‑444; Beaumont, "L'Administration de la librairie," 7‑9, 339‑340; 可以参考 F. Lachèvre, *Le Procès du poète Théophile de Viau* (Paris, 1909) 中一个发生在17世纪的著名案例。
7. Madeleine Ventre, *L'Imprimerie et la librairie en Languedoc au dernier siècle de l'Ancien Régime, 1700‑1789* (Paris/The Hague, 1958), 78‑86.
8. Michel Antoine, *Le Conseil du Roi sous le règne de Louis XV* (Geneva, 1970).
9. Beaumont, "L'Administration de la librairie," 360‑361.
10. Daniel Roche, *Le Siècle des Lumières en Province: Académies et académiciens provinciaux, 1660‑1783*, 2 vols. (Paris/The Hague, 1978).
11. Blangonnet, "Recherche sur les censeurs," 40‑63.
12. D. Ozanam, *La Disgrâce d'un premier commis, Tercier et l'affaire de l'Esprit, 1758‑59* (Bibliothèque de l'Ecole des Chartes, 1955), 140‑170; Pierre Grosclaude, *Malesherbes, témoin et interprète de son temps* (Paris, 1961).
13. 卷2 (Paris, 1792)。
14. (Paris, 1789).
15. Cerf, "Censure royale," 7‑8.
16. Robert Estivals, *La Statistique bibliographique de la France sous la monarchie* (Paris/The Hague, 1964); Lebrun, "Censure préventive," 203‑206.
17. Belin, *Le Commerce des livres prohibés*, 21‑33; Blangonnet, "Recherche sur les censeurs," 162‑170.
18. Martin, *Livre, pouvoirs*, 1: 442‑443, 462‑466.
19. Ventre, *L'Imprimerie*, 112‑141; Hermann-Mascard, *La Censure*, 59‑96.
20. Jean Quéniard, *L'Imprimerie et la librairie à Rouen au XVIIIᵉ Siècle* (Paris, 1969), 172‑175.
21. Ventre, *L'Imprimerie*, 116‑117.
22. Hermann-Mascard, *La Censure*, 88‑96; Isabelle Lehu, "La Diffusion du livre clandestine à Paris de 1750 à 1789"（硕士论文, 巴黎第一大学, 1979), 23‑24.
23. M. Champeaux, "Recherche sur le livre clandestine à Paris au XVIIIᵉ siècle"

（硕士论文，巴黎第七大学，1978），50－51；Frantz Funck-Brentano, *Les Lettres de cachet à Paris, 1659－1789* (Paris, 1903).

24. J. L. Flandrin and Marie Flandrin, "La Circulation du livre dans la société du 18e siècle, un sondage à travers quelques sources," François Furet, ed., *Livre et société en France au XVIIIe siècle*, vol. 2 (Paris/The Hague, 1970), 39－73; R. C. Darnton, *The Great Cat Massacre* (New York, 1984), 145－189.

25. Ventre, *L'Imprimerie*, 120－137.

26. Jacques Billioud, *Le Livre en Provence du XVIe au XVIIIe siècle* (Marseilles, 1962), 45－47.

27. Ventre, *L'Imprimerie*, 118.

28. Martin, *Livre, pouvoirs*, 2: 695－697.

29. Robert Mandrou, *Louis XIV en son temps* (Paris, 1973), 161－168.

30. (Paris, 1937), 66－67.

31. Hermann-Mascard, *La Censure*, 112－113.

32. R. C. Darnton, *The Business of Enlightenment: A Publishing History of the "Encyclopédie," 1775－1800* (Cambridge, 1979；法译本, Paris, 1982); R. C. Darnton, "Le Livre à la fin de l'Ancien Régime," *Annales: Economies, sociétés, Civilisations* 3(1973): 735－744.

33. Lehu, "La Diffusion," 37；另可参见巴士底狱档案, Arsenal, 12392, "fraude aux barrières," 12476 和 12951, "affaire de la Théodoron et de Thérèse philosophe"；另可参见 R. Bontoux, "Paris janséniste au XVIIIe siècle, les *Nouvelles Ecclésiastique*," *Mémoire de la Fédération des Sociétés historiques et archéologiques de Paris et de l'Ile de France* 7 (1956), 205－220.

34. Raymond Birn, "Les Colporteurs du livre et leur culture à l'aube du siècle des Lumières: les pornographes du Collège d'Harcourt," *Revue Française d'Histoire du Livre* (1982).

35. Lehu, "La Diffusion," 7; Champeaux, "Recherche sur le livre clandestin," 10－11.

36. Martin, *Livre, pouvoirs*, 2: 765－769; Mandrou, *Louis XIV*, 167.

37. Ventre, *L'Imprimerie*, 165–205; Quéniard, *L'Imprimerie*, 171–226.
38. R. C. Darnton, *Business of Enlightenment*, 387–407; S. Tucoochala, *Charles Joseph Panckoucke et la librairie française, 1736–1798* (Paris, 1977), 392–395.
39. P. Chauvet, *Les Ouvriers du livre en France des origines à la Révolution* (Paris, 1959).
40. *De la Bible aux larmes d'Eros, le livre et la censure en France* (Paris, 1987), R. Badinter 所作序言("审查制"展览目录, BPI, Paris; 主管, M. Poulain and F. Serre)。

《斗篷下的哲学》

1. 数字结果是我本人基于以下材料计算得出的：Félix Rocquain, *L'Esprit révolutionnaire avant la Révolution, 1715–1789* (Paris, 1878)中关于每年受罚禁图书的附录。很大一部分受罚禁的图书都是时事话题性质的小册子。大部分都没有被焚毁，而是由行政法院(Conseil d'Etat)或巴黎高等法院颁布法令进行"压制"，也就意味着这些书如果被警方发现就会被没收，出售这些图书的中间同业公会被罚款或入狱。在研究出版商和警方的档案过程中，我已经整理出了一份清单，列出了大革命之前的 20 年里在地下交易市场流通的严重违法的 720 本图书，但实际上可能更多。
2. 掌管图书业的官员所整理的最完整的清单可以在法国国家图书馆查阅到，法语手稿(ms. fr.) 21928—21929 中囊括了从 1696 年到 1773 年 1563 本图书的标题，其中有很多根本就没有印制过。这份清单不是很准确，并不能代表大革命之前流通的印刷品状况。图书业检查员约瑟夫·德埃默里对所有引起他关注的图书都做了注释。虽然他的日志也是颇有价值的信息来源，但只记录了 1750—1769 年的情况，只能用来证明当时禁书的数量之大和警方对其管控的无能：法国国家图书馆, 法语手稿 22156—22165 和 22038。参见 Nelly Lhotellier, "Livres prohibés, livres saisis. Recherches sur la diffusion du livre interdit à Paris au XVIIIe siècle"(硕士论文, 巴黎第一大学, 1973) 和 Marlinda Ruth Bruno, "The 'Journal d'Hémery,' 1750–1751: An Edition"(博士论文, Vanderbilt 大学, 1977)。

3. Hans-Christoph Hobohm, "Der Diskurs der Zensur: über den Wandel der literarischen Zensur zur Zeit der 'proscription des romans'(Paris, 1737)," *Romanistische Zeitschrift für Literaturgeschichte* 10 (1986): 79.

4. 法国国家图书馆,法语手稿21933—21934。早期的登记册手稿21931—21932记录了1703—1771年的情况,但通常未说明图书被没收的理由。后期的记录册给出的理由又太多,混乱不堪。但是正如我在之后的作品中所表述的,我们还是可以从那些冗词废话中挑拣出违法程度最高、最危险的书籍,所以这些手稿是甄别禁书的珍贵资料。

5. 1771年11月21日,蓬塔利耶的让-弗朗索瓦·皮翁写给纳沙泰尔出版公司的信,本文所引来自弗朗堡(Frambourg)海关办公室办事员(*brualiste*)珀蒂先生(M. Petit)。纳沙泰尔出版公司的资料,公共与大学图书馆,纳沙泰尔,瑞士。

6. 普安索写给纳沙泰尔出版公司的信,写信日期未标,收信日期为1781年9月22日;1781年6月1日普安索写给纳沙泰尔出版公司的信。

7. 1774年9月9日弗夫·布里泰尔写给纳沙泰尔出版公司的信。纳沙泰尔出版公司的"代理书"业务,关于1774年9月9日布里泰尔的订单。

8. 1768年9月24日,巴黎高等法院严惩了一个名叫Jean-Baptiste Josserand的杂货铺伙计、一个名叫Jean Lécuyer的二手货中间商及其妻子Marie Suisse,罪名是兜售《基督教大揭秘》(*Le Christianisme dévoilé*)、《有四十金币的人》(*L'Homme aux quarante écus*)、《达拉斯的蜡烛》(*La Chandelle d'Arras*)等书籍。他们被罚在奥古斯丁码头(Quai des Augustins)、巴纳比提广场(Place des Barnabites)和沙滩广场(Place de la Grève)示众,戴着手铐脚镣,挂着牌子,上面写着"不虔诚不道德之诽谤言论的供货商"。之后,两个男人的右肩被烙上"GAL"并被送去服苦役,Lécuyer被判服苦役五年,Josserand九年,服役后被永久驱逐出境。Lécuyer夫人被送到硝石场苦力拘留所(Maison de force of the Salpetrière)的监狱,服刑五年。刑罚因特赦证有所减轻,但特赦证抵达得太晚。法国国家图书馆,法语手稿22099,页码(folios)213—221。

9. Charpentier, *La Bastille dévoilée, ou recueil de pièces authentiques pour servir à son histoire* (Paris, 1789), 4: 119.

10. A.-F. Momoro, *Traité élémentaire de l'imprimerie, ou le manuel de l'imprimeur* (Paris, 1793), 234-235. Momoro 指出，这个"旧制度下的说法"可以涵盖"所有诽谤性作品，抨击国家、道德、宗教、大臣、国王、地方长官等的作品"。
11. 1773 年 9 月 9 日纳沙泰尔出版公司写给 J. Rondi 的信。
12. 引文以在资料中的出现先后为序，分别来自 1772 年 10 月 11 日迪普兰写给纳沙泰尔出版公司的信，1775 年 10 月 4 日马努里写给纳沙泰尔出版公司的信，1776 年 12 月 31 日勒利埃弗尔写给纳沙泰尔出版公司的信，1772 年 8 月 30 日布卢埃写给纳沙泰尔出版公司的信，1776 年 4 月 14 日奥德阿尔写给纳沙泰尔出版公司的信和 1776 年 9 月 10 日比约尔写给纳沙泰尔出版公司的信。
13. 1777 年 6 月 6 日帕特拉斯，1781 年 6 月 9 日鲁耶，1774 年 9 月 19 日和 12 月 28 日小勒尼奥写给纳沙泰尔出版公司的信。
14. 纳沙泰尔出版公司的 Jean-Elie Bertrand 于 1777 年 4 月 19 日在日内瓦写给 Frédéric-Samuel Ostervald 和 Abram Bosset de Luze 的信。
15. 1774 年 4 月 6 日纳沙泰尔出版公司写给特龙的信；1774 年 4 月 14 日特龙写给纳沙泰尔出版公司的信；1774 年 4 月 23 日特龙写给纳沙泰尔出版公司的信；1777 年 6 月 10 日特龙写给纳沙泰尔出版公司的信。
16. 1772 年 6 月 19 日和 1774 年 4 月 25 日格拉赛写给纳沙泰尔出版公司的信。
17. 格拉赛的书单附在 1774 年 4 月 25 日他写给纳沙泰尔出版公司的信中；沙皮伊和迪迪埃的书单附在该公司于 1780 年 11 月 1 日发出的信函中。
18. 纳沙泰尔出版公司的秘密书单，跟其他六份标准的合法书单一起存放在纳沙泰尔出版公司的资料中，标签为"纳沙泰尔出版公司"。被没收的那份书单与弗夫·斯托克多尔夫的资料可参见法国国家图书馆法语手稿 22101，页码 242—249。有关维特尔的内容出现在 Quandet de Lachenal 于 1781 年 5 月 6 日写给纳沙泰尔出版公司的信中。关于对书目"保密"的言论，完整的叙述可参见卷宗：Noël Gille，法国国家图书馆，法语手稿 22081，页码 358—366，此处引文参见第 364 右页(recto)。1783 年 7 月 31 日普安索在写给纳沙泰尔出版公司的信中汇报了拜访 Martin 的情况，Martin 是图书业主管勒·卡姆斯·德·内维尔的秘书兼得力助手。

19. 纳沙泰尔出版公司"信函复印件",1776 年 8 月 12 日至 9 月 19 日。
20. 1777 年 7 月 26 日莱内写给纳沙泰尔出版公司的信;1783 年 5 月 11 日普雷沃写给纳沙泰尔出版公司的信;1775 年 6 月 27 日马拉西写给纳沙泰尔出版公司的信。另可参见 1776 年 9 月 2 日 Bar-le-Duc 的 Teinturier 写给纳沙泰尔出版公司的信,以及 1773 年 4 月 16 日阿维尼翁的 Guichard 写给纳沙泰尔出版公司的信。
21. 1773 年 7 月 6 日纳沙泰尔出版公司写给贝热雷的信;1773 年 8 月 7 日贝热雷写给纳沙泰尔出版公司的信;1773 年 8 月 17 日纳沙泰尔出版公司写给贝热雷的信。另可参见类似的纳沙泰尔出版公司与默伦的普雷沃之间的信函往来:1777 年 4 月 10 日普雷沃写给纳沙泰尔出版公司的信、1777 年 4 月 15 日纳沙泰尔出版公司写给普雷沃的信。
22. 纳沙泰尔出版公司在 1775 年 9 月 24 日给兰斯的卡赞邮寄最新的书单时,遗憾地表示这类书的价格没办法固定:"您也知道,这类题材的书通常价格是很不稳定的,受各种不同因素的影响。"
23. 1774 年 4 月 25 日格拉赛写给纳沙泰尔出版公司的信。
24. 这些书单可参见 1776 年 1 月 8 日德孔巴写给纳沙泰尔出版公司的信、1780 年 11 月 1 日沙皮伊和迪迪埃写给纳沙泰尔出版公司的信,以及 1773 年在斯特拉斯堡的斯托克多尔夫书店被查收的资料,法国国家图书馆,法语手稿 22101,页码 242—249。
25. 1774 年 8 月 13 日马勒布写给纳沙泰尔出版公司的信。
26. 1776 年 8 月 16 日和 9 月 4 日法瓦尔热写给纳沙泰尔出版公司的信。
27. 例如,1772 年 4 月 10 日里昂的 Barret 写给纳沙泰尔出版公司的信,1777 年 3 月 12 日马赛的莫西写给纳沙泰尔出版公司的信,1772 年 5 月 19 日吕内维尔的 Gay 写给纳沙泰尔出版公司的信,1775 年 4 月 8 日吕内维尔的奥德阿尔写给纳沙泰尔出版公司的信,以及 1776 年 12 月 24 日卡昂的 Le Baron 写给纳沙泰尔出版公司的信。
28. 1783 年 6 月 24 日马努里写给纳沙泰尔出版公司的信,1773 年 1 月 12 日德博尔德写给纳沙泰尔出版公司的信,1775 年 8 月 15 日马拉西写给纳沙泰尔出版公司的信,1774 年 9 月 19 日巴里泰写给纳沙泰尔出版公司的信,1776 年 9 月 29 日比约尔写给纳沙泰尔出版公司的信,1774 年 10 月 1 日沙尔梅写给纳沙泰尔出版公司的信，1776 年 10 月 25 日松贝尔写给纳沙泰尔出版公司的信。

29. 1775 年 2 月 11 日贝热雷写给纳沙泰尔出版公司的信；1775 年 9 月 30 日沙尔梅写给纳沙泰尔出版公司的信；纳沙泰尔出版公司的"代理书"业务，1776 年 4 月 24 日，关于卢丹的马勒布的订单。职员要将色情的反宗教书与那些虔诚的宗教信仰书插放到一起。《欢场女郎》是《范妮·希尔》的法译本，这本色情小说的作者是 John Cleland，最早的书名是《欢场女郎回忆录》(*Memoirs of a Woman of Pleasure*)。

30. 1774 年 7 月 6 日勒尼奥写给纳沙泰尔出版公司的书；1778 年 11 月 15 日法瓦热尔写给纳沙泰尔出版公司的信，其中汇报了尼布拉的指示；1775 年 9 月（确切日期不清）雅克诺写给纳沙泰尔出版公司的信；1785 年 10 月 16 日 Bornand 写给纳沙泰尔出版公司的信，汇报了巴鲁瓦的指示。

31. 1773 年 9 月 10 日布卢埃写给纳沙泰尔出版公司的信。

32. 1773 年 4 月 6 日吉永写给纳沙泰尔出版公司的信；1773 年 4 月 19 日纳沙泰尔出版公司写给吉永的信。

33. 1783 年 10 月 30 日 Les Verrières 的 François Michaut 写给纳沙泰尔出版公司的信。

《马勒泽布与出版自由的呼声》

1. C.-G. Lamoignon de Malesherbes, *Mémoires sur la librairie et sur la liberté de la presse* (Paris: H. Agasse, 1809), 307.

2. 马勒泽布传记的标准版本是 Pierre Grosclaude, *Malesherbes, témoin et interprète de son temps* (Paris: Fischbacher, [1961])。

3. 1788 年 7 月 5 日宣布要召开三级会议，马勒泽布的 *Mémoire sur la liberté de la presse* 写于 1788 年至 1789 年的冬天。

4. 法国国家图书馆，法国全宗 22102, fols. 51－58。1788 年 7 月 14 日至 1789 年 4 月 6 日期间国务院（Council of State）、巴黎高等法院和巴黎裁判法庭（Châtelet Court of Paris）所发布的责罚书。

5. 同上，fol. 47，1787 年 9 月 4 日。Arrêt du Conseil d'Etat du Roi concernant le commerce de librairie dans les lieux privilégiés.（御前会议关于特权地区图书

业的律令。)

6. Frantz Funck-Brentano, *Les Lettres de cachet à Paris, étude suivie d'une liste des prisonniers de la Bastille* (*1659 – 1789*) (Paris: Imprimerie Nationale, 1903), nos. 5247, 5250, 5251, 5252, 5254; 1788 年 4 月至 6 月。

7. Arrêt du Conseil d'Etat du Roi. Qui ordonne la suppression des trente premiers volumes de l'ouvrage ayant pour titre *Oeuvres complètes de Voltaire*, de l'imprimerie de la Société typographique, 1784, 1785 年 6 月 3 日。(御前会议律令。律令要求禁止 1784 年和 1785 年 6 月 3 日出版公司印刷坊出版的《伏尔泰全集》前三十卷。)芝加哥纽伯利图书馆所藏复本。

8. Malesherbes, *Mémoire sur la liberté de la presse*, 见 *Mémoires*, 302 – 307. *Histoire de l'édition française*, 4 vols., ed. Henri-Jean Martin and Roger Chartier (Paris: Promodis, 1984), 2: 74, 78 – 81.

9. Isabelle Lehu, "La diffusion du livre clandestine à Paris de 1750 à 1789" (历史系学位论文,巴黎第一大学,1979), 135 – 140.

10. F.-A. Isambert, A.-J.-L. Jourdan, and Decrusy, eds. *Recueil général des anciennes lois françaises, depuis l'an 420 jusqu'à la Révolution de 1789*, 29 vols. (Paris: Belin-Leprieur, 1821 – 1833), 22: 272 – 274.

11. Robert Darnton, *The Literary Underground of the Old Regime* (Cambridge: Harvard University Press, 1982).

12. Malesherbes, *Mémoires*, 287 – 288. "三级会议会是什么样子呢? 那将是一个伟大庄重的请愿平台,有关国家利益的问题都在这个平台上讨论。法官赋予每个个人这样的自由,那么国家是不是就失去了这种自由? 或者因为害怕会产生的不便就不赋予个人这种自由? 到目前为止,这种不便还没有达到妨碍法庭享有这种自由的程度。"

13. Henri-Jean Martin, "La direction des lettres", 见 Martin 和 Chartier 编 *Histoire de l'édition française*, 2: 65 – 75, 和 "La prééminence de Paris," 2: 263 – 281.

14. Eric Walter, "Les auteurs et le champ littéraire",出处同上,2: 391.

15. Chartier and Roche, "Les Pratiques urbaines de l'imprimé",出处同上, 2: 403 – 429.

16. René Moulinas, "La Contrefaçon avignonnaise",出处同上, 2: 294 – 301.

Christiane Berkvens-Stevelinck,"L'Edition et le commerce du livre français en Europe"和"L'Edition française en Hollande",出处同上,2: 305 – 325. Bernard Lescaze,"Commerce d'assortiment et livres interdits: Genève",出处同上,2: 326 – 333. Raymond Birn,"Le Livre prohibé aux frontières: Bouillon",出处同上,2: 334 – 341. Robert Darnton,"Le Livre prohibé aux frontières: Neuchâtel",出处同上,2: 343 – 259.

17. Jean Quéniart,"L'Anémie provinciale",出处同上,2: 282 – 293.

18. Lehu,"La Diffusion du livre clandestin."有关政府罚禁图书和惩戒出版商的重要资料都收藏在巴黎的法国国家图书馆(Anisson-Duperron 藏品)和阿森纳图书馆(巴士底狱档案)。大部分主要的研究型图书馆都能查到 Anisson-Duperron 藏品的印制书目,从这一点就可以想见当时对图书进行严控的程度:Ernest Coyecque, *Inventaire de la Collection Anisson sur l'Histoire de l'Imprimerie et la Librairie* 2 vols.(Paris: Leroux,1900)。在考察 1750 年之后民意的发展变化时,要重视那些向君主朝廷抗议大臣专制的非法印制和出售的谏书。马勒泽布本人就撰写过两本最重要的谏书。可参见 *Les "Remonstrances" de Malesherbes,1771 – 1775*,ed. Elisabeth Badinter(Paris: U.G.E.,1978),以及 Keith Michael Baker,"Politics and Public Opinion Under the Old Regime: Some Reflections",见 *Press and Politics in Pre-Revolutionary France*,ed. Jack R. Censer and Jeremy D. Popkin(Berkeley and Los Angeles: University of California Press,1987),204 – 246。

19. *Mémoire*,314 – 315.

20. René-Louis de Voyer de Paulmy,marquis d'Argenson,*Journal et mémoires*,E.-J.-B. Rathery 编(Paris: Veuve Renouard,1859 – 1867),7(1753): 424:"马勒泽布主管心情愉悦地着手处理所有事物,宽容对待所有既已存在的事物……后来,他一从上面收到禁书的律令,就将这些律令印制处理,但转身又回到他自己的宽容政策,以至于当地文学作品获得的许可证比其他任何地方都要多。"

21. *Troisième mémoire sur la librairie*,105 – 106.

22. 马勒泽布于 1758 年开始撰写他的五本备忘录。在第一本备忘录的补遗部分,他记录的写作时间是介于 1759 年 1 月 23 日巴黎高等法院颁发对《论精神》和《百科全书》的罚禁令,与之后 2 月 5 日的审判之间。3 月 8 日御前会议判决撤销对《百科全书》的特许出版,马勒泽布只能亲自书写撤销令。

23. *Second Mémoire sur la librairie*, 61.
24. *Troisième Mémoire sur la librairie*, 72.
25. 同上,93。
26. 同上,101。
27. *Quatrième Mémoire sur la librairie*, 144 – 145.
28. 同上,155。
29. 同上,171 – 172。
30. Grosclaude, *Malesherbes*, 389 – 649.
31. *Catalogue des livres de la Bibliothèque du feu Chrétien-Guillaume Lamoignon-Malesherbes* (Paris: J.-L. Nyon, l'aîné, 1797).
32. 以下是 18 世纪巴黎贵族图书室(包括马勒泽布的私人图书室)所藏图书分类表(百分比)。

	宗教类	法律类	历史类	书信	科学/艺术
贵族(1750—1789)(50 家图书室)	10	4	25	49	12
国会议员(1734—1795)(30 家图书室)	12	18	31	24	15
马勒泽布的图书室	2.4	0.7	32.7	29.5	34.7

数据来自 Chartier and Roche, "Les Pratiques urbaines de l'imprimé," 见 *Histoire de l'édition française*, 2: 407。

33. Isambert, Jourdan, Decrusy, *Recueil général*, 25: 108 – 112.享有著作特许出版权的作者拥有出售的权利,而且其继承人可以永久继承特许出版权。如果作者将特许出版权出让给出版商,出版商在作者去世后就不再享有此等权利。
34. *Mémoire*, 430 – 431.
35. Victor de Riquetti, marquis de Mirabeau, *Sur la liberté de la presse, imité de*

l'anglois de Milton(London, 1788). Marie-Joseph Chénier, *Dénonciation des inquisiteurs de la pensée*(Paris: Lagrange, 1789).

《出版业的经济剧变》

1. 例如可参见 Eugène Hatin, *Histoire politique et littéraire de la presse en France*（Paris: Poulet Malassis, 1860）vol. 5; Alma Söderhjelm, *Le Régime de la presse pendant la Révolution française*（1900－1901; Paris: Slatkine Reprints, 1971）; Claude Béllanger et al., eds., *Histoire générale de la presse française*（Paris: Presses universitaires de France, 1969）vol. 1。

2. Restif de la Bretonne, *Les Nuits révolutionnaires*（1789; Paris: Livre de Poche, 1978）, 79. 感谢 Frederick Tibbetts 为我翻译了这段法语。

3. Marie-Joseph Chénier, *Dénonciation des inquisiteurs de la pensée*（Paris: Lagrange, 1789）, 41.

4. Kéralio, *De la liberté d'énoncer, d'écrire et d'imprimer la pensée*（Paris: Imprimerie de Potier de Lille, 1790）, 51; Archives Nationales（以下简称 A.N.）, ser. ADVIII, cart. 38.

5. Kéralio, 52.

6. *Moniteur*, 1789 年 8 月 24 日。

7. A.N., ser. V1, 552, 日期未标,蒂埃博所写报告, cart. 1789 年 6 月至 10 月。

8. A.N., V1, 549, 富凯所写信件,日期未标,1789 年 1 月至 2 月;V1, 549, 图卢兹同业公会信件,日期未标,1789 年 1 月至 2 月;V1, 550, 1789 年 3 月,巴黎图书同业公会回忆录;V1, 551, 图卢兹同业公会信件,日期未标,1789 年 4 月至 5 月;V1, 551, 迈塞米写给（里昂的）Latourette 的信,1789 年 5 月 30 日;V1, 553,（马赛的）马兰写给总局的信件,1789 年 6 月 26 日;V1, 552,（梅斯的）舍尼写的信,1789 年 7 月 11 日,以及迈塞米的回复;V1, 552,（圣马洛的）乌万写的信及回复,1789 年[7 月 11—28 日?],具体日期未标;V1, 552,（尼姆的）Royez 的报告,1789 年 8 月 14 日;V1, 553, "拉罗谢尔初等法院司法总管辖区和警署（sénéchaussée du siège présidial et de la police de La Rochelle）"办公室写给总局的信,1789 年 6 月 9 日;V1, 553,（南特的）包税人写的信,1789 年 10 月 9 日;V1, 553,（南锡的）Chassel 写的

信,1789 年 11 月 12 日;V1, 552,迈塞米写给(巴黎的)维尔纳夫的信,1789 年 7 月 22 日;V1, 552, 1789 年 7 月 28 日作为主管写的最后一封信,寄给维尔纳夫,宣布自己辞职;Bibliothèque Nationale(以下简称 B.N.), mss. fr. 6687, Siméon-Prosper Hardy, "Mes loisirs", journal of the Paris publisher, vol. 8, 396。1789 年 7 月 18 日的条目记录了掌玺大臣 Barentin 的辞职。

9. A.N., V1, 553, 塞力斯写的信, 1789 年 8 月 11 日和 9 月 9 日;V1, 553, 写给庞库克的信, 1789 年 11 月 12 日;V1, 552, 迪耶特里克写的信及回复, 1789 年 8 月 13 日;V1, 552, 蒂埃博与 Toustain 子爵(《百科全书报》)之间的通信, 1789 年 9 月 18 日、10 月 10 日和 25 日;V1, 552, 盖涅写的信, 1789 年 10 月 22 日;V1, 553, 写给让特瑞神父的信, 1789 年 11 月 17 日;V1, 553, 蒂埃博的报告,回复勒鲁瓦、德默尼耶和贝朗热, 1789 年 11 月 12 日;克拉利欧,《论表达、写作和印行思想的自由》(Paris: Imprimerie de Potier de Lille, 1790); ser. ADVIII, cart. 38; V1, 553, 布洛涅的信, 1790 年 2 月 3 日;至于邦迪和莫罗,参见 B.N. mss fr. 6687, Hardy"Mes loisirs", 8: 424, 1789 年 8 月 6 日条目。

10. 关于西塞的任命,可参见 B.N., mss. fr. 6687, "Mes loisirs," 8: 422, 1789 年 8 月 5 日条目; A.N., V1, 552, 维尔纳夫写给蒂埃博的信, 1789 年 10 月 24 日;V1, 553, 阿夫拉写的信, 1789 年 10 月 22 日;V1, 552, 乌万写的信, 1789 年 10 月 6 日;V1, 552, 格雷利耶写的信, 1789 年 9 月;V1, 553, 迪耶特里克写的信, 1789 年 9 月 9 日;V1, 553, 与包税人的通信, 1789 年 9 月 17 日和 10 月 9 日。关于 1789 年 9 月 30 日至 10 月 28 日特许权的登记册,可参见 A.N., V1, 552。

11. A.N., F17 1258, doss. 2, "Loi relative à la dépense publique," 1790 年 8 月 10 日。条款 XIII 写道:"自 1791 年 1 月 1 日起,书业办公室的 12000 里弗尔开支将被撤销(La dépense de douze mille livres affectée au bureau de la librairie sera supprimée à compter du 1e janvier 1791)。"

12. A.N., V1, 553. "De la librairie," 无日期[1790], 在蒂埃博手中。

13. B.N., mss. fr. 21861, "Registre de la Communauté des Libraires et Imprimeurs de Paris", 1789 年 7 月 14 日条目。

14. William Sewell, Jr., *Work and Revolution in France* (London: Cambridge

University Press, 1980), 86; 至于国民议会的讨论可参见 M. J. Madival, *Archives Parlementaires de 1787 à 1860* (Paris: Dupont, 1878), 8: 349。

15. *Révolutions de Paris*, no. 4, 1789 年 8 月 6 日, 30 – 31。

16. 关于他与新掌玺大臣之间的对话, 可参见 A.N., 144 AP 134, *Papiers Ormesson*, d'Ormesson 写给掌玺大臣尚皮翁·西塞的信, 其中涉及迈塞米, 1789 年 9 月 22 日。关于他在巴黎公社的活动, 可参见 Sigismond Lacroix, ed., *Actes de la Commune de Paris pendant la Révolution*, 7 vols. (Paris: LeCerf, 1895), 1e sér., 1: 562 – 563(1789 年 10 月 20 日)。

17. P.-J.-B. Buchez and P.-C. Roux, eds., *Histoire parlementaire de la Révolution française*, 40 vols. (Paris: Paulin, 1834), 2: 191, 246; Lacroix, *Actes de la Commune*, 1: 82。

18. 这一解释在一份由行会所做关于特许权的监管和登记的报告中得到了证实, 这份报告藏于图书业办公室的文件中, A.N., V1, 553, 1789 年 11 月 3 日。

19. *Révolutions de Paris*, no. 4, 1789 年 8 月 3 日, 10。

20. 同上, 9 – 11。

21. 同上, 43 – 44。

22. 同上, no. 10, 1789 年 9 月 13 日, 11。

23. A.N., V1, 553, 蒂埃博向掌玺大臣所做的汇报, 1789 年 11 月 12 日。

24. 同上。

25. *Procès-verbal de l'Assemblée Nationale* (Paris: Baudouin, 1790), vol. 12, 1790 年 1 月 20 日。

26. A.N., ser. DXIII, 1, doc. 12, 农商委员会, 巴黎图书同业公会写的信, 1790 年 2 月 24 日。签名: Knapen 理事(*syndic*)和 Cailleau、Merigot jeune、Nyon l'aîné、Delalain 等副手(*adjoints*)。

27. 同上, *Mémoire*, fol. 3, recto。

28. A.N., ser. AFI: *Procès-verbal du Comité d'Ariculture et de Commerce*, 51st sess., 1790 年 3 月 5 日。关于送至制宪委员会的复印件可参见 A.N., ser. DIV50, 制宪委员会, doc. 1452。

29. A.N., ser. DXXIX bis 32, 334, 1. 17, 调查委员会, 掌玺大臣所写信件,

1790年6月22日。

30. 同上,1.16,掌玺大臣于1790年6月28日写给调查委员会的信件;1.13,掌玺大臣于1790年8月10日写给调查委员会的信件,关于同业公会与委员会之间的会谈;1.12,同业公会于1790年8月11日向调查委员会所做汇报;1.11,同业公会于1790年8月13日向调查委员会所做汇报;1.10,同业公会于1790年8月13日向调查委员会所做汇报。

31. 参见 *Révolutions de Paris*, no. 15, 1789年10月17日; "Conjurations contre la liberté de la presse"; *Révolutions*, no. 21, 1789年11月28日,28; no. 24, 1789年12月19日,30。

32. A.N., ser. AFI, *Procès-verbal du Comité d'Agriculture et de Commerce*, 124th sess., 1790年9月6日。

33. A.N., ser. DXXIX bis 16, 1.7,掌玺大臣于1791年1月9日写给调查委员会主席的信件。

34. 同上。

35. A.N., ser. AFI, *Procès-verbal du Comité d'Ariculture et de Commerce*, 1791年1月12日。

36. A.N., ser. DXXIX bis 16, 182, 1.10,农商委员会于1791年1月13日写给调查委员会的信件。

37. A.N., ser. AFI, *Procès-verbal du Comité d'Agriculture et de Commerce*, 224th sess., 1791年5月23日。

38. A.N., ser. ADVIII 16, *Rapport fait à l'assemblée nationale par M. Hell, député du Bas-Rhin, sur la propriété des productions scientifiques ou littéraires* (Paris: Imprimerie Nationale, 1791)。

39. 1791年3月17日国民议会法令, *Collection Générale des Décrets rendus par l'Assemblée Nationale* (Paris: Baudouin, 1791), 52–62。

40. 对此法令出处的文本分析可参见 M. J. Guillaume, *Procès-verbaux du Comité d'Instruction Publique de la Convention Nationale*, 7 vols. (Paris: Imprimerie, 1894), 2: 80。纪尧姆指出,拉卡纳尔(Lakanal)的提案中最关键的短语来自博丹(Baudin)的提议,这就说明拉卡纳尔版本的草案同时来自谢尼埃的提议(无现存)和博丹的提议。我的假设是,谢尼埃可能同时负责这两项法令，但由于政治原因没有亲自提出议案。根据时下的报道和委员会的程序，谢尼埃都被假定为作者，而且提案与他在 1792 年 9 月 18 日的请愿书中的观点都完全吻合。这一观点也得到了 Alfred Jepson Bingham 的支持，可参见其著作 *Marie-Joseph Chénier, Early Political Life and Ideas* (1789 – 1794)(New York：私人印制,1939)，123。但仍须注意的是,拉卡纳尔后来宣称是自己负责此提案，参见他的 *Exposé sommaire des travaux de Joseph Lakanal*(Paris: Didot frères, 1838)，9 – 12。

41. 关于 1777 年的规定条款，可以参见 Jourdan, Decrusy, and Isambert, eds., *Recueil général des anciennes lois françaises*, 29 vols.(Paris: Belin-Leprieur, 1826)，25: 108 – 123。关于 1793 年 7 月 19 日有关文学产权的律法,可参见 *Archives parlementaires de 1787 à 1860*, ed. Jérôme Madival and Emile Laurent, 1e ser., 71 vols.(Paris: Dupont, 1906)，69: 186 – 187。

42. B.N., mss. fr. 21861, 1791 年 3 月 18 日条目。

43. Henri-Jean Martin, *Livre, pouvoirs et société à Paris au XVIIe siècle* (Geneva: Droz, 1969)，以及尤其是"La pré-éminence de la librairie parisienne"，见 *Histoire de l'édition française*, ed. Chartier and Martin, 4 vols. (Paris: Promodis, 1984)，2: 262。

44. Roger Chartier, "La Géographie de l'imprimerie française au XVIIIe siècle"，见 *Histoire de l'édition*, 2: 290 – 291。1701 年的数据是巴黎有 51 家印刷坊，(最近的竞争对手)里昂有 30 家,1777 年是巴黎有 36 家,(最近的竞争对手)里昂有 12 家。

45. 参见 Martin, "La pré-éminence"和 Jean Queniart, "L'anémie provinciale"，见 *Histoire de l'édition*, 2: 262 – 284。

46. 参见 Robert Estival, *La Statistique bibliographique de la France sous la monarchie, au XVIIIe siècle* (Paris: Mouton & Co., 1965)；François Furet, ed., *Livre et société dans la France du XVIIIe siècle*, I(Paris and the Hague：Mouton & Co., 1965)。

47. 最重要的研究成果有 Etienne Martin – St. Léon, *Histoire des corporations de métiers* (Paris: Alcan, 1909)；William Sewell, Jr., *Work and Revolution in France* (London：Cambridge University Press, 1980)；Louis Radiguer,

Maîtres imprimeurs et ouvriers typographes (Paris: Société nouvelle de librairie et d'édition, 1903) 和 Paul Chauvet, *Les ouvriers du livre en France* (Paris: Presses universitaires de France, 1964)。

48. B.N., mss. fr. 21896, *Registre des déclarations pour la contribution patriotique*, Pierres, 第 111 条, 1790 年 5 月 11 日; A.N., V1 552, 瓦莱雷于 1789 年 8 月 19 日写给迈塞米的信, 戈德弗鲁瓦于 1789 年 9 月 11 日写给图书业办公室的信; B.N., mss. fr. 21896, Gueffier, 第 10 条, *Contribution patriotique*, 1789 年 11 月 24 日, B.N., mss. fr., 21896, Debure l'aîné, 第 34 条, *Contribution patriotique*, 1789 年 12 月 24 日, B.N., mss. fr., 21896, Merquignon, 第 79 条, *Contribution patriotique*, 1790 年 3 月 12 日, B.N., mss. fr. 21896, Gobreau, 第 108 条, *Contribution patriotique*, 1790 年 5 月 7 日; Panckoucke, 见 *Mercure de France*, "Avis sur l'Encyclopédie par ordre de matières," 1790 年 2 月 27 日, 155; Grangé, 引自 Radiguer, *Maîtres imprimeurs*, 143。

49. A.N., ser. DIV 50, doss. 1452, 制宪委员会, 小朗格卢瓦写的信(未标日期[1790—1791]); Charles de Lameth, "Speech to the National Assembly", 1790 年 1 月 12 日, 见 *Histoire parlementaire*, ed. Buchez and Roux, 4: 270。国民议会议程, 1791 年 1 月 12 日; A.N., BB 16703, doss. 17, 司法大臣, 穆塔尔给拉波特的信, 1793 年 5 月 11 日; A.N., F 17 1004c doss. 650, 公共教化委员会, 尼永·莱内于 1793 年 6 月 30 日写给内务部大臣的信; A.N., F 17 1008a, doss. 1374, 公共教化委员会, 小尼永写的信, 共和二年霜月 8 日(1793 年 11 月 28 日)。

50. 参见 B.N., mss. fr. 21896, *Contributions patriotiques*, 第 10 条(1789 年 11 月 24 日), 第 34 条(1789 年 12 月 24 日), 第 79 条(1790 年 3 月 12 日)和第 108 条(1790 年 5 月 7 日)。

51. 参见 A.N., BB16, 703, doss. 17, 司法部大臣, 穆塔尔于 1793 年 5 月 11 日写给拉波特的信。

52. 参见 A.N., ser. DIV 50, doss. 1452, 制宪委员会, 小朗格卢瓦写的信(未标日期[1790—1791]); A.N., F17, 1004c, doss. 650, 公共教化委员会, 尼永·莱内于 1793 年 6 月 30 日写的信; 1008a, doss. 1374, 公共教化委员会,

小尼永写的信,共和二年霜月 8 日(1793 年 11 月 28 日)。

53. 例如参见 *Révolutions de Paris*, no. 23, 1789 年 12 月 12—19 日, 17。

54. 参见 fig. 1。

55. 参见 fig. 1。

56. 这一估算是基于现存巴黎档案馆中宣告破产的个人数得来的。Radiguer 估计 1790 年的负债额是 3 000 万里弗尔,但没说明是怎么计算得出这一数值的。但不管怎么说,这说明我的估算可能是极端保守了。参见 Radiguer, *Maîtres imprimeurs*, 143。

57. B.N., mss. fr. 6687, Hardy, "Mes loisirs," vol. 8, 1789 年 1 月 21 日条目。

58. 在巴黎档案馆(以下简称 A.P.)找到了有关他破产的材料,D4 B6, cart. 105, doss. 7454, 1789 年 3 月 30 日。

59. 关于德比尔-杜里破产的材料,可参见 A.P., D4 B6, cart. 110, doss. 7844, 1790 年 7 月 26 日。迪朗破产的材料已无存档,但确实破产的证据存于 B.N., mss. fr. 21896,第 34 条,1789 年 12 月 24 日。

60. B.N., mss fr. 21896, *Contributions patriotiques*, 第 34 条, 1789 年 12 月 24 日。

61. A.P., D4 B6, cart. 110, doss. 7844; D4 B6, cart. 109, doss. 7739; D4 B6, cart. 111, doss. 7944。

62. 此数值是根据巴黎档案馆破产记录(*fonds faillites*)中巴黎图书同业公会会员所报告的负债情况来估算的。

63. A.N., ser. DIV 30, doss. 728,制宪委员会,"Liberté de la presse, commerce de la librairie, réhabilitation des faillites, fév. 1790-jan. 1791(7 pièces)",尤其是来自图卢兹哀叹图书业的衰败和破产情况增加的信件。另参见 B.N., mss. fr. 11708, *Procès-verbal des délibérations du Bureau de Paris*, 1790 年 6 月 8 日。

64. B.N., mss. fr. 11708, *Procès-verbal des délibérations du Bureau de Paris*, 1790 年 6 月 8 日。

65. 同上。

66. 关于协商的确切文献在 1793 年被资产委员会(Committee of Domains)从秘密铁柜中移出,之后就遗失了。但是,在移出的时候,委员会准备了相关内容清单,至今仍存于 *Inventaire des papiers saisis aux Tuileries: Armoire de Fer*, A.N., C 183, laisse 107, nos. 384 – 393。

67. 同上,nos. 386, 387。
68. 同上,no. 393。
69. 王室批准尼永适时出版 *Tableau des droits réels et respectifs du Monarque et de ses sujets*, *depuis la fondation de la monarchie jusqu'à nos jours*, *ou théorie des lois politiques de la monarchie française* 的提议,相关信息可参见 A.N., V1 552,图书业办公室,尼永所写信件及回信,1789 年 9 月 25 日。该版本最终获得了王室资助。
70. *Révolutions de Paris*, no. 56, 1790 年 8 月 4 日, 172。
71. A.N., AF I, *Procès-verbal du Comité d'Agriculture et du Commerce*, 179 sess., 1790 年 12 月 24 日。
72. 同上。
73. 同上。
74. B.N., mss. fr. 21896, *Contributions patriotiques*,第 34 条,1789 年 12 月 24 日。
75. A.P., D4 B6, cart. 110, doss. 7829.
76. A.N., ser. DIX 81, no. 623, "*Adresse à l'Assmblée Nationale au nom et par les chargés du pouvoir des Libraires et Imprimeurs propriétaires des privilèges des différentes liturgies de France*," 1791 年 1 月 10 日;另参见 ADVIII 20, *Mémoire présenté à l'Assemblée Nationale au nom des Imprimeurs et Libraires*, *propriétaires des privilèges des diverses liturgies de France* (Paris: Nyon, 1790)。
77. A.N., F17 1008a, doss. 1347;小尼永于共和二年霜月 8 日(1793 年 11 月 29 日)所写信件。
78. B.N., Nouv. acq. fr. 12684, feuilles 12, 23 – 24,皮埃雷斯所写信件,以及书目注释。
79. A.N., V1, 552,安尼松-迪佩龙写给图书业办公室的信件及回复,关于博杜安的权限问题。
80. A.N., BB16 703, doss. 17, 1793 年 5—8 月,以及 ADVIII 20, *Pétition des*

Créanciers-Fournisseurs d'Anisson-Duperron。

81. A.N., F 17 1199, doss. 1, 临时艺术委员会, 共和三年芽月 20 日 (1795 年 4 月 9 日)。

82. A.N., F 17 1204, doss. 7, 内务部第四分部的雇员小克纳彭向公共教化委员会提交的 *Mémoire*, 未标日期 [1800?]。

83. A.N., V1, 553, 蒂埃博于 1790 年 1 月 16 日所做汇报。

84. A.N., V1, 553, 蒂埃博所做汇报, 日期分别是 1789 年 12 月 12 日, 1790 年 1 月 16 日和 2 月 11 日。

85. A.N., ser. ADVIII, cart. 20, doc. 2.

86. A.N., V1, 549, doss. 1789 年 1—2 月。

87. Robert Darnton, *The Business of Enlightenment: A Publishing History of the "Encyclopédie"* (Cambridge: Harvard University Press, 1979), 481–487.

88. 关于他与巴黎公社的协商, 可参见 Lacroix, ed., *Actes de la Commune*, 2: 656–657, 671–672; 4: 13, 385; 5: 60 (1790 年 5—6 月)。关于他的巴士底狱书籍目录, 可参见他的破产宣告, 藏于巴黎档案馆, *fonds faillites*, D. 4 B6, cart. 109, doss. 7739, Claude Poinçot, 1790 年 3 月 16 日。

89. Brissot, 引自 Hatin, *Histoire politique et littéraire*, 5: 22–23.

90. A.N., V1, 553, 勒鲁瓦所写信件, *libraire*, 巴黎, 1789 年 10 月 20 日; V1, 553, 瓦拉德所写信件, *libraire*, 巴黎, 1789 年 11 月 15 日; V1, 553, 克拉帕尔所写信件, *libraire*; V1, 553, 支持小朗格卢瓦的信件, *libraire*, 巴黎, 1790 年 1 月 19 日; 巴黎, 1789 年 12 月 12 日; 布拉尔, B.N., nouv. acq. fr., 2666, fol. 6 [1790]; 莫默若, 引自拉克鲁瓦所编 *Actes de la Commune*, 1e sér., 3: 16, 340, 574, 719, 768, 771; 4: 460; 5: 391, 432, 485; 6: 99–100, 105, 648, 658; 7: 29, 48, 50, 643; 8: 621; 普拉桑, A.N., F18, cart. 11A, plaque 1, 写给内务部的信件, 详述他自 1789 年以来的事业, 1810 年 1 月 28 日; 小吉勒, A.N., F18, cart. 11A, plaque 1, 小吉勒写给内务部讲述自己自 1789 年以来的事业的信件, 1810 年 1 月 11 日; 梅里戈·莱内, 引自拉克鲁瓦所编 *Actes de la Commune*, 1e sér., 1: 386 (1790 年 11 月 25 日), 梅里戈·莱内提议建立一家新印刷坊; 小纪尧姆, A.N., Y 15021, doss. Bossange, 1790 年 2 月 14 日。纪尧姆被控印制盗版书 (*contrefaçons*);

屈萨克,A.N.,F18, cart. 25, "Notes sur les imprimeurs ci-après désignés" [1811];贝兰,同上;科拉,同上;德昂西,同上;关于勒诺尔芒和当蒂的信息,可参见 A.N., F18, cart. 25, "Notes sur les Imprimeurs ci-après désignés" [1811];关于尚邦的事业信息,可参见 A.N., F18, cart. 11A, plaque 1, 巴黎印刷商尚邦的报告,1810 年 4 月 27 日。

91. 例如参见 *Histoire générale de la presse française*, ed. Béllanger et al. 1: 434–436。

92. Paul Delalain, *L'Imprimerie et la librairie à Paris de 1789 à 1813* (Paris: Delalain frères [1900])。关于拿破仑的调研,可参见 A.N., F18, cart. 25。关于这些材料的广泛讨论,关于他们的优劣势,以及数据的完整展示,可参见 Carla A. Hesse, "Res Publicata: The Printed Word in Paris, 1789–1810", 普林斯顿大学博士论文,1986。

93. 参见例如 A.N., C 356, 1883, "Réponse de l'agence de l'envoi des lois aux mémoires et pétitions adressés à la Convention Nationale par plusieurs imprimeurs de Paris sur les prétendus inconvénients et dangers des imprimeries exécutives", 未标日期[1795]。

94. Béllanger et al., eds., *Histoire générale*, 1: 436。

95. 同上。

96. 同上,435。

97. 参见 Delalain, *L'Imprimerie et la librairie* 和 A.N., F18, cart. 25, "Notes sur les Imprimeurs ci-après désignés"[1811]。

98. 同上。

99. 同上。

100. 同上。

101. 关于这种结果的观察可参见 A.N., F18, cart. 11A, plaque 1, Bruysset, *libraire*, "Observations", 1810 年 9 月 29 日。

102. B.N., Archives Modernes, CXXIX: "Dépôt légal des livres imprimés, registre 1793, an VII (September 1799)."

103. Robert Estivals, *La Statistique bibliographique de la France sous la monarchie au XVIIIe siècle* (Paris: Mouton & Co., 1965), 415.

104. 同上。

105. 同上。

106. Angus Martin, Vivienne G. Milne, and Richard Frautschi, *Bibliographie du genre romanesque française* (Paris：France Expansion, 1977; London：Mansell, 1977), xxxvi-xxxix. 1794 年的新书名有 16 个,1795 年是 41 个,1796 年 54 个,1797 年 73 个,1798 年 96 个,1799 年 174 个。

107. 参见本书他所著文章。

108. 参见 B.N., nouv. acq. fr. 9193, feuille 49. "Collection Ginguené: Compte sommaire des dépenses de la Commission de l'Instruction Publique, an II - IV". 从共和二年到共和四年,公共教化委员会投入 250 多万里弗尔用于文化赞助,另外还提供了 1625 万里弗尔的贷款!

109. Smits and Maradan,国民议会法令,共和三年闰一日(1795 年 9 月 17 日);Haubout, A.N., F18 565, 共和四年风月 15 日(1796 年 3 月 5 日);Stoupe and Servière, A.N., F17 1306, doss. 10255, 共和三年稿月 13 日(1795 年 7 月 31 日);Rousseau, B.N., nouv. acq. fr. 9193, feuille 117, 共和三年雾月 16 日(1794 年 11 月 6 日);Poinçot: A.N., AA 56(1524), 小普安索的信,*libraire*, 写给立法部(Corps Législatif), 共和六年花月 17 日(1798 年 5 月 6 日),该版本从共和三年(1794—1795)开始;Agasse, A.N., F4 2554, doss. 4, 共和三年热月 15 日(1795 年 8 月 2 日);Rondonneau: A.N., F4 2554, doss. 3, Rondonneau, 巴黎,共和二年果月 25 日(1794 年 9 月 11 日);科学,A.N., F4 2554, doss. 4, Bernard and Regence, *libraires*, 巴黎,共和三年热月 13 日(1795 年 8 月 1 日), Bézout 的算数、几何和代数；A.N., F4 2554, doss. 4, Barrois l'aîné, *libraire*, 巴黎,共和二年稿月 16 日(1795 年 7 月 4 日),度量衡学著作；A.N., F4 2554, doss. 3, Goujou, *libraire*, 巴黎,共和二年牧月至稿月(1794 年 5 月至 6 月),地图和地理学词典。

110. 这些版本的印刷历史都记录在巴黎出版商 Maginel 和印刷商 Loret 的通信和生意记录册上。参见 A.N., AQ 24, cart. 26, *Papiers privés*, Maginel, *libraire*, doss. "C. Loret, imprimeur à Paris, an VII"(1798 - 1799)。

111. A.N., F4 2554, doss. 4, Citoyen Say, *Imprimeur*, 巴黎,共和三年花月

19 日（1795 年 5 月 8 日）；F4 2554, Lefebvre, directeur de l'Imprimerie de la *Feuille du Cultivateur*, 巴黎, 共和三年果月 1 日（1795 年 9 月 18 日）；F4 2554, doss. 5, Reynier, imprimeur de la *Feuille villageoise*, 共和三年雾月 30 日（1795 年 11 月 20 日）与共和三年霜月 12 日（1795 年 12 月 2 日）；F4 2554, doss. 4, Dupont, imprimeur du *Journal des Mines*, 共和三年穑月 23 日（1795 年 7 月 11 日）；F4 2554, doss. 4, Goujet-Deslande（*Républicain Français*）, 共和三年穑月 5 日（1795 年 6 月 23 日）；教育, A.N., F4 2554, Dupont, imprimeur, *La Nouvelle Instruction sur les poids et mesures*, 共和三年穑月 23 日（1795 年 7 月 11 日）；F4 2554, doss. 4, Bodesère, 共和三年葡月 28 日（1794 年 10 月 19 日）。

112. 这些名字可参见 Delalain, *L'Imprimerie et la librairie*, 6, 15, 68–70, 73, 86, 102, 126, 141。
113. A.N., F18, carton 11A, plaque 1, 巴黎印刷商 Lamy, 1810 年 5 月 8 日。
114. A.N., F18, carton 11A, plaque 1, Bruysset, "Observations", 1810 年 9 月 29 日。
115. 引自 Hatin, *Histoire de la presse*, 5: 24。

《印刷商与市政》

1. Pierre Casselle, "Imprimeurs et publications des adminstrations parisiennes, XVIème-XIXème siècle," *Paris et Ile-de-France* 37（1986）: 185–245.
2. Mauric Tourneux, *Bibliographie de l'histoire de Paris pendant la Révolution française*, 尤其是卷 2（Paris: Imprimerie Nouvelle, 1894）; André Martin and Gérard Walter, *Catalogue de l'histoire de la Révolution française. Ecrits de la période révolutionnaire*, vol. 4 (Paris: B.N., 1955).
3. *Hôtel de Ville. Du 13 juillet 1789, ce jour, lundi...*, 4 pp. in-4°, B.N., Lb[40] 1184.
4. 1499 年到 1782 年市委员会辩论记录的手写版收藏于法国国家档案馆。1499 年到 1632 年的记录曾以《巴黎通史》（*Histoire générale de Paris*）（Paris: Service des travaux historiques, 1883–1986）为标题成系列出版过。
5. Sigismond Lacroix, *Actes de la Commune de Paris pendant la Révolution*

(Paris: Quantin, 1894), 1: 1, 121; Tourneux, *Bibliographie de l'histoire*, 2: 37-39. 似乎洛坦在1789年7月或8月就已经印制了 *Recueil complet de tous les arrêtés, délibérations et autres actes émanés, tant des comités de l'Hôtel de Ville que de l'Assemblée des électeurs* (Tourneux, Bibliographie de l'histoire)。

6. Lacroix, *Actes de la Commune*, 6: 434, 445; 7: 200.
7. Archives de Paris, VD* 222-223.
8. *Archives parlementaires* (Paris: Paul Dupont, 1893), 43: 593. *Procés-Verbaux de la Commune de Paris, 10 août 1792-1er juin 1793*, ed. Maurice Tourneux (Paris: Société de l'histoire de la Révolution française, 1894), 12, 15.
9. A.N., F^7 4774^{64}.
10. Ch.-L. Chassin, *Les Elections et les cahiers de Paris en 1789...*, vol. 2 (Paris: Quantin, 1888), 235; vol. 3 (Paris: Quantin, 1889), 554-556.
11. *Archives parlementaires*, 11: 454.
12. A.N., F^7 4774^{64}. 1793年11月,巴黎第一任市长让-西尔万·巴伊(Jean-Sylvain Bailly)被审判时,帕特里作为战神广场大屠杀的目击者被要求出庭做证(A.N., W 294 B)。
13. Paul Robiquet, *Le Personnel municipal de Paris pendant la Révolution* (paris: Quantin, 1890), 472.
14. F.-A. Aulard, *La société des Jacobins* (Paris: Quantin, 1892-), 1: LXVI; 3: 24, 277, 566-570. 帕特里出版了自己的申辩,*A Camille Desmoulins* (n.p., 日期不明), in -8^0, 8 pp., B.N., Ln^{27} 15879。
15. Robiquet, *Personnel municipal*, 486-488.
16. Frédéric Braesch, *Papiers de Chaumette* (Paris: Société de l'histoire de la Révolution française, 1908), 34-38.
17. A.N., F^7 4774^{64}.
18. Tourneux, *Bibliograhie de l'histoire*, 2: 39-41.
19. *Archives parlementaires*, 49: 601; A.N., F^7 4774^{64}.
20. A.N., F^7 4774^{64}.

21. 同上，及 F^{7*} 2514，1793 年 9 月 26 日。关于普瓦雷，可参见 Albert Soboul and Raymonde Monnier, *Répertoire du personnel sectionnaire en l'an II* (Paris: Publications de la Sorbonne, 1985), 508。
22. A.N., F^7 4774^{64}; F^{7*} 2516(共和二年芽月 1—4 日[1794 年 3 月 21—24 日]); W 126. Albert Soboul, *Les Sans-Culottes parisiens en l'an II*, 2d ed.(Paris: Clavreuil, 1962), 843.
23. *Recueil des actes du Comité de salut public* (Paris: Imprimerie Nationale, 1918), 25: 727-728. Martin and Walter, *Catalogue de l'histoire*, vol. IV-2, 13325-13329.
24. A.N., F^{18} 25(帝国警方记录有同样的报告：之前是学校教师；被控鸡奸；待被诉) F^{18} 1808; F^{18} 2087^A.

《工人的骚动》

1. Arlette Farge, *La Vie fragile: Violence, pouvoirs et solidarités à Paris au XVIIIème siècle* (Paris: Hachette, 1986), 142, 151; Robert Darnton, *The Great Cat Massacre* (New York: Basic Books, 1984), 78-79; Michael Sonenscher, "Les Sans-culottes de l'an II: repenser le langage du travail dans la France révolutionnaire," *Annales: E.S.C.* 40 (1985 年 9 月): 1087-1108.
2. Louis Sébastien Mercier, *Le Tableau de Paris*, extraits (Paris: Maspero/La Découverte, 1982), 317-318.
3. Claude Béllanger et al., eds., *Histoire générale de la presse française*(Paris: Presses universitaires de France, 1969), 1: 434-436.
4. David Bellos, "La Conjoncture de la production," and Frédéric Barbier, "L'Economie éditoriale" in *Histoire de l'édition française*(Paris: Promodis, 1984), 2: 552, 558. Frédéric Barbier, *Trois Cents Ans de librairie et d'imprimerie: Berger-Levrault, 1676-1830* (Geneva: Droz, 1979), n. 924.
5. 引文来自"L'Ancien Régime typographique," *Annales: E.S.C.* 36 (1981 年 3 月): 191-209。综述可参见 William Sewell, Jr., *Gens de métier et révolutions. Le langage du travail de l'Ancien Régime à 1848* (Paris: Aubier, 1983)。

6. M. D. Fertel, *La Science pratique de l'imprimerie* (Saint-Omer: Fertel, 1723; facs. ed., Gregg International, 1971); *Encyclopédie ou dictionnaire raisonné des sciences, des arts et des métiers* (Paris: Lebreton, 1771–1772); L. A. Castillon, *L'Art de l'imprimerie dans sa véritable intelligence* (Paris: Castillon, 1783); *Encyclopédie méthodique*, "Arts et métiers mécaniques" (Paris: Panckoucke, 1784), 3: 591–618; M. S. Boulard, *Le Manuel de l'imprimeur* (Paris: Boulard, 1791); A. F. Momoro, *Traité de l'imprimerie* (Paris: Momoro, 1793); Bertrand-Quinquet, *Traité de l'imprimerie* (Paris: Bertrand-Quinquet, 1798); Couret de Villeneuve, "Barême typographique," B.N., mss. NAF 4664, 1797–1799(?); Gillé le jeune, *Prospectus d'un nouveau manuel typographique, ou traité des moyens mécaniques qui concourent à la confection physique des livres* (Paris: Gillé, n.d.), 4 pp., A.N., AD VIII 20.

7. 关于本杰明·富兰克林,可参见 Ronald Clark, *Benjamin Franklin* (Paris: Fayard, 1986); Nicolas Restif de la Bretonne, *Monsieur Nicolas* (Paris, 1794–1797; rpt. in 10 vols., Paris, 1883); Nicolas Contat, *Anecdotes typographiques* (1762; Oxford: Oxford Bibliographical Society, 1980), ed. Giles Barber. 关于纳沙泰尔出版公司,可参见 Jacques Rychner, "Running a Printing House in 18th-Century Switzerland: The Workshop of the Société typographique de Neuchâtel," in *The Library*, 6th ser., 1 (1979): 1–24; 和 Robert Darnton, "A Printing Shop Across the Border," in *The Literary Underground of the Old Regime*, ed. Robert Darnton (Cambridge: Harvard University Press, 1982)。

8. 关于印刷坊内工作条件的详细叙述可参见 Jacques Rychner, "Le Travail de l'atelier," in *Histoire de l'édition française*, 42–61; 和 Philippe Minard, *Typographes des Lumières* (Paris: Seyssel, Champ Vallon)。

9. B.N., mss. Joly de Fleury, 1682, f. 347, Chénon 的报告,1785 年 12 月 28 日。

10. Bertrand-Quinquet, *Traité de l'imprimerie*, 49; Momoro, *Traité de l'imprimerie*, 210.

11. Fertel, *La Science pratique*, 263.
12. 同上, 259。
13. Momor, *Traité*, 35, 83, 107, 229, 254; Bertrand-Quinquet, *Traité*, 264, 274.
14. Robert Darnton, *L'Aventure de l'Encyclopédie*（Paris: Perrin, 1982）, 180–182.
15. Cf. Contat, *Anecdotes typographiques*, and Rychner, "Le Travail de l'atelier."
16. "猴子"是指排版工,主要是在字模盘边上组合字模并排好版面;"熊"是指在印刷机上作业的工人。参见 Contat, *Anecdotes typographiques*, 33。
17. Boulard, *Le Manuel*, 24. 还可参见 Jacques Rychner, "Running a Printing House"和"A l'Ombre des Lumières: coup d'oeil sur la main-d'oeuvre de quelques imprimeries au XVIIIème siècle" in *Studies on Voltaire and the Eighteenth Century* 155（1976）: 1925–1955。
18. Bertrand-Quinquet, *Traité*, 62–63; Darnton, *Literary Underground*, chap. 5; D. F. McKenzie, "Printers of the Mind: Some Notes on Bibliographical Theories and Printing-house Practices," *Studies in Bibliography* 22（1969）: 1–75; W. B. Todd, "Bibliography and the Editorial Problem in the Eighteenth Century," *Studies in Bibliography* 4（1951–1952）: 20–53.
19. Bertrand-Quinquet, *Traité*, 64–65.
20. B.N., mss. F.F. 22 188, 写给阿尼松的信, 1785 年 12 月至 1786 年 4 月, f. 207–217。
21. Bertrand-Quinquet, *Traité*, 173. 参见 Barbier, "Les innovations technologique", 545–551。
22. A. G. Camus, *Histoire et procédés du polytypage et de la stéréotypie*（Paris, brumaire, the Year X）.
23. B.N., mss. F.F. 21861, Archives of the Association of Publishers and Printers, decree of the Council, 1787 年 12 月 9 日。
24. *Journal de Paris*, 1786, 482, 502; Momoro, *Traité*, 293; *Mercure de France*, 1786 年 3 月 25 日; *Journal polytype des Sciences et des Arts*, 1786, no. VII, 129.

25. Camus, *Histoire et procédés*, 90–115.

26. J.G.A. Stoupe, *Réflexions d'un ancien prote d'imprimerie sur un prospectus ayant pour titre "éditions stéréotypes"* (Paris, Year VII), 12 pp.; 还可参见 Paul Dupont, *Histoire de l'imprimerie* (Paris: Dupont, 1854), 422。

27. *Description d'une nouvelle presse exécutée pour le service du Roi et publiée par ordre du gouvernement* (Paris: Imprimerie royale, 1783), B.N., mss. F.F. 22188, 其中有小阿尼松所做的笔记 ms. Note, f. 24–25.

28. Momoro, *Traité*, 281; Boulard, *Le Manuel*, 43; Bertrand-Quinquet, *Traité*, 100.

29. Ph.-D. Pierres, *Description d'une nouvelle presse d'imprimerie* (Paris: Pierres, 1786), 26–33.

30. Wilhelm Haas, *Beschreibung und Abrisse einer neuen Buchdruckerpresse erfunden in Basel, 1772* (Basel: 1790).

31. Barbier, "Les Innovations technologiques," 551.

32. Rychner, "Running a Printing House," and Darnton, "Printing Shop Across the Border."

33. Grangé, *Mémoire présenté à l'Assemblée Nationale pour le corps des Libraires et Imprimeurs de l'Université de Paris* (Paris, 1790), 4, B.N. Q 6574; Bertrand-Quinquet, *Traité*, 258.

34. *Mémoire des imprimeurs contre les imprimeries officielles*, c. 22 pluviôse, Year III (1795), B.N., Reserve F. 719.

35. A.N., AD VIII 20, 共和五年花月 16 日报告(1797), 20 pp.; *Almanach du commerce de Paris*, 共和七年(1798—1799); B.N. V 27655; *Almanach typographique*, 共和八年(1799—1800), B.N., Reserve p. Q739。Jacob l'aîné 在 1806 年提出的数字是，大革命初期有 800 家印刷坊(*Idée générales des causes de l'anéantissement de l'imprimerie* [Orléans, 1806 年 6 月], B.N., Reserve F719。到 1806 年保留下来的只有 95 家，到 1810 年，2 月 5 日颁发的一道法令将巴黎印刷坊的数量限定在 60 以内；到 1811 年 2 月 11 日，数字又增加到 80。

36. Grangé, *Mémoire*.

37. A.N., T 546(1), Royou-Fréron 的资料, 木匠 Lafond 求购印刷机的账单, 1791 年 2 月 8 日; B.N., mss. F.F. 22066, "Prix d'une petite imprimerie", 1765 年 4 月; Boulard, *Le Manuel*, 91 – 93。

38. B.N., mss. F.F. 21819, f. 66 – 68, 1743 年 6 月 6 日。

39. *Club typographique et philanthropique* (Paris), 30, 1791 年 5 月 24 日, 240。

40. Bertrand-Quinquet, *Traité*, 109.

41. Couret de Villeneuve, *Barême typographique*, 8 – 9.

42. Robert Darnton, "L'Imprimerie de Panckoucke en l'an II," *Revue française d'histoire du livre*, no. 23 (1979); 359 – 69; F. A. Duprat, *Histoire de l'Imprimerie Impériale de Paris* (Paris: Duprat, 1861).

43. Honoré de Balzac, *Les Illusions perdues*, rpt. (Paris, 1982), 29 – 39; Jules Michelet, *Ma jeunesse* (Paris, 1884), 24.

44. *Encyclopédie méthodique*, *Manufactures*, 3: xxii; *Mercure de France*, "Sur l'Etat actuel de l'imprimerie, lettre de M. Panckoucke à MM. les libraires et imprimeurs de la capitale," 1790 年 3 月 6 日, 引自 Robert Darnton, "L'Imprimerie de Panckoucke"。

45. Grangé, *Mémoire*, 5; Momoro, *Traité*, 211. 布拉尔建议绝不加薪,"尤其是自大革命以来,现在根本没有办法处罚那些不愿意真诚干活的工人们。确实,这样的工人可能在巴黎的工作受阻,但他可以去外省,目前在外省还存在工人短缺的情况;或者他甚至可以到地下印刷商那里找到一份工作,这都无法阻拦"。Boulard, *Le Manuel*, 96, 124; Bertrand-Quinquet, *Traité*.

46. B.N., ms. F.F. 22123, F^{0}208 – 217; Boulard, *Le Manuel*, 59, 68 – 73; Paul Chauvet, *Les Ouvriers du livre en France de la Révolution à nos jours* (Paris: Presses universitaires de France, 1956), chap. 1; Louis Radiguer, *Maîtres imprimeurs et ouvriers typographes* (Paris: Rousseau, 1903), 141 – 163.

47. *Orateur du peuple* no. 43, 1790, B.N., 8^0 Lc^2 390; *Confédération nationale, ou récit exact et circonstancié de ce qui s'est passé à Paris le 14 juillet 1790*, 5, B.N. LB^{39} 3767.

48. British Museum, brochure R 379; cf. Chauvet, *Les Ouvriers du livre*, 所引文本来自第 637—643 页, 和 Haïm Burstin, *Le Faubourg Saint-Marcel à*

l'époque révolutionnaire (Paris: Société d'études robespierristes, 1983).

49. B.N., 8^0 Lc^{2}2438.

50. B.N., Ms. F.F.21861, 1788 年 8 月 20 日。

51. Chauvet, *Les Ouvriers du livre*.

52. B.N., mss. F.F. 21861, 1790 年 5 月 9 和 10 日。

53. 关于"百科全书式集会",可参见 B.N., mss. NAF 2654, 1791 年 1 月 7 日: 这个"集会……由艺术家、业主、技工和供货商们组成,他们在大奥古斯丁广场集合",谴责"印刷协会"中的工人组织,行文如下——

> 他们颁发这样的法令: 在巴黎任何一家印刷厂,任何工人的工资都不得低于已经开始工作的工人的、任意定下的工资水平……如果有工人同意低于这个水平的工资,那么协会将禁止此工人继续工作;假如他无视禁令,其他工人将不再跟他进行交流; 如果他对此进一步的处罚还是无动于衷,那么其他工人就威胁要在街角埋伏着等他……

关于 1791 年 4 月的控诉,可参见 *Club typographique* 25(1791 年 4 月 19 日),其中复现了以下信件: "先生,有人向我告发,在于歇特街(rue de la Huchette)上有一个印刷业联合会,其委员会每周二和周五召开会议,委员会成员曾经进入印刷厂,强迫那些以低于他们所规定的工资水平在工作的工人们离职。"

54. A.N., AD VIII 20, 1790; 这样的呼吁可以参见 *Club typographique*,尤其是 nos. 1 和 7。

55. A.N., AD VIII 20, *Discours prononcé le 10 août 1790 à la Fête célébrée en l'honneur de Benjamin Franklin par la Société des ouvriers imprimeurs de Paris*; cf. 以及 *Club typographique* 3, 1790 年 11 月 15 日。

56. *Club typographique* 9, 1790 年 12 月 28 日, 70。

57. *Club typographique* 6, 1790 年 12 月 6 日。关于工人们的舆论环境,William Sewell, Jr. 发起了一场针对 Albert Soboul 的论战,但这一论战(基于一种错误的阐释),在判断上有所不周,参见 Sewell, *Gens de métier*, 155 - 158。与此相反,Michael Sonenscher 对索布尔所采取的,与 George Rudé 相似的做法进行了尖锐的批评,认为他从字面上去处理革命修辞的意思,造成了对工厂车间内情况的混乱理解,参见 Sonenscher,"Sans-culottes,"和"Journeymen, the Courts and the French Trades, 1781–1791," *Past and Present* 114(1987年2月): 77–109。

58. A.N., C 177, 1791年11月24日; AD VIII 20, 共和二年(1793—1794)和共和三年(1794—1795)的各种记录, C 356, file 1883; F7 4646/3, 关于公民 Chevalier 的报告, Chevalier 试图在共和三年穑月12日(1795年6月30日)平息一场罢工运动。

《一省视角》

1. 关于弗朗什-孔泰的印刷产业和书店,可参见 Michel Vernus, *La Vie comtoise au temps de l'Ancien Régime*, vol. 2 (Lons-le-Saunier: Marque-Maillard, 1985), chap. 10 和 Vernus, "Une page de l'histoire du livre dans le Jura, les Tonnet imprimeurs libraires," *Revue française d'histoire du livre* 27 (1980): 271–295。

2. Vernus, *La Vie comtoise*, vol. 2, chap. 8.

3. Michel Vernus, "Les Sires de Salins, ouvrage de l'abbé Guillaume," *Le Jura français* 176 (1982): 1–5.

4. Robert Darnton, *The Business of Enlightenment: A Publishing History of the "Encyclopédie," 1775–1800* (Cambridge: Harvard University Press, 1970).

5. Michel Vernus, "Le Livre à Dole aux XVIIe et XVIIIe siècles," in *L'Histoire du livre en Franche-Comté* (Dole: La Nouvelle Revue Franc-comtoise, 1984), 121–157; Paul-Marie Grinevald, "Essai sur les bibliothèques privées de Besançon" (Thèse de doctorat de troisième cycle, Université de Paris, I, 1981).

6. 引自 *La Vie comtoise*, chap. 9., 190–197。

7. Bibliothèque municipale de Besançon, Périod. 6210.

8. Maurice Gresset, *Gens de justice à Besançon, 1674–1789* (Paris: B.N., 1978).

9. Michel Vernus, "La Lecture des romans dans le Jura au XVIIIe siècle," *La Revue française d'histoire du livre*.

10. Archives du département du Jura, C 957.
11. 根据 Louis Maggiolo 的 *Statistique de l'enseignement primaire* (Paris: Imprimerie Nationale, 1880), 以下表格是 1789 年已婚男女中能够自己签名的比例(%):

省	丈 夫	妻 子
汝拉	88.88	24.77
杜布	80.71	39.65
法国全国平均值	47.05	24.87

12. Michel Vernus, "La Diffusion du livre de piété et de la bimbeloterie religieuse," *Actes du 105e congrès des sociétés savantes* (Paris: Comité des travaux historiques et scientifiques, 1980), vol. 1, Histoire moderne, 127–141.
13. J.-B. Bergier, *Histoire de la communauté des prêtres missionnaires de Beaupré* (Besançon: Cyprien Monnot, 1853).
14. B.N., Ms. fr. 22019.
15. Michel Vernus, *Le Presbytère et la chaumière* (Cromary: Togirisc, 1986).
16. Michel Vernus, "Les Marchands merciers, pionniers de la diffusion du livre," in *Histoire du livre en Franche-Comté* (Dole: Nouvelle Revue Franc-comtoise, 1984), 153–160.
17. Archives du département du Doubs, 1 C 1284.
18. 同上, L 53 ff。
19. Michel Vernus, "Le livre et la lecture dans la région de Lons-le-Saunier du XVIIe siècle à 1850," *Travaux de la Société d'émulation du Jura*, 1987.
20. Archives du département du Jura, L 1237 和 1 J 196.
21. 同上, L 870。
22. 同上, L 128。

23. 同上，卷 2，L 870。
24. Jules Sauzay, *Histoire de la persécution révolutionnaire dans le département du Doubs de 1789 à 1801*, vol. 2 (Besançon: Turbergue, 1867).
25. Sauzay, *Histoire de la persécution*, vol. 2.
26. Archives du département du Doubs, L 1305.
27. 同上，L 1305。
28. Sauzay, *Histoire de la persécution*, vol. 2.
29. Archives du département du Doubs, délibérations du conseil du département, L 56.
30. 例如可参见 Archives du département du Doubs, L 72 (1796 年 3 月 21 日)。
31. Vernus, *La Vie comtoise*, vol. 1, chap. 3.
32. Sauzay, *Histoire de la persécution*, vol. 2.
33. Henri Libois, "Extraits des délibérations de la société populaire de Lons-le-Saunier," in *Société d'émulation du Jura*, *1895 - 1896*, 207 ff.
34. Archives du département du Jura, L 128.
35. Archives du département du Doubs, L 1296.
36. J.-M. Lequinio, *Voyage pittoresque et physio-économique dans le Jura* (Paris, 1801; Marseille: Lafitte reprints, 1979).
37. Archives du département du Doubs, L 2673.
38. 同上，L 1662。

《报纸：新闻的新面孔》

1. *Patriote françois*, 1789 年 7 月 30 日。
2. 关于革命时期法国出版整体情况的最新研究成果是 Jacques Godechot, "La Presse française sous la Révolution et l'Empire," in *Histoire Générale de la presse française*, ed. Claude Béllanger et al. (Paris: Presses universitaires de France, 1969), 1: 403 - 567,其中包括了一份综合书目。近来已出现了许多关于革命时期出版业各个方面的专著,最重要的有 Jack R. Censer, *Prelude to Power* (Baltimore: Johns Hopkins University Press, 1976); Jeremy D. Popkin, *The Right-Wing Press in France*, *1792 - 1800* (Chapel Hill:

University of North Carolina Press, 1980), Jean-Paul Bertaud, *Les Amis du Roi* (Paris: Perrin, 1984), Gary Kates, *The 'Cercle Social,' the Girondins, and the French Revolution* (Princeton: Princeton University Press, 1985), and William J. Murray, *The Right-Wing Press in the French Revolution: 1789 – 92* (London: Royal Historical Society, 1986).

3. Pierre Rétat, "Forme et discours d'un journal révolutionnaire," in *L'Instrument périodique*, ed. Claude Labrosse and Pierre Rétat (Lyon: Presses Universitaires de Lyon, 1985), 142.

4. J. P. Brissot de Warville, *Mémoire aux Etats-Généraux: Sur la nécessité de rendre dès ce moment la presse libre, et surtout pour les journaux politiques* (Paris, 1789), 10. 关于18世纪政治思想中公开辩论这一概念和公共舆论之主权的重要性,可见 Jürgen Habermas 的奠基性著作: *Strukturwandel der Öffentlichkeit* (Neuwied: Luchterhand, 1962)。

5. Pierre Rétat, "La diffusion du journal en France en 1789," in *La diffusion et la lecture des journaux de langue française sous l'ancien régime*, ed. Hans Bots (Nijmegen). 大革命时期最成功的日报一次印刷量似乎可以达到1万—1.5万。有些非日报刊物,例如 Hébert 的《迪歇纳老爹》,在1793年得到当局的慷慨补贴,一次印刷量可能更多,至少有几期是这样。

6. M. S. Boulard, *Le Manuel de l'Imprimeur* (Paris: Boulard, 1791), 59, 91 – 92.

7. Robert Darnton, "L'Imprimerie de Packoucke en l'An II," *Revue française d'histoire du livre* 9 (1979): 365.

8. 1792年8月21日 P.-A. Dumont-Pigalle 写给 J. Valckenaer 的信,藏于莱顿大学图书馆, ms. 1031(I): 警长的报告,法兰西剧院部分,1793年3月9日,巴黎市历史图书馆, ms. 749, no. 100; William J. Murray, "The Rightwing Press in the French Revolution, 1789 – 92"(博士论文,澳大利亚国立大学,1972),330。

9. *Gazette universelle*, 1790年1月6日。

10. "Sur l'état actuel de l'imprimerie," in *Mercure de France*, 1790年3月6日。

11. *Courrier républicain*, 共和三年热月16日(1795年8月3日)。

注 释

12. Béllanger et al., eds., *Histoire Générale*, 3: 141.
13. 同上,1: 436。
14. 1789年初的一份警署清单上列出了107种在巴黎出版的报纸。而且,在外省,任何时候都有50到60种报纸在出版。A.N., F 7 3448B。
15. 发售说明书, Vaufleury 的 *Cabinet littéraire national* 和 Varin 的 *Chambre patriotique et littéraire*,都是1791年的,藏于 Newberry Library,法国大革命藏品部。
16. Michael Kennedy, *The Jacobin Clubs in the French Revolution* (Princeton: Princeton University Press, 1982), appendix E.
17. Stanley Morison, *The English Newspaper* (Cambridge, 1932), 184–185.
18. Panckoucke, "Sur les journaux et papiers anglois," in *Mercure de France*, 1790年1月30日。
19. Rétat, "Forme et discours," 141–142.
20. 发售说明书, *Journal logographique* (n.d. [1790])。
21. *Journal de Perlet*, 共和三年穑月22日(1795年7月10日)。
22. Jeremy D. Popkin, "The Pre-Revolutionary Origins of French Political Journalism," in *The French Revolution and the Creation of Modern Political Culture*, ed. Keith Baker (Oxford: Oxford University Press, 1987).
23. Charles Lacretelle, *Dix années d'épreuves pendant la Révolution* (Paris: Allouard, 1842), 30–31.
24. 发售说明书, *Journal Logographique* (n.d. [1790年末])。
25. "Avis" to "Discours préliminaire," (n.d. [1789年10月]) in *Journal des Décrets de l'Assemblée nationale, pour les habitans des Campagnes*, vol. 1.
26. *Feuille villageoise*, 1791年4月7日。
27. 同上,1792年12月20日。
28. Melvin Edelstein, *La Feuille villageoise: Communication et modernisation dans les régions rurales pendant la Révolution* (Paris: B.N., 1977), 68.
29. *Patriote françois*, 1789年7月28日。
30. 同上,1789年8月1日。
31. 同上,1789年9月5日。

32. *Publiciste parisien*（原标题是 *Ami du peuple*），1789 年 9 月 13 日。
33. 同上，1789 年 9 月 12 日。
34. *Ami du peuple*，1789 年 11 月 22 日；1792 年 5 月 3 日。
35. *Ami du roi*，1790 年 6 月 1 日。
36. *Actes des apôtres*, vol. 1, no. 11.
37. J.-B. Louvet, *Discours sur la nécessité de mettre actuellement à exécution l'article 355 de la Constitution, en ce qui concerne la presse* (Paris: Imprimerie Nationale, 1796), 5 - 6.

《小册子：诽谤与政治神话》

1. Christian Jouhaud, *Mazarinades: La fronde des mots* (Paris: Aubier, 1983).
2. Vincent Milliot, "Les 'Cris révolutionnaires': mots d'ordre et réflexion politique dans les titres de la littérature pamphlétaire de 1788 à 1800"（图书和大革命专题研讨会会议论文，法国国家图书馆，1987 年 5 月 [议程待出版]）.
3. *La Restauration de l'Etat* (n.p., n.d., 但经辨别为 1789 年), B.N., Lb (39) 1301.
4. Raoul Girardet, *Mythes et mythologies politiques* (Paris: Le Seuil, 1986).
5. Robert Darnton, *Bohème littéraire et Révolution. Le monde des livres au XVIIIème siècle* (Le Seuil / Hautes Etudes, 1983).
6. *Les Tableaux de moeurs du temps aux différents âges de la vie* (Amsterdam, n.d.), B.N., Enfer (306).
7. *Art de foutre en quarante manières, ou la science pratique des filles du monde* (Amsterdam, 1789), B.N., Enfer (154).
8. *Les Amours de Charlot et Toinette* (n.p., n.d.), B.N., Enfer (145).
9. *Bordel apostolique institué par Pie VI en faveur du clergé de France* (Paris, 1791). B.N., Enfer (602).
10. *Requête et décret en faveur des putains, des fouteuses, des macquerelles et des branleuses: contre les bougres, les bardaches et les brûleurs de paillasse* (Gamahuchons, 交配重生第二年), B.N., Enfer (762).
11. *Bordel apostolique*.

12. Antoine de Baecque, "Les Soldats de papier. La Figure du soldat de l'armée émigrée dans la caricature révolutionnaire," *Les Nouvelles de l'estampe. Revue de la Bibliothèque Nationale*（1988 年 1—2 月）.
13. *Les Délices de Coblentz, ou anecdotes libertines sur les émigrés français*（n.p., 1791）. B.N., Enfer（1428）.
14. 同上。
15. 同上。
16. Mlle Théroigne, *Catéchisme libertin à l'usage des filles de joie, et des jeunes demoiselles qui se décident à embrasser la profession*（Paris, 1792）, B.N., Enfer（51）.
17. 组织管理色情业的项目非常多，从 18 世纪末开始，最著名的还是雷蒂夫·布勒托内的《论妓业》，但其文体对萨德也产生了影响："那么也会有些场所会留出来用于不道德的交易，并受政府保护"（*Les instituteurs immoraux—Français, encore un effort...*［版本 U.G.E.］, 237）。另参见 E.-M. Benabou, *La Prostitution et la police des moeurs au XVIIIème siècle*（Paris: Perrin, 1987）.
18. *Catéchisme libertin*.
19. *Bordel national à l'usage des confédérés provinciaux*（Cythera, 1790）, B.N., Enfer（603）.
20. *Requête et décret*.
21. *L'Echo foutromane, ou recueil de plusieurs scènes lubriques*（Démocratis, 1792）, B.N., Enfer（70）.
22. *Bordel patriotique pour le plaisir des députés à la nouvelle législature*（杜伊勒里宫, n.d.）, B.N., Enfer（604）.
23. *L'Echo foutromane*.

《图书：重塑科学》

1. "每天公共安全委员会都迫切需要许多物理、力学等方面的材料。当前最需要的是伦敦皇家协会的会议议程。"（法国国家档案馆, F[17], 盒 1306, 转引自 G. Pouchet, *Les sciences pendant la Terreur*［Paris: Société de l'histoire de

France, 1896])。在共和二年花月 25 日(1794 年 5 月 14 日),艺术委员会在为完成公共安全委员会的科学图书馆而做准备。一年以后的雨月 17 日(2 月 15 日),在收到相似的请求之后(法国国家档案馆,F[17],盒 1319),艺术委员会在三天之内就"尽快向公共安全委员会的信息办公室发送了一套完整的第四版富克鲁瓦(Fourcroy)的《基础自然史和化学》(Eléments d'histoire nuaturelle et de chimie)"(cf. L. Tuetey, Procès-verbaux de la Commission temporaire des arts, 3 vols. [Paris: 1912])。

2. E. de las Casas 在其著作 Mémorial de Sainte-Hélène 中提到这件事,这本书出版于拿破仑死后两年。对贝尔纳丹的攻击很常见,例如可参见有一定知名度的物理学家 J. B. Biot 在《法兰西信使报》39(1809 年 12 月):393—407 中对他的恶意攻击,或在格勒诺布尔的司汤达(Stendhal)的哲学教授 P. J. Lancelin 在其著作 Introduction à l'analyse des sciences, vol. 5(Paris: Bossange, Masson, Besson, an IX [1801-1802]),195 中的尖锐评论。

3. 关于数据来源,请参见以下注释 5。所有数字都来自 Journal général de la littérature de France, ou répertoire méthodique (Paris: Treuttel & Würtz, Year VII [1798-1799])。

4. 这里我们只涉及书名,不涉及印刷版本的大小,不考虑作品的篇幅,也不考虑日刊周刊。

5. 关于 18 世纪图书出版的整体情况,见 R. Estivals, La statistique bibliographique de la France sous la monarchie au XVIIIème siècle (Paris: Mouton, 1965) 和 F. Furet, "'la librairie' du royaume de France au 18ième siècle," in Livre et société dans la France du XVIIIème siècle, ed. François Furet (Paris: Mouton, 1975), 1-32。还可见 Delalain, L'Imprimerie et la librairie à Paris, 1789-1813。关于 1798—1825 年的科学类图书的出版情况,见 Jean Dhombres, "French Mathematical Books from Bézout to Cauchy," in Historia Scientiarum 28 (1985): 91-137。后面这个研究的材料来自书商的广告传单,而不是上面提到的埃斯蒂瓦尔的研究中所提供的藏书图书馆的书目。之所以这么选择,原因自明:跟书目不一样,书商和出版商的广告会将书名分类。但我们在这里还不能使用这样的资源,因为目前还没有办法对这些资源进行比对。1790—1797 年的数据还有待搜集——这是本章最重要的数

据缺陷。

6. 这个数据是根据 Furet，"'la librairie'"中的数据材料实证推断的。我们不得不平均计算 1786—1788 年科学类图书的百分比，并考虑到一些（公共许可的）书籍以及 1780—1789 年的其他百分比（默示许可的）。达恩顿在其 *Literary Underground of the Old Regime* 中的估计值更低（8%），这进一步增强了我们对 1789 年之后科学类图书大量出版情况的描述。

7. 见 Dhombres, "Mathématisation et communauté scientifique française, 1775 – 1825," in *Archives Internationales d'histoire des sciences* 36（1986 年 12 月）: 249 – 293。

8. 根据 *Journal général de la littérature de France ou répertoire méthodique*（Paris: Treuttel & Würtz, Year VII [1798 – 1799]）。

9. Jean Dhombres and Nicole Dhombres, *Sciences, idéologies et pouvoirs de la Révolution à la Restauration*（Paris: Payot, 1988）。

10. 出版商在 *Journal général* 中对作品的描述。

11. 关于梅毒及其治疗，见 L. Fleck 的名著 *Entstehung und Entwicklung einer wissenschaftlichen Tatsache, Einführung in die Lehre von Denkstil und Denkkollektiv*（Basel, 1935; 英译, University of Chicago Press, 1979）。

12. *Mémoire de F. A. Mesmers sur ses découvertes*, 130 pp.（Paris: Fuchs, Year VII）。

13. Chaussier, *Table synoptique du plan général... du cours d'anatomie*（Paris: Barois）; *Tableau synoptique des propriétés caractéristiques et des principaux problèmes de la force vitale*,（Paris: Barois, Year VII [1798 – 1799]）。

14. Paris: Croullebois, Year VII [1798 – 1799], 70 pp.。

15. Foucault, *Naissance de la clinique*（Paris: Presses Universitaires de France, 1963）。

16. 《法国植物群》最早以三卷本在 1779 年出现。这里关注的是一种分辨植物的新方法，与林奈的人工系统、朱西厄和阿当松（Adanson）提出的所谓"自然"系统不同。这本书受欢迎程度很高。

17. Robert Darnton, *L'Adventure de l'Encyclopédie*, 法译本（Paris: Librairie Perrin, 1979）, 295 – 341 中对《系统百科全书》进行了研究。

18. 作者是 A. P. Ventenat，四卷本，富克斯出版，售价 24 法郎。
19. *Journal typographique et bibliographique* 47，第二年（1799）：369（Paris: Roux）。
20. "Séances des écoles normales recueillies par des sténographes et revues par les professeurs"（Paris: Régnier, Year VII［1793－1794］），1: 391.
21. 版本来自共和七年的 *Mécanique Céleste*，1: 30。
22. *Oeuvres de Condillac*, 23 vols.（Paris: Batillot frères, beginning in Year VII［1798－1799］）.
23. 一部作者死后出版的初级作品，*La Langue des calculs*（Paris: C. Houel, Year VI［1797－1798］）；八开本，484 页。最近有一个评注版出现，S. Auroux and A. M. Chouillet, *La langue des calculs de Condillac*（Lille: Presses de l'Université de Lille, 1980）。
24. *La Langue des calculs*, 226.
25. *Journal typographique* 47（1799）: 369.
26. Gudin, *L'Astronomie, poème en trois chants*（Auxerre: L. Fournier, Year IX［1801－1802］）.
27. 例如可见拉普拉斯对机械力的构成提供的微分证明（pp. 6－9，第一版）。这一点在 J. Dhombres,"Quelques aspects de l'histoire des équations fonctionnelles liés à l'évolution du concept de fonction," *Archive for History of Exact Sciences* 36（1986）: 91－181 有分析。
28. 《天体力学》有三个英译本。N. Bowditch 的四卷本（Boston, 1829－39）有评论，更丰富（拉普拉斯的第五卷未翻译）。第一和第二卷的德译本题目是 *Mechanik des Himmels*（Berlin, 1800－1802）。
29. P.-S. Laplace, *Exposition du système du Monde*（Paris, Year IV［1794－1795］）.
30. S. F. Lacroix, *Essai sur l'enseignement en général et celui des mathématiques en particulier*（Paris: Courcier, 1805）.
31. F. Berkeley, *The Analyst, or a discourse addressed to an infidel mathematician*（London: J. Tonson, 1734）.
32. 这句引文很可能是伪造的。对学者歌功颂德的 Arago 称，他是在 Garnier 所著的一本数学手册的章节后空白页上发现这句话的。见 F. Arago, *Histoire de ma jeunesse* in *Oeuvres complètes*（Paris: Baudry, 1854）1: 5。

33. 前言, *Réflexions sur la métaphysique du calcul infinitésimal*（Paris: Duprat, Year VII［1798-1799］），八开本。

34. *Introductio in analysin infinitorum*（Lausanne: Bousquet, 1748）；法译本，J. B. Labey, *Introduction à l'analyse infinitésimale*（Paris, 1797）。另一个法译本出现在几年以前，证明（如果需要）这本书被广泛使用于分析教学。

35. 取自此书文本；第二版出现于1813年。

36. A. L. Cauchy, *Cours d'analyse de l'Ecole royale polytechnique, Analyse Algébrique*（Paris: de Bure, 1821）。

37. 布里松还出版了第二版 *Traité élémentaire, ou principes de physique fondés sur les connaissances les plus certaines tant anciennes que modernes et confirmés par l'expérience*, 3 vols.（Paris, Year III［1794-1795］）。

38. 这一点来自最近的一项研究, D. Roncin, "Mise en application du système métrique(1795年4月7日至1837年7月4日)," *Cahiers de métrologie 2*（Paris: Institut d'Histoire Moderne et Contemporaine, CNRS）。

39. 要从拉丁文翻译过来说明这种语言使用得越来越少了；共和五年（1796—1797），Baudeux 翻译了最早由 W. Whisten（剑桥）在1707年从牛顿的演讲手稿中整理出版的《普通算术》（*Arithmetica Universalis*）。

40. Pelletier, Brasdor, and Biron, "Rapport fait à la Société de Médecine de Paris, pluviôse, an X［January-February, 1803］, sur l'application des nouveaux Poids et Mesures dans les usages de la médecine"（Paris: Imprimerie des sourdsmuets, Year X［1803］）。

41. Dhombres and Dhombres, *Sciences, Idéologies et Pouvoirs*。

42. 莫尔沃、贝托莱（Berthollet）和富克鲁瓦很自然就借拉瓦锡的大师之手在1787年出版了他们的著作《化学命名法》（*Méthode de nomenclature chimique*），使用了一种由赫森弗雷兹（Hassenfratz）和阿代（Adet）先生为适应命名法而改编的化学符号新体系。八开本,314页,5张整版插图。

43. 《哲学时代》十日一刊，开始于共和六年雾月20日(1797年11月10日,周五);1-10。

44. Lacroix, *Essai sur l'enseignement*.

45. *La genèse de la science des cristaux* (Paris: Alcan, 1918; facsimile ed., Paris: Blanchard, 1969), 206.

46. L. S. Mercier, *Satires contre les astronomes* (Paris: Terrelongue, Year VII [1798–1799]).

47. Chateaubriand, *Le Génie du Christianisme* (Paris, 1802).

48. "Rapport sur la situation de l'Ecole polytechnique, présenté au ministère de l'intérieur par le Conseil de perfectionnement (an IX [1801–1802])."引自 Jean Dhombres, *Histoire de l'Ecole Polytechnique*, ed. A. Fourcy (Paris: Belin, 1986),注释的第 98 页。

49. 共和七年雾月 10 日(1798 年 10 月 31 日),迪普拉出版了 S. F. 拉克鲁瓦的 *Cours de mathématiques à l'usage de l'Ecole centrale des Quatre Nations*,四卷本,后来扩展到七卷(分开卖),有过七个版本。

50. 在共和九年(1801—1802),库尔西耶出版了加尼耶对"伯祖"七卷本所编的新版本。之前他已经编辑过伯祖的《力学》(*Mécanique*)(包含微分学的部分),由迪普拉在共和八年葡月 25 日(1799 年 10 月 16 日)出版了其两卷本。在雨月 25 日(1800 年 2 月 13 日),路易发行了由佩拉尔对伯祖课程中《代数》(*Algèbre*)部分所做的改编本。

51. 共和三年葡月 7 日(1794 年 9 月 28 日)富克鲁瓦向国民公会所做的报告,以及国民公会于风月 25 日(1793 年 3 月 15 日)颁发的关于成立中央公共作品学校的法令草案。(Paris: Imprimerie du Comité de salut public, 1794).

52. 同上,3,4。

53. C. Richard 的论文 *Le Comité de salut public et les fabrications de guerre sous la Terreur* (Paris: F. Rieder, 1912)仍旧是最好的资源。

54. J. B. Biot, *Essai sur l'histoire des sciences pendant la Révolution française* (Paris: Duprat, 1803).

55. 1794 年在图尔出版。

56. Paul Dimoff, ed., *Oeuvres complètes de André Chénier*, vol. 2 (Paris: Delagrave, 1922), 71.

57. Dimoff, ed., *Oeuvres complètes*.

《年历：革命化传统文类》

1. 引自 John Grand-Carteret, *Les Almanachs français* (*1600－1895*) (Paris: Alisie et lie, 1896), xxii.
2. 这里讨论的年历都是公共收藏的年历。在 André Martin and Gérard Walter, *Catalogue de l'histoire de la Révolution française* (Paris: éditions des Bibliothèques nationales, 1936) 中，Martin 列举了法国国家图书馆保存的 389 种年历和年鉴。这份清单是我研究的基础，我查阅了列出的所有图书。估计 1793—1796 年的年历中 73% 具有政治特征，此估计基于这份清单。在查阅了巴黎市历史图书馆 (Bibliothèque Historique de la Ville de Paris)、大众艺术和传统博物馆图书馆 (Bibliothèque du Musée des Arts et Traditions Populaires) 和特鲁瓦市立图书馆 (Bibliothèque Municipale de Troyes) 所收藏的革命年历后，我完成了这项研究。
3. Emile Socard, "Etudes sur les almanachs et les calendriers de Troyes, 1497－1881," *Mémoires de la société académique des sciences, arts et belles-lettres de l'Aube* 18, (3d, ser., 1881), 326－335.
4. *Chronique de Paris*, no. 276 (1792 年 9 月 24 日). 我要感谢 H. J. Lüsebrink 让我注意到了此文本。
5. Henri Blanc, *Almanach républicain* 和 P. F. X. Bouchard, *Almanach des républicains* (Paris: Sylvain Maréchal, 1793).
6. 参见 Christian Jouhaud, *Mazarinades: La Fronde des mots* (Paris: Aubier, 1985), 87: "珀蒂先生……播下了许多危险虚荣心的因素，好像它们就意味着王权的毁灭和国家的颠覆……红衣主教雷斯 (Cardinal de Retz)，巴黎的助理之一，是前面提到的珀蒂的伙伴。"(让·珀蒂是特鲁瓦一名年历老编辑。)
7. 参见注释 2 对这些数字的讨论。
8. 社会和谐民众协会 (Société populaire de l'Harmonie Sociale)。引自 Albert Soboul, *Paysans, Sans-Culottes et Jacobins* (Paris: Clavreuil, 1966), 220。
9. J. R. Hébert, *A mes concitoyens*, 共和二年 (1793) 5 月 27 日。
10. 根据这项法律，"所有在写作中显示自己为暴政、联盟拥护者或社会公敌的人都是嫌疑犯"。

11. 这份巴黎报告来自保存在警署历史档案馆（Archives historiques de la Préfecture de police）中革命时期的警方档案。
12. 引自 Soboul，*Paysans*，*Sans-Culottes*，215。
13. 警方档案，AA 80，piece 66，共和二年牧月（1794 年 5—6 月）。
14. Henri Wallon，*Histoire du Tribunal révolutionnaire de Paris avec le journal de ses actes*，6 vols. (Paris: Hachette, 1880)，4: 185 – 186.
15. C. Pierre，*Les Hymnes et chansons de la Révolution*（Paris: Imprimerie Nationale, 1904），3 ff.
16. 警方档案，AA 240，piece 159，Section du Temple。对公民 Aubert 居所的搜查。
17. 公民 Couroux-Cluseaus 写给公民 Dameron 的信，议员写给国民公会的信，Donzy，共和二年雨月 11 日（1794 年 1—2 月），B.N.，Lb⁴¹ 3760。
18. M. A. Edelstein，*La Feuille villageoise*，*Communication et modernisation dans les régions rurales pendant la Révolution*（Paris: Publications de la Bibliothèque Nationale, 1977）。
19. A.N.，F[17]，Département des Landes，28 vendémiaire，the Year VII（September-October 1798），Martine Sonnet 的好意让我关注到了这一点。
20. 参见 Bronislaw Baczko，"Le Calendrier républicain," in *Les Lieux de mémoire*，ed. Pierre Nora（Paris: Gallimard, 1984），vol. 1。
21. Romme，*Rapport sur l'ère de la République*（séance du 10 septembre 1793），Imprimerie Nationale，2.
22. 同上，5。

《版画：巴士底狱的形象》

这篇文章来自一项进行当中的关于"巴士底狱"自 1715 年至大约 1900 年期间在法国和德国的政治和社会意象研究，本研究与 Hans-Jürgen Lüsebrink 合作，获得 Volkswagen Foundation 支持。

1. B.N.，Département des Estampes. François-Louis Bruel et al.，*Un siècle d'histoire de France par l'estampe，1770 – 1871. Collection de Vinck.*

Inventaire analytique, 8 vols.(Paris: B.N., 1909 – 1921), vols. 1 – 3.
2. Maurice Tourneux, "Les Tableaux historiques de la Révolution et leurs transformations. Etude iconographique et bibliographique," *La Révolution française* 15 (1888 年 8 月): 123 – 161.
3. Emile Dacier, "Les Gravures historiques de Janinet," *L'Amateur d'estampes* 31(1928): 161 ff.; *L'Amateur d'estampes* 32(1929): 14 ff., 44 ff.
4. Jack R. Censer, "The Political Engravings of the 'Révolutions de France et de Brabant,' 1789 to 1791," *Eighteenth-Century Life* 5 (1979): 105 – 122.
5. Pierre-Louis Duchatre and René Saulnier, *L'Imagerie parisienne. L'imagerie de la rue Saint-Jacques* (Paris: Grand, 1944); *Populäre Druckgraphik Europas. Frankreich vom 15. bis zum 20. Jahrhundert* (Munich: Callwey, 1968), 88 – 93.
6. Brigitte Schlieben-Lange, *Traditionen des Sprechens* (Stuttgart: Kohlhammer, 1983), 64 – 77.
7. François-Alphonse Aulard, ed., *La Société des Jacobins. Recueil de documents pour l'histoire du Club des Jacobins de Paris*, 6 vols. (Paris: Johans and Cerf, 1889 – 1897), 3: 263.
8. Jacques-Marie Boyer-Brun, *Histoire des caricatures de la révolte des Français*, 2 vols.(Paris, 1792), 1: Préface.
9. 见 Louis-Sébastien Mercier, "Caricatures, folies," in *Le Nouveau Paris* (Paris: Fuchs, Pouglas, and Cramer, an VII), 1: 164。
10. 作者未出版之研究。另见 F.-A. Aulard, *Etudes et leçons sur la Révolution française*, 9 vols. (Paris: Alcan, 1893 – 1924), 1: 241 – 267.
11. Jean-Nicolas Trouille, *Discours prononcé en faisant hommage d'une estampe à la gloire de la Liberté triomphante, ouvrage postum de Vincent Vangélisty* (Paris: Imprimerie Nationale, an VII [1799]), 3.
12. Rolf Reichardt, "Mehr geschichtliches Verstehen durch Bildillustration? Kritische Überlegungen am Beispiel der Französischen Revolution," *Francia. Foschungen zur westeuropäischen Geschichte* 13 (1985): 511 – 523. 在其著作 *La Révolution française, Images et récit*, 5 vols. (Paris: Livre

Club Diderot & Messidor, 1986)中, Michel Vovelle 也只部分成功地从这种传统中解脱出来。

13. Lynn Hunt, *Politics, Culture, and Class in the French Revolution* (Berkeley and Los Angeles: University of California Press, 1984), 87–119; Klaus Herding, "Visuelle Zeichensysteme in der Graphik der Französischen Revolution," in *Die Französische Revolution als Bruch des gesellschaftlichen Bewußtseins*, Bielefelder Tagungsakten, ed. Reinhard Koselleck and Rolf Reichardt (Munich: Oldenbourg, 1987), 513–552.

14. 另见文学-历史比较研究: Hans-Jürgen Lüsebrink, "'Die zweifach enthüllte Bastille?' Zur sozialen Funktion der Medien Text und Bild in der deutschen und französischen 'Bastille'-Literatur des 18. Jahrhunderts," *Francia* 13 (1985): 311–331.

15. André Basset, *Jeu national instructif, ou leçons exemplaires et amusantes données aux bons citoyen par Henri IV et le père Gérard* (Paris: Basset, 1791), color etching 505: 735 mm, B.N., Coll.de Vinck, no. 4295.

16. 关于此观点的完整讨论,见 Rolf Reichardt, "Revolutionäre Mentalitäten und Netze politischer Grundbegriffe in Frankreich 1789–1795," in *Die Französische Revolution*, ed. Kosselleck and Reichardt, 185–199.

17. 在这里只能浅谈有关巴士底狱神话的新闻和政治背景,见我的论文"Bastille", in *Handbuch politisch-sozialer Grundbegriffe in Frankreich, 1680–1820*, ed. Rolf Reichardt and Eberhard Schmitt, Heft 9 (Munich: Oldenbourg, 1988), 7–74。

18. H.-J. Lüsebrink and Rolf Reichardt, "La 'Bastille' dans l'imaginaire social de la France à la fin du XVIIIe siécle (1774–1799)," *Revue d'histoire moderne et contemporaine* 30 (1983 年 4—6 月): 198–214.

19. 见 1789 年 5 月 16 日图书馆馆长 (directeur-général de la librairie) 写给巴黎总警长 (lieutenant-général de police) 的信, A.N., V^2 551。

20. Jean-Pierre Seguin, "Les Feuilles d'information non périodiques ou 'canards' en France," *Revue de synthèse* 78 (1957 年 7—9 月): 391–420.

21. *Les Lauriers du Faubourg Saint-Antoine, ou Le Prix de la Bastille renversée*,

8 pp. (Paris: Gueffier, 1789). 有关下文所讨论的两份闲话报的具体信息及分析, 见 H.-J. Lüsebrink and Rolf Reichardt, "Oralität und Textfiliation in rezeptionspragmatischer Perspektive. Sozio-kulturelle Fallstudien zur Konstitution populärer Druckschriften und zur Rezeption der 'Mémoires' von Latude in den Jahren 1787 – 93," in the conference volume *Zur Geschichte von Buch und Leser im Frankreich des Ancien Régime*, ed. Günter Berger (Rheinfelden: Schäuble, 1986), 111 – 143。

22. Auguste Martin, *L'Imagerie orléanaise* (Paris: Duchartre & Van Buggenhondt, 1928), 12 – 14, 79 – 107。

23. 在一幅匿名蚀刻版画中,可见巴士底狱胜利者扛着两颗苍白头颅的画面, *C'est ainsi qu'on se venge des traîtres*, B.N., Coll. de Vinck, no. 1605。

24. 参阅非常前瞻性研究 H.-J. Lüsebrink, "Die Vainqueurs de la Bastille: Kollektiver Diskurs und individuelle 'Wortergreifungen,'" in *Die Französische Revolution*, ed. Kosselleck and Reichardt, 321 – 357。

25. 参阅 1789 年 7 月这个标题的一幅经常被复制的匿名彩色蚀刻版画, B.N., Coll. de Vinck, no. 1674。

26. 参阅匿名小册子中的叙述 *Le Moine qui n'est pas bête* (n.p., n.d.), 1。

27. 见系列铜版版画, B.N., Coll. de Vinck, nos. 1150 – 1157。

28. 关于这种报告,例如可见匿名小册子 *Paris sauvé, ou Récit détaillé des événements qui ont eu lieu à Paris depuis le 12 juillet 1789, une heure après midi, jusqu'au vendredi suivant en soir*, 34 pp. (n.p., n.d.)。

29. 于是这成了这幅单页版画另一个版本的题目, B.N., Coll. de Vinck, no. 1696。

30. 参阅无名文档,部分归功于 Louis-Pierre Manuel, *La Bastille dévoilée, ou Recueil des pièces authentiques pour servir à son histoire*, 4ᵉ livraison (Paris: Desenne, 1789 年 11 月), 132。

31. *Le Comte de Lorges, prisonnier à la Bastille pendant trente-deux ans*, 16 pp. (n.p., 1789 年 9 月). 关于这个问题的更多信息可见 Lüsebrink and Reichardt, "La 'Bastille,'" 216 – 223。

32. 参阅匿名小册子, *La Bastille* (Paris, 1789), 6 – 7。

33. *Révolutions de Paris*, no. 1 (1789 年 7 月 12—17 日), 23。

34. 版画的题目就如此，是一幅彩色蚀刻版画，于1789年7月末由圣雅克街上的 Jacques François Chereau 出版，B.N., Coll. de Vinck, no. 3855。
35. Jean Lambert Tallien 所做的演说，印在匿名文集上：*Fête civique sur les ruines de la Bastille, le 14 juillet, l'an troisième de la Liberté*（n.p., n.d. [Paris, 1791]），3-4。
36. 对7月14日纪念演说的分析参阅 Lüsebrink and Reichardt, "La 'Bastille,'" 228-234, and H.-J. Lüsebrink and Rolf Reichardt, "La prise de la Bastille comme 'événement totale,'" in the conference volume *L'Evénement* (Aix-en-Provence: Université de Provence, 1986), 78-102。
37. Mona Ozouf, "Le cortège et la ville: les itinéraires parisiens des fêtes révolutionnaires," *Annales: Economies, sociétés, civilisations* 26（1971年9—10月）: 889-916.
38. *Journal de Paris*, no. 192（1791年7月11日）.
39. "Sur un étendard déployé on voyait l'image de la Bastille; cette forteresse représentée au relief suivoit ensuite…," *Détail exacte et circonstancié de tous les objets relatifs à la fête de Voltaire*, extrait de la Chronique de Paris (n.p., n.d. [Paris, 1791年7月])，2.
40. 更多信息可见 Lüsebrink and Reichardt, "La 'Bastille,'" 224-228。
41. 关于巴士底狱象征在19世纪和20世纪的持续性效果，可见 Rosemonde Sanson, *Les 14 Juillet, fête et conscience nationale, 1789-1975* (Paris: Flammarion, 1976); Christian Amalvi, "Le 14 Juillet: Du 'Dies irae' à 'Jour de fête,'" in *La République*, vol. 1 of *Les Lieux de la mémoire*, ed. Pierre Nora (Paris: Gallimard, 1984), 421-472。

《歌曲：混合媒体》

1. C'est par toi que chaque pensée
   se change en signes de métal;
   C'est par tes yeux qu'elle est classée,
   A son tour, dans un ordre égal;
   C'est par tes bras qu'elle est pressée

注释

> Pour doubler de force et de prix；
>
> C'est par tes mains qu'elle est lancée
>
> Pour atteindre tous les esprits.

Piis, "Hymne à l'imprimerie." Bibliothèque historique de la Ville de Paris, # 960 349.

2. *Histoire générale de la presse française* (Paris: Presses Universitaires de France, 1969), 436.

3. 歌曲的大量产出尤其不寻常，因为1790年和1791年三分之一的歌曲都是保王派的歌曲作者写的，而他们到1792年就几乎完全消失了。保王派歌曲所占百分比是个粗略的估计值，数据基础来自Constant Pierre, *Hymnes et chansons de la Révolution française* (Paris: Imprimerie Nationale, 1904)。我从他书中所列的1791—1795年的歌曲总数中减去了报纸上或歌曲选集中明确对大革命表达敌意的歌曲。

4. 在一本1789年写的短篇漫画新闻中，一名市场上的妇女被推销一首关于攻占巴士底狱的歌曲，当时离事件发生已经有四个月了。她给了卖歌曲的小贩一个耳光，拒买，说道："巴士底狱，太无聊了，现在人人都知道巴士底狱的所有事情。(La Bastille, ça fait raisoir? ［原文如此］ On scait tout ça à present.)" *Gazette de Paris*, 1789年11月20日。

5. 其中有歌剧咏叹调《还有什么比家庭的怀抱更好的地方呢?》("Où peut-on être mieux qu'au sein de sa famille?")向王室家庭和巴黎市长致意时演奏；还有流行歌曲《亨利四世万岁》("Vive Henri IV")，为了将路易十六比之于他敬爱的祖辈而被演唱。

6. Abbé Fauchet, in *Journal de Paris*, 1790年5月19日。

7. *Révolutions de France et de Brabant*, no. 8 ［1790年1月］.

8. *Chronique de Paris*, 1790年7月9日。

9. "Ça ira"是口语表达，大致的意思是"事情会解决的"。

10.
    > Ah! Ça ira, Ça ira, Ça ira
    >
    > Réjouissons nous le bon temps viendra
    >
    > Les gens des Halles jadis *a quia*
    >
    > Peuvent chanter *alléluia*.

Journal des Halles no. 1［1790 年 7 月］.

11. *Chronique de Paris*, 1790 年 7 月 10 日。

12. *Mercure de France*［1790 年 7 月］, 214–216.

13. *Chronique de Paris*, 1790 年 11 月 3 日。

14. *Dictionnaire laconique*("A Patriopolus: l'an 3eme de la prétendue liberté"［1792］).

15. "会好歌"之后的印刷版本和仿写本就不是充满希望和调解性质的，相反，它们表达了大革命中日益严重的社会和政治紧张。例如，可见 Ladré 的"Ah! Com' ça va"［1791?］(B.N.: Ye 35763［7］)，或者"会好歌"在 *Nouveau chansonnier patriote*, 共和二年(1793—1794)中的版本。

16. *Chronique de Paris*, 1792 年 4 月 6 日；*Courrier des 83 départements*, 7, 24, 1792 年 4 月 27 日。

17. Michel Vovelle, "La Marseillaise," in *Les Lieux de la mémoire*, 3 vols., ed. Pierre Nora (Paris: Gallimard, 1984), vol. 1, *La République*; Pierre, *Hymnes et chansons*, "The Marseillaise"词条。

18. Vovelle, "La Marseillaise," *Courrier*, 1792 年 7 月 28 日。

19. *Chronique de Paris*, 1892 年 8 月 29 日。(疑此注年份有误，可能为 1792 年。——译者)

20. 同上, 1792 年 10 月 19 日。

21. 例如可见 *Chronique de Paris*, 1792 年 10 月 29 日；*Chansonnier de la Montagne* (Paris: Chez Favre, an II［1793–1794］)。

22. Pierre, *Hymnes et chansons*, "ça ira"和"Marseillaise"词条。

23. 虽然很难想象那些可能性会如何。尽管《马赛曲》的文本已经被牢固确定，但还是至少有 250 种仿写本在大革命时期出现。就这点，有关特定的仿写本，可见 H. Hudde, "Le Jour de boire est arrivé," *Dix-huitième siècle* 17 (1985): 377–395。

24. A.N., F17 1004c, no. 700.

25. A.N., F17 1004a, no. 395.

26. *Feuille de la République*, 共和二年热月 9 日(1794 年 7 月 27 日)；A.N., AFII67, nos. 15, 19, 65.

注 释

27. Pierre, *Hymnes et chansons*, 34, 还可见注释 3。
28. 这并不意味着街头的自发性歌唱就没有了。虽然这类活动的叙述从印刷媒体中消退了, 但继续出现在巡回于巴黎街头的警方暗探递交的报告中。可见 A.N., F7 3688(3) and F1c III Seine 27。
29. A.N., DI §2(1), no. 41.
30. 在巴黎也有很多《马赛曲》的演唱活动, 但通常都是一个团体内部的演唱或唱给能产生共鸣的听众, 而不是为了反对敌人。
31. Peuple français, peuple de frères
    Peux-tu voir sans frémir d'horreur
    Le crime arborer les bannières
    Du carnage et de la Terreur?
32. Quoi! Cette horde anthropophage
    Que l'enfer vomit de son flanc
    Prêche le meurtre et le carnage!
    Elle est couverte de ton sang!
33. *Messager du soir*, 共和三年雨月 1 日(1795 年 1 月 20 日)。
34. *jeunesse d'orée* 的字面意思是"金色青年", 是一批中产阶级出身的年轻人, 在街上进行热月反动活动。虽然他们在共和三年(1795 年 5 月)的牧月示威中帮助维护国民公会, 但也对他们认定的雅各宾分子实施了暴力和恐怖袭击。
35. Alphonse Aulard, "La Querelle entre la 'Marseillaise' et le 'Réveil du peuple,'" in Alphonse Aulard, *Etudes et Leçons sur la Révolution française*, 3eme sér. (Paris: F. Alcan. 1902–1904).
36. *Annales patriotiques*, 共和三年芽月 7 日(1795 年 3 月 26 日)。
37. 例如可见 *Annales patriotiques*, 共和三年雾月 3 日(1794 年 10 月 24 日)中关于雅各宾俱乐部关闭之前所发生事件的报道。
38. 这项法令是国民公会一个更大计划中的一部分, 他们试图跟"金色青年"和街头反动分割清楚, 他们已经从中获得了所要的利益, 如今要对这些活动进行限制。见 Aulard, "La Querelle"; François Furet and Denis Richet, *La Révolution française* (Paris: Hachette, 1965); François Gendron, *La Jeunesse D'Orée* (Quebec: Presses de l'Université du Québec, 1979)。

39. *Courrier de Paris*,共和三年穑月 27 日(1795 年 7 月 15 日)。
40. *Courrier de Paris*,共和三年穑月 28 日(1795 年 7 月 16 日)。
41. *Annales patriotiques*,共和三年热月 3 日(1795 年 7 月 21 日)。
42. *Courrier républicain*,热月 2 日(7 月 20 日);*Annales patriotiques*,共和三年热月 3 日(1795 年 7 月 21 日)。
43. *Courrier de Paris*,共和三年穑月 30 日(1795 年 7 月 18 日);*Courrier républicain*,热月 2 日、5 日(7 月 20 日、23 日);还可见 *Annales patriotiques*,共和三年热月 3 日(1795 年 7 月 21 日)中的评论。
44. *Moniteur universel*,共和三年热月 15 日(1795 年 8 月 4 日)。
45. A.N.,F7 3688(5),doss. 3,共和四年风月 14 日(1796 年 3 月 4 日)。

《短时效印刷品:以意象进行公民教育》

1. Marshall McLuhan, *Gutenberg Galaxy: The Making of Typographic Man* (Toronto: University of Toronto Press, 1962).
2. Brevet de vainqueur de la Bastille... Nicolas invenit, gravé par Delettre. B.N., Estampes, Coll. de Vinck, t. 10, no. 1643.
3. Brevet de Garde Nationale, B.N., Estampes, Coll. Hennin, t. 129, no. 11392.
4. Jean Lafaurie, *Les Assignats et les papiers-monnaies émis par l'Etat au XVIIIe siècle* (Paris: Le Léopard d'Or, 1981).
5. James A. Leith, "Symbols in the French Revolution: The Strange Metamorphoses of the Triangle," in *Symbols in Life and Art/Les Symboles dans la vie et dans l'art*, ed. James A. Leith (Montreal and Kingston: McGill-Queen's University Press, for the Royal Society of Canada, 1987), 105 – 117.
6. Auguste Boppe, *Les Vignettes emblématiques sous la Révolution. 250 reproductions d'en-têtes de lettres* (Paris and Nancy: Berger-Levrault, 1911).
7. 《法律公报》自共和二年牧月 22 日(1794 年 6 月 10 日)开始出版。中间的形象在共和二年果月 26 日(1794 年 9 月 12 日)发生了改变,自 1ère sér., no. 57, Loi 310,至 no. 58, Loi 311。
8. 共和五年牧月 14 日(1797 年 6 月 2 日),第 127 期《法律公报》的整个抬头和印章都发生了改变。改变抬头和印章的决定是一年前督政府督政官通过的。很明显,制作和通过雕版花了点时间。

9. *Au Français libres et leurs amis par un helvétien non dégénéré*, B.N., Estampes, Coll. de Vinck, t. 25, no. 4221.

10. Chemin fils, *L'Ami des jeunes patriotes, ou catéchisme républicain* (Paris: Imprimerie de l'auteur, an II).

11. François-Marie Quéverdo, *Maximes du jeune républicain gravé* (Paris: Quéverdo, n.d.) B.N., Estampes, Coll. de Vinck, t. 25, no. 4214. 藏品目录的辨认结果是,中间的这个形象是共和女神,虽然她并没有共和女神通常形象的特点,而且所戴明亮之眼通常跟理性有关。

12. *Sur l'ère, le commencement de l'année et sur les noms des jours*, 共和二年霜月4日(1793年11月24日)法律。

13. 一个很好的例子是戈沃多制作的版画日历,B.N., Estampes, Coll. de Vinck, t. 44, no. 6100。

14. J.-J. Rousseau, *Oeuvres Complètes*, 3 vols. (Paris: Pléiade, 1964), 3: 955.

15. Baron de Vinck, *Iconographie du noble jeu d'oye. Catalogue descriptif et raisonné* (Brussels: F. J. Olivier, 1886).

16. *Jeu de la Révolution française tracé sur le plan du jeu d'oye renouvelé des Grecs* (Paris, n.d.), B.N., Estampes, Qb^1 1789, 7月14日.

17. *Les Délassements du père Gérard, ou la poule de Henri IV. Mise au pot 1792. Jeu national* (n.p., n.d.), B.N., Estampes, Coll. Hennin, t. 126, no. 11126.

18. Athanase Détournelle, *Aux armes et aux arts! Peinture, sculpture, architecture, gravure. Journal de la Société républicaine des arts séant au Louvre* (Paris: Détournelle, n.d.), 155–157.

19. *Nouvelles Cartes à jouer de la République française* (Paris, n.d.), B.N., Estampes, Coll. Hennin, t. 134, no. 11839.

20. C.-A. Helvétius, *De l'homme, de ses facultés intellectuelles et de son éducation*, 2 vols. (London, 1771), in *Oeuvres complètes* (Paris: P. Didot l'aîné, 1795), 12: 71 (sec. 10, chap. 1).

作者简介

利斯·安德里(Lise Andries) 法国国家科学研究中心(Centre National de la Recherche Scientifique)研究员,巴黎第四大学十七至十八世纪研究中心合伙人。出版两本专著:*Robert le Diable et autres récits*(1981)和 *Les Contes bleus*(与 G. Bollème 合著,1983)。

安托万·德·巴克(Antoine de Baecque) 巴黎第一大学师范生助教,完成几篇关于大革命时期政治意象的文章,并出版 *La Caricature révolutionnaire*(1988)。

雷蒙德·伯恩(Raymond Birn) 俄勒冈大学历史学教授,出版 *Pierre Rousseau and the Philosophes of Bouillon*(1964)和 *Crisis, Absolutism, Revolution: Europe, 1648/1789 – 91*(1977),编 *The Printed Word in the Eighteenth Century*(1984),著大量欧洲文化史文章。

皮埃尔·卡塞勒(Pierre Casselle) 巴黎市政厅行政图书馆馆长,是 *Histoire de l'édition française*, vol. 2(1984)的作者之一,还是 *Dictionnaire des éditeurs d'estampes à Paris sous l'ancien régime*(1987)的合著者。

罗伯特·达恩顿(Robert Darnton) 普林斯顿大学欧洲史 Shelby Cullom Davis 教授,出版的著作有 *Mesmerism and the End of the Enlightenment in France*(1968), *The Business of Enlightenment: A Publishing History of the Encyclopédie, 1775 – 1800*(1979), *The Literary Underground of the Old Regime*(1982)和 *The Great Massacre and Other Episodes of French Cultural History*(1985)。

让·东布尔(Jean Dhombres) 南特大学数学教授,社会科学高等研究学院(L'Ecole des Hautes Etudes en Sciences Sociales)研究主任。最近出版 *Histoire de l'Ecole polytechnique*,同时也是 *Mathématique au fil des âges* 的主任编辑。

作者简介

卡拉·赫西(Carla Hesse) 罗格斯大学历史学助理教授,纽约公共图书馆"印刷中的革命:1789年的法国"展览的研究策展人。著有 Res Publicata: Paris Publishers and Revolutionary Politics, 1789–1810。

詹姆斯·利思(James Leith) 加拿大安大略金斯顿女王大学历史学教授,加拿大皇家协会会员。出版大量有关在各种革命和极权政体中媒体使用的研究成果,最近刚完成的著作是 Space and Revolution: Projects for Monuments, Squares and Public Buildings in France, 1789–99。

劳拉·梅森(Laura Mason) 普林斯顿大学博士候选人,博士论文 Singing the French Revolution: Popular Songs and Revolutionary Politics, 1789–1799 研究革命政治与巴黎流行文化之间的关系。

菲利普·米纳尔(Philippe Minard) 里尔第三大学助理博士,出版著作 Typographes des lumières, essai sur le travail et la culture ouvrière au XVIIIe siècle (1988)。

杰里米·D.波普金(Jeremy D. Popkin) 肯塔基大学历史学教授,著 The Right-Wing Press in France, 1792–1800,并发表大量关于革命前和革命中新闻业方面的文章。

罗尔夫·雷夏尔德(Rolf Reichardt) 梅因茨大学历史编目家,编 Handbook on French Historical Semantics, 1680–1820 和 Bielefeld Colloquium on the French Revolution (1988)。还有两本著作,一本关于法国大革命的版画,另一本关于在法国和德国巴士底狱的政治象征主义(1989)。

丹尼尔·罗什(Daniel Roche) 巴黎第一大学和佛罗伦萨欧洲研究院现代欧洲史教授。出版著作 Le Siècle des lumières en province, 1660–1789 (1978), Le Peuple de Paris (1981;英译本1987), Le Journal de ma vie par Jacques Louis Ménétra, vitrier compagnon parisien au XVIIIe siècle (1982;英译本1987), Sociétés et cultures dans la France d'ancien régime (1985)。

米歇尔·韦尔努斯(Michel Vernus) 第戎大学讲师,出版著作 La Vie comtoise au temps de l'ancien régime (1984) 和 Le Presbytère et la chaumière (1986),是弗朗什-孔泰方面和旧制度法国社会和文化生活方面的专家。

图书在版编目（CIP）数据

印刷中的革命：1775—1800年的法国出版业 /（美）罗伯特·达恩顿，
（法）丹尼尔·罗什编；汪珍珠译. — 上海：上海教育出版社，2022.10
（历史之眼 / 姜进主编）
ISBN 978-7-5444-8541-8

Ⅰ.①印… Ⅱ.①罗…②丹…③汪… Ⅲ.①出版事业-文化史-研究-法国-1775-1800 Ⅳ.①G239.565.9

中国版本图书馆CIP数据核字（2022）第146543号

上海市版权局著作权合同登记号：图字09-2020-057号

Revolution in Print: The Press in France,1775-1800
by Robert Darnton and Daniel Roche
©1989 The Regents of the University of California
Published by arrangement with University of California Press
Simplified Chinese Translation copyright ©2022
By Shanghai Educational Publishing House Co., Ltd.
All Rights Reserved.

责任编辑　林凡凡
封面设计　斐杨文化

印刷中的革命：1775—1800年的法国出版业
Yinshua zhong de Geming: 1775—1800 Nian de Faguo Chubanye
[美] 罗伯特·达恩顿　[法] 丹尼尔·罗什　编
汪珍珠　译

出版发行	上海教育出版社有限公司
官　　网	www.seph.com.cn
地　　址	上海市闵行区号景路159弄C座
邮　　编	201101
印　　刷	上海盛通时代印刷有限公司
开　　本	890×1240　1/32　印张 13.25　插页 8
字　　数	332 千字
版　　次	2022年11月第1版
印　　次	2022年11月第1次印刷
书　　号	ISBN 978-7-5444-8541-8/K·0050
定　　价	78.00 元

如发现质量问题，读者可向本社调换　电话：021-64373213